Kunstsoziologie

Sozialwissenschaftliche Einführungen

————

Herausgegeben von
Rainer Schützeichel †

Band 8

Kunstsoziologie

Herausgegeben von
Uta Karstein

DE GRUYTER
OLDENBOURG

ISBN 978-3-11-071681-8
e-ISBN (PDF) 978-3-11-071686-3
e-ISBN (EPUB) 978-3-11-071707-5
ISSN: 2570-0529
e-ISSN 2570-0537

Library of Congress Control Number: 2024939507

Bibliografische Information der Deutschen Nationalbibliothek
Die Deutsche Nationalbibliothek verzeichnet diese Publikation in der Deutschen
Nationalbibliografie; detaillierte bibliografische Daten sind im Internet über
http://dnb.dnb.de abrufbar.

© 2024 Walter de Gruyter GmbH, Berlin/Boston
Satz: Integra Software Services Pvt. Ltd.

www.degruyter.com

In Gedenken an Rainer Schützeichel

Inhaltsverzeichnis

V Methoden

Uta Karstein

I Einleitung

Was ist Kunstsoziologie? Was heißt es, sich aus einer solchen Perspektive künstlerischen und ästhetischen Phänomenen zu nähern? Was sind typische soziologische Erkenntnisinteressen, Fragestellungen und Untersuchungsdesigns? Was sind wichtige Theorien? Wie hat sich diese Teildisziplin entwickelt und wodurch zeichnet sie sich aus? Das vorliegende Buch möchte Interessierten zu diesen Fragen eine erste Orientierung bieten.[1] Im Sinne eines Einführungsbuches richtet es sich vor allem an Leser:innen mit soziologischem Grundwissen, die sich in die Kunstsoziologie als einem spezifischen Teilbereich der Soziologie einarbeiten möchten.

Dabei wird im Folgenden der Begriff „Kunstsoziologie" verwendet. Umgangssprachlich bezieht sich der Begriff der Kunst häufig in erster Linie auf die Bildende Kunst, also Malerei, Grafik und Bildhauerei. Innerhalb des Kanons wissenschaftlicher Disziplinen werden die Bildenden Künste vor allem durch die Kunstgeschichte und die Kunstwissenschaften thematisiert, wohingegen die Darstellende Kunst, Musik oder Literatur von den Theater-, Musik- und Literaturwissenschaften repräsentiert werden. Dennoch spricht einiges dafür, im Folgenden den Begriff der Kunst in einem übergreifenden Sinne zu verwenden, denn er trägt einem – in der Geschichte ästhetischer Aktivitäten des Menschen entscheidenden – historischen Wendepunkt Rechnung, ohne den auch die Kunstsoziologie nicht denkbar gewesen wäre. Gemeint ist die Entwicklung der Kunst hin zu einem (relativ) autonomen gesellschaftlichen Teilbereich, der eigene Regeln und Maßstäbe ausbildet, spezifische Karrieren und Institutionen aufweist und mit der Ästhetik auch eine Disziplin mit eigenen Reflexionstheorien entwickelt (Schwietring 2010). Dieser Prozess vollzieht sich ab Mitte des 18. Jahrhunderts zunehmend dynamisch und hat auf der semantischen Ebene zur Konsequenz, dass man immer weniger von den Künsten im Plural redet, sondern von *der Kunst* im Kollektivsingular (Kösser 2006: 108). Mit diesem Begriff soll nun fortan das Gemeinsame an allen Künsten hervorgehoben und sie zugleich trennscharf von Wissenschaft und Handwerk unterschieden werden. Das allen Künsten gemeinsame sieht man hier zunächst im Schönen. Auch wenn sich dieser Bestimmungsversuch im Laufe der Zeit nicht gehalten hat – etwa weil die Kunst auch das Hässliche als einen kunstwürdi-

---

1 Ich danke Jakob Schober, Clara Wittekind und Moritz Zimber für die Unterstützung bei der Erstellung des Manuskripts.

https://doi.org/10.1515/9783110716863-001

gen Gegenstand entdeckt hat –, die Rede von der Kunst ist geblieben und der Begriff der „Kunstsoziologie" trägt dem Rechnung.[2]

Im Spektrum der Themen und Forschungsfelder, denen sich die Soziologie zuwendet, nimmt die Kunst keinen sonderlich prominenten oder zentralen Platz ein. Das liegt wohl nicht zuletzt daran, dass sich die Kunstsoziologie ihren Gegenstand mit anderen Disziplinen ‚teilen' muss. Während soziale Ungleichheit oder soziale Differenzierungsprozesse als soziologische Kernthemen gelten, mit denen sich das Fach nach wie vor erfolgreich gegen andere Disziplinen abgrenzen kann – und dafür eine auch öffentlich wahrnehmbare Expertise für sich zu reklamieren vermag – gilt das für die Kunst nicht. Hier stand – und steht sie – in starker Konkurrenz zu Fächern wie der Kunstgeschichte, den Musik-, Literatur- und Theaterwissenschaften, aber auch zur philosophischen Ästhetik.

Nichtsdestotrotz findet man bei näherem Hinsehen eine Reihe an kunstsoziologischen Angeboten theoretischer wie empirischer Art; sie zeigen, dass die Soziologie in der Beschäftigung mit dem Gegenstandsbereich Kunst Wichtiges und Originelles beizutragen hat. Schon in der Gründungsphase der Soziologie entstehen einige relevante Beiträge zu einer soziologischen Perspektive auf Kunst und Ästhetik – etwa in Gestalt der musiksoziologischen Studie Max Webers sowie in den Überlegungen Georg Simmels und John Deweys zu einer soziologischen Ästhetik. Auch im Laufe des 20. Jahrhunderts gibt es immer wieder Soziolog:innen im deutschen und internationalen Kontext, die sich künstlerischen und ästhetischen Phänomenen zuwenden.[3] Zum Teil entwickeln sich dabei sehr spezifische Diskurslinien, die in engem Austausch mit den für die verschiedenen Genres zuständigen Spezialdisziplinen stehen und die in der allgemeinen Soziologie kaum wahrgenommen werden. Besser ergeht es Beiträgen, die sich eng an tradierte soziologische Paradigmen anlehnen, wie etwa Pierre Bourdieus Arbeiten zur Kunstsoziologie, die sowohl an differenzierungstheoretische (vgl. Bourdieu 1999) wie auch ungleichheitstheoretische Debatten (vgl. Bourdieu 1997) anschlussfähig sind. Aufmerksamkeit generieren kunstsoziologische Beiträge auch dann, wenn sie im Rahmen einer Diskussion kunstsoziologischer wie auch allgemein ästhetischer Phänomene etwas über die Beschaffenheit der Moderne insgesamt sagen (dazu Schwietring 2010). Dies war im deutschsprachigen Kontext zuletzt etwa bei Andreas Reckwitz' Diagnose der Moderne als einer konstitutiv ästhetischen Formation der Fall (Reckwitz 2012, 2015).

---

2 Dies verkennt nicht, dass es seine Berechtigung hat, dem Spezifischen der verschiedenen Kunstgattungen nachzuspüren, wie es etwa eine Musik-, Literatur-, Architektur- oder auch Filmsoziologie tut.
3 Für die französische Kunstsoziologie hat Nathalie Heinich (2022) einen instruktiven Überblickstext verfasst, für einen Einblick in die angloamerikanische Kunstsoziologie sind die Texte von Victoria D. Alexander und Anne E. Bowler (2014) sowie von Vera L. Zolberg (2014) aufschlussreich.

Seit den frühen 2000ern haben die Bemühungen um eine Stärkung der Kunstsoziologie im deutschsprachigen Raum deutlich zugenommen, sodass sich mittlerweile ein eigenständiges Forschungsfeld etabliert hat. Sichtbares Zeichen dieser Entwicklung ist der 2010 gegründete *Arbeitskreis Soziologie der Künste* unter dem Dach der *Deutschen Gesellschaft für Soziologie*, der seither in regelmäßigen Abständen Tagungen organisiert, bei denen häufig auch Kolleg:innen aus der Schweiz und Österreich beteiligt sind. Darüber hinaus gibt der Arbeitskreis eine eigene Buchreihe heraus. Seit kurzem existiert mit *artis observatio* eine eigene kunstsoziologische Zeitschrift. Auch international ist die Kunstsoziologie längst institutionalisiert. Auf europäischer Ebene gibt es das Research Network *Sociology of Art* in der *European Sociological Association*, auf internationaler Ebene ist die Kunstsoziologie wiederum mit dem Research Committee *Sociology of Art* in der *International Sociological Association* vertreten.

Wer sich für die Geschichte der Kunstsoziologie und ihre Vertreter:innen interessiert, findet mittlerweile hervorragende Überblickswerke. Empfehlenswert ist beispielsweise das von Alfred Smudits und seinen Kolleg:innen umfangreich und breit angelegte Buch zur Kunstsoziologie, das die Geschichte soziologischen Nachdenkens über die Kunst und ihre Vorläufer bis in die Antike zurückverfolgt, aber auch aktuelle Erweiterungen des Gegenstandsbereiches – etwa in Form medientheoretischer Ansätze oder der Lebensstilsoziologie – diskutiert (Smudits et al. 2014). Christian Steuerwald hat ein höchst informatives Kompendium mit Einführungstexten zu insgesamt 42 kunstsoziologisch einflussreichen Autor:innen vorgelegt, das neben deutschen auch französische, englische und amerikanische Theoretiker:innen umfasst, so etwa Nathalie Heinich, Maurice Perleau-Ponty, Clifford Geertz, Richard A. Peterson, Eilean Cooper-Greenhill oder Susan Sonntag (Steuerwald 2017). Beide Bücher greifen dabei weit aus und berücksichtigen neben dem schon Genannten auch frühe protosoziologische Beiträge aus dem 19. Jahrhundert, sowie kunsthistorische und philosophische Positionen. Dagmar Danko wiederum hat ein kleines und lesenswertes Einführungsbuch geschrieben, das sich auf drei gleichermaßen exemplarische wie einflussreiche kunstsoziologische Ansätze konzentriert, nämlich diejenigen Pierre Bourdieus, Niklas Luhmanns und Howard S. Beckers. Kompakt beleuchtet werden in dem Buch darüber hinaus die Entstehungsgeschichte der Kunstsoziologie sowie neuere Debatten und Schwerpunkte in der kunstsoziologischen Forschung (Danko 2012).

Erwähnt werden die Arbeiten der Kolleg:innen an dieser Stelle nicht nur, weil sie sich durch ein hohes Niveau auszeichnen und ausgesprochen informativ sind, sondern weil sich von ihnen aus auch die spezifische Anlage des vorliegenden Buches skizzieren lässt. Dessen Anspruch besteht neben der Präsentation einer Reihe von paradigmatischen Theorien und Konzepten (Abschnitt III) vor allem in der Vermittlung eines lebendigen Bildes gegenwärtigen kunstsoziologischen Denkens und

Forschens (Abschnitt IV), in denen Traditionslinien ebenso sichtbar werden wie Innovationen. Dies schließt auch methodologische Aspekte und die Frage angemessener Methoden mit ein (Abschnitt V). Das Ziel ist hier weniger ein vollständiger Überblick über existierende Theorien und Ansätze oder eine erschöpfende historische Rekonstruktion kunstbezogenen Denkens und Forschens. Angestrebt wird vielmehr die Vermittlung von Orientierungswissen, das den Leser:innen die Möglichkeit eröffnet, sich in der Vielfalt der Forschungsperspektiven zurecht zu finden und für eigene Fragestellungen mögliche Anknüpfungspunkte oder auch notwendige Grenzziehungen zu identifizieren. Ergänzt werden diese Abschnitte durch eine wissenschaftsgeschichtliche Darstellung, die die Kunstsoziologie und ihre Entstehung mit Blick auf die philosophische Ästhetik und die Kunstgeschichte als zwei weitere wichtige kunstbezogene Disziplinen einordnet (Abschnitt II).

Gewidmet ist dieses Buch dem leider viel zu früh verstorbenen Herausgeber der Reihe Rainer Schützeichel – einem soziologischen Allroundtalent, dem auch die Kunstsoziologie einige sehr lesenswerte Beiträge zu verdanken hat (Schützeichel 2014, 2017, 2022).

Literatur

Alexander, V. D.; Bowler, A. E. 2014. Art at the crossroads: The arts in society and the sociology of art. *Poetics* 43, S. 1–19.

Bourdieu, P. 1997. *Zur Soziologie symbolischer Formen.* Frankfurt am Main: Suhrkamp.

Bourdieu, P. 1999. *Die Regeln der Kunst. Genese und Struktur des literarischen Feldes.* Frankfurt am Main: Suhrkamp.

Danko, D. 2012. *Kunstsoziologie.* Bielefeld: transcript.

Heinich, N. 2022. The three generations of the French sociology of art. *American Journal of Cultural Sociology* 10, S. 337–353.

Kösser, U. 2006. *Ästhetik und Moderne. Konzepte und Kategorien im Wandel.* Erlangen: filos.

Reckwitz, A. 2015. Ästhetik und Gesellschaft – ein analytischer Bezugsrahmen. In: Reckwitz, A. et al. (Hg.) *Ästhetik und Gesellschaft. Grundlagentexte aus Soziologie und Kulturwissenschaften.* Berlin: Suhrkamp, S. 13–54.

Reckwitz, A. 2012. *Die Erfindung der Kreativität. Zum Prozess gesellschaftlicher Ästhetisierung.* Berlin: Suhrkamp.

Schützeichel, R. 2014. Autonomie als Programm. Über eine schwierige Kategorie der Kunstsoziologie. In: Franzen, M. et al. (Hg.) *Autonomie revisited. Beiträge zu einem umstrittenen Grundbegriff in Wissenschaft, Kunst und Politik.* 2. Sonderband der Zeitschrift für Theoretische Soziologie. Weinheim: Beltz Juventa, S. 166–187

Schützeichel, R. 2017. Die „deontische" Macht der Ausstellung. In: Karstein, U. und Zahner, N. T. (Hg.) *Autonomie der Kunst? Zur Aktualität eines gesellschaftlichen Leitbildes.* Wiesbaden: Springer VS, S. 191–212.

Schützeichel, R. 2022. Skizzen zu einer Historischen Soziologie der Kirchenmusik. *Artis Observatio* 1(1), S. 49–84.

Schwietring, T. 2010. Kunstsoziologie. In: Kneer, G. und Schroer, M. (Hg.) *Handbuch spezielle Soziologien*. Wiesbaden: Springer VS, S. 221–241.

Smudits, A. et al. 2014. *Kunstsoziologie*. München: Oldenbourg.

Steuerwald, Ch. (Hg.) 2017. *Klassiker der Soziologie der Künste. Prominente und bedeutende Ansätze*. Wiesbaden: Springer VS.

Zolberg, V. L. 2014. A cultural sociology of art. *Current Sociology* 63(6), S. 896–915.

Uta Karstein

II Kunstsoziologie zwischen Philosophischer Ästhetik und den Kunstwissenschaften

1 Einleitung

Es mag trivial klingen, aber damit es eine Soziologie der Kunst geben kann, muss es zunächst einmal „Kunst" in einem modern verstandenen Sinne geben. Darüber hinaus müssen sich die verschiedenen kunstbezogenen Disziplinen etabliert und klar voneinander differenziert haben, sodass es möglich ist, einen soziologischen Zugang von einem philosophischen oder historischen abzugrenzen. Für beide Entwicklungen spielte die Zeit zwischen 1750 und 1850 eine wichtige Rolle, weil mit ihr in dieser Hinsicht entscheidende Durchbrüche einhergingen (Koselleck 1972: 14).

Ausschlaggebend hierfür ist die Auflösung der europäischen Feudalgesellschaft, die geistesgeschichtlich mit der Aufklärung, religionsgeschichtlich mit der Säkularisation und sozialgeschichtlich mit der Herausbildung des Kapitalismus sowie den durch die Französische Revolution verursachten politischen Umwälzungen einhergeht. Diese Entwicklungen führen dazu, dass bisherige „Anlehnungskontexte" (Luhmann 1994: 21) künstlerischen Schaffens – nämlich die Kirchen und adligen Höfe – an Relevanz verlieren.[1] Den Künstler:innen gehen damit maßgebliche Unterstützungs- und Förderstrukturen verloren – ein Prozess, der durchaus nicht immer begrüßt worden ist. Mit der geringer werdenden Bedeutung kirchlicher und adliger Aufträge und Verpflichtungen entfallen jedoch auch inhaltliche und stilistische Vorgaben sowie persönliche Abhängigkeiten. Künstlerisch Schaffende werden frei(-gesetzt); sie können und müssen fortan ihr Geld mit ihrer Kunstproduktion auf dem entstehenden Kunstmarkt verdienen. Zeitgleich erfolgen enorme intellektuelle Anstrengungen, um das Eigene der Kunst zu bestimmen und zu definieren. In einem vorher nicht gekannten Maße wendet man sich nun konsequent der *ästhetischen* Seite von Kunstwerken zu (Busch 1997; Kösser 2006). Diskutiert werden daher das Schöne am Kunstwerk und seine sinnlichen Qualitäten.

---

1 Allerdings waren schon in der Renaissance wichtige Schritte in Richtung einer Aufwertung der Künste und der Kunstschaffenden erfolgt. Dazu gehören die Herauslösung aus den Zünften, die Zuordnung v. a. der Malerei, Bildhauerei und Architektur zu den artes liberales und ihre Anerkennung als Wissenschaft sowie eine entsprechende Ausbildung in eigens dafür gegründeten Akademien (Busch 1997; Hauser 1988; Müller 1972; Warnke 1996).

https://doi.org/10.1515/9783110716863-002

Diese Überlegungen finden sich beispielsweise in den Werken Johann Joachim Winckelmann (1995), in denen er sich Mitte des 18. Jahrhunderts Gedanken über die sinnlich-emotionalen Qualitäten griechischer Kunst machte sowie bei Karl Philipp Moritz (2009), der das Nachdenken über das Schöne und die schönen Künste ins Zentrum stellte. Betont wird zudem, dass Kunst ihren Zweck in sich habe und nicht mehr länger externen Zwecksetzungen unterworfen werden solle.[2] Definiert wird kurze Zeit später durch Immanuel Kant (2011) auch das „reine Geschmacksurteil", durch das sich das subjektive Vergnügen am Wohlgeformten eines Werkes ausdrücke.[3] Darüber hinaus entstehen neue Institutionen, die nur den Zweck verfolgen, Kunst zu präsentieren, zu diskutieren und zugänglich zu machen (Museen, Konzertsäle, Zeitschriften, Vereine etc.). Die Kunst gerät in diesem Prozess in einen neuen Zustand der Autonomie, der von den zeitgenössischen Künstler:innen und Intellektuellen dieser Epoche eingefordert und emphatisch begrüßt, aber oft genug auch erlitten und abgelehnt wird.[4] Autonomie meint an dieser Stelle zweierlei: Selbstgesetzgebung und (relative) Unabhängigkeit (Kösser 2017). Während die Dimension der Selbstgesetzgebung (bzw. Eigengesetzlichkeit) die innere Realität der Kunst fokussiert und verdeutlicht, dass eigene Spielregeln, Legitimationsformeln, Theorien, Bewertungsmaßstäbe entstehen und durchgesetzt werden, betont die Dimension der Unabhängigkeit, dass externe Faktoren wie politische oder religiöse Erwartungen und Vorgaben nicht mehr ohne Weiteres übernommen und umgesetzt, sondern – ganz im Gegenteil – zurückgewiesen werden. Diese Unabhängigkeit ist aber immer nur relativ, denn natürlich haben wirtschaftliche, rechtliche, oder eben auch politische Faktoren weiterhin einen Einfluss. Aber sie wirken nicht

---

2 Diese Gedanken werden neben Karl Philipp Moritz (2009) auch von seinem Lehrer Moses Mendelssohn (1994) diskutiert und finden sich später ebenso in Kants 1790 erschienener „Kritik der Urteilskraft" (Kant 2011) wieder.
3 Kant lenkt in seinen Bestimmungen des „reinen" Geschmacksurteils den Fokus auf das Formale eines Gegenstandes, wohingegen Urteile, die etwa auf moralischen Erwägungen beruhen, als „unrein" bezeichnet und damit abgewertet werden. Des Weiteren wird etwas als „schön" bezeichnet, was eine innere Stimmigkeit aufweist: „Schönheit ist Form der Zweckmäßigkeit eines Gegenstandes, sofern sie, ohne Vorstellung eines Zwecks, an ihm wahrgenommen wird (Kant 2011: 120).
4 Diese Ambivalenz verkörpert die Romantik im besonderen Maße. Einerseits war sie der erste Stil, der „sich auf die neue Situation einer dem System zugefallenen Autonomie" bewusst eingelassen habe (Luhmann 1995: 270). Andererseits gab es unter den Kunstschaffenden einige, die die Kunst wieder enger an bisherige Anlehnungskontexte binden wollten. „Die wahre Kunst erlangt man nicht dadurch, dass man die Kunst selber zum Götzen macht" kritisierte etwa Friedrich Overbeck und steht mit dieser Auffassung exemplarisch für das Kunstverständnis der romantischen Malerschule der Nazarener (siehe Grewe 2005: 88).

direkt, sondern vermittelt bzw. erst in ihrer Übersetzung in die bereichsspezifische Logik der Kunst.

In der Umbruchszeit von 1750 bis 1850 formiert sich nun aber nicht nur die Kunst zu einem relativ autonomen „sozialen Feld" (Bourdieu 1999) bzw. zu einem „autopoetisch geschlossenen System" (Luhmann 1995) und grenzt sich darüber von Politik, Wirtschaft, Wissenschaft oder Religion ab.[5] Der Mensch entdeckt sich in dieser Zeit auch als ein historisch situiertes und handlungsmächtiges Subjekt, das seine Verhältnisse selbst zu gestalten im Stande ist. Gesellschaftliche Strukturen scheinen weniger denn je einfach gottgegeben zu sein (Mikl-Horke 1992: 3). Dies erzeugt einen gesteigerten Bedarf an Reflexion, Deutung und Verständigung, von dem nicht nur die Kunst profitiert, sondern auch die Philosophie und die Wissenschaften (Tenbruck 1990: 252). Vor allem den Wissenschaften wird nun die Aufgabe zugesprochen, „Beobachterin sozialer Verursachungen" zu sein (Mikl-Horke 1992: 4). Sie sollte dabei aber nicht nur die ‚Natur' der Dinge erkennen, sondern diese auch entsprechend der Vernunft ordnen. Die Aufwertung der Wissenschaften dokumentiert sich in einer Reihe neuer Universitätsgründungen und auch in der Ausdifferenzierung und Spezialisierung fachlicher Disziplinen (Stichweh 1991). Im Folgenden wird dies vor allem für die kunstrelevanten Disziplinen der philosophischen Ästhetik, der Kunstgeschichte und der Kunstsoziologie eingehender beleuchtet. Dabei wird noch einmal deutlich werden, dass die jeweiligen Disziplinen mit ihren Perspektiven, Fragestellungen und Konzepten Produkte genau jener sozialen und kulturellen Veränderungen sind, auf die sie eine Antwort finden wollen (Tanner 2003: 2).

---

5 In den Dioskuren, einer Kunstzeitschrift, die sich auch als Organ der deutschen Kunstvereine verstand, findet sich beispielsweise in der Ausgabe vom 15. Juli 1856 eine Standortbestimmung, die die Kunst zwischen Wissenschaft und Religion verortet und ihr die Funktion zuspricht, zwischen Himmel und Erde, Diesseits und Jenseits, geistiger und körperlicher Welt Brücken zu bauen und Widersprüche zu überwinden. Weder Wissenschaft noch Religion wären zu einer solchen synthetisierenden („versöhnenden") Leistung in der Lage, da sie die Widersprüche immer nur nach einer Seite hin auflösen. Die Kunst aber bringe die Gegensätze zusammen, indem sie den Inhalt, also das Geistige, durch die sinnliche Form zum Ausdruck bringe. Damit ist ein eigener, nur der Kunst vorbehaltener Standpunkt markiert.

2 Aufklärung, Subjektivität und die Etablierung der philosophischen Ästhetik

Die Aufklärung lässt sich zu großen Teilen als ein „Diskurs um die Klassifizierung und Spezifizierung der menschlichen Vermögen charakterisieren, der auch als Ausdruck der Bestimmung des Subjektes oder des bürgerlichen Individuums über seine Fähigkeiten gelesen werden kann", so formuliert es die Kulturphilosophin Uta Kösser (Kösser 2006: 17). Dabei findet zunächst eine starke Fokussierung auf die Vernunft statt. Die Vernunftfähigkeit des Menschen wird als ein allen Menschen prinzipiell gleichermaßen innewohnender göttlicher Funke (Eßbach 2014: 157) verstanden, den man durch Erziehung und Bildung entfachen kann. Eine solche Vorstellung richtet sich gegen geoffenbarte Religion und ihre institutionellen Vertreter (die Kirchen) ebenso wie gegen Privilegien und Vorrechte, die qua adliger Geburt in Anspruch genommen werden: Das göttliche Geschenk der Vernunft(-fähigkeit) wohnt allen Menschen inne, sie benötigen daher die Vermittlung von Heilsangeboten durch die Kirche nicht mehr. Zudem beinhaltet diese Idee ein egalitäres Element; standesgebundene Privilegien und Vorrechte lassen sich hiermit nicht mehr begründen. Die Aufklärung entwirft auf dieser Grundlage ein Subjekt, das durch Erziehung in die Lage gebracht werden soll, „eine vernünftige, ideengeleitete Gesellschaft – die bürgerliche Gesellschaft – zu gestalten" (Kösser 2006: 29). Wo der Mensch aber nicht mehr als passiver Untertan gedacht wird, sondern als *citoyen* bzw. Bürger und damit als aktiver Gestalter gesellschaftlicher Verhältnisse, da erlangt die Frage nach den dafür benötigten Fähigkeiten und Kompetenzen eine vertiefte Dringlichkeit. In diesem Kontext war es dann 1750 Alexander Gottlieb Baumgarten, der in seiner Abhandlung „Aesthetica" (Baumgarten 2007) seine Zeitgenoss:innen daran erinnert, dass es nicht nur rationale Vermögen sind, die den Menschen kennzeichnen, sondern auch sinnliche. Und er bestimmt die Ästhetik als die Wissenschaft von eben jener sinnlichen Erkenntnisfähigkeit, die genauso zum Menschen gehört, wie die verstandesmäßige. Damit führt er drei bislang getrennt verhandelte Problemkreise zusammen: die Theorie der Kunst, die Metaphysik des Schönen und die Gnoseologie der Sinnlichkeit (Kösser 2006: 46). Es mag aus heutiger Sicht erstaunen, aber Schriften und Abhandlungen über das Schöne bezogen sich lange nicht – oder jedenfalls nicht vorzugsweise – auf das, was man heute unter Kunst versteht (Schneider 1996). In der Antike war Schönheit eine Eigenschaft des Kosmos, und zwar aufgrund der ihm zugeschriebenen Eigenschaften des Wohlorganisierten und Zweckmäßigen. Im Mittelalter galt Schönheit als Ausdruck des Erscheinens Gottes in der Welt (Kösser 2006: 33). Die Theorien waren dabei ausnahmslos ontologisch angelegt, hatten also mit konkreter ästhetischer Praxis nichts zu tun. Kunst hingegen meinte bis in die Neuzeit hinein ganz allgemein die Fähigkeit und das Wissen um die Erschaffung bzw. Hervorbringung einer Sache (Kösser 2006: 95). Dabei war es völlig gleich, ob es sich dabei um im heutigen Sinne Handwerkliches handelt oder um Literatur und Bildhauerei.[6] Es ging vor allem um das Können, um technisches Geschick. Der sinnlichen Seite des Menschen wiederum wurde vor allem im Mittelalter mit Argwohn begegnet.

Baumgartens Abhandlung ist vor diesem Hintergrund zunächst einmal ein Plädoyer für die Aufwertung der sinnlichen Erkenntnisfähigkeit des Menschen. Für ihn ist sie ein der Vernunft analoges Denken. Während die Wissenschaft dabei als Ort logischer, rationaler Erkenntnis angesehen wird, wird die Kunst als der privilegierte Ort ästhetisch-sinnlicher Erkenntnis bestimmt. Der Mensch wird auf diese Weise als Inhaber verschiedenster Erkenntnisvermögen ganzheitlich denkbar und Wahrnehmungsprozesse, ästhetisches Urteilsvermögen sowie die schöne Kunst werden als Gegenstände philosophischer Reflexion ‚geadelt‘. Die Wirkung dieser Debatten strahlt weit hinein in die Räume bürgerlicher Selbstverständigung. Und sie führt zur Entstehung einer neuen Teildisziplin innerhalb der Philosophie: der Ästhetik. Die ästhetische Philosophie ist dabei nicht notwendig und ausschließlich Kunstphilosophie. Sie lässt sich vom Ausgangsbegriff *aisthesis* her auch allgemein als Wahrnehmungslehre begreifen. Dennoch ist die Verbindung zur Kunst schon bei Baumgarten hergestellt und spätere wichtige ästhetische Abhandlungen wie etwa die Immanuel Kants, Friedrich Schillers oder Friedrich Wilhelm Joseph Schellings bauen diese Verbindung weiter aus. Dabei werden auch die künstlerisch Schaffenden vermehrt ins Zentrum der Betrachtungen gerückt. Kunst ist daher etwas, das von einem Künstler hervorgebracht wird, der als ein – in der Regel männlich gedachtes – schöpferisches Genie begriffen wird: Er macht die Kunst, bestimmt die Regeln ihrer Hervorbringung und drückt sich in ihr aus.[7]

Eine Leitfrage ästhetischer Diskussionen um 1800 ist, wie auch die schöne Kunst auf die Qualifizierung und Kultivierung menschlicher Vermögen wirken kann (Kösser 2006: 30). Kunst bekommt hier einen spezifischen Wert zugeschrieben. Statt höfischer Repräsentation oder religiöser Unterweisung, soll sie ästhetische Erfahrungen ermöglichen. Berühmt geworden ist in diesem Zusammenhang Friedrich Schillers Idee, dass sich der Mensch im ästhetischen Spiel selbst zurückgegeben werde. Hier erfährt er Freiheit. Erst auf dieser Grundlage, so Schiller, könne er dann auch ein guter (Staats-)Bürger sein – und nicht nur Untertan (Schiller 2000: 11 ff, 79 ff). Voraussetzung dafür ist aber, dass das Reich der Schönheit keinen externen Zwecken unterworfen werde (Schiller 2000: 83). Der ästhetische Bereich ist

---

6 In der Antike fiel der Schiffbau ebenso unter die Begriffe „techne" und „ars", wie die Hebammentätigkeit oder die Rhetorik (Kösser 2006: 95).
7 Die eindeutig männliche Konnotation des Geniebegriffs macht es Künstlerinnen bis heute schwer, sich im Kunstbetrieb Anerkennung und Geltung zu verschaffen (Nochlin 1971).

demnach einer, in dem das Subjekt seine Interessen als Individuum und Gemeinwesen „denkend durchspielen und genießen kann" (Kösser 2006: 22). Die geistige Nähe solcher Vorstellungen von der Wirkmächtigkeit einer ästhetischen Erziehung zu den Ideen der Aufklärung und zum Projekt einer bürgerlichen Gesellschaft ist unübersehbar.

Mit Blick auf die bislang geltenden Schönheitstheorien wird durch Baumgartens Ästhetik die sich schon vorher anbahnende Tendenz zur Empirisierung beschleunigt. Das meint ein größer werdendes Interesse an konkreter künstlerischer Praxis und darauf bezogener Wahrnehmungsprozesse sowie eine Zurücknahme ontologischer Setzungen in den ästhetischen Theorien. Diese weichen nach und nach einer „Akzeptanz der Vorstellungen und Imperative", die von den Künstler:innen selbst ausgehen (Schneider 1996: 12). Die Anerkennung des „Primats künstlerischer Produktion und ihrer Eigengesetzlichkeit" zeugt dabei auch von dem sich festigenden autonomen Status der Kunst (Schneider 1996: 12). Ästhetik beobachtet, reflektiert und systematisiert nunmehr, was sich in der Kunst ereignet – oft mit einem geradezu seismographischen Gespür für neueste Entwicklungen und Innovationen.[8] Als Reflexionsangebot steht die Ästhetik mit ihrem Gegenstand Kunst dabei in einem engen Wechselverhältnis. Nicht nur modifiziert Ästhetik mit Blick auf die sich ändernde künstlerische Praxis immer wieder ihr Kategoriensystem. Auch umgekehrt kommt es zu Anleihen – lässt sich also künstlerische Praxis anregen von ästhetischen Diskussionen und Theorieansätzen (Schneider 1996: 17).

Überblickt man die Debatten der letzten 200 Jahre, findet sich insgesamt ein erstaunlich breites Tableau an Theorien, die hier nicht im Einzelnen dargestellt werden können. Es zeigt sich jedoch, dass für die Anlage der jeweiligen Theorieentwürfe immer wieder spezifische Spannungslinien relevant sind, entlang derer sie sich charakterisieren und voneinander abgrenzen lassen. Solch eine Spannungslinie ist zum Beispiel die Frage, ob die Theorien ontologisch oder historisch angelegt sind (Schneider 1996: 18). Beispiele für Theorien, die versuchen, das Überzeitliche der Kunst – ihre Wesenhaftigkeit – zu bestimmen, wären etwa diejenigen Roman Ingardens (1962) oder Martin Heideggers (1950). Andere ästhetische Theorien stellen demgegenüber stärker die Geschichtlichkeit des Ästhetischen in Rechnung, so etwa als einer der ersten Georg Wilhelm Friedrich Hegel (2008). Bezeichnenderweise war er dann für die ersten Kunsthistoriker des 19. Jahrhunderts auch eine wichtige Referenz (Schneider 1996: 82). Eine weitere wichtige Spannungslinie ist die Frage, ob sich die ästhetischen Theorien auf den weiten Bereich sinnlicher Wahrnehmung und ästhetischer Erfahrungen beziehen oder vor allem die Kunst als

---

8 Die Entdeckung des Hässlichen im 19. Jahrhundert ist in dieser Hinsicht ein besonders eindrücklicher und exemplarischer Fall.

einen besonderen Ort der Ermöglichung solcher Erfahrungen fokussieren. Bei Alexander Gottlieb Baumgarten (2007) – und sehr viel später im 20. Jahrhundert dann beispielsweise auch wieder bei Wolfgang Welsch (1993) – findet sich ein weites Verständnis des Gegenstandsbereiches der Ästhetik. Ästhetik wird als „Aisthetik" verstanden: „als Thematisierung von Wahrnehmungen aller Art, sinnhaften ebenso wie geistigen, alltäglichen wie sublimen, lebensweltlichen wie künstlerischen" (Welsch 1993: 9 f.). Bei vielen anderen Theorien steht hingegen klar die Kunst im Vordergrund, so bei Friedrich Schiller (2000), Arthur Schopenhauer (2009) oder Theodor W. Adorno (1970). Neben die vielen theoretischen Abhandlungen gesellt sich mit Gustav Theodor Fechner Mitte des 19. Jahrhunderts auch ein Wissenschaftler mit einem explizit empirischen Interesse an ästhetischen Fragen hinzu (Fechner 2018). Fechner verfolgt mit seinen Analysen zugleich ein weites Ästhetikverständnis, wenn er beispielsweise seine Proband:innen zur Wirkung geometrischer Formen oder kunstgewerblicher Gegenstände befragt. Diese Richtung ist auch heute noch präsent mit der sogenannten empirischen bzw. experimentellen Ästhetik, die danach fragt, „was wem warum und unter welchen Bedingungen ästhetisch gefällt und welche Funktionen ästhetische Praktiken und Präferenzen für Individuen und Gesellschaften haben".[9] Von hier aus ergeben sich interessante Bezugspunkte zur Geschmacks- und Lebensstilforschung, die auch Teil der Kunstsoziologie sind.

3 Die Französische Revolution, Historismus und die Entstehung der Kunstgeschichte

Die Französische Revolution dynamisiert das Nachdenken über den Menschen und seine Vermögen noch einmal entscheidend. In und durch die Französische Revolution entdecken die Menschen in aller Eindrücklichkeit und Radikalität, dass die gesellschaftliche Ordnung veränderbar ist, dass sie ihr Schicksal selbst in die Hand nehmen und gestalten können.[10] Hieraus erwächst eine historisch neuartige Sensibilität für die Kontingenz sozialer Verhältnisse. Es stellt sich zum einen die Frage, wie soziale Ordnung hergestellt und aufrechterhalten werden kann. Die Vertragstheorien des 18. Jahrhunderts – etwa diejenigen Jean-Jacques Rousseaus oder John

---

9 https://www.aesthetics.mpg.de/institut/fragen-und-ziele.html. Mit Blick auf die Interessen und Forschungsperspektiven der Kunstsoziologie ergeben sich hier große Schnittmengen, deren interdisziplinäres Potenzial noch viel zu wenig ausgeschöpft ist.
10 Eine erste direkte Folge war die von Sklav:innen angeführte Revolution in der französischen Kolonie Saint Domingue, die 1804 mit der Gründung Haitis zum ersten unabhängigen Staat in Lateinamerika führte.

Lockes – können in dieser Hinsicht als Ausdruck der Suche nach neuen Fundamenten jenseits der Anrufung göttlicher Autorität und der Privilegierung durch adlige Abstammung gesehen werden (Mikl-Horke 1992: 3). Jean Jacques Rousseau (1981) nimmt eine Art Naturzustand der menschlichen Gemeinschaft an, der ihm zufolge durch Freiheit und Gleichheit aller gekennzeichnet war. Dieser Zustand sei durch Arbeitsteilung und ungleiche Besitzverhältnisse zerstört worden, so Rousseau. Eine solche Ungleichheitsordnung kann aber aufgehoben werden, und zwar durch die Übertragung der Rechte aller einzelnen Individuen an die Gemeinschaft, die dann zum Träger und Repräsentanten des Gemeinwillens wird, in dem die Interessen der Einzelnen neutralisiert wurden. Diese Vorstellungen basieren auf den Ideen der Aufklärung, nach der der Mensch vernunftfähig und daher in der Lage ist, solch ein Vertragsverhältnis aus eigener freier Entscheidung einzugehen. Sie machen es möglich, das Verhältnis der Bürger:innen zum Staat neu zu denken und werden zu wichtigen Wegmarken bei der Umformung des absolutistischen Staates in einen bürgerlichen (Rechts-)Staat.

In der Zeit von 1750 bis 1850 stellt sich darüber hinaus aber auch die Frage, welche sozialen Faktoren und Einflussgrößen auf die Geschicke der Menschheit wirken. Die daraus resultierende Suche beruht durchaus auch auf einem Gefühl der Unbehaglichkeit, das die Zeitgenoss:innen nach dem Relevanzverlust des religiösen Kosmos durch Revolution und Säkularisation beschleicht.[11] Hier nun kommt es neben anderem zur ‚Entdeckung‘ der Geschichte als eines solchen einflussreichen Faktors. Der Blick in die Vergangenheit verbürgt Tradition und Kontinuität – und Geschichte erscheint angesichts der zunehmenden Entwicklungs- und Fortschrittsdynamik als Möglichkeit der Rückversicherung und Orientierung. In historischen Verläufen wird daher nach einer latenten Ordnung gesucht, deren Entdeckung und Identifikation – so die Annahme – auch gegenwärtiges Handeln anleiten könne. Historische Entwicklung erscheint hier als ein sich selbst hervorbringender, endogener Prozess (Mikl-Horke 1992: 7).[12] Die Beschäftigung mit historischen Phänomenen verweist dabei auch auf die gestiegene Sensibilisierung gegenüber dem Faktor Zeitlichkeit (Koselleck 2004).[13] Der Historismus ist

---

11 Mit Säkularisation werden die Entmachtung kirchlicher Institutionen und die Verstaatlichung eines Großteils ihres Besitzes während der napoleonischen Eroberungskriege bezeichnet. In dieser Zeit kam es auch zur Annektierung geistlicher Fürstentümer durch größere Territorialstaaten, was insbesondere in den durch Kleinstaaterei geprägten deutschen Gebieten des Heiligen Römischen Reiches zu einer Vereinheitlichung der politisch-territorialen Landkarte führte.
12 Geschichte wird auf diese Weise auch als Legitimationsinstanz von de facto neuen Phänomenen interessant. Die Erfindung und zeitliche Rückprojektion der (deutschen, französischen etc.) Nation ist dabei sicherlich das beste Beispiel.
13 Der Historiker Reinhardt Koselleck verweist darauf, dass in dieser Phase die Anzahl an Begrifflichkeiten mit Zeitbezug bzw. Prozesscharakter geradezu explodiert. Darunter befinden sich

die geistesgeschichtliche Antwort auf dieses Interesse der Menschen des 19. Jahrhunderts an (ihrer) Geschichte. Mit ihm geht eine Verschiebung intellektueller Interessen einher: Nicht mehr nur philosophische oder metaphysische Erklärungsmodelle werden diskutiert, gefordert wird zunehmend auch eine Berücksichtigung der Historizität menschlichen Seins und ein besseres Verständnis für die Besonderheiten und Eigenarten vergangener Epochen und Ereignisse.

Diese Verschiebung von Interessen und Perspektiven und die ihnen zugrundeliegende Sensibilität für die Dimension der Zeitlichkeit lässt sich auch in der Auseinandersetzung mit Kunst beobachten, was in der Folge zu einer Etablierung der Kunstgeschichte als eines neuen Faches im Kanon wissenschaftlicher Disziplinen führt.[14] Natürlich hatte es – wie in der Ästhetik mit den Theorien über das Schöne – auch in der Kunstgeschichte historische Vorläufer gegeben (Kultermann 1996). Der Italiener Georgio Vasari, der 1568 Künstlerportraits verfasst und das Schaffen der Dargestellten erstmals in Ansätzen kunsthistorisch einordnet, ist dabei sicherlich eine dieser herausragenden frühen Vertreter (Busch 1997: 238 ff.). Dennoch etabliert sich erst im 18. und 19. Jahrhundert eine Kunstgeschichte im engeren Sinne. Wichtige Neuerungen zeigen sich u. a. in der Auseinandersetzung mit der damals hochgeschätzten Antike und ihren Kunstwerken So nutzt Johann Joachim Winckelmann in seiner Diskussion antiker Kunst nicht nur Argumente und Kategorien der damaligen ästhetischen Diskussion, sondern bettet seine Betrachtungen ein in einen weiteren historischen Horizont, um Aufstieg, Höhepunkt und Niedergang antiker Kunst zu erklären und entwickelt darüber hinaus eine Systematik, um die in Betracht genommenen Objekte klassifizieren zu können (Winckelmann 1995). Johann Gottfried Herder fordert später in der Auseinandersetzung mit Winckelmanns Arbeiten und dessen Anspruch, antike Kunst zum Maßstab allen auch historisch späteren Formen künstlerischen Schaffens zu machen, dass jegliche Kunst vor dem Hintergrund ihrer eigenen – und das meint historisch situierten – ästhetischen Standards und Ideale verstanden und bewertet werden müsse (Herder 1906: 87). Disziplingeschichtlich stellt dies ein entscheidendes Argument dar, um kunsttheoretische Positionen und damit verknüpfte normative Ideen vom Schönen

---

eine Reihe von Begriffen, die die geschichtliche Zeit auch selber artikulieren, wie beispielsweise „Entwicklung" (Koselleck 2004: XVII). Für ihn ist dies ein klarer Beleg für die gestiegene Sensibilität gegenüber der Einbettung allen Handelns in den Zusammenhang von Vergangenheit – Gegenwart – Zukunft.

14 Das Interesse an Geschichte zeigt sich auch in der Kunst selbst. So zeichneten sich die Künstler der Romantik durch die literarische oder bildkünstlerische Hinwendung zur Vergangenheit und dem Topos des Vergänglichen aus. Der Nazarener Franz Overbeck brachte in seinem 1840 fertiggestellten Bild „Der Triumph der Religion in den Künsten" seine eigenen Vorstellungen kunstgeschichtlicher Zusammenhänge und Vorbilder zum Ausdruck.

mittelfristig aus kunsthistorischen Abhandlungen ausschließen zu können.[15] Diese sollen nun stattdessen gerade den „zeitlichen Wandel ästhetischer Gesetze" und die inneren und äußeren Bedingungen der Veränderungen in den Vordergrund rücken (Dilly 1996: 13).

Zur Aufwertung der Kunst als eines Gegenstandes historischer Wissenschaft trug auch die Idee bei, sie zum integralen Bestandteil einer allgemeinen Kulturgeschichte zu machen. In dieser wurden künstlerische Werke nun als exemplarischer Ausdruck des Geistes und der Eigenart einer Epoche oder einer Nation gehandelt – so etwa bei Jakob Burckhardt (Burckhardt 1869; vgl. Tanner 2003: 8). Dies provoziert allerdings auch Abgrenzungsfragen. In der Folge konzentriert sich Kunstgeschichte vor allem auf formale, das heißt auf stilistische Fragen und damit auf das *Wie* der analysierten Kunstwerke. Das liegt durchaus nahe, hatte doch die Kunst selbst ihre Formgebungskompetenz, gerade als das ihr Eigene entdeckt und in Stellung gebracht. Ähnlich wie in der Geschichtswissenschaft insgesamt wird dabei auch der Wandel der Formen als etwas begriffen, das einer immanenten Entwicklung folgt (Bauer 1996: 156). Allerdings formte Kunst bis dato immer einen konkreten Inhalt.[16] Dies gilt für die zeitgenössische Kunst des 18. und 19. Jahrhunderts, umso mehr aber auch noch für ästhetische Werke zurückliegender Epochen (Belting: 2004; Busch 1997). Die Frage, in welchem Verhältnis Form und Inhalt zueinanderstehen und welche Bedeutung der jeweiligen Dimension in der kunstgeschichtlichen Analyse zukommen soll, kann wohl als eine der grundlegenden Spannungslinien gelten, entlang derer sich gegen Ende des 19. Jahrhunderts die kunstgeschichtlichen Ansätze zu positionieren beginnen. Während Heinrich Wölfflin (1984) oder Alois Riegl (1923) dabei als Vertreter eines formal-ästhetischen Zugangs gelten, die Kunstgeschichte als Stilgeschichte betrieben, gehörten unter anderem Aby Warburg und Erwin Panofsky zur „antiformalistischen Fraktion" (Bauer 1996: 156). Ihnen geht es in erster Linie um die „Suche nach dem einstigen Sinn des Kunstwerks" und zwar „mit Hilfe aller erreichbaren bildlichen oder schriftlichen Quellen, die sich zu ihm in eine erhellende Beziehung setzen lassen" (Eberlein 1996: 173 f.). Das Bild gilt dabei als das Bild von etwas bzw. als Dokument für etwas. Bei der Ausarbeitung einer entsprechenden Methode hatte sich Panofsky (1979) interessanterweise vom Soziologen Karl Mannheim und dessen Aufsatz zur „Weltanschauungsinterpretation" inspirieren lassen (Mannheim 1970). Panofsky entwickelt auf dieser Grundlage ein dreistufiges Interpretations-

---

15 Passenderweise schreibt der österreichische Kunsthistoriker Moritz Thausing im Jahr 1873 dazu: „Ich kann mir die beste Kunstgeschichte denken, in der das Wort ‚schön' gar nicht vorkommt" (zit. in: Dilly 1996: 13).
16 Dies ändert sich erst mit der abstrakten Kunst. Hier wird – wenn man so will – die Form zum eigentlichen Inhalt.

modell, welches dann später auch von Pierre Bourdieu (Bourdieu 1997) aufgegriffen wird. Er unterscheidet zwischen einer *vor-ikonographischen Beschreibung* (was ist zu sehen), einer *ikonographischen Analyse* (was bedeuteten diese Dinge zur Zeit der Entstehung eines Werkes) und einer *ikonologischen Interpretation* (was drückt sich in dem Werk aus, was ist dessen Gehalt und Bedeutung). Dieser Ansatz wurde in der Kunstgeschichte extrem einflussreich und prägte sie bis in die 1980er Jahre (Tanner 2003: 10). Kritische Positionen machten gegen die Vorgehensweise Panofskys geltend, dass sie das eigentlich Bildliche zu wenig berücksichtige und zudem vor allem für gegenständliche Malerei, nicht aber für abstrakte Kunst geeignet sei. Max Imdahl (1980) entwickelte vor diesem Hintergrund die sogenannte *Ikonik* mit dem Anspruch, formal-stilistische und ikonologische Herangehensweisen in der Kunstanalyse miteinander zu verknüpfen, da er sie in einem komplementären Verhältnis zueinanderstehen sieht. Nach dem pictorial turn hat es hier weitere Modifikationen gegeben, die die Ikonologie Panofskys in eine weitgefasste Bildtheorie zu überführen versuchen (Mitchell 2008; Sachs 2015).

Autoren wie Wölfflin oder Panofsky eint bei allen Differenzen jedoch das Bemühen, Kunst und ihre Geschichte nicht auf externe Faktoren zurückzuführen. Sie ist weder bloß Ausdruck psychologischer Regungen noch äußerer gesellschaftlicher Lebensumstände, sondern soll nur aus sich selbst heraus erklärt werden, auch wenn die Erkenntnisinteressen und Schwerpunkte dabei unterschiedlich ausgeprägt sind. Mit diesen Grenzziehungen sichert sich die Kunstgeschichte ein eigenes Terrain. Mit der Konzentration auf *Geschichte* grenzt sie sich um 1900 auch von der Kunstkritik ab (Sachs 2017). Letztere wird dabei als angewandte Ästhetik mit Gegenwartsbezug konzipiert, deren Hauptgeschäft die „Kunstrichterei" über zeitgenössische Kunst sei und weniger die wissenschaftlich distanzierte Beobachtung, die Aufklärung oder der Vergleich von historischer Kunst (Riegel 1895: 361 ff.).[17] Darüber hinaus grenzt sie sich ab von einer allgemeinen Kunstwissenschaft, wie sie um 1900 Wissenschaftlern wie Max Dessoir und anderen vorschwebte. Diese war dezidiert interdisziplinär angelegt und sollte neben der eigentlichen Kunstgeschichte auch die philosophische Ästhetik, Ethnologie, Soziologie und Psychologie miteinschließen. Darüber hinaus war die Kunstwissenschaft genreübergreifend angelegt und umfasste so unterschiedliche Künste wie die Literatur, Tanz, Theater und die Musik (Früchtl und Moog-Grünewald 2016).[18] Durchsetzen konnte sich dieses ambitionierte Konzept nicht, sodass sich neben

---

17 Das hat viele damalige Kunsthistoriker nicht davon abgehalten, sich auch als Kunstkritiker zu betätigen, vgl. Sachs (2017).
18 Dazu wurde 1908 die *Vereinigung für ästhetische Forschung* gegründet, die bis zum II. Weltkrieg mehrere Kongresse abhielt. Zudem gab es seit 1906 mit der *Zeitschrift für Ästhetik und*

der auf die bildende Kunst fokussierten Kunstgeschichte schon früh auch Musik-, Theater- und Literaturwissenschaften als eigene Disziplinen etabliert haben.

Heute werden die disziplinären Grenzen der Kunstgeschichte vor allem von der Bildwissenschaft produktiv herausgefordert. Dies zum einen, weil sich die Analysen der Bildwissenschaften nicht mehr auf die klassische Kunst beschränken, sondern auch auf massen- und popkulturelle sowie wissenschaftlich produzierte Bilder ausgeweitet werden; zum anderen aber, weil hier erneut Forderungen nach disziplinärer Öffnung – etwa gegenüber Soziologie, Medienwissenschaft und Informatik – verhandelt werden (Belting 2001; Boehm 1994).

4 Soziale Ungleichheit, gesellschaftliche Komplexität und die Profilierung der (Kunst-)Soziologie

Die gesellschaftlichen Veränderungen, die sich in der Französischen Revolution ausdrückten, haben mittelfristig nicht nur zum Entstehen der Geschichtswissenschaften beigetragen. Auch die Soziologie verdankt ihnen ihr charakteristisches Set an Fragen und Erkenntnisinteressen. Neben den politischen Erschütterungen haben dazu sicherlich die Komplexitätszunahme der sich konsolidierenden bürgerlichen Gesellschaft und die Industrielle Revolution beigetragen, denn sie stellten die gesellschaftlichen Verhältnisse gründlich auf den Kopf. Immer deutlicher zeichnete sich dabei für die Zeitgenoss:innen ab, dass hier Dynamiken und Kräfte am Werke waren, die sich nur schwerlich als Ergebnis von Naturgesetzen oder einem göttlichen Plan interpretieren ließen, sondern eigenen Logiken folgten, die es freizulegen und zu verstehen galt. Neben einem bislang ungekannten Maß an Spezialisierung und Arbeitsteilung (Durkheim 1992) und der Vervielfältigung sozialer Bezüge und Mitgliedschaften (Simmel 1992) zählte dazu auch die Deutlichkeit, mit der sich gesellschaftliche Bereiche wie Wirtschaft, Recht und Kunst gegeneinander abgrenzten (vgl. etwa für die Wirtschaft Marx 1932; Polanyi 1944). Vor diesem Hintergrund interessierte sich die Soziologie zunächst und vor allem für die soziale Anatomie und historische Genese *moderner* Gesellschaften.[19]

---

allgemeine Kunstwissenschaft ein eigenes Publikationsorgan, das dem Anliegen Nachdruck verlieh.

19 Der Modernebegriff – vor allem in Form von Modernisierungstheorien – ist mittlerweile vielfach einer Kritik und weitreichenden Modifikationen unterzogen worden. Für einen ersten Über-

Das Denken früher (Proto-)Soziologen kreiste um ein ganzes Set an Fragen: Was sind Einflussfaktoren gesellschaftlichen Wandels und gibt es Entwicklungsgesetze, anhand derer sich zukünftige Entwicklungen prognostizieren lassen? Wenn die gesellschaftliche Ordnung nicht mehr als gottgegeben angesehen werden kann und die Aufklärung den Menschen gleichermaßen die Würde und Vernunft zuspricht: Wie kommen dann die realen kulturellen Differenzen und sozialen Ungleichheiten zustande? Was begünstigte die Entstehung des modernen Kapitalismus? Welche Formen der Vergesellschaftung lassen sich identifizieren? Aber auch: Wie ist das Verhältnis von Einzelnen und Gesellschaft zu denken? Was beeinflusst menschliches Handeln und wie stabilisieren sich gesellschaftliche Ordnungen? Was sind die Prinzipien alltagsweltlichen Verstehens und Deutens und wie konstituiert sich subjektiver Sinn? Was zeichnet die Kultur der Moderne aus?

Die Herausbildung der Soziologie als einer *Gesellschafts*wissenschaft spiegelt sich auch in semantischen Verschiebungen wider. War der Begriff der ‚guten Gesellschaft' zunächst ein Abgrenzungsbegriff zur Sphäre des Politischen bzw. des Staates und bezog sich auf adlige Kreise und ihre Umgangsformen sowie auf die Kultur der Salons mit ihrem intellektuellen und kulturellen Umfeld, weitete sich das Begriffsverständnis sukzessive. *Gesellschaft* meinte spätestens im 19. Jahrhundert soziale Verhältnisse und Beziehungen in einem allgemeinen und übergreifenden Sinne (Mikl-Horke 1992: 2 ff).[20] Damit erhalten auch wissenschaftliche Disziplinen Auftrieb, die sich auf das Gesellschaftliche beziehen. Neben der Geschichtswissenschaft mit dem ihr eigenen Interesse an der Zeitlichkeit alles Sozialen sind hier neben der Soziologie vor allem die Nationalökonomie und die Ethnologie bzw. Sozialanthropologie mit ihrem Fokus auf außereuropäische Gesellschaften zu nennen. Die wechselseitigen Anregungen aber auch Abgrenzungsbestrebungen sind den Entwürfen früher Soziologen wie Émile Durkheim oder Max Weber deutlich eingeschrieben (Bogusz und Delitz 2013; Knöbl 2022; Kruse 1990).

Der Gegenstand der Soziologie erhielt über die enge Verknüpfung mit dem Begriff der Gesellschaft etwas „Konstruiertes und Unbestimmtes"; er suggeriere eine Einheit und Ganzheit, deren Substanz und Grenzen jedoch nicht festzuma-

---

blick vgl. Christoph Dipper (2018), Shmuel N. Eisenstadt (2006) sowie Encarnación Gutiérrez Rodríguez et al. (2010).

20 Dabei stand nicht von Anfang an fest, wer die Thematisierung des Gesellschaftlichen mit Erfolg für sich würde beanspruchen können. Folgt man Wolf Lepenies (2002), musste sich die Soziologie sowohl gegen die Literatur wie auch gegen die Naturwissenschaft behaupten, die beide gleichermaßen Anspruch darauf erhoben, Reflexionsmedien des Gesellschaftlichen und dessen Mechanismen und Funktionsweisen zu sein. Dass Literatur zuweilen ein besonderes soziologisches Erkenntnispotential attestiert wird, hat sich bis heute erhalten (vgl. Dörner und Vogt 1994; Karpenstein-Eßbach 2023).

chen sind an einer konkreten Realität, so Gertraude Mikl-Horke (1992: 9). Dies
habe spezifische Probleme mit sich gebracht, wie etwa „die Herstellung einer
plausiblen Verknüpfung von Theorie und Realität" (Mikl-Horke 1992: 9). Aber sie
brachte auch mit sich, dass der Soziologie innerhalb dessen, was unter Gesellschaft verstanden wird, potenziell alles zum Thema werden konnte – und damit
auch die Kunst.

Schon Winckelmann (1995) hatte in seinen Abhandlungen über die griechi-
sche Kunst nicht nur historisches Denken vorgeführt, sondern auch Kontextfakto-
ren ins Spiel gebracht, um Aufstieg, Blüte und Niedergang der griechischen Kunst
zu erklären. Neben geographischen und klimatischen Aspekten brachte er die
künstlerischen Entwicklungen auch in einen Zusammenhang mit den politischen
Verhältnissen im antiken Griechenland (Tanner 2003: 6). Andere Autoren betrachten ästhetische Werke als Ausdruck der geistigen Verfassung einer Epoche oder
Nation. Hippolythe Taine etwa entwickelte im 19. Jahrhundert eine Perspektive
auf Kunst, die versuchte, einzelne Werke oder künstlerische Stile aus dem Milieu
heraus zu erklären, in dem sie entstanden waren und stellte damit explizit soziokulturelle Faktoren in Rechnung (Kropf 2017). Demnach seien die künstlerisch Tätigen in starkem Maße geprägt durch die sozialen und intellektuellen Verhältnisse
der sie umgebenden Community und keineswegs isolierte Figuren (Taine 1987:
6 f.). Das frühe kunsthistorische Denken hatte somit durchaus einen protosoziolo-
gischen Charakter.[21]

Auch bei Karl Marx und Friedrich Engels finden sich Einlassungen zur Kunst,
die vor allem um ihre soziale Bedingtheit und Funktion kreisen. So wird sie zusammen mit der Religion oder dem Recht dem „Überbau" zugeschlagen und einer
„Basis" gegenübergestellt, die die ökonomischen Produktionsverhältnisse umfasst
und die Marx als dominant für die Ausgestaltung gesellschaftlicher Verhältnisse an-
sieht (Blaukopf 1997: 51 ff). Mit der Veränderung der ökonomischen Lage würde
sich auch der ganze „ungeheure Überbau langsamer oder rascher" umwälzen; in
der Betrachtung solcher Umwälzungen müsse man „stets unterscheiden zwischen
der materiellen, naturwissenschaftlich treu zu konstatierenden Umwälzung der
ökonomischen Produktionsbedingungen und den juristischen, politischen, religiösen, künstlerischen und philosophischen, kurz ideologischen Formen, worin sich

---

21 Auch bei anderen Autorinnen und Autoren finden sich (proto-)soziologische Elemente, so
etwa in den kunstkritischen Schriften Madame de Staels, in den kunsterzieherischen Schriften
John Ruskins und William Morris' und in den kunsttheoretischen Überlegungen Jean-Marie Gu-
yaus (vgl. Smudits et al. 2014: 33 ff).

die Menschen dieses Konflikts bewusst werden und ihn ausfechten" (Marx und Engels 1967: 74 f.).[22]

Allerdings spielten ästhetische Phänomene im Allgemeinen und Kunst im Besonderen im Gründungsstadium der Soziologie zunächst keine besonders große Rolle (Prinz und Schäfer 2015: 57; Smudits et al. 2014: 50 ff).[23] Mit Ausnahme von Georg Simmel und Max Weber waren es eher disziplinäre Randfiguren wie der soziologisch interessierte Architekt und Journalist Siegfried Kracauer oder der Sozialphilosoph Walter Benjamin, die die ästhetische Verfasstheit der westlichen Moderne und die Auswirkungen der gesellschaftlichen Umbrüche (und hier vor allem die technischen Neuerungen wie Film und Fotografie) auf die Kunst explizit zum Thema machten (Benjamin 1977; Kracauer 2011; Mülder-Bach 1985). Etwas später sind es dann unter anderem Arnold Hauser (1988) sowie – wenig beachtet – Alfred Schütz (1951 u. ö.) und René König (1998) – die kunstsoziologisch relevante Beiträge verfassen.[24] Das Themenspektrum ist trotz der vergleichsweise geringen Aufmerksamkeit, die der Kunst innerhalb der frühen Soziologie zukommt, beachtlich: Es reicht von rationalisierungstheoretischen Untersuchungen zur Geschichte der okzidentalen Musik (Weber 2004) über erste Überlegungen zu einer soziologischen Ästhetik (Kracauer 2011; Simmel 1998) und wissenssoziologische Betrachtungen von Künstlerästhetiken (König 1998) sowie literarischer Geschmacksbildung (König 1937) bis hin zu methodologischen Überlegungen für eine soziologische Interpretation kultureller Werke, die Kunst explizit miteinschließen (Mannheim 1970). Nach dem

---

22 Es handelt sich beim Basis-Überbau-Verhältnis allerdings nicht um ein einfaches Abhängigkeits- oder Wiederspiegelungsverhältnis – auch wenn die Schriften von Marx und Engels später immer wieder so interpretiert wurden (Smudits et al. 2014: 40).

23 Neben der schon in der Einleitung erwähnten Tatsache, dass sich die Kunstsoziologie von Anfang an ihren Gegenstand mit anderen Disziplinen wie der Kunstgeschichte oder den Literatur- und Theaterwissenschaften ‚teilen' musste, trug möglicherweise auch das ambivalente Verhältnis der frühen Soziologie gegenüber der ästhetisch-materiellen Facette der Moderne dazu bei, dass dieser zunächst keine besonders große Aufmerksamkeit zuteil wurde. Glaubt man der These Wolfgang Eßbachs (2001), dann konnte man bei den Intellektuellen zu Beginn des 20. Jahrhunderts angesichts der schwindelerregenden „Ausbreitung materieller Artefakte" durch die Industrialisierung eine „rigorose Verteidigung der geistigen Dimension" am Werke sehen. Diese antitechnischen und antiästhetischen Haltungen führten grundbegrifflich zu einer Konzentration von „Text, Diskurs, Sinnaufbau und Sprachspiel" (Eßbach 2001: 132) – und damit weg von der materiellen Dimension des Sozialen, sei sie nun vorrangig technischer oder ästhetischer Art. Vera L. Zolberg (2014) kommt mit Blick auf die amerikanischen Soziologie zu ganz ähnlichen Einschätzungen. Dies steht in einem interessanten Kontrast zu den literarischen und künstlerischen Kreisen um 1900, die vielfach der Ansicht waren, dass es sich bei der Moderne um ein spezifisch ästhetisches Zeitalter handle.

24 Eine Würdigung der kunstsoziologischen Beiträge von Schütz findet sich bei Peter Fischer (2017); die Arbeiten Königs hat Stephan Moebius (2017) rekonstruiert.

Zweiten Weltkrieg kommt es in der Soziologie und ihrem unmittelbaren Umfeld zu einer erneuten Beschäftigung mit künstlerischen und ästhetischen Phänomenen. Maßgeblich für die Formierung der Kunstsoziologie als eines Teilbereiches der Soziologie und der in ihr geführten Debatten werden dabei in Deutschland unter anderem die Arbeiten Theodor W. Adornos (1970, 1973, 1977) und Arnold Gehlens (1960), Peter Thurns (1973, 1985), Peter Bürgers (1974, 1978) sowie Alphons Silbermanns (1973). Vor allem Silbermann und Thurn stehen dabei für eine konsequent empirische Ausrichtung der Kunstsoziologie, die sich explizit als Alternative zu Arbeiten begreift, die wie Adorno in der sozialphilosophischen Tradition der Kritischen Theorie oder wie Gehlen in der Tradition der Philosophischen Anthropologie stehen. Diese wiederum nehmen gegenüber empirisch (v. a. quantitativ) arbeitenden Kunstsoziologen eine skeptische bis ablehnende Haltung ein. Zudem betonen sowohl Adorno als auch Gehlen die Relevanz der Beschäftigung mit den Werken selbst, die wiederum bei Thurn, Silbermann und König nicht im Zentrum stehen. Großen Einfluss im deutschsprachigen Raum erlangen Ende des 20. Jahrhunderts zudem die theoretischen Arbeiten Niklas Luhmanns, in deren Kontext er auch eine eigene Kunstsoziologie vorlegt (Luhmann 1995, 2008).

Viele theoretische Entwürfe kreisen dabei um die Frage, welcher gesellschaftliche Stellenwert moderner Kunst zukommt, und es werden entsprechende Bestimmungsversuche ihrer spezifischen Rolle vorgelegt – so wird Kunst wahlweise als Medium der Entlastung tendenziell überforderter Subjekte (Gehlen) situiert, als kritisches Gegenüber einer die Subjekte von sich selbst entfremdenden Gesellschaft (Adorno) oder als Beobachterin von Welt, die sichtbar macht, dass alles auch anders möglich ist (Luhmann). Vorrangig empirisch arbeitende Kunstsoziolog:innen haben sich daneben auf einzelne Aspekte der Produktion, Distribution und Rezeption konzentriert: Sie interessieren sich für die sozial-strukturellen Voraussetzungen der Kunstproduktion (z. B. Buchholz und Wuggenig 2005; Elias 2005; Glauser et al. 2020; Zahner 2006), verschiedene Berufe des Kunstfeldes und Prozesse der Professionalisierung (vgl. z. B. Gautier 2019; König und Silbermann 1964; Schnell 2007; Thurn 1994, 1997), den Prozess künstlerischen und kreativen Schaffens (vgl. z. B. Schürkmann 2018; Zembylas und Dürr 2009, Zembylas 2012); kunstspezifische Institutionen und Organisationen (vgl. z. B. Buckermann 2022, Burzan und Eickelmann 2022; Frank 2018; Tröndle 2005), Kunst- und Kulturpolitik (Rehberg 2016; Zembylas und Tschmuck 2005) sowie Fragen der Kunstrezeption und des Geschmacks (vgl. z. B. Berli 2014; Loer 1996; Zahner 2012, 2021). Daraus wurde zuweilen die paradigmatische Forderung erhoben, dass sich Kunstsoziologie vor allem auf den sozialen Kontext der Herstellung, Verbreitung und Aneignung von Kunst beschränken solle, wohingegen die Analyse der Kunstwerke selbst besser in den jeweiligen Spezialdisziplinen aufgehoben sei (zuletzt Gerhards 1997: 8).[25] Und tatsächlich wird man einräumen müssen, dass der Schwerpunkt kunstsoziologischer Forschung hierzulande auch tatsächlich auf diesen Aspekten liegt (dazu kritisch: Müller 2013). Daneben finden sich jedoch gleichwohl Arbeiten, die auch Kunstwerke selbst einer soziologischen Analyse unterziehen. Neben den klassischen Arbeiten Adornos und Gehlens finden sich in der jüngeren Kunstsoziologie Filmanalysen (z. B. Schmidke und Schröder 2013), Analysen von bildender Kunst (z. B. Müller 2013; Ritter 2003, 2011), literarischen Werken (z. B. Karpenstein-Eßbach 2002; Loer 2018) und Rockmusik (z. B. Schwetter 2022).[26] Unterstützung erhalten solche Bestrebungen durch die jüngere französische Kunstsoziologie, die sich dabei auf die Akteur-Netzwerk-Theorie Bruno Latours (2007) beruft (z. B. Hennion und Latour 1993, 2013; vgl. Danko 2012: 100 ff.).

Wie der letzte Hinweis schon zeigt, haben im Laufe des 20. Jahrhunderts zunehmend französische sowie auch angelsächsische und angloamerikanische Diskussionen Einfluss auf die deutschsprachige Kunstsoziologie genommen. Das betrifft sowohl theoretische Beiträge als auch methodische Fragen und Forschungsgegenstände. In theoretischer Hinsicht zu nennen wären hier etwa die Beiträge des Pragmatisten John Dewey zu einer soziologischen Ästhetik (Dewey 1980), Howard S. Beckers in der Tradition des Symbolischen Interaktionismus stehende Theorie der Kunstwelten (Becker 1974, 2008) sowie Pierre Bourdieus strukturalistisch-konstruktivistische Theorie des Kunstfeldes (Bourdieu 1999) und der Kunstwahrnehmung (Bourdieu 1997). Des Weiteren haben die empirische Sozialforschung in den USA und ihre Standards sowie institutionentheoretische Ansätze (DiMaggio 2000; DiMaggio und Powell 1991; White und White 1965) in die hiesige Kunstsoziologie hineingestrahlt (vgl. Gerhards 1997; Kirchberg 2006; Müller-Jentsch 2011; Otte 2017; Silbermann 1973). Als einflussreich für die Weiterentwicklung von Fragestellungen und Forschungsperspektiven haben sich darüber hinaus Diskussionen erwiesen, die um das ‚Andere' der Kunst kreisen und damit die Grenzziehung reflexiv machen, die mit Unterscheidungen von Hochkultur versus Massen- oder Populärkultur, ernste Kunst versus Unterhaltungskunst oder Kunst versus Kitsch einherge-

---

25 So hatte es ganz ähnlich auch schon Alphons Silbermann in den 1970er Jahren programmatisch formuliert. Demnach sei das Ziel der Kunstsoziologie erstens die Analyse der Wechselwirkungen von Künstlern, Werk und Publikum, zweitens die Erforschung der Kunstschaffenden, drittens soziologische Erkenntnis des Kunstwerks, womit v. a. der soziale Prozess gemeint ist, den das Kunstwerk in Bewegung setze und schließlich die Analyse des Kunstpublikums (Silbermann 1973: 21 f; vgl. Moebius 2017: 423). Adorno hatte hingegen vor allem das Kunstwerk selbst ins Zentrum gerückt (vgl. Müller-Jentsch 2017: 364 f.).

26 Daneben gibt es vor allem in der aktuellen Musiksoziologie eine Reihe von Arbeiten, die zwar nicht einzelne Werke, aber spezifische (pop-)musikalische Genres wie Techno oder Rap ins Zentrum ihrer Analysen stellen (z. B. Diaz-Bohne 2010; Klein und Friedrich 2003; Seeliger 2022).

hen. Dazu zählen neben dem klassischen Aufsatz zur Kulturindustrie von Max Horkheimer und Theodor W. Adorno (2016) vor allem Arbeiten der britischen Cultural Studies zu eigensinnigen Aneignungs- und Resignifikationspraktiken (Hall 1999; Willis 1981) sowie Bourdieus Soziologie des Geschmacks (Bourdieu 1987). Dies führte u. a. zu einer Ausweitung kunstsoziologischer Forschungsgegenstände, sodass heute auch ‚populärkulturelle' Werke und ihre Herstellung, Verbreitung und Rezeption Gegenstand kunstsoziologischer Arbeiten sind.[27]

Überblickt man die Kunstsoziologie, dann lassen sich drei Spannungs- bzw. Differenzierungslinien ausmachen, entlang derer sich ein Großteil der Ansätze und Beiträge der letzten Jahrzehnte verorten lässt und die auch über den deutschsprachigen Raum hinaus von Relevanz sind. Dabei handelt es sich a) um die Frage, ob man eher einer *Soziologie der Kunst* anhängt oder einer *Kunstsoziologie*, b) um die Frage, ob man ästhetische Phänomene in einem weiteren Verständnis in den Blick nimmt oder Kunst in einem engeren Sinne sowie c) um die Werturteilsfrage. Diese drei Differenzierungslinien sollen hier abschließend skizziert werden, da sie nicht zuletzt auch für die Einordnung der nachfolgenden Beiträge dieses Sammelbandes hilfreich sind.

a) Die britische Musiksoziologin Tia DeNora hat in den 2000ern ein Verständnis von Kunstsoziologie als *Art Sociology* ins Spiel gebracht und von einer *Sociology of Art* abgegrenzt (DeNora 2003).[28] Im Unterschied zu einer Soziologie der Kunst, die die Kunst vorrangig als eine zu erklärende (abhängige) Variable betrachtet, ginge es in einer Kunstsoziologie demnach darum, Kunst selbst als erklärende (unabhängige) Variable in den Blick zu nehmen und sie damit als eine eigenständige soziale Kraft zu würdigen. Dies geht in der Regel auch mit der Aufwertung der Werke und ihrer sozialen Effektivität einher, womit sie als Untersuchungsgegenstand wieder stärker in den Fokus rücken (vgl. Danko 2012: 112 ff.). Aktuelle Beispiele für eine Kunstsoziologie, die in diese Richtung zielt, finden sich auch hierzulande, etwa wenn die widerständige (vgl. etwa Bosch und Pfütze 2018) oder gesellschaftstransformative (vgl. etwa Schrage et al. 2019) Kraft von Kunst ins Zentrum gerückt wird.[29] Daneben sind Forschungen, die die Produktion, Distribu-

---

27 Zur Soziologie des Kitsches vgl. zudem: Frank Illing (2006) und Ludgera Vogt (1994).

28 Die gleiche Unterscheidung wurde in der Vergangenheit für die soziologische Beschäftigung mit Kultur eingeführt. So unterschieden die amerikanischen Soziologen Jeffrey Alexander und Philip Smith (2002) zwischen einer *Sociology of Culture* und einer *Cultural Sociology*.

29 Schrage und seine Kolleg:innen haben sich mit der Rolle von progressiven Landdiscos auseinandergesetzt und diesen Orten mit der dort gespielten Musik die Rolle von Katalysatoren sozialen Wandels zugesprochen. Der kulturelle Aufbruch im Westdeutschland der 1970er Jahre spiegelt sich demnach nicht einfach nur in dem Phänomen der ländlichen Rockdiskotheken, son-

tion und Rezeption von Kunst fokussieren, in der Regel eher einer Soziologie der Kunst verpflichtet. Aber auch bestimmte Kunstwerkanalysen befinden sich auf dieser Seite des Spektrums, nämlich dann, wenn sie Kunstwerke vor allem als Spiegel oder Abbild gesellschaftlicher Verhältnisse in den Blick nehmen. In diesem Sinne hat beispielsweise Norbert Elias seine Thesen zu den zivilisierenden Tendenzen der Höfischen Gesellschaft auch durch den Rückgriff auf literarische Werke, Gemälde oder auch Lieder illustriert (Elias 1998; vgl. dazu Steuerwald 2017: 302 f).

b) Der deutsche Soziologe Andreas Reckwitz hat mehrfach auf die der Moderne innewohnende Tendenz zur Ästhetisierung aufmerksam gemacht und damit eine Perspektive erneuert, die sich nicht auf die Kunst im engeren Sinne beschränkt, sondern die Kunstsoziologie in Richtung einer soziologischen Ästhetik erweitert (Reckwitz 2012; Reckwitz et al. 2015).[30] Ein solcher Fokus ist seit Georg Simmel (1998) und John Dewey (1980) in der Soziologie angelegt, fand aber seinen Ort nicht immer in der Kunstsoziologie, sondern eher in der Kultursoziologie. Die Erweiterung der Kunstsoziologie zu einer Soziologie der Ästhetik öffnet den Blick in Richtung einer Soziologie des Designs der Architektur und des Städtebaus, aber auch hin zu einer Soziologie der Sinne und der Artefakte (vgl. etwa Göbel und Prinz 2015; Moebius und Prinz 2012). Zuletzt hat es auch von Seiten der Kunstsoziologie ein Plädoyer für eine Kunstsoziologie im Sinne einer soziologischen Ästhetik gegeben (Smudits et al. 2014: 4). Davon zu unterscheiden (und nach wie vor präsenter) ist eine Kunstsoziologie, die sich mit künstlerischen Phänomenen und dem Feld der Kunst im engeren Sinne beschäftigt, wofür weiter oben schon eine Reihe von Beispielen genannt wurden.

c) Die Frage der Werturteilsfreiheit hat der Soziologie einige Kontroversen beschert. Berühmt und für die Identitätsbildung des Faches maßgeblich waren der Werturteilsstreit zwischen Max Weber, Gustav Schmoller und weiteren Akteuren um 1900 (vgl. dazu Albert 2010) sowie der Positivismusstreit zwischen Karl Popper, Theodor W. Adorno und anderen in den 1960er Jahren (vgl. Ritsert 2010). Diese Auseinandersetzungen fanden auch in der Kunstsoziologie ihren Nieder-

---

dern wird hier entscheidend vorangetrieben. Hier steht zwar nicht ein Kunstwerk – etwa ein Song – im Zentrum, aber ohne die Musik und ihre soziale Effektivität ist eine Diskothek wiederum nicht denkbar. Insofern steht der Forschungsansatz für eine Kunstsoziologie, die eine integrierende Perspektive auf die Musik, die Vergemeinschaftung im öffentlichen Musikerleben, die Verknüpfung mit anderen Elementen des Lebensstils (Mode) und die dafür relevanten Orte entwirft.

30 Diese Perspektive weist eine Nähe zu den Arbeiten Luc Boltanskis und Eve Chiapellos auf, die in ihrem Werk „Der neue Geist des Kapitalismus" (Boltanski und Chiapello 2006) auf die Diffusion künstlerischer und kreativer Praktiken und Ideale (etwa die der Selbstverantwortung und Flexibilität) in den Wirtschaftsbereich aufmerksam gemacht haben.

schlag, etwa in der Kontroverse zwischen Adorno und Silbermann (Bürger 1978). Während Silbermann für eine wertneutrale, nicht-normative und empirisch ausgerichtete Kunstsoziologie plädierte, argumentierte Adorno gegen eine völlige Wertfreiheit: Nicht nur sollte wahre Kunst für ihn eine der Gesellschaft gegenüber kritische Kunst sein, er selbst wiederum kritisierte auch künstlerische Werke, wenn sie diesem Anspruch nicht zu entsprechen schienen. Adornos Vorstellungen einer Kunstsoziologie, die auch die Kritik konkreter Werke oder Gattungen (in seinem Fall etwa des ,Jazz') einschließt, werden heute nicht mehr so ohne weiteres geteilt. Im Zuge der Etablierung der Postcolonial und Gender Studies sowie intersektionaler Ansätze ist die Grenze zu einer engagierten und sich politisch positionierenden (Kunst-)Soziologie jedoch wieder durchlässiger geworden.[31] Auch wenn die Schwelle zum Aktivismus dabei nicht immer überschritten wird, teilen die Vertreter:innen in der Regel eine dezidiert machtkritische Perspektive auf das Kunstfeld und seine Institutionen (Castro Varela und Haghighat 2023; Gaupp et al. 2022; Ismaiel-Went 2011; Kastner 2023; Peters 2022).

5 Fazit

Der Beitrag sollte deutlich machen, dass Ästhetik, (Kunst-)Geschichte und (Kunst-)Soziologie in ihrer Entwicklung als Disziplinen den gleichen historischen Voraussetzungen und Zeiterfahrungen entspringen, dabei aber unterschiedliche Problemstellungen entwickeln und mit ihren Mitteln zu bearbeiten versuchen. Die Ästhetik interessiert sich für die menschliche Subjektivität und die Bedeutung der Sinne bzw. sinnlicher Erkenntnis. Dabei geht es um ästhetisches Erleben, ästhetische Urteile und damit bevorzugt um Kunst, da sie dies in besonderer Weise herausfordert. Die Geschichtswissenschaft thematisiert die Zeitlichkeit und das So-Geworden-Sein menschlicher Hervorbringungen. Damit kommen auch ästhetische Artefakte in den Blick und werden unter dem Aspekt des Stils und des Stilwandels aber auch in der Frage ihrer historischen Bedeutung zum bevorzugten Gegenstand der Kunstgeschichte. Die Soziologie wiederum fragt nach den Bedingungen für gesellschaftliche Ordnung und gesellschaftlichen Wandel, dem Verhältnis von Einzelnen und Gesellschaft und nach den Ursachen und Formen von Ungleichheit und Differenz. Vor diesem Hintergrund rücken in der Kunstsoziologie Fragen der Herstellung, Verbreitung und Aneignung von Kunst sowie der sozialen Effektivität von Kunstwerken ins Zentrum. Ein wichtiges Thema ist auch die Rolle und Funktion, die Kunst in modernen

---

31 Beispiele für die Rezeption insbesondere postkolonialer Perspektiven finden sich auch in der Kunstgeschichte und der Museologie (z. B. Allerstorfer 2017; Karentzos 2012).

Gesellschaften hat sowie die ästhetische Dimension alles Gesellschaftlichen. Man kann leicht erkennen, dass es zwischen den Disziplinen diverse Berührungspunkte gibt. Es ist daher nur konsequent, wenn sich die Kunstsoziologie gegenüber Nachbardisziplinen offen zeigt. Deutlich wird allerdings auch, dass sie eigenes beizutragen hat im wissenschaftlichen Bemühen, künstlerische und ästhetische Phänomene zu verstehen und zu erklären. Dies wird nun in den folgenden Abschnitten des Buches genauer ausbuchstabiert.

Literatur

Adorno, T. W. 1970. *Ästhetische Theorie*, hrsg. von Adorno G. und Tiedemann, R. Frankfurt am Main: Suhrkamp.

Adorno, T. W. 1973. *Dissonanzen. Einleitung in die Musiksoziologie*, hrsg. von Tiedemann, R. Frankfurt am Main: Suhrkamp.

Adorno, T. W. 1977. *Kulturkritik und Gesellschaft I: Prismen, ohne Leitbild*, hrsg. von Tiedemann, R. Frankfurt am Main: Suhrkamp.

Albert, G. 2010. Der Werturteilsstreit. In: Kneer, G. und Moebius, S. (Hg.) *Soziologische Kontroversen*. Frankfurt am Main: Suhrkamp, S. 14–45.

Alexander, J. und Smith, P. 2002. The Strong Program in Cultural Theory. Elements of a Structural Hermeneutics. In: Turner, J. H. (Hg.) *Handbook of Sociological Theory*. New York: Kluwer Academic Publishing, S. 135–150.

Allerstorfer, J. 2017. The West and the Rest. De- und postkoloniale Perspektiven auf Kunst und Kunstgeschichte(n). In: Allerstorfer, J. und Leisch-Kiesel, M. (Hg.) *Global Art History. Transkulturelle Verortungen von Kunst und Kunstwissenschaft*. Bielefeld: transcript, S. 29–46.

Bauer, H. 1996. Form, Struktur, Stil. Die formanalytischen und formgeschichtlichen Methoden. In: Belting, H. et al. (Hg.) *Kunstgeschichte. Eine Einführung*. Berlin: Dietrich Reimer, S. 151–168.

Baumgarten, A. G. 2007. *Ästhetik: lateinisch – deutsch*. In: Mirbach, D. (Hg.) Hamburg: Meiner Verlag.

Becker, H. S. 1974. Art as collective action. *American Sociological Review*, Vol 39(6), S. 767–776.

Becker H. S. 2008. *Art Worlds*. Berkeley: University of California Press.

Belting, H. 2001. *Bild-Anthropologie. Entwürfe für eine Bildwissenschaft*. München: Fink.

Belting, H. 2004. *Bild und Kult. Eine Geschichte des Bildes vor dem Zeitalter der Kunst*. München: C.H.Beck.

Benjamin, W. 1977. Das Kunstwerk im Zeitalter seiner technischen Reproduzierbarkeit. Frankfurt am Main: Suhrkamp.

Berli, O. 2014. *Grenzenlos guter Geschmack. Die feinen Unterschiede des Musikhörens*. Bielefeld: transcript.

Blaukopf, K. 1997. Kunstsoziologie im Orchester der Wissenschaften. In: Smudits, A. und Staubmann, H. (Hg.) *Kunst – Geschichte – Soziologie. Beiträge zur soziologischen Kunstbetrachtung aus Österreich*. Frankfurt am Main: Peter Lang, S. 21–32.

Boehm G. (Hg.) 1994. *Was ist ein Bild?* München: Fink.

Bogusz, T. und Delitz, H. (Hg.) 2013. Renaissance eines penseur maudit: Émile Durkheim zwischen Soziologie, Ethnologie und Philosophie. In: Bogusz, T. und Delitz, D. (Hg.) *Émile Durkheim. Soziologie – Ethnologie – Philosophie*. Frankfurt am Main/New York: Campus, S. 11–45.

Boltanski, L. und Chiapello, E. 2006. Der neue Geist des Kapitalismus. Konstanz: UVK.

Bosch, A. und Pfütze, H. (Hg.) 2018. *Ästhetischer Widerstand gegen Zerstörung und Selbstzerstörung.* Wiesbaden: Springer VS.

Bourdieu, P. 1987. *Die feinen Unterschiede Kritik der gesellschaftlichen Urteilskraft.* Frankfurt am Main: Suhrkamp.

Bourdieu, P. 1997. *Zur Soziologie symbolischer Formen.* Frankfurt am Main: Suhrkamp.

Bourdieu, P. 1999. *Die Regeln der Kunst. Genese und Struktur des literarischen Feldes.* Frankfurt am Main: Suhrkamp.

Buchholz, L. und Wuggenig, U. 2005. Cultural globalisation between myth and reality. The case of the contemporary visual arts. *Art-e-Fact: Strategies of resistance,* 1(2). artefact.mi2.hr/_a04/ lang_en/theory_buchholz_en.htm

Buckermann, P. (Hg.) 2022. *Die Welten der documenta. Wissen und Geltung eines Großereignisses in der Kunst.* Weilerswist: Velbrück.

Bürger, P. 1974. *Theorie der Avantgarde.* Frankfurt am Main: Suhrkamp.

Bürger, P. (Hg.) 1978. *Seminar: Literatur- und Kunstsoziologie.* Frankfurt am Main: Suhrkamp.

Burzan, N. und Eickelmann, J. 2022. *Machtverhältnisse und Interaktionen im Museum.* Frankfurt am Main/New York: Campus.

Busch, W. 1997. Die Autonomie der Kunst. In: Busch, W. (Hg.) *Funkkolleg Kunst. Eine Geschichte der Kunst im Wandel ihrer Funktionen.* München: Pieper, S. 230–256.

Burkhardt, J. 1869. *Die Cultur der Renaissance in Italien: ein Versuch.* Leipzig: Seemann.

Castro Varela, M. do M. und Haghighat, L. (Hg.) 2023. *Double bind postcolonial.* Bielefeld: transcript.

Danko, D. 2012. *Kunstsoziologie.* Bielefeld: transcript.

Dewey, J. 1980. *Kunst als Erfahrung.* Frankfurt am Main: Suhrkamp.

Diaz-Bohne R. 2010. *Kulturwelt, Diskurs und Lebensstil. Eine diskurstheoretische Erweiterung der bourdieuschen Distinktionstheorie.* Wiesbaden: Springer VS.

Dipper, C. 2018. Moderne, Version: 2.0. In: *Docupedia-Zeitgeschichte,* 17.1.2018, URL: http://docupedia.de/zg/Dipper_moderne_v2_de_2018.

Dilly, H. 1996. Einleitung. In: Belting, H. et al. (Hg.) *Kunstgeschichte. Eine Einführung.* Berlin: Dietrich Reimer, S. 7–16.

DiMaggio, P. J. 2000. The production of scientific change: Richard Peterson and the institutional turn in cultural sociology. *Poetics* 28(2–3), S. 107–136.

DiMaggio, P. J. und Powell, W. W. (Hg.) 1991. *The New Institutionalism in Organizational Analysis.* Chicago und London: The University of Chicago Press.

Dörner, A. und Vogt, L. 1994. Literatursoziologie. Literatur, Gesellschaft, Politische Kultur. Opladen: Leske+Budrich.

Durkheim, É. 1992. Über soziale Arbeitsteilung. Studie über die Organisation höherer Gesellschaften. Frankfurt am Main: Suhrkamp.

Eberlein, J. K. 1996. Inhalt und Gehalt: Die ikonografisch-ikonologische Methode. In: Belting, H. et al. (Hg.) Kunstgeschichte. Eine Einführung. Berlin: Dietrich Reimer: 175–198.

Eisenstadt, S. N. 2006. Die Vielfalt der Moderne: Ein Blick zurück auf die ersten Überlegungen zu den „Multiple Modernities". In: *Themenportal Europäische Geschichte* <www.europa.clio-online.de/ essay/id/fdae-1322>

Elias, N. 1998. *Über den Prozeß der Zivilisation. Soziogenetische und psychogenetische Untersuchungen. Wandlungen des Verhaltens in den weltlichen Oberschichten des Abendlandes.* Frankfurt am Main: Suhrkamp.

Elias, N. 2005. *Mozart. Zur Soziologie eines Genies.* Frankfurt am Main: Suhrkamp.

Eßbach, W. 2014. *Religionssoziologie 1. Glaubenskrieg und Revolution als Wiege neuer Religionen.* Paderborn: Wilhelm Fink.

Eßbach, W. 2001. Antitechnische und antiästhetische Haltungen in der soziologischen Theorie. In: Lösch, A. et al. (Hg.) *Technologien als Diskurse. Konstruktionen von Wissen, Medien und Körpern*. Heidelberg: Synchron, S. 125–138.

Fechner, G. T. 2018. Vorschule der Ästhetik. In: Allesch, C. G. (Hg.) *Fechner. Vorschule der Ästhetik*. Wiesbaden: Springer VS, S. 53–648.

Fischer, P. 2017. Alfred Schütz (1899–1959). In: Steuerwald, C. (Hg.) *Klassiker der Soziologie der Künste. Prominente und bedeutende Ansätze*. Wiesbaden: Springer VS, S. 311–330.

Frank, A. 2018. *Große Gesellschaft in kleiner Gruppe. Zum Eigensinn bürgerschaftlichen Engagements für Oper und Theater*. Wiesbaden: Springer VS.

Früchtl, J. und Moog-Grünewald, M. (Hg.) 2016. Berlin 1913 – Paris 1937: Ästhetik und Kunstwissenschaft im Zeitalter der Kongresse / L'esthétique et la science de l'art à l'âge des congrès. Schwerpunktheft der *Zeitschrift für Ästhetik und allgemeine Kunstwissenschaft* 62(2).

Gaupp, L. et al. (Hg.) 2022. *Arts and Power. Politics in and by the arts*. Wiesbaden, Springer VS.

Gautier, M. 2019. *Passion und Kalkül. Zur beruflichen Bewährung in der Galerie*. Frankfurt am Main/ New York: Campus.

Gehlen, A. 2016. *Zeit-Bilder und andere kunstsoziologische Schriften*. In: Rehberg, K.-S. et al. (Hg.) Frankfurt am Main: Klostermann.

Gerhards, J. 1997. Soziologie der Kunst: Einführende Bemerkungen. In: Gerhards, J. (Hg.) *Soziologie der Kunst. Produzenten, Vermittler, Rezipienten*. Opladen: Westdeutscher Verlag, S. 7–22.

Glauser, A. et al. (Hg.) 2020 *The Sociology of Arts and Markets. New Developments and Persistent Patterns*. Basingstoke: Palgrave Macmillan.

Göbel, H. K. und Prinz, S. (Hg.) 2015. *Die Sinnlichkeit des Sozialen. Wahrnehmung und materielle Kultur*. Bielefeld: transcript.

Grewe, C. 2005. Objektivierte Subjektivität: Identitätsfindung und religiöse Kommunikation im nazarenischen Kunstwerk. In: Hollein, M. und Steinle C. (Hg.) *Religion Macht Kunst. Die Nazarener*. Köln: Verlag der Buchhandlung Walther, S. 77–100.

Hall, S. 1999. Kodieren/Dekodieren. In: Bromley, R. et al. (Hg.) *Cultural Studies. Grundlagentexte zur Einführung*. Lüneburg: zu Klampen, S. 92–110.

Hauser, A. 1988. *Soziologie der Kunst*. München: C.H.Beck.

Hegel, G. W. F. 2008. *Vorlesungen über die Ästhetik. Erster und zweiter Teil*. In: Bubner, R. (Hg.) Stuttgart: Reclam.

Heidegger. M. 1950. Der Ursprung des Kunstwerks. In: Heidegger, M. (Hg.) *Holzwege*. Frankfurt am Main: Klostermann, S. 1–72.

Hennion, A. und Latour, B. 1993. Objet d'art, objet de science. Note sur les limites de l'anti-fétichisme. *Sociologie de l'art*, 6, S. 7–24.

Hennion, A. und Latour, B. 2013. Die Kunst, die Aura und die Technik gemäß Benjamin – oder wie man so viele Irrtümer auf einmal begehen kann und dafür auch noch berühmt wird. In: Thielmann, T. und Schüttpelz, E. (Hg.) *Akteur-Medien-Theorie*. Bielefeld: transcript, S. 71–78.

Herder, J. G. 1906. Zur Geschichtsphilosophie. Auch eine Philosophie der Geschichte zur Bildung der Menschheit. In: Stephan, H. (Hg.) *Herders Philosophie. Ausgewählte Denkmäler aus der Werdezeit der neuen deutschen Bildung*. Leipzig: Verlag Felix Meiner, S. 87–176.

Horkheimer, M. und Adorno, T. W. 2016. *Dialektik der Aufklärung*. Frankfurt am Main: Fischer.

Illing, F. 2006. *Kunst, Kommerz und Kultur. Soziologie des schlechten Geschmacks*. Konstanz: UVK.

Ingarden, R. 1962. *Untersuchungen zur Ontologie der Kunst. Musikwerk, Bild, Architektur, Film*. Tübingen: Max Niemeyer.

Imdahl, M. 1980. *Arenafresken. Ikonographie, Ikonologie, Ikonik*. München: Fink.

Ismaiel-Wendt, J. 2011. *tracks'n'treks. Populäre Musik und Postkoloniale Analyse*. Münster: Unrast.

Kant, I. 2011. *Kritik der Urteilskraft.* Stuttgart: Reclam.

Karentzos, A. 2012. Postkoloniale Kunstgeschichte: Revisionen von Musealisierungen, Kanonisierungen, Repräsentationen. In: Reuters, J. und Karentzos, A. (Hg.) *Schlüsselwerke der Postcolonial Studies.* Wiesbaden: Springer VS, S. 249–266.

Karpenstein-Eßbach, Ch. 2002. Ver-rückter Blick in Robert Musils Romans „Der Mann ohne Eigenschaften". In: Fritsch-Rößler, W. (Hg.) Frauenblicke, Männerblicke, Frauenzimmer. St. Ingbert: Röhrig, S. 187–200.

Karpenstein-Eßbach, Ch. 2023. Zwischen Avantgarde und Realismus. Ein Dilemma literatursoziologischer Werkanalyse. In: Magerski, Ch. und Steuerwald, C. (Hg.) *Literatursoziologie. Zu ihrer Aktualität und ihren Möglichkeiten.* Wiesbaden: Springer VS, S. 39–52.

Karstein, U. und Zahner, N. T. 2017. Autonomie der Kunst? Dimensionen eines kunstsoziologischen Problemfeldes. In: Karstein, U. und Zahner, N. T. (Hg.) *Autonomie der Kunst? Zur Aktualität eines gesellschaftlichen Leitbildes.* Wiesbaden: Springer VS, S. 1–50.

Kastner, J. 2023. Für eine intersektionalistische Kunstsoziologie. Anmerkungen zu einem Desiderat. *Artis Observatio* 2(1), S. 35–50.

Kirchberg, V. 2006. Kulturbetriebe aus neo-institutionalistischer Sicht. Zur Nutzung zeitgenössischer Organisationstheorien bei der Analyse des Kulturbetriebs. In: Zembylas, T und Tschmuck, P. (Hg.) *Kulturbetriebsforschung. Ansätze und Perspektiven der Kulturbetriebslehre.* Wiesbaden: Springer VS, S. 99–116.

Klein, G. und Malte, F. 2003. *Is this real? Die Kultur des Hip Hop.* Frankfurt am Main: Suhrkamp.

Knöbl, W. 2022. *Die Soziologie vor der Geschichte. Zur Kritik der Sozialtheorie.* Berlin: Suhrkamp.

König, R. 1937. Literarische Geschmacksbildung. In: König, R. (Hg.) *Das Deutsche Wort. Der literarischen Welt neue Folge und Die große Übersicht,* 13(2), S. 71–82.

König, R. 1998. Die naturalistische Ästhetik in Frankreich und ihre Auflösung. In: Thurn, H. P. (Hg.) *René König Schriften,* Band 1. Opladen: Leske + Budrich.

König, R. und Silbermann, A. 1964. *Der unversorgte selbständige Künstler. Über die wirtschaftliche und soziale Lage der selbständigen Künstler in der Bundesrepublik.* In: Stiftung zur Förderung der wissenschaftlichen Forschung über Wesen und Bedeutung der freien Berufe (Hg.) Köln/Berlin: Deutsche Ärzte-Verlag.

Koselleck, R. 1972. Über die Theoriebedürftigkeit der Geschichtswissenschaft. In: Conze, w. (Hg.) Theorie der Geschichtswissenschaft und Praxis des Geschichtsunterrichts. Stuttgart: Klett, S. 10–28.

Koselleck, R. 2004. Einleitung. In: Brunner, O. et al. (Hg.) Geschichtliche Grundbegriffe. Historisches Lexikon zur politisch-sozialen Sprache in Deutschland, Band I. Stuttgart: Klett-Cotta, S. XIII-XXVII.

Kösser, U. 2006. *Ästhetik und Moderne. Konzepte und Kategorien im Wandel.* Erlangen: filos.

Kösser, U. 2017. Zwischen Unabhängigkeit und Selbstbestimmung. Begriffsgeschichtliche Befunde zur Autonomie der Kunst. In: Karstein, U. und Zahner, N. T. (Hg.) *Autonomie der Kunst? Zur Aktualität eines gesellschaftlichen Leitbildes.* Wiesbaden: Springer VS, S. 67–86.

Kracauer, S. 2011. *Essays, Feuilletons, Rezensionen.* Frankfurt am Main: Suhrkamp.

Kropf, J. 2007. Hippolyte Taine (1828–1893). In: Steuerwald, C. (Hg.) *Klassiker der Soziologie der Künste. Prominente und bedeutende Ansätze.* Wiesbaden: Springer VS, S. 45–72.

Kruse, V. 1990. Von der historischen Nationalökonomie zur historischen Soziologie. Ein Paradigmenwechsel in den deutschen Sozialwissenschaften um 1900. *Zeitschrift für Soziologie.* 19(3), S. 149–165.

Kultermann, U. 1996. *Geschichte der Kunstgeschichte.* München: Prestel.

Latour, B. 2007. *Eine neue Soziologie für eine neue Gesellschaft. Einführung in die Akteur-Netzwerk-Theorie.* Frankfurt am Main: Suhrkamp.

Loer, T. 1996. *Halbbildung und Autonomie. Über Struktureigenschaften der Rezeption bildender Kunst*, Opladen: Westdeutscher Verlag

Loer, T. 2018. Das Gedicht an der Wand. Analyse des Gedichts avenidas von Eugen Gomringer sowie seiner öffentlichen Präsentation. In: *sozialer sinn. Zeitschrift für hermeneutische Sozialforschung* 19/1, S. 191–226.

Luhmann, N. 1994. *Die Ausdifferenzierung des Kunstsystems, Vortrag und Gespräch im Kunstmuseum Bern 1993*. Bern: Benteli Verlag.

Luhmann, N. 1995. *Die Kunst der Gesellschaft*. Frankfurt am Main: Suhrkamp.

Luhmann, N. 2008. *Schriften zu Kunst und Literatur*. Frankfurt am Main: Suhrkamp

Mannheim, K. 1970. Beiträge zur Theorie der Weltanschauungs-Interpretation. In: Mannheim, K. *Wissenssoziologie. Auswahl aus dem Werk*, hrsg. von Wolff, K. H. Neuwied: Luchterhand, S. 91–154.

Marx, K. 1932. *Das Kapital. Kritik der politischen Ökonomie*. Berlin: Kiepenheuer.

Marx, K. und Engels, F. 1967. *Über Kunst und Literatur: in zwei Bänden*, Bd. 1, hrsg. von Kliem, M. Berlin: Dietz.

Mendelssohn, M. 1994. Über die Hauptgrundsätze der schönen Künste und Wissenschaften. In: Best, O. F. (Hg.) Moses *Mendelssohn. Ästhetische Schriften in Auswahl*. Darmstadt: Wissenschaftliche Buchgesellschaft, S. 173–197.

Mikl-Horke, G. 1992. *Soziologie. Historischer Kontext und soziologische Theorieentwürfe*. München: Oldenbourg.

Mitchell, W. J. T. 2008. *Bildtheorie*. Frankfurt am Main: Suhrkamp.

Moebius, S. 2017. René König (1906–1992). Der Weg über die Kunst zur (Kunst-)Soziologie. In: Steuerwald, C. (Hg.) *Klassiker der Soziologie der Künste. Prominente und bedeutende Ansätze*. Wiesbaden: Springer VS, S. 405–432.

Moebius, S. und Prinz, S. (Hg.) 2012. *Das Design der Gesellschaft. Zur Kultursoziologie des Designs*. Bielefeld: transcript.

Moritz, K. P. 2009. Über die bildende Nachahmung des Schönen. In: Moritz, K. P. (Hg.) *Die Signatur des Schönen und andere Schriften zur Begründung der Autonomieästhetik*, hrsg. von Riplinger, S. Hamburg: Philo Fine Arts, S. 27–68.

Mülder-Bach, I. 1985. *Siegfried Kracauer – Grenzgänger zwischen Theorie und Literatur: seine frühen Schriften 1913–1933*. Stuttgart: J.B. Metzler.

Müller, J. 2013. Bildkommunikation. Konturen eines systemtheoretischen Zugangs zum Kunstwerk. In: Steuerwald, C. und Schröder, F. (Hg.) *Perspektiven der Kunstsoziologie*. Wiesbaden: Springer VS, S. 165–177.

Müller, M. 1972. Künstlerische und materielle Produktion. Zur Autonomie der Kunst in der italienischen Renaissance. In: Müller, M. et al. (Hg.) *Autonomie der Kunst. Zur Genese und Kritik einer bürgerlichen Kategorie*. Frankfurt am Main: Suhrkamp, S. 9–87.

Müller-Jentsch, W. 2017. Theodor W. Adorno (1903–1969). Kunstsoziologie zwischen Negativität und Versöhnung. In: Steuerwald, C. (Hg.) *Klassiker der Soziologie der Künste. Prominente und bedeutende Ansätze*. Wiesbaden: Springer VS, S. 351–380.

Nochlin, L. 1971. Why Have There Been No Great Women Artists? *ARTnews*, Januar 1971 S. 22–39, S. 67–71.

Otte, G. 2017. Richard A. Peterson (1932 – 2010) und Paul J. DiMaggio (*1951). Organisationale Kulturproduktion und kultureller Statuskonsum. In: Steuerwald C. (Hg.) *Klassiker der Soziologie der Künste. Prominente und bedeutende Ansätze*. Wiesbaden: Springer VS, S. 799–829.

Panofsky, E. 1979. Ikonographie und Ikonologie. In: Kaemmerling, E. (Hg.) *Ikonographie und Ikonologie. Theorien – Entwicklungen – Probleme*. Köln: DuMont, S. 353–376.

Peters, K. 2022. Über queerfeministische Ästhetik. Situiertes Wissen auf der documenta 6 und darüber hinaus. In: Buckermann, P. (Hg.) *Die Welten der documenta. Wissen und Geltung eines Großereignisses in der Kunst.* Weilerswist: Velbrück, S. 100–116.

Polany, K. 1944. *The Great transformation.* New York/Toronto: Farrar & Rinehart.

Prinz, S. und Schäfer, H. 2015. Einleitung: Zwischen Massenkultur und Individualisierung. In: Reckwitz, A. et al. (Hg.) *Ästhetik und Gesellschaft. Grundlagentexte aus Soziologie und Kulturwissenschaften.* Berlin: Suhrkamp, S. 55–62.

Reckwitz, A. 2012. *Die Erfindung der Kreativität.* Berlin: Suhrkamp.

Reckwitz, A. et al. (Hg.) 2015. *Ästhetik und Gesellschaft. Grundlagentexte aus Soziologie und Kulturwissenschaften.* Berlin: Suhrkamp, S. 13–54.

Rehberg, K.-S. 2016. Bilderstreit und Wiedervereinigung. In: *Jahrbuch für Kulturpolitik 2015/16. Transformatorische Kulturpolitik.* Bielefeld: transcript, S. 121–130.

Riegel, H. 1895. Die bildenden Künste. Kurzgefasste allgemeine Kunstlehre in ästhetischer, künstlerischer, kunstgeschichtlicher und technischer Hinsicht. Frankfurt am Main: Verlag von Heinrich Keller.

Riegl, A. 1923. *Stilfragen: Grundlegungen zu einer Geschichte der Ornamentik.* Berlin: Richard Carl Schmidt & Co.

Ritsert, J. 2010. Der Positivismusstreit. In: Kneer, G. und Moebius, S. (Hg.) *Soziologische Kontroversen.* Frankfurt am Main: Suhrkamp, S. 102–130.

Ritter, B. 2003. Piet Mondrian. Komposition im Quadrat (1922). Eine kunstsoziologische Werkanalyse. *sozialer sinn. Zeitschrift für hermeneutische Sozialforschung* 4(1), S. 295–312.

Ritter, B. 2011. Die Collage Zeichnung A 6 (1918) von Kurt Schwitters (1887–1948) als Darstellung einer wiedergewonnenen Perspektive. Ein Beitrag zum Thema „Werkanalyse als Wirklichkeitswissenschaft". *sozialer sinn. Zeitschrift für hermeneutische Sozialforschung* 12(2), S. 81–114.

Rousseau, J.-J. 1981. *Der Gesellschaftsvertrag.* Leipzig: Reclam.

Rodríguez, E. G. et al. 2010. *Decolonizing European Sociology. Interdisciplinary Approaches.* Surrey: Ashgate.

Sachs, M. 2015. Ikonologie und Stilanalyse: Bilder als Dokumente. In: Günzel, S. und Mersch, D. (Hg.) *Bild. Ein interdisziplinäres Handbuch.* Stuttgart/Weimar: J.B. Metzler, S. 88–94.

Sachs, M. 2017. Vom Agieren Dazwischen. Kritische Kunstgeschichte um 1900. In: Becker, I. und Marchal, S. (Hg.) *Julius Meier-Graefe. Grenzgänger der Künste.* Berlin/München: Deutscher Kunstverlag: 255–263.

Schiller, F. 2000. *Über die ästhetische Erziehung des Menschen in einer Reihe von Briefen,* hrsg. von Berghahn, K. L. Stuttgart: Reclam.

Seeliger, M. 2022. *Soziologie des Gangstarap. Popkultur als Ausdruck sozialer Konflikte.* Weinheim: Beltz Juventa.

Schmidtke, O. und Schröder, F. 2013. Soziologische Filmanalyse als Werkanalyse Exemplifiziert an einer werkimmanenten Interpretation von Stanley Kubricks „The Shining". In: Steuerwald, C. und Schröder, F. (Hg.) *Perspektiven der Kunstsoziologie.* Wiesbaden: Springer VS, S. 179–199.

Schneider, N. 1996. *Geschichte der Ästhetik von der Aufklärung bis zur Postmoderne.* Stuttgart: Reclam.

Schnell, Ch. 2007. *Regulierung der Kulturberufe in Deutschland. Strukturen, Akteure, Strategien.* Wiesbaden: VS Verlag.

Schopenhauer, A. 2020. *Die Welt als Wille und Vorstellung. Kritische Jubiläumsausgabe der ersten Auflage von 1819.* In: Koßler, M. und Massei, W. (Hg.) Hamburg: Felix Meiner Verlag.

Schütz, A. 1951. Making Music Together: A Study in Social Relationship. In: *Social Research*, Vol. 18/1, S. 76–97.

Schrage, D. et al. (Hg.) 2019. *„Zeiten des Aufbruchs"*. *Popmusik als Medium gesellschaftlichen Wandels.* Wiesbaden: Springer VS.

Schürkmann, C. 2018. Über das Sichtbare hinaus. Eine Soziologie künstlerischer Praxis. In: *Zeitschrift für Soziologie* 47(6), S. 438–453.

Schwetter, H. 2022. Rockmusik in der Diskothek. Empirisch informierte Musikanalyse als Zugang zu Musik-Erleben und Musikalischer Gestaltung. Samples. In: *Open Access Journal for Popular Music Studies*, 20, S. 1–29.

Silbermann, A. 1973. *Empirische Kunstsoziologie. Einführung mit kommentierter Bibliographie*, Stuttgart: Enke.

Simmel, G. 1992. *Soziologie. Untersuchungen über die Formen der Vergesellschaftung*. Frankfurt am Main: Suhrkamp.

Simmel, G. 1998. Soziologische Ästhetik. In: Simmel, G. *Soziologische Ästhetik*. In: Lichtblau, K. (Hg.) Wiesbaden: VS Verlag, S. 67–80.

Smudits, A. et al. (Hg.) 2014. *Kunstsoziologie*. München: Oldenbourg.

Stichweh, R. 1991. *Der frühmoderne Staat und die europäische Universität. Zur Interaktion von Politik und Erziehungssystem im Prozeß ihrer Ausdifferenzierung (16.-18. Jahrhundert)*. Frankfurt am Main: Suhrkamp.

Taine, H. 1987. *Philosophie der Kunst*. Berlin: Spiess.

Tanner, J. 2003. *The Sociology of Art. A Reader*. London/New York: Routlege.

Tenbruck, F. H. 1990. Die kulturellen Grundlagen der Gesellschaft. Der Fall der Moderne. Opladen: Westdeutscher Verlag.

Thurn, H. P. 1973. *Soziologie der Kunst*. Stuttgart: Kohlhammer.

Thurn, H. P. 1985. *Künstler in der Gesellschaft: Ergebnisse einer Befragung unter bildenden Künstlern in Düsseldorf und Umgebung*. Opladen: Westdeutscher Verlag.

Thurn, H. P. 1994. *Der Kunsthändler. Wandlungen eines Berufes*. München: Hirmer.

Thurn, H. P. 1997. Kunst als Beruf. In: Gerhards. J. (Hg.) *Soziologie der Kunst. Produzenten, Vermittler, Rezipienten*. Opladen: Westdeutscher Verlag, S. 103–124.

Tröndle, M. 2005. Kultur – Organisation – Entscheidung: Zur Differenz von Organisation und Kulturorganisation. In: Knubben, T. und Klein, A. (Hg.) *Deutsches Jahrbuch für Kulturmanagement 2003/2004*. Baden-Baden, S. 182–212.

Vogt, L. 1994. Kunst oder Kitsch: ein „feiner Unterschied"? Soziologische Aspekte ästhetischer Wertung. *Soziale Welt*, 45(3), S. 363–384.

Warnke, M. 1996. *Der Hofkünstler. Zur Vorgeschichte des modernen Künstlers*. Köln: Dumont.

Weber, M. 2004. Zur Musiksoziologie. Nachlass 1921. In: *Max Weber: Gesamtausgabe I*, Band 14. In: Braun, C. und Finscher, L. (Hg.) Tübingen: J.C.B. Mohr.

Welsch, W. 1993. *Ästhetisches Denken*. Stuttgart: Reclam.

White, C. A. und White, H. C. 1965. *Canvases and Careers. Institutional Change in the French Painting World*. Chicago: University of Chicago Press.

Willis, P. 1981. *"Profane Culture": Rocker, Hippies; subversive Stile der Jugendkultur*. Frankfurt am Main: Syndikat.

Winckelmann, J. J. 1995. Gedanken über die Nachahmung der griechischen Wercke in der Mahlerey und Bildhauer-Kunst. In: Pfotenhauer H. et al. (Hg) *Bibliothek der Kunstliteratur*, Band 2. Frankfurt am Main: Dt. Klassiker-Verlag, S. 9–50.

Wölfflin, H. 1984. *Kunstgeschichtliche Grundbegriffe: Das Problem der Stilentwicklung in der neueren Kunst*. Dresden: Verlag der Kunst.

Zahner, N. T. 2021 Das Publikum als Ort der Auseinandersetzung um legitime Formen des Kunst- und Weltwahrnehmens. In: Schürkmann, Ch. und Zahner, N. T. (Hg.) *Wahrnehmen als soziale Praxis*. Wiesbaden: Springer VS, S. 133–162.

Zahner, N. T. 2012. Zur Soziologie des Ausstellungsbesuchs. Positionen der soziologischen Forschung zur Inklusion und Exklusion von Publika im Kunstfeld. *Sociologia Internationalis*. 50(1–2), S. 209–232.

Zahner, N. T. 2006. *Die neuen Regeln der Kunst. Andy Warhol und der Umbau des Kunstbetriebs im 20. Jahrhundert*. Frankfurt am Main/New York: Campus.

Zembylas, T. 2012. Auf den Spuren von Tacit Knowing im künstlerischen Schaffensprozess. *Sociologia Internationalis* 50(1–2), S. 87–113.

Zembylas, T. und Dürr, C. 2009. *Wissen, Können und literarisches Schreiben: Eine Epistemologie der künstlerischen Praxis*. Wien: Passagen.

Zembylas, T. und Tschmuck, P. (Hg.) 2005. *Der Staat als kulturfördernde Instanz*. Innsbruck: Studien Verlag.

Zolberg, V. L. 2014. A cultural sociology of art. *Current Sociology* 63(6): 896–915.

III Einführung in die klassischen Grundlagentexte

Uta Karstein
Grundlagentexte – Einführung

Die folgenden Texte stellen fünf ausgewählte Kunstsoziologen vor, die mit ihren
Arbeiten wichtige Bereiche und ‚Stile' der Kunstsoziologie repräsentieren. Dies
sind: Georg Simmel, Norbert Elias, Howard S. Becker, Pierre Bourdieu und Niklas
Luhmann.[1] Sowohl im Hinblick auf die bevorzugten Gegenstände, als auch im
Hinblick auf Forschungsperspektiven und theoretische Hintergründe spannen
diese Autoren einen weiten Bogen. Im Zentrum der einführenden Kapitel steht
jeweils einer ihrer charakteristischen Texte. Sie werden ergänzt durch kurze biografische Notizen und eine Einordnung des Referenztextes in das Gesamtwerk
des jeweiligen Theoretikers. Darüber hinaus finden sich auch Hinweise auf die
Rezeptions- und Wirkungsgeschichte, und es werden Anschlüsse markiert, die
spätere Kunstsoziolog:innen aufgegriffen und für ihre Forschungen fruchtbar gemacht haben.[2]
  Eine Auswahl vorzunehmen heißt, sich auf bestimmte Arbeiten und Ansätze zu
konzentrieren und andere wegzulassen. Es gilt daher an dieser Stelle transparent
zu machen, warum diese Auswahl so und nicht anders erfolgte. In der Überzeugung, dass es für ein Einführungsbuch sinnvoll ist, zunächst einmal die Möglichkeiten der eigenen Disziplin abzustecken, bevor der Dialog mit philosophischen oder
kunstwissenschaftlichen Ansätzen eröffnet wird, hat sich die Auswahl vor allem
auf genuin soziologische Ansätze beschränkt. Darüber hinaus wurden nur solche
Autor:innen berücksichtigt, die sich auch explizit mit kunstsoziologischen Fragen
auseinandergesetzt haben – und nicht erst nachträglich für kunstbezogene Fragestellungen fruchtbar gemacht wurden.[3]
  Als weitere Orientierung dienen drei Spannungslinien, entlang derer sich die
meisten kunstsoziologischen Arbeiten einordnen lassen: a) Kunstsoziologie vs. Soziologie der Kunst, b) Kunstsoziologie vs. soziologische Ästhetik, c) normative vs.

---

1 Dass es sich dabei ausschließlich um Männer handelt, spiegelt die Geschlechterverhältnisse in
der (Kunst-)Soziologie des 20. Jahrhunderts wider. Hier gab es – wie lange Zeit auch in der Soziologie insgesamt – sehr wenige Frauen.
2 Anschauliche Beispiele für solche produktiven Rezeptionslinien liefern die Beiträge im Abschnitt IV.
3 Aufgrund dieser beiden Einschränkungen rücken eine ganze Reihe an Theoretiker:innen und
Theorien in den Hintergrund, die in anderen kunstsoziologischen Überblicksbänden sehr wohl
Berücksichtigung finden, wie beispielsweise Theodor W. Adorno, Arnold Gehlen, Maurice Mer-
lau-Ponty, Michel Foucault, Jacques Derrida und andere mehr (vgl. z. B. Danko 2012; Smudits
et al. 2014; Steuerwald 2017).

https://doi.org/10.1515/9783110716863-003

werturteilsfreie Kunstsoziologie.[4] Aus dieser Perspektive lassen sich alle vier der hier porträtierten Theoretiker mir ihren kunstsoziologischen Ansätzen am Pol eines werturteilsfreien Wissenschaftsverständnisses verorten, was nicht heißt, dass die verfolgten Forschungsinteressen – wie etwa im Falle Bourdieus – nicht durchaus gesellschaftskritisch motiviert sind. Darüber hinaus zeichnen sie sich aber durch ihre unterschiedliche Positionierung bei der Frage aus, ob sie eher eine Soziologie der Kunst oder eine Kunstsoziologie betreiben (und als wie relevant dabei jeweils das Kunstwerk angesehen wird) sowie bei der Frage, ob sie das Kunstfeld in einem engeren Sinne fokussieren oder ästhetische Phänomene in einem weiteren Sinne in den Blick nehmen.

Den Reigen eröffnet *Georg Simmel*, der von *Barbara Aulinger* vorgestellt wird. Simmel hat sich – im Vergleich etwa zu Zeitgenossen wie Max Weber, Emile Durkheim oder Werner Sombart – intensiv mit künstlerischen und ästhetischen (aber auch kulturpolitischen) Fragen auseinandergesetzt. Disziplingeschichtlich steht er für eine Beschäftigung mit Kunst, die die Nähe zur Philosophie sucht und zuweilen auch bewusst überschreitet. In das Einführungsbuch wurde Simmel vor allem deswegen aufgenommen, weil er neben John Dewey als einer der Begründer einer soziologischen Ästhetik gelten kann. Sein Text „Soziologische Ästhetik" steht daher auch im Zentrum der Einführung. Simmel repräsentiert damit eine Richtung der Kunstsoziologie, die sich nicht auf Kunst in engeren Sinne beschränkt, sondern ästhetische Phänomene in einem weiteren Sinne in den Blick nimmt und auf ihre Gesellschaftlichkeit hin befragt. Dies schließt die umgekehrte Perspektive mit ein, die das Ästhetische am Gesellschaftlichen fokussiert. Angestoßen durch die Arbeiten von Andreas Reckwitz (2012) und anderen, erfreut sich diese Richtung heute wieder neuer Aufmerksamkeit.

Christian Steuerwald führt in den soziologischen Ansatz *Norbert Elias'* ein und kontextualisiert dessen späte Arbeit „Mozart. Zur Soziologie eines Genies" als eine Anwendung wichtiger Konzepte, die dieser in früheren Studien seiner historischen Soziologie über den Prozess der Zivilisation entwickelt hatte. Auf diese Weise gelingt es Elias, eine genuin soziologische Perspektive auf Künstlerpersönlichkeiten zu entwickeln und dem klassischen Genialitätsnarrativ eine Alternative an die Seite zu stellen. Eine solche Perspektive muss die Balance finden, Kunstschaffende und ihre Werke in den sozialen Kontext ihrer Zeit einzubetten, ohne ihnen das Besondere, Individuelle zu nehmen, was Elias zweifellos gelingt. Mit seinem Fokus steht er für eine Soziologie der Kunst, die über eine singuläre Figur wie Mozart ein komplexes institutionelles Gefüge und dessen historischen

---

4 Diese Dimensionen wurden im Kapitel „Kunstsoziologie zwischen Philosophischer Ästhetik und Kunstgeschichte" näher erläutert.

Wandel von einer „Handwerkerkunst" zu einer „Künstlerkunst" in den Blick zu nehmen vermag.

Howard S. Becker – vorgestellt von *Oliver Berli* – gilt als Wegbereiter des US-amerikanischen *Production of Culture*-Ansatzes (DiMaggio 2000; Peterson und Anand 2004). Dieser zeichnet sich durch das Bestreben aus, die Praxis von Kunst-produzent:innen sowie die Inhalte der Werke selbst durch die sie umgebenden In-stitutionen der „Art Worlds" (Becker) zu erklären. Damit kann auch Becker als Vertreter einer Soziologie der Kunst bezeichnet werden, der jedoch viel stärker als Elias den Fokus systematisch von den Kunstschaffenden und den Werken weg-lenkt: Kunst ist für ihn kollektives Handeln, also das Ergebnis des Zusammen-wirkens Vieler – einschließlich Personen, die Instrumente bauen, Material transportieren oder Tickets verkaufen. Dies eröffnet der Kunstsoziologie ein breites Forschungsfeld mit vielfältigen Anschlüssen – etwa an die Arbeits- Pro-fessions- und Organisationssoziologie oder an das Feld der Netzwerkanalyse.

Der für *Pierre Bourdieus* Kunstsoziologie ausgewählte zentrale Referenztext „Elemente zu einer soziologischen Theorie der Kunstwahrnehmung" hat – im Un-terschied zu Howard S. Beckers produktionsorientierter Perspektive – vor allem die Kunstrezeption zum Thema. Eingeführt und kontextualisiert wird er von *Nina Tessa Zahner*. Aufgenommen wurde Bourdieu mit diesem Text vor allem aufgrund seiner kritischen Auseinandersetzung mit der philosophischen Ästhetik Immanuel Kants (2011). Dessen Unterscheidung von „reinem" und „barbarischem" Geschmack und die Bestimmung von Schönheitsurteilen als auf „interesselosem Wohlgefallen" beruhend, werden von Bourdieu auf ihre sozialen Voraussetzungen und symboli-schen Hierarchien hin befragt. Auf diese Weise holt er ungleichheits- und macht-theoretische Perspektiven mit großer Vehemenz in die Kunstsoziologie zurück und steht damit zugleich für eine Soziologisierung ästhetisch-philosophischer Perspektiven.

Bei dem letzten – und von *Christine Magerski* vorgestellten – Theoretiker handelt es sich um *Niklas Luhmann*. Dessen Kunstsoziologie mit dem hier exem-plarisch ausgewählten Aufsatz „Das Kunstwerk und die Selbstreproduktion der Kunst" ist ein Beispiel für eine Kunstsoziologie, die eng verknüpft ist mit Gesell-schaftstheorie. Kunst erscheint bei Luhmann als ein gesellschaftlicher Teilbe-reich, der seiner eigenen Logik folgt, darin aber vergleichbar ist mit anderen Gesellschaftsbereichen. Anders als handlungs- und akteurstheoretisch orientierte Kunstsoziologien (Howard S. Becker, Pierre Bourdieu) steht bei Luhmann das Kunstwerk als Kommunikation und Kommunikationsofferte im Zentrum seiner Kunstsoziologie. Darüber hinaus steht Luhmann stellvertretend für kunstsoziolo-gische Theorien, die die zentrale Rolle und Funktion von (moderner) Kunst für die Gesellschaft zu bestimmen versuchen. Insgesamt ist Luhmann damit eher auf der Seite der Kunstsoziologie denn auf der Seite einer Soziologie der Kunst zu verorten.

Literatur

Danko, D. 2012. *Kunstsoziologie*. Bielefeld: transcript.
DiMaggio, P. 2000. The Production of Scientific Change: Richard Peterson and the Institutional Turn in Cultural Sociology. *Poetics* 28, S. 107–136.
Kant, I. 2011. *Kritik der Urteilskraft*. Stuttgart: Reclam.
Peterson, R. A. und Anand, N. 2004. The Production of Culture Perspective. *Annual Review of Sociology*, 30, S. 311–334.
Reckwitz, A. 2012. *Die Erfindung der Kreativität. Zum Prozess gesellschaftlicher Ästhetisierung*. Berlin: Suhrkamp.
Smudits, A. et al. (Hg.) 2014. *Kunstsoziologie*. München: Oldenbourg.
Steuerwald, C. (Hg.) 2017. *Klassiker der Soziologie der Künste. Prominente und bedeutende Ansätze*. Wiesbaden: Springer VS.

Barbara Aulinger
Georg Simmel: „Soziologische Ästhetik"

1 Biografie und Werk

> „Meine Soziologie ist ein ganz spezielles Fach,
> für das es außer mir keinen Vertreter
> in Deutschland gibt."

Georg Simmels Leben (01.03.1858–26.09.1918) ist untrennbar mit dem kulturellen Berliner Milieu seiner Zeit verbunden. Seine Eltern waren jüdischer Herkunft, jedoch später evangelisch bzw. katholisch getauft. Die jüdische Geburt seiner Eltern war für Simmels Karriere nachweislich ein Hindernis. 1876 bis 1881 studierte er an der Berliner Universität Geschichte, Philosophie, Völkerpsychologie und Kunstgeschichte. Als Nebenfach im Rigorosum hatte er Kunstgeschichte bei Hermann Grimm gewählt – ein erwähnenswertes Faktum, denn sein „ganz spezielles Fach" (GSG 11: 892) ist wesentlich auch bei Grimm verankert. Privat pflegten er und seine Frau einen großen kunstaffinen Freundeskreis. Im Jahr 1885 habilitierte er sich. Vorlesungen und Übungen zu Kant, Goethe, Schopenhauer und Nietzsche waren Schwerpunkte seiner Lehre. Im Jahr 1901 wurde Simmel auf Fürsprache einiger Forscherkollegen (Wilhelm Dilthey und Gustav Schmoller) zum „außerordentlichen Professor" ernannt, erhielt jedoch keine Erlaubnis, Doktoranden anzunehmen. Eine Berufung nach Heidelberg 1908 wurde nachweislich hintertrieben (Jung 1990: 11 ff.)[1] Auch das breite Interesse, das sein Werk „Philosophie des Geldes", erschienen 1900, und die positive Bewertung seines soeben erschienenen Hauptwerks „Soziologie" durch Wilhelm Windelband halfen ihm dabei nicht (Gassen und Landmann 1958: 28; GSG 11: 904).[2]

1914 endlich erhält er einen Ruf nach Straßburg. Nun, während des Krieges, zeigt Simmel in mehreren Schriften, vor allem auch in seinem „Rembrandt-Buch", eine bis dahin bei ihm unbekannte „völkisch-deutsche" Attitüde. Diese letzte Schaffensphase brachte ihm später den Vorwurf ein, ein Wegbereiter des Nationalsozialismus gewesen zu sein.

Im Herbst 1918 stirbt Simmel an Krebs.

Simmels umfangreiches Werk befasst sich mit allen Bereichen des Lebens, mit der Philosophie Schopenhauers ebenso wie mit der Mode oder mit dem Bil-

---

1 Über die Ablehnung Simmels durch die Kollegenschaft auch besonders Jung (1990: 31 ff.).
2 Zur „Philosophie des Geldes" ist auch der 1993 erschienene und von Jeff Kintzle und Peter Schneider herausgegebene Sammelband „Georg Simmels Philosophie des Geldes" erwähnenswert.

https://doi.org/10.1515/9783110716863-004

derrahmen, teils eingefügt in seine Vorlesungen und Reflexionen über andere Forscher, wie Kant, Schopenhauer, Goethe oder Nietzsche, teils in Leserbriefen, Kommentaren und Miszellen, teils als Aufsätze oder Abhandlungen in Periodika, teils als autonome monografische Studien, wie über Geschichtsphilosophie, über das Geldwesen oder über die Wissenschaft Soziologie als solche. Dass er mit Quellenverweisen zunehmend sparsamer umgegangen ist, hat dem Verständnis seiner Soziologie, aber letzten Endes auch seiner zeitgenössischen wissenschaftlichen Reputation nicht zum Vorteil gereicht (Coser 1957/58: 638 f.). Oftmals erweist sich der semantische Interpretationsraum als allzu weit, einerseits wegen der fehlenden Referenzen, aber andererseits auch, weil er oft breite Vorkenntnisse erwartet. Eine Vorlesung über Kant etwa ist (war) nicht eine Darlegung von dessen Philosophie, sondern ein Disput darüber. Daher ist auch die hier im Zentrum des Interesses stehende Abhandlung „Soziologische Ästhetik" von 1896 kaum als selbstständige Abhandlung zu referieren, ohne auf vorherige Schriften Simmels auszugreifen oder zu verweisen.

Im letzten Viertel des 19. Jahrhunderts hatte die Soziologie noch nicht Einzug gehalten in die deutschen Universitäten, doch waren die französischen Forscher Comte, Durkheim und Taine in Fachkreisen wohlbekannt. Durkheims Axiom, Soziales sei nur durch Soziales zu erklären, lehnte Simmel ausdrücklich ab, denn eine Wissenschaft könne ihre Methoden nicht aus sich selbst schaffen (Aulinger 1999, Simmel GSG 5: 54 ff.). Von England her fanden die Sozialtheorien John Ruskins und William Morris' Verbreitung, die den Weg zu einem neuen, sozialistisch-kommunistischen Leben über einen „schöneren", den mittelalterlichen Handwerksstand wiedererweckenden Alltag finden wollten.[3] Durch sein Studium der Kunstgeschichte war Simmel zweifellos auch mit dem damals wogenden Methodendiskurs innerhalb des Faches Kunstgeschichte vertraut, welches sich um die Mitte des 19. Jahrhunderts an den Universitäten etablierte, immerhin eine Generation früher als die Soziologie.

Bis etwa 1892 ist Simmels Herangehensweise an die Gesellschaft noch keine „ästhetische", „bildnerische" in dem Sinn, den er ihr später selbst verleiht. In seinen frühen Schriften ist der psychologische Zugang, der ihn zu Dissertation und Habilitation geführt hatte, vorherrschend: Lust und Unlust, Nachahmung, Gruppenbildung, Über- und Unterordnung und andere „Urtriebe", die sich, wie Simmel meinte, zu gesellschaftlichen Phänomenen kristallisieren und in permanenter Wechselwirkung zueinander stehen. Zunehmend konzentriert er sich dann auf

---

3 Auch in Simmels Abhandlung „Soziologische Ästhetik" finden sich inhaltliche, allerdings nicht namentliche Bezüge zu diesen „rückwärtsgewandten Utopisten" und deren Bemühen um Symmetrie (GSG 5: 206 f.).

einen Dualismus auf allen Ebenen der Gesellschaft und im Individuum selbst: einerseits die distanzierte, „unparteiische", eben „ästhetische" Erkenntnis und Verhaltensweise, auf der anderen Seite die „parteiische" individualistische, die im Einzelfall urteilt und handelt. Letztlich geht dieser Dualismus bei Simmel aber in einem individuellen Gesetz des jeweiligen „Passens" auf.

Die Kunstgeschichte hatte im zweiten Drittel des 19. Jahrhunderts die vermeintlich absoluten (antiken, klassischen) Maßstäbe aufgegeben. Man wollte zu den Wurzeln künstlerischen Wirkens vordringen und suchte ein Instrumentarium, basierend auf der konsequenten Trennung von Form und Inhalt der Kunstwerke. Man fand dichotome Gestaltungsmöglichkeiten, wie haptisch versus optisch oder flächig versus linear und andere. Damit sollte man ein spätrömisches Relief und ein Landschaftsgemälde des 18. Jahrhunderts mit den gleichen Parametern messen und vergleichen können. Paradoxerweise hatte vor allem Napoleons politisches Schicksal zu dieser Entwicklung beigetragen. Nach seiner Verbannung begann man, die während seiner Regentschaft in ganz Europa aus Kirchen, Schlössern und Museen geraubten und nach Frankreich verbrachten Kunstwerke wieder einzusammeln, um sie den ursprünglichen Besitzer:innen wieder zurückzuerstatten, was sich jedoch wegen der nur oberflächlichen Beschreibungen als mühsam erwies. Da viele Werke gleich benannt waren, etwa „Die heilige Familie" oder „Madonna mit Kind", musste man eine gewisse Systematik aufstellen. Nun erst bemerkte man bildnerische Besonderheiten und zugleich Gemeinsamkeiten, die eine Sortierung ermöglichten. So „entdeckte" man zum Beispiel die sogenannte Altdeutsche Kunst als eigenen Stil, als „reales" oder „geistiges" Gebilde, um mit dem Begriff Simmels zu sprechen. Die „altmodischen" mittelalterlichen Kunstwerke, die nur aus Pietät in den Kirchen verblieben waren, zeigten nun ihr eigenes „individuelles", bildnerisches Gesetz, nur an diesem zu messen, nicht an einem von außen herangetragenen. In der „höheren" Kunstgeschichte, wie Simmels Lehrer Hermann Grimm es schon genannt hatte, gehe es darum, Gebilde zu erkennen, die als solche nicht sichtbar sind.[4] Erst aus der Distanz, aus der „uninteressierten", eben ästhetischen Sichtweise der Forschung wurden diese begreifbar (Aulinger 1996: 857 ff., 2006: 247 ff.).

Der Umschwung von Simmels psychologischer zu einer ästhetischen Sichtweise vollzieht sich in den 1890er-Jahren. 1892, in seiner Abhandlung „Probleme der Geschichtsphilosophie", verweist Simmel erstmals dezidiert auf die Kunstgeschichte als methodologisches Vorbild (GSG 2: 354):

---

4 In der hier notwendigen Kürze muss ich es dabei belassen, auf die Schriften von Hermann Grimm, des Lehrers von Simmel, und deren Wichtigkeit für die Gedankenwelt Simmels, hinzuweisen (siehe dazu Aulinger 1999: 102 ff.).

Was also für die Kunstgeschichte längst erkannt ist: daß es sozusagen keine immanente Kunstgeschichte geben kann, d. h. keine, die eine künstlerische Erscheinung aus der anderen verständlich und gesetzmäßig entwickelte, weil die politischen, socialen, religiösen etc. Verhältnisse die nächsten Erscheinungen mitbestimmen und doch ihrerseits aus den vorhergegangenen künstlerisch nicht berechenbar sind – das gilt auch für die Gesamtgeschichte.[5]

Immanuel Kant korrigierend und sich auf Theodor Mommsen und Arthur Schopenhauer berufend (aber nicht auf seinen Lehrer Grimm) betont Simmel, dass auch ein Historiker Phantasie brauche und daher wie ein Künstler handle.[6] Recht und Sitte seien zwar Grundlagen, doch forme der Historiker sich darauf erst sein eigenes Bild einer Epoche, und damit aus dem gleiche Triebe wie ein Künstler. Weshalb die Philosophie aus dem „Kunsttriebe" herzuleiten und ihre Resultate „ästhetische" Leistungen seien. Der „ästhetische" Mensch, so Simmel, setzt sich zu den Inhalten der Welt in Distanz (GSG 2: 322 f.).

Die methodologische Dichotomisierung der kunsthistorischen Begriffe fügte sich gänzlich in Simmels Affinität zu Kant, zumal auch umgekehrt die Kunstgeschichte bzw. einige Vertreter, wie der Bildhauer Adolf von Hildebrand (siehe Sattler 1962) oder der Berliner Jurist, Mäzen und Theoretiker, Conrad Fiedler, sich ausdrücklich auf Kant gründeten. Simmel stellt die scheinbar unverrückbaren, zeitlosen Apriori Kants der modernen Welt gegenüber und verweist auf eine Fehlstelle in Kants Apriori: Das künstlerische Gestalten und das Forschungsinteresse, also „die höchste geistige Produktivität", hätten bei Kant keinen Platz gefunden (GSG 9: 151 ff.).[7] Heute wisse man, dass es keine historischen „Wahrheiten" gebe. Alles Erkennen sei bereits wieder eine Formung, wie auch die Kunstgeschichte zeige (GSG 9: 44 f.). Die Gegenwart, so Simmels Entgegnung, habe ihre ästhetischen Überzeugungen „auf ganz anderen Wegen gewonnen" (GSG 9: 200). Auf welchen Wegen? Simmel nennt sie hier nicht. Doch dann folgen Überlegungen, deren Abkunft von Conrad Fiedler und von Adolf von Hildebrand unübersehbar ist. Auch Fiedler bezweifelte Kants begrifflichen Zugang zur Kunst. Es sei „eine unberechtigte An-

---

5 Der Verweis auf die Kunstgeschichte als neue Wissenschaft tritt auch später öfters auf (vgl. etwa in GSG2: 354 oder in GSG 11: 892).
6 Kant hatte bekanntlich in seiner „Kritik der Urteilskraft" (Kant 2011) zwischen „angenehmer" und „schöner" Kunst unterschieden. Während angenehme Kunst nur unser Gefühl affiziert, erfordert schöne Kunst gedankliche Anstrengung und Unterscheidungsvermögen. Angenehme Kunst ist verbunden mit einem wie immer gearteten persönlichen Interesse, während schöne Kunst mit „interesselosem Wohlgefallen" wahrgenommen wird. Die Besonderheit des künstlerischen Schaffens behandelte Kant nicht, auch unterschied er nicht zwischen gebildeten und ungebildeten Rezipienten. Kants Topos vom „interesselosen Wohlgefallen" als Kriterium des Schönen hat alle späteren kunstphilosophischen Denkmodelle mitbestimmt.
7 Simmel hat bereits seit 1885 Vorlesungen über Kant gehalten, von denen es jedoch keine Mitschriften gibt. 1904 hat er seine Kantvorlesungen erstmals herausgebracht (vgl. GSG 9: 422 ff.).

nahme", dass das Kunstwerk sein Dasein vor dem reflektierenden Verstand zu rechtfertigen hätte. Er formuliert: „Ein eigentlich künstlerisches Verständnis der Kunstwerke ist nur aufgrund eines künstlerischen Verständnisses der Welt möglich" (Fiedler 1977: 66 bzw. 40 f.).

1876 kam Fiedlers Buch „Über die Beurteilung von Werken der bildenden Kunst" heraus, 1887 „Der Ursprung der künstlerischen Tätigkeit". Beide Werke gehen von davon aus, dass Forschertätigkeit und künstlerisches Schaffen prinzipiell demselben „Trieb" entspringen. Es sei daher niemals vorher ein „Codex von Gesetzen" zu bilden. Es war dies eine rigoros neue Positionierung des künstlerischen Sehens. Der Künstler führe uns nicht in die Mannigfaltigkeit (der Natur) hinein, sondern aus ihr heraus. Was für uns nur vorübergehende, schwankende Eindrücke seien, so Fiedler, werde durch den Künstler und Forscher zu bestimmten und dauernden Gebilden – semantisch hier zweifellos Goethe paraphrasierend.[8] „Das künstliche Verfahren", so Fiedler, „[...] ist nicht nur ein Weglassen dem Maße nach, sondern ein Verändern der Art und Form nach" (Fiedler 1977: 54). Dem Künstler erscheint nicht die Wirklichkeit als Realität, sondern das, was er aus ihr formt, herauszieht, „abstrahiert" und zu „dauernden Gebilden" macht. So sei das Kunstwerk das eigentlich Physische, die Wirklichkeit hingegen gleichsam das Metaphysische. (Oder, um hier nochmals im Sinne Fiedlers Goethe zu zitieren: die Wirklichkeit, das sind die „schwankenden Gestalten" ...). Die Schriften von Simmel und von Fiedler scheinen inhaltlich oft ineinanderzufließen. Die Namen seiner Freunde – Fiedler, Hildebrand, auch den seines Lehrers Grimm – sucht man bei Simmel jedoch vergeblich.[9]

Die Trennung von Form und Inhalt war also die damals genuine Methode, die Kunst und damit die Geschichte der Kunst einer wissenschaftlichen Analyse zugänglich zu machen, unter Vernachlässigung der Inhalte (Aulinger 1999: 57 ff.). Alle Denkfiguren Simmels sind in den kunsthistorischen Theorien in programmatischer Dichte vorgebildet. Er suchte wie die Kunstgeschichte nach neuen unsichtbaren Zusammengehörigkeiten, nach „realen" oder „geistigen" Gebilden, wie er das benannte. Der Untertitel seines Hauptwerks „Soziologie" von 1908 lautet: „Un-

---

8 Die Formulierung der „schwankenden Gestalten", die der Dichter zu „dauernden Gebilden" formt, ist eine der Schlüsselstellen in Goethes Faust, nämlich sowohl die Schlussworte des Herrn, aber auch die ersten Worte der Zueignung(!) aus dem Prolog im Himmel. Die gebildeten Zeitgenossen Fiedlers und Simmels wussten, was es bedeutete, wenn er Goethes Aufforderung an den Dichter hier auf den bildenden Künstler anwandte. Im Sinne Simmels ist es ebenso die Aufforderung an die soziologische Forschung, aus den „schwankenden Gestalten" der unsortierten Wirklichkeit „dauernde Gebilde" zu formen.

9 Die Forschung hat den Einfluss Fiedlers und Hildebrandts auf Simmel jedoch bereits beobachtet (Majetschak 1998: 277).

tersuchungen über die Formen der Vergesellschaftung". Gleich zu Beginn spricht er von „Gebilden, die jenseits des Individuums stehen und sich entwickeln". Diese entdecke man durch „eine neue Abstraktion und Zusammenordnung", indem man zwischen Form und Inhalt der Gesellschaft unterscheidet (GSG 11: 19). Die Inhalte (Interessen, Motive, Zwecke) mögen ganz verschieden sein, die formalen Verhaltensweisen (Über- und Unterordnung, Nachahmung, Konkurrenz, Gruppenbildung etc.) würden immer gleich bleiben.

1898 schreibt Simmel in der „Selbsterhaltung der sozialen Gruppe": „Das Objekt der Sociologie sind also die Formen und Arten des Neben-, Für- und Miteinanderseins der Menschen [...] So werden wir die Formen und Gesetze der Vergesellschaftung dadurch erkennen, dass wir gesellschaftliche Erscheinungen allerverschiedensten Inhalts zusammenstellen und nun induktiv erkunden, was ihnen trotzdem gemeinsam ist" (GSG 5: 311 ff.).

1899 formulierte er: „Meine Soziologie ist ein ganz spezielles Fach, für das es außer mir keinen Vertreter in Deutschland gibt" (GSG 11: 892). Und 1904, in einem Brief an Heinrich Rickert, spricht er dezidiert davon, dass er „seinen Psychologismus überwunden" und diesen „in eine höhere Methodik aufgenommen" habe, auf welche er „auf dem Umweg über das Wesen der Kunst" gelangt sei (GSG 9: 425 f.).

Simmel selbst hat sich nicht als Kunstsoziologe verstanden, obwohl keine seiner soziologischen oder philosophischen Abhandlungen ohne Bezug zur Kunst ist.[10] In der Einladung zum Beitritt in die *Deutsche Gesellschaft für Soziologie*, für die er mitverantwortlich war, wird die Kunst nur in zwei Punkten unter dem Schwerpunkt „Das Wertproblem" erwähnt. Der einzelnen Künstlerpersönlichkeit wendet Simmel sich nur selten zu. Über Auguste Rodin, den er persönlich kennengelernt hatte, schrieb er zwar mehrmals (GSG 7: 92 ff.; vgl. Meyer 2007), zudem auch über Rembrandt. Sein Interesse galt dem Kunstwerk, dem, was darin neu war, was es von den vorangegangenen unterschied, nicht dem Leben eines Künstlers. Rodin sah er als den ersten Neuerer seit Michelangelo. Bei Rembrandt erachtete er die Tiefe, Individualität und Beseeltheit als neu und als Ausdruck von dessen „deutschem" Wesen.[11] Erwähnenswert ist in Bezug auf Simmels Betonung des Neuen in der Kunst ein Artikel von 1896 in der Wiener Wochenschrift

---

10 Die von mir erwähnten Schriften Simmels sollen vor allem seine Abhandlung „Ästhetische Soziologie" erläutern und erhellen. Die Auswahl soll aber auch darauf hinweisen, dass Simmels Schriften über Jahrzehnte hinweg in vielen Themen ineinandergreifen, im Einzelnen jedoch oft unabgeschlossen erscheinen.
11 Rembrandts bewegtes Hell-Dunkel war erst in den Fünfzigerjahren von Eduard Kolloff als besonderer Stil „entdeckt" worden. Bis dahin hatte Rembrandts Werk als provinziell, weil wenig elaboriert gegolten.

„Die Zeit, Berliner Kunstbrief", wo Simmel sich sehr kritisch über die Rückstän-
digkeit der Berliner Nationalgalerie äußert und sogar „unerhörte Missstände"
konstatiert, weil man nur „Schund" sammele. Er setzt seine Hoffnung in den neu
bestellten Leiter Hugo von Tschudi (GSG 17: 212 ff.). „Böcklins Landschaften" über-
titelt er einen Aufsatz von 1895. Neu erscheint ihm bei Arnold Böcklin die Zeit-
und Raumlosigkeit seiner Inhalte. Sie versöhne die Gegensätze von Wahr und Un-
wahr (GSG 5: 101 ff.).

Oft entwickelt Simmel seine Gedanken aus dichotomen Feststellungen heraus, so etwa auch in der Abhandlung „Philosophie der Mode" von 1905: Der
Mensch sei „ein dualistisches Wesen von Anbeginn an"; die Bewegung bedürfe
auch der Ruhe, die Produktivität der Rezeptivität, dem Bestreben nach dem Allgemeinen stehe das Bedürfnis nach Individualisierung gegenüber (GSG 10: 7 ff.).
Eben diesen Gegensatz bediene die Mode und zwar sowohl im engeren Sinn von
Kleidung und Habitus, wie auch im weiteren Sinn als Lebensform. 1895 meinte er
in einem kürzeren Aufsatz gleichen Titels und aus einem psychologischen Blick-
punkt: Allzu modebewusste Individuen welche „innerlich und inhaltlich unselbst-
ständig, anlehnungsbedürftig sind, deren Selbstgefühl aber doch einer gewissen
Auszeichnung, Aufmerksamkeit, Besonderheit" bedürfe, würden in der Mode
ihren „Tummelplatz" finden (GSG 5: 109.). Dass gerade die Frauen sich der Mode
bedienen, führt Simmel darauf zurück, dass sie dadurch ihrem gleichförmigen
Leben Reize und Abwechslung hinzufügen könnten, gleichsam als Ersatz für eine
Stellung im Beruf (GSG 10: 23 ff). Darüber hinaus befriedige die (Kleider-)Mode
auch das Bestreben höherer Klassen, sich von niedrigeren zu unterscheiden.
Mode als Lebensstil sei aber auch Angleichung, ein gewolltes Sich-einfügen in
eine Gruppe, wie man das auch in der Politik finde. Auch Bismarck habe betont,
dass er als Führer einer Gruppe dieser zugleich auch folgen müsse (GSG 10: 19).
So werde in der Mode auch der Führende zum Geführten.[12]

Mitten im Ersten Weltkrieg, 1916, entstand Simmels umfangreichste Abhandlung zur Kunst, „Rembrandt" (Simmel 1919). Zunächst legt er dar, auf welch unterschiedliche Weise die Kunstgeschichte und die Kunstphilosophie an ein Kunstwerk
herangehen würden (Vorwort V-VIII). Jene analysiere das Werk, diese suche den
Sinn. Einmal zur Kunst geworden, könne „ein Stoff" nicht mehr zurück in die Wirk-

---

12 Das Thema Mode und der Verweis auf gesellschaftliche Schichten lässt an die viele Jahrzehnte später entstandene Lebensstil-Forschung Pierre Bourdieus denken, zumal Simmel auch
gerade in Bezug auf die Kunst zwischen Gebildeten und Ungebildeten unterscheidet, ohne jedoch
Differenzierungen nach Schichten und Berufen vorzunehmen. Auch Bourdieu geht in den „Feinen Unterschieden" (Bourdieu 1979) von der Zurückweisung von Kants statischen Kategorien
aus. Simmel erwähnt er nicht. Zu Bourdieu im Überblick siehe Ulf Wuggenig (Wuggenig 2017).

lichkeit, das Bild habe seine eigene „Seele" bekommen.[13] Aus kunsthistorischer Perspektive lautet sein Gegensatzpaar hier: klassisch – germanisch, zum Nachteil der „romanischen" Völker, (sprich, der Italiener). Die Außenorientiertheit der Mittelmeervölker setzt er gegen die Innerlichkeit der germanischen Völker. In Rembrandt sieht er den wahren, innerlichen Deutschen, wahrer als Goethe.[14] Hier im Rembrandt-Buch und in verschiedenen Aufsätzen dieser Zeit tritt eine bei Simmel völlig neue, von ihm bis dahin gänzlich abgelehnte völkische Attitüde zutage, was ihm in späterer Zeit (Adorno u. a.) den Vorwurf als Wegbereiter des Nationalsozialismus eintrug.

2 Soziologische Ästhetik

„Sociologische Ästhetik" benannte Simmel eine Abhandlung, die erstmals 1896 im Periodikum „Die Zukunft" erschien (Simmel 1896: 204 ff.). Doch ist darunter nicht nur eine soziologische Erörterung künstlerischer Erscheinungen zu verstehen, wie es die Semantik prima vista nahelegt, sondern vielmehr sinngemäß: Die Betrachtung gesellschaftlicher Phänomene aus der Distanz, also ästhetisch, unter Außerachtlassung individueller Ausprägungen.[15] Oder: Die gesellschaftsrelevante Bedeutung der Ästhetik. Tatsächlich vollzieht der Text einen mehrmaligen Wandel des Zusammenhangs der beiden Begriffe.[16]

Der Titel verführt auch dazu, unterscheidende Erläuterungen zu einer „philosophischen" oder „psychologischen" Ästhetik zu erwarten. Dies ist weder das Resultat noch die Absicht Simmels. Bereits 1890 in seiner Abhandlung „Über sociale Differenzierung" vertrat er ja die Meinung, dass die Soziologie – und damit meinte er nicht nur seine „spezielle" Soziologie – per se eine eklektische Wissenschaft sei, die auf anderen Wissenschaften aufbaue, als „Wissenschaft zweiter Potenz" (GSG 2: 116 ff.). Eine soziologische Ästhetik, so kann man daraus folgern, beinhaltet daher

---

13 Den Begriff Seele verwendet Simmel gelegentlich auch schon in seinen früheren Schriften, ohne näher darauf einzugehen.

14 Schon Julius Langbehn hatte 1896 Rembrandt als Deutschen bezeichnet, damals noch zum Missfallen Simmels (siehe dazu Aulinger 1999: 146 ff.). Simmels ab 1914 deutlich hervortretende Positionierung innerhalb einer damals populären völkischen Wesensschau ist nachzulesen in GSG 16, „Der Krieg und die geistigen Entscheidungen, Reden und Aufsätze."

15 Murray Davis, der 1973 Simmels Soziologie erstmals direkt mit der Kunstgeschichte in Zusammenhang bringt, wählt dafür einen Titel, der auch für die Soziologische Ästhetik gültig scheint: „Georg Simmel and the Aesthetics of Social Reality" (Murray 1973).

16 Klaus Lichtblau führt Simmels Vorstellung von der „Distanz" in der „Soziologischen Ästhetik" auf Nietzsche zurück (Lichtblau 1979).

auch philosophische, psychologische, ethnologische oder historische Erkenntnisse. Dieser Standpunkt Simmels erklärt auch, warum er innerhalb einer Abhandlung – auch und besonders in seiner „Soziologischen Ästhetik" – mehrmals die Perspektive wechselt, was die Lektüre nicht erleichtert. Alle Gesellschaftsbewegung, so Simmel in der „Socialen Differenzierung", „lässt sich vorstellen als beherrscht von der Tendenz zur Kraftersparnis. Erst werde der „bunte Erscheinungskomplex" zur Kraftersparnis differenziert, um ihn sodann „zu einem höheren Gebilde" zusammenzuschließen (GSG 2: 266 f.). Dieses Bedürfnis nach Kraftersparnis und Ordnung spielt auch in der Abhandlung „Soziologische Ästhetik" eine Rolle.

In der „Soziologische(n) Ästhetik" wendet Simmel den Begriff „ästhetisch" auf die Kunst ebenso wie auf Politik und Gesellschaft an. Der politische Anlass war die neue Ideologie des Sozialismus, die um diese Zeit – oft in eins gesetzt mit Kommunismus – in Deutschland Fuß fasste und der Simmel sich in einigen Abhandlungen unter verschiedenen Perspektiven widmete.[17] Simmel beginnt mit grundsätzlichen Überlegungen zur Entwicklung der ästhetischen Motive in der Gesellschaft. Das menschliche Tun, so Simmel, beruhe trotz seiner Mannigfaltigkeit auf wenigen Grundmotiven, die „bei der allgemeinsten Betrachtung des Lebens fast überall nur in eine Zweiheit münden [...]" (GSG 5: 197 ff.). Für den antiken Philosophen Heraklit, so Simmel, galt die ewige Bewegung und Veränderung, für die Schule der Eleaten hingegen nur eine ruhende, unterschiedslose Einheit der Dinge. Mit dem Christentum habe sich der Gegensatz auf ein göttliches und auf ein irdisches Prinzip verlagert und die „neuere Zeit" habe sich im fundamentalen Gegensatz von Natur und Geist gefunden. Die Gegenwart schließlich verortet er im Dualismus von sozialistischen versus individualistischen Tendenzen, die sich in alle Fragen des Lebens hinein verlängern würden und auch in der sozialpolitischen Denkweise zum Ausdruck kämen. Das Wesen der ästhetischen Betrachtung bestehe darin, Gesetzlichkeiten zu erkennen, ohne zu werten, betont er, deutlich auf Kant rekurrierend. Auch in dem Niedrigsten und Hässlichsten würden sich Prinzipien erkennen lassen. Doch hier meldet er Bedenken an und formuliert: „Wenn wir diese Möglichkeit ästhetischer Vertiefung zu Ende denken, so gibt es in den Schönheitswerten der Dinge keine Unterschiede mehr. Die Weltanschauung wird ästhetischer Pantheismus" (GSG 5: 199). Damit wäre das Höchste dem Niedrigsten gleichgestellt und erlaube keine Wertempfindung mehr. Es stünden also das Weltbild der Gleichheit und das Weltbild der individuellen Unterscheidung einander unversöhnlich gegenüber, eben wie Sozialismus und Individualismus. Jedoch im Einzelnen, im Individuum selbst, würden diese un-

---

17 Mit den „Sozialistische(n) Monatsheften" geriet Simmel in heftige Kontroversen (vgl. u. a. in: GSG 17: 48 ff.). Als Referent Nietzsches stand Simmel dem Sozialismus im besten Fall ambivalent gegenüber.

terschiedlichen Wertgefühle sich ausgleichen, da unsere Empfindungen per se an Unterschiede geknüpft seien.[18]

Am Anfang aller ästhetischen Motive – so Simmel nach dieser allgemeinen Erörterung ästhetischer versus individueller Zugangsweise zu den Dingen der Welt – habe man durch Symmetrie Ordnung in die triebhafte, gefühlsmäßige Zufälligkeit gebracht. Diese niedrige Stufe eines ästhetischen Triebes nach Ordnung erzeuge den Systembau. So fühle der Einzelne sich geborgen. In alten Kulturen habe man durch solche symmetrische Gruppenbildung den Überblick über eine Bevölkerung erlangt (Zehnergruppen, Hundertschaften) und dieses Prinzip sei allen despotischen Gesellschaftsformen inhärent geblieben.[19] Als Beispiel nennt Simmel die Bußbücher des sechsten Jahrhunderts, die die Sünden der Menschen und die jeweiligen Strafen in einem mathematischen Aufbau darstellten, so dass jeder (Sünder) wusste, wo er stand. Derartiges könne man zu allen Zeiten beobachten, wie in den ägyptischen Pyramiden, aber auch in den Bestrebungen Kaiser Karls V., in seinem großen Reich Gleichheiten zu schaffen und individuelle Organisationen und Privilegien aufzulösen. Die Symmetrie einer Gesellschaft habe sich für die Herrschenden als nützlich erwiesen, weshalb sie lange Bestand gehabt hätte.

Die liberale Staatsform hingegen, so Simmel, Thomas Macaulay zitierend, neige der Asymmetrie zu. Der „moderne" Konflikt zwischen sozialistischer und individualistischer Tendenz zeige „am entschiedensten den Einfluss ästhetischer Kräfte". Man strebe nun anstelle bisheriger „rhapsodischer Zufälligkeit" (so seine Bezeichnung der Arbeitsverhältnisse des 19. Jahrhunderts), „eine einheitliche Direktive", statt „kraftverschwendender Konkurrenz" eine „absolute Harmonie der Arbeiten" an, so dass die soziale Frage nicht nur eine ethische, sondern auch eine ästhetische sei. Das Leben solle so zum Kunstwerk gemacht werden, nicht unähnlich einer Maschine, die durch das harmonische Ineinandergreifen ihrer Teile eine eigenartige Schönheit aufweise. Und dies, so Simmel, wolle der sozialistische Staat „am allerweitesten" wiederholen und das soziale Leben gleichsam stilisieren wie die Architekturentwürfe sozialistischer Utopien.[20] Eine sozialistische Gesellschaft

---

18 Ohne dies an dieser Stelle näher ausführen zu können, möchte ich an Simmels Goethe-Affinität verweisen: In der Theorie mögen Begriffe einander unversöhnlich gegenüberstehen. Im einzelnen Menschen können sie jedoch nicht getrennt sein.
19 Simmel beruft sich hier auf die Sozialphilosophen Justus Möser und Macaulay. Über letzteren hatte auch sein Lehrer Grimm gelesen.
20 Unzweifelhaft bezieht Simmel sich hier auf die Ideen der englischen Sozialreformer und der Arts-and-Crafts-Bewegung, wie John Ruskin, Walter Crane oder William Morris, der sein sozialistisch-kommunistisches Weltbild 1890 dem utopischen Roman „News from Nowhere" zugrunde gelegt hatte.

erfordere vom Einzelnen zwar eine genaue Tageseinteilung, aber nur ein Minimum an geistigem Kraftaufwand, „das Abrollen einer maximalen Anzahl von Vorstellungen mit einem Minimum von Anstrengungen" (GSG 5: 206 ff.). Die sozialistische Symmetrie bedeute, ästhetisch gesehen, größere Abhängigkeit der einzelnen Teile voneinander. Eine individualistische Gesellschaft hingegen, mit ihren heterogenen Interessen, biete ein unruhiges, unebenes Bild. Sie verlange immer neue Innovationen, immer neue Anstrengungen, bedeute Unruhe, Unebenheiten.

Unter dem Aspekt der Ästhetik (d. h. hier: aus der Distanz betrachtet; Anm. d. Verf.) sei das moderne Schönheitsempfinden individualistisch. Das Einzelne werde hervorgehoben, der Masse entgegengesetzt, darauf beruhe „die eigentlich romantische Schönheit" (GSG 5: 206 ff.). Man könne diesen Individualismus des modernen Schönheitsempfindens sogar bis zum lockeren Arrangieren eines Blumenstraußes beobachten. Obwohl wir nichts Sicheres über den Ursprung der ästhetischen Gefühle wüssten, meint Simmel weiter, sei es doch wahrscheinlich, dass die Nützlichkeit ein Parameter für den Schönheitswert gewesen sei. Schließlich kommt er zu dem Schluss, dass beide Schönheitsempfindungen, die Symmetrie wie die Asymmetrie, obwohl an entgegengesetzten Polen der sozialen Interessen positioniert, dennoch eine „gleiche Stärke des Reizes" aufweisen (GSG 5: 209).

Nach diesen allgemeinen Überlegungen zum dichotomen Verhältnis von Symmetrie und Asymmetrie, Sozialismus und Liberalismus, wendet Simmel sich „der inneren Bedeutsamkeit der Kunststile" zu, der „verschiedenen Distanz, die sie zwischen uns und den Dingen herstellen". Distanz bezieht sich hier aber darauf, ob eine Kunstepoche die Wirklichkeit zeigen will, wie der „Naturalismus" (den man zu dieser Zeit noch nicht vom „Realismus" unterschied), oder ob sie diesen Natureindruck umformt in eine „Stilisierung" (GSG 5: 209 ff.). Während die Rezeption der naturalistischen Kunst „kurz und bequem" sei, verlange die stilisierende Kunst eine „weitreichende Selbstthätigkeit des Genießenden" – womit Simmel natürlich auf Kants Unterscheidung von „angenehmer" und „schöner" Kunst repliziert.[21]

Was Simmel hier grosso modo auf „Kunststile" bezieht, bricht er nun in weiterer Folge auf das Individuum herunter: Es komme ganz auf die Persönlichkeit des Rezipienten an. „Je unkultivierter und kindlicher das ästhetische Gefühl ist, desto phantastischer, der Wirklichkeit ferner, muss der Gegenstand sein [...]. Hingegen feinere Nerven bedürfen dieser gleichsam materiellen Unterstützung nicht; für sie liegt in der künstlerischen Formung des Objekts der ganze geheimnisvolle

---

21 Wenn Simmel am Schluss der Abhandlung als Beispiel für Naturalismus versus Symbolistik (Stilisierung) auf Böcklin versus Impressionismus verweist, so kann man den Begriff der Stilisierung nur in der allerweitesten Form verstehen als Veränderung der Realität der Natur.

Reiz der Distanz von den Dingen" (GSG 5: 211).[22] Diese Position, dass die Rezeption von Kunst individuell von den „feineren Nerven", sagen wir ruhig: von der kulturellen Bildung abhängt, findet man um diese Zeit häufig. Erwähnt sei der erste Jahrgang der Zeitschrift für Ästhetik und Kunstwissenschaft von 1906, wo Simmel und der Grazer Philosoph Hugo Spitzer (zufällig) hintereinander gereiht sind. Bei beiden, Simmel wie Spitzer, fehlt die Überlegung, ob und wie naive Gemüter „feinere Nerven" erlangen können oder ob umgekehrt alle Menschen zunächst auf naiver Ebene sich befinden (Aulinger 2020: 930 ff.).

Nach der Betrachtung des unterschiedlichen Wesens der naturalistischen und der stilisierten Kunst, die man durchaus mit Kants „angenehmer" und „schöner" Kunst vergleichen kann, und dem kurzen Exkurs über das unterschiedliche Urteilsvermögen des Einzelnen, kommt Simmel auf das „Kunstgefühl der Gegenwart" zu sprechen, nimmt also seine Gedanken zur „inneren Bedeutsamkeit der Kunststile" wieder auf (GSG 5: 210). Die Gegenwart zeige eine allgemeine Tendenz zur Distanzierung. Im Aphorismus, im Symbol, in der Wehleidigkeit, in der Auflösung der Familie – überall strebe „eine pathologische Berührungsangst" auf Vergrößerung der Distanzen. Am deutlichsten zeige sich dies in der Geldwirtschaft, die zwischen sich und die Ware das „Zerstörungswerk" des Geldes schiebe. Die Kunst wiederum zeige dies, indem man zugleich für ganz verschiedene Kunststile schwärme. Eine Zeit, die zugleich für Böcklin und für den Impressionismus, für Naturalismus und für Symbolik, für den Sozialismus und für Nietzsche schwärme, würde die „schwankenden Nerven" und die „Ermattung" zeigen, die nur mehr in Extremen neue Anregungen finde.

Der am Anfang der Abhandlung deutlich angesprochene und in weiterer Folge angedeutete Zusammenhang zwischen Sozialismus, Systembau und Bequemlichkeit des Denkens (im Gegensatz zur Anstrengung im Liberalismus) wird hier im eher pessimistisch gestimmten letzten Teil nicht wieder aufgenommen. Im Gegenteil konterkariert Simmel seine These, die Kunst sei ein Abbild einer Epoche, indem er den von ihm eingeführten Dualismus als unversöhnbar für die moderne Rezeption gegensätzlicher Lebenseinstellungen und Stilrichtungen beiseiteschiebt. Nicht die Kunst (das Kunstwerk) ist Abbild, sondern die gleichzeitige Rezeption allerverschiedenster Kunststile. Dies zeige die Zerrissenheit des modernen Menschen.

Der Begriff Ästhetik oszilliert zwischen der Bedeutung von aktivem und passivem Ordnungsbedürfnis, zu dem Simmel auch den Sozialismus zählt, wissen-

---

22 So auch Fiedler: Ein Kunstwerk stehe für sich und unterliege nicht Kantianischer Zuordnung. Zudem hätten unterschiedliche Rezipienten unterschiedlicher Zeiten unterschiedliche Befindlichkeiten.

schaftlicher Distanz, die in scheinbaren Zufälligkeiten Gestaltungen erkennt (wie die Kunstgeschichte in den Stilen) und emotionaler Distanzierung von Verantwortlichkeit, wie die moderne Zeit. Auf dem Gebiet der Kunst zeigt sich Simmels Begriff der Ästhetik zweifach gebrochen: Der Naturalismus, so Simmel, will die Welt in ihrer Variabilität und Unebenheit zeigen – was er auf der politischen Ebene mit Asymmetrie des Liberalismus verglichen hatte. Die „Stilisierung" hingegen schiebe eine Denkebene zwischen die Natur und die Darstellung – was er auf politischer Ebene mit Systembau, Symmetrie und Sozialismus verglichen hatte. Daraus folgert indirekt, dass der Sozialismus dem ursprünglichen „ästhetischen" Bedürfnis der Menschen näher liege als der Liberalismus, weil dieser, der Sozialismus, Ruhe, Ordnung und Kraftersparnis bedeute, jener, der Liberalismus, hingegen Unruhe und Anstrengung.

3 Rezeption

Die zeitgenössische Resonanz gegenüber Simmel in Deutschland war verhalten bis kritisch. Bis 1914 war ihm die Betreuung von Doktoranden nicht gestattet, so dass sich kein Lehrer-Schüler-Verhältnis ergeben hat. Auch seine Straßburger Zeit, die in die Kriegsjahre fiel, blieb ohne besondere Resonanz. Von der Kunstgeschichte her wurde Simmel kaum beachtet. Julius Maier-Graefe zitiert Simmels Rodin-Aufsatz von 1904 in seiner „Entwicklungsgeschichte der modernen Kunst" (Maier-Graefe 1913). Das Rembrandt-Buch wurde 1917 in der Nummer 12 der „Zeitschrift für Ästhetik und Allgemeine Kunstwissenschaft" von Emil Utitz nicht unkritisch in Bezug auf seine Wissenschaftlichkeit, insgesamt aber wohlwollend besprochen (Utitz 1917). Ebenfalls Utitz schrieb dann eine weitere Abhandlung über Simmels Philosophie der Kunst im Band 14. Im Jahr 1922 bezeichnete der Theologe und Philosoph Ernst Troeltsch die Schriften Simmels als „trostlosen Relativismus und Strom ohne Anfang und Ende" (Troeltsch 1977: 573). Troeltsch und Simmel waren schon bei der Eröffnungssitzung der *Deutschen Gesellschaft für Soziologie* 1910 aneinandergeraten.[23] Auch der marxistische Philosoph Georg Lukács und Theodor W. Adorno als einer der wichtigsten Vertreter der *Frankfurter Schule* lehnten Simmel als Vertreter einer „Wald- und Wiesen Metaphysik" ab (Adorno 1974).[24]

---

23 Troeltsch lehnte Simmels „distanzierte" Haltung zur Rolle der Religion in der Gesellschaft ab.
24 Vergleiche dazu beispielsweise den Vortrag „Henkel, Krug und frühe Erfahrung" von Theodor W. Adorno, der dem Philosophen Ernst Bloch gewidmet ist und in dem Adorno häufig in kriti-

In Amerika hingegen fand Simmel rasch Akzeptanz, zumal einige Studenten aus den USA seine Vorlesungen besuchten, die dann mit ihm in Verbindung blieben, wie etwa Albion Small, der 1892 in Chicago den ersten Lehrstuhl für Soziologie gründete. Es war dann auch die *Chicagoer Schule*, die auf die Forschungen Simmels zu Gruppenbildung oder Stadtsoziologie mit einbezog.

Man muss die mangelnde Akzeptanz Simmels in Deutschland aber wohl auch unter einem makrosoziologischen Aspekt betrachten. Nach dem Krieg setzte von Deutschland aus, aber auch von anderen europäischen Staaten, auch von Russland, eine große Wanderung Richtung Amerika ein. In Deutschland bestand keine große Nachfrage an der Wissenschaft Soziologie. Das Einwanderungs- und Zufluchtsland Amerika hingegen hatte großes Interesse daran, über die „neuen" zuströmenden Kulturen sich einen Überblick zu verschaffen, inwiefern sich in der Gesellschaft „Gebilde" formen und behaupten. In ihrem soziologischen Lehrbuch 1921 verwenden Robert E. Park und Ernest W. Burgess zehn Abhandlungen bzw. Textpassagen von Simmel als Beispiele. Ebenso bot das „American Journal of Sociology" (AJS), Simmel eine Plattform. Es feierte dann auch in der Nummer LXIII 1957/58, wo sich mehrere Beiträge Simmel widmen, dessen 100. Geburtstag.

Ende der 1950er Jahre kam in Deutschland unter der Herausgeberschaft von Kurt Gassem und Michael Landmann das „Buch des Dankes an Georg Simmel. Briefe, Erinnerungen, Bibliographie" heraus (Gassem und Landmann 1958). In den 1970er- und 1980er-Jahren richtete man einen neuen Fokus auf Simmel, so etwa Gottfried Eisermann in dem von Alphons Silbermann herausgegebenen Sammelband „Klassiker der Kunstsoziologie" (Eisermann 1979). Schließlich begann ab 1989 die Aufarbeitung von Simmels Gesamtwerk unter der Herausgeberschaft von Otthein Rammstedt, die auch 1998 der kritischen Würdigung Simmels als Vertreter der Kunstphilosophie durch Ernst W. Orth zugrunde liegt (Orth 1998: 745 ff.). Im Jahr 1990 bringt der Junius Verlag durch Werner Jung „Georg Simmel zur Einführung" heraus (Jung 1990). Im „Wörterbuch der Soziologie" des Kröner Verlages wird Simmel 1994 kompakt dargestellt, aber unter dem Stichwort *Kunstsoziologie* nicht erwähnt. Klaus Lichtblau bringt 1996 in „Kulturkrise und Soziologie um die Jahrhundertwende" Simmel damit in Zusammenhang (Lichtblau 1996). Erst im Jahr 1999 wurde durch die Verfasserin der Zusammenhang von Simmels „Formen-Soziologie" mit der damaligen wissenschaftlichen Kunstgeschichte dargelegt (Aulinger 1999) und schließlich 2017 systematisiert (Aulinger 2017).

---

scher Weise Bezug nimmt auf Simmel (Adorno 1974). Der Titel bezieht sich auf einen Aufsatz Simmels über den Henkel an einem Krug.

Simmels Inanspruchnahme der jungen Wissenschaft Kunstgeschichte für die Entwicklung seiner „speziellen" Soziologie hat in der Kunstgeschichte selbst wenig Spuren hinterlassen. Wolfgang Kemp erwähnt Simmel in „Die Räume der Maler. Die Bilderzählung seit Giotto" an prominenter Stelle (Kemp 1996). Die Dreischichtigkeit eines Kunstwerks, die Simmel im Rembrandt und in anderen Abhandlungen anspricht, hat zeitlich parallel auf der kunsthistorischen Schiene in Alois Riegl, Karl Mannheim und Erwin Panofsky seine Vertreter gefunden.

Literatur

Simmel, G. 1989. *Georg Simmel Gesamtausgabe in 23 Bänden [GSG].* hrsg. von Rammstedt, O. Frankfurt am Main: Suhrkamp. (Hier sind nur die im Text zitierten Bände aufgeführt)
Band 2: *Aufsätze 1987 bis 1890/Über soziale Differenzierung/Die Probleme der Geschichtsphilosophie (1892),* hrsg. von Dahme, H.-J.
Band 5: *Aufsätze und Abhandlungen 1894–1900,* hrsg. von Dahme, H.-J. und Frisby, D. P.
Band 6: *Philosophie des Geldes,* hrsg. von Frisby, D. P. und Köhnke, K. C.
Band 9: *Kant. Die Probleme der Geschichtsphilosophie (1905/1907),* hrsg. von Dahme, H.-J.
Band 10: *Philosophie der Mode/Die Religion/Kant und Goethe/Schopenhauer und Nietzsche,* hrsg. von Behr, M. et al.
Band 11: *Soziologie. Untersuchung über die Formen der Vergesellschaftung,* hrsg. von Rammstedt, O.
Band 16: *Der Krieg und die geistigen Entscheidungen/Grundfragen der Soziologie/Vom Wesen des historischen Verstehens/Der Konflikt der modernen Kultur/Lebensanschauung,* hrsg. von Fritzi, G.
Band 17: *Miszellen, Glossen, Stellungnahmen (und Diverses 1888–1920, d. A.),* hrsg. von Köhnke, K. C. et al.
Adorno, T. W. 1974. *Henkel, Krug und frühe Erfahrung. Noten zur Literatur. Gesammelte Schriften,* Bd. 2. Frankfurt am Main: Suhrkamp, S. 556–566.
Aulinger, B. 1996. Distanzen und reale Gebilde – Skizzen zu Georg Simmels „künstlerischer Methode". In: Bernard, J. et al. (Hg.) *Modellierungen von Geschichte und Kultur. Akten des 9. Internationalen Symposiums der Österreichischen Gesellschaft für Semiotik Universität Graz,* 22.–24. November 1996, Bd. 2. Wien: ÖGS, S. 857–867.
Aulinger, B. 1999. *Die Gesellschaft als Kunstwerk. Fiktion und Methode bei Georg Simmel.* Wien: Passagen Verlag.
Aulinger, B. 2006. „Du sollst dir ein Bild machen". L'Influsso della storia dell' arte sul metodo artistico di Georg Simmel. In: Portioli, C. und Fitzi, G. (Hg.) *Georg Simmel e L'Estetica. Arte, conoscenza e vita moderna.* Milano: Mimesis, S. 247–258.
Aulinger, B. 2010. Stichwort Herman Grimm. In: Naredi-Rainer, P. (Hg.) *Hauptwerke der Kunstgeschichtsschreibung.* Stuttgart: Verlag Kröner, S. 172–175.
Aulinger, B. 2017. Georg Simmel. In: Steuerwald, C. (Hg.) *Klassiker der Soziologie der Künste. Prominente und bedeutende Ansätze.* Wiesbaden: Springer Fachmedien, S. 97–130.
Aulinger, B. 2020. Hugo Spitzer – Apollinische und dionysische Kunst. In: Acham, K. (Hg.) *Die Soziologie und ihre Nachbardisziplinen im Habsburgerreich. Ein Kompendium internationaler Forschungen zu den Kulturwissenschaften in Zentraleuropa.* Wien: Böhlau, S. 930–933.
Davis, S. M. 1973. Georg Simmel and the Aesthetics of Social Reality. *Social Forces* 51, S. 320–329.

Eisermann, G. 1979. Georg Simmel. In: Silbermann, A. (Hg.) *Klassiker der Kunstsoziologie*. München: C.H.Beck.

Fiedler, C. 1977. *Schriften über Kunst*. Köln: DuMont.

Gassem, K. und Landmann, M. (Hg.) 1958. *Buch des Dankes an Georg Simmel. Briefe, Erinnerungen, Bibliographie. Zu seinem 100. Geburtstag am 1. März 1958*. Berlin: Duncker & Humblot.

Jung, W. 1990. *Georg Simmel zur Einführung*. Hamburg: Junius.

Kant, I. 2011. *Kritik der Urteilskraft*. Stuttgart: Reclam.

Kemp, W. 1996. *Die Räume der Maler. Die Bilderzählung seit Giotto*. München: C.H.Beck.

Kintzelé, J. und Schneider, P. (Hg.) 1993. *Georg Simmels Philosophie des Geldes*. Frankfurt am Main: Anton Hain.

Lichtblau, K. 1979. Das Pathos der Distanz. Präliminarien zur Nietzsche-Rezeption bei Georg Simmel. In: Dahme, H.-J. und Rammstedt, O. (Hg.) *Georg Simmel und die Moderne. Neue Interpretationen und Materialien*. Frankfurt am Main: Suhrkamp, S. 64–84.

Lichtblau, K. 1996. *Kulturkrise und Soziologie um die Jahrhundertwende. Zur Genealogie der Kultursoziologie in Deutschland*. Frankfurt am Main: Suhrkamp.

Majetschak, S. 2010. Stichwort *Konrad Fiedler. Schriften über Kunst*. In: Naredi-Rainer, P. (Hg.) *Hauptwerke der Kunstgeschichtsschreibung*. Stuttgart: Kröner, S. 109–112.

Maier-Graefe, J. 1913. *Entwicklungsgeschichte der modernen Kunst*. Stuttgart: Julius Hoffmann.

Meyer, P. 2007. Nachwort: Der Philosoph beim Künstler. In: Simmel, G. *Bei Auguste Rodin in Paris – 1905*. In: Meyer, P. (Hg.) Basel: Piet Meyer. S. 19–46.

Orth, E. W. 1998. Stichwort Georg Simmel. In: Betzler, M. et al. (Hg.) *Ästhetik und Kunstphilosophie. Von der Antike bis zur Gegenwart in Einzeldarstellungen*. Stuttgart: Kröner. S. 745–752.

Pochat, G. 2020. Alois Riegl – Zum soziologischen Gehalt seiner Schriften aus der Zeit kurz nach 1900. In: Acham, K. (Hg.) *Die Soziologie und ihre Nachbardisziplinen im Habsburgerreich. Ein Kompendium internationaler Forschungen zu den Kulturwissenschaften in Zentraleuropa*. Wien: Böhlau, S. 739–742.

Sattler, B. (Hg.) 1962. *Adolf von Hildebrand und seine Welt. Briefe und Erinnerungen*. München: Callwey.

Simmel, G. 1896. Sociologische Ästhetik. *Die Zukunft* 17, S. 204–216.

Simmel, G. 1919. *Rembrandt. Ein kunstphilosophischer Versuch*. Leipzig: Wolff.

Simmel, G. 1957. *Brücke und Tür. Essays des Philosophen zur Geschichte, Religion, Kunst und Gesellschaft*. In: Landmann, M. und Susman, M. (Hg.) Stuttgart: K. F. Koehler.

Simmel, G. 1990. *Vom Wesen der Moderne. Essays zur Philosophie und Ästhetik*. In: Jung, W. (Hg.) Hamburg: Junius.

Steuerwald, C. (Hg.) 2017. *Klassiker der Soziologie der Künste. Prominente und bedeutende Ansätze*. Wiesbaden: Springer Fachmedien.

Troeltsch, E. 1977. *Der Historismus und seine Probleme. Erstes Buch: Das logische Problem der Geschichtsphilosophie. Gesammelte Schriften*, Bd. 2. Darmstadt: WBG.

Utitz, E. 1917. Die Gegenständlichkeit des Kunstwerks. *Zeitschrift für Ästhetik und Allgemeine Kunstwissenschaft* 11(3), S. 369–372.

Wuggenig, U. 2017. Pierre Bourdieu. In: Steuerwald, C. (Hg.) *Klassiker der Soziologie der Künste. Prominente und bedeutende Ansätze*. Wiesbaden: Springer Fachmedien, S. 731–798.

Christian Steuerwald
Norbert Elias: „Mozart. Zur Soziologie eines Genies"

1 Biografie und Werk

Im Laufe seines arbeitsreichen und durch zahlreiche Brüche gekennzeichneten Lebens hat Norbert Elias (22.06.1897–01.08.1990) zu verschiedenen soziologischen Frage- und Problemstellungen gearbeitet und zahlreiche Schriften veröffentlicht. Neben seiner prominentesten Studie über den Prozess der Zivilisation (Elias 1976; Elias 1998), die mit seiner Arbeit über die Höfische Gesellschaft (Elias 2002a) zu dem Kern seiner an gesellschaftlichen Prozessen interessierten Historischen Soziologie zählt, hat Elias unter anderem auch zu ungleichheitssoziologischen Fragen etwa hinsichtlich städtischer Beziehungsgefüge von Etablierten und Außenseitern gearbeitet (Elias und Scotson 1993), Rechenschaft über seine theoretischen Grundlagen abgelegt (Elias 1971), Arbeiten für eine Soziologie des Sports vorgelegt (Elias und Dunning 2003), eine klassische Studie über die veränderten Bedingungen Sterbender in der Moderne unternommen sowie wenige Arbeiten zu einer Soziologie der Kunst ausgearbeitet (Elias 2002b; Elias 2005a; Elias 2006a; Elias 2006b; Elias 2006c; vgl. dazu Steuerwald 2016). Die bekannteste kunstsoziologische Studie ist die Arbeit über Wolfgang Amadeus Mozart, welche auch insgesamt zu einer der erfolgreichsten Schriften von Elias zählt.

Die nachstehende Abhandlung sucht die Studie über Mozart als eine kunstsoziologische Untersuchung par excellence auszuweisen, die nicht nur die Biografie Mozarts soziologisch aufarbeitet und den Mehrwert historisch-soziologisch ausgerichteter kunstsoziologischer Untersuchungen aufzeigt, sondern auch eine Übung in Figurationssoziologie und Prozesssoziologie ist. Um das Vorhaben umzusetzen, werden in einem ersten Schritt und im Anschluss an eine kurze Skizze zu der Biografie von Norbert Elias[1] die vor allem historisch ausgerichtete Soziologie von Elias referiert und ihre theoretischen Grundlagen herausgearbeitet. Es folgt eine Vorstellung der Arbeit über Mozart und eine Einordnung in das historisch-soziologische Programm von Norbert Elias. Die Arbeit schließt mit einer Rezeptionsgeschichte und der Wirkungsweise.

---

[1] Zur Biografie siehe die Sammlung von autobiografischen Angaben und Interviews in Norbert Elias (Elias 2005b, Elias 2005c) sowie die Ausführungen von Jasper Korte (Korte 1988) und Michael Schröter (Schröter 1997).

https://doi.org/10.1515/9783110716863-005

Norbert Elias wurde in Breslau in eine deutsch-jüdische Familie der oberen Mittelschicht geboren.[2] Nach seiner Einberufung zum Militär und einem anschließenden Einsatz im Ersten Weltkrieg begann Elias in Breslau Medizin und Philosophie zu studieren. Das Medizinstudium gab Elias in Folge der Doppelbelastung jedoch bald auf. Das Philosophiestudium schloss er 1924 mit einer Dissertation, die das Verhältnis von Philosophie und Geschichte bearbeitet, bei Richard Hönigswald ab. Im Jahr 1925 zog Elias nach Heidelberg, um dort seine anvisierte wissenschaftliche Karriere voranzubringen. Dabei wechselte er auch in die Soziologie und arbeitete am soziologischen Seminar mit, das in den 1920er Jahren vor allem von Alfred Weber, Emil Lederer und Karl Mannheim auf- und ausgebaut wurde. Als Mannheim nach Frankfurt am Main auf eine Professur für Soziologie wechselte, kam Elias 1930 als sein Assistent mit. Dort arbeitete er weiter an seiner in Heidelberg begonnenen Habilitation zu der Frage, wie sich eine bürgerlich und nationalstaatlich aufgebaute Gesellschaft aus einer ständisch geprägten Feudalgesellschaft entwickeln konnte. Elias konnte die Arbeit an seiner Habilitation zwar fertigstellen, in Folge der nationalsozialistischen Machtergreifung konnte das Verfahren formell aber nicht abgeschlossen werden. Erst in den 1960er Jahren wurde die Studie nach einer Überarbeitung und einer neuen Einleitung unter dem Namen „Die höfische Gesellschaft" (Elias 2002a) veröffentlicht. 1933 emigrierte Elias nach Paris und folgte 1935 Mannheim nach England. Dort begann Elias an der Arbeit „Über den Prozeß der Zivilisation", die er Ende der 1930er Jahre fertig stellen konnte (Korte 1988). Nach verschiedenen Lehrtätigkeiten etwa in Leicester und in Ghana sowie zahlreichen Gastvorlesungen vor allem in den Niederlanden und in Deutschland bezog Elias ab 1975 in Amsterdam eine Wohnung.[3] Ab 1978 standen ihm zusätzlich ein Büro und eine Wohnung am *Zentrum für interdisziplinäre Forschung* in Bielefeld zur Verfügung. Elias starb am 1. August 1990 in Amsterdam. Obwohl Elias vor allem seit den 1970er Jahren intensiv seine soziologischen Studien vorangetrieben hat, konnte er nicht alle seine Unternehmungen fertigstellen. Einige seiner Arbeiten sind Manuskripte und Fragmente geblieben, und einige wurden erst nach seinem Tod veröffentlicht (Schröter 1985; Visser 1993). Dazu zählt auch die Arbeit über Mozart.

Ausgangspunkt der Soziologie von Elias ist die klassische soziologische Frage nach der Funktionsweise gesellschaftlicher Zusammenhänge. Geschult an der his-

---

2 Wie Jörg Hackeschmidt etwa an der Mitgliedschaft und dem Engagement des jungen Elias in der Breslauer Gruppe des jüdischen Wanderbunds Blau-Weiß nachweist, war die jüdische Religionszugehörigkeit nicht unbedeutend, auch wenn sie im Alltag und in der Erziehung eher nebensächlich war (Hackeschmidt 1997).
3 Zu einer Aufarbeitung der bisher kaum beachteten Zeit in Ghana siehe etwa Erik Jentkes (2017).

torischen und kultursoziologisch ausgerichteten Soziologie in Heidelberg geht Elias davon aus, dass die Fragen, wie Gesellschaften funktionieren und wie gesellschaftliches Zusammenleben möglich ist, hinreichend nur über die Beobachtung historischer Verlaufsformen, also über soziale Prozesse zu beantworten sind (siehe etwa Elias 1971; Elias 1977). Die Untersuchung gegenwärtiger gesellschaftlicher Zusammenhänge erfordert daher stets Kenntnisse der Geschichte und langfristiger Prozesse, die das „geschichtliche So-und-nicht-anders-Gewordensein", wie Max Weber programmatisch anmerkt (Weber 1992: 212), nachvollziehbar machen.

In seinen historischen und soziologischen Analysen interessiert sich Elias weniger für die einzelnen Menschen und ihre Handlungen, die in ihrer Summe gesellschaftliche Strukturen erklären könnten. Da Menschen nicht isoliert voneinander leben und ihre Handlungen aneinander ausrichten, stellt Elias vielmehr auf die Beobachtung von Beziehungsgefügen in historisch konkreten Situationen um, die auf den Abhängigkeiten und dem Aufeinander-bezogen-sein von Menschen beruhen. Im Anschluss an Georg Simmels Begriff der Wechselwirkung und im Unterschied zu einem Verständnis der Soziologie, die den Menschen als homo clausus klassifiziert und darüber Individuum und Gesellschaft als voneinander abgetrennte Analyseeinheiten bestimmt, versteht Elias Individuen und Gesellschaft als einen unauflöslichen Zusammenhang. Kern der Analysen sind somit *Figurationen*, also bestimmte identifizierbare strukturierte Wirkungs- und Verflechtungszusammenhänge, die auf die *Interdependenzen* der Individuen in bestimmten sozialen Kontexten abstellen (Elias 1971). So schreibt Elias (Elias 2002b: 60) programmatisch:

> Die Struktur der Interdependenzen, die Individuen aneinander binden, ist im Falle jedes einzelnen Menschen wie in dem ganzer Gruppen von Menschen einer fortschreitenden empirischen Untersuchung zugänglich. Eine solche Untersuchung kann zu Ergebnissen kommen, die sich in der Form eines Interdependenz-Modells, eines Figurationsmodells darstellen lassen. Erst mit Hilfe solcher Modelle kann man den Entscheidungsspielraum eines einzelnen Individuums innerhalb seiner Interdependenzketten, den Bereich seiner Autonomie und die individuelle Strategie seiner Verhaltenssteuerung überprüfen und der Erklärung näherbringen.

Vor allem in seiner prominentesten Studie über den Zivilisationsprozess gelingt es Elias auf eindrucksvolle Weise aufzuzeigen, dass nicht nur Gesellschaften und Individuen stets zusammengedacht werden müssen, sondern auch wie Gesellschaften funktionieren und sich verändern (Elias 1976; Elias 1998). Durch das intensive Studium historischer Quellen dokumentiert er, wie sich in langfristigen historischen Entwicklungen sowohl die Gesellschaftsstrukturen und Beziehungsgefüge, als auch die Persönlichkeitsstrukturen der Menschen verändern, sodass sich einerseits ein hoher Grad an Selbstbeherrschung, das meint eine effektivere Affektkontrolle und die Fähigkeit, rational und vorausschauend zu handeln, ausbilden und andererseits

Gesellschaften immer komplexer werden, also sich die Interdependenzketten verlängern und sich verschiedene Monopolisierungstendenzen beobachten lassen, die
langfristig die strukturellen Grundlagen moderner Staaten ermöglichen. Nebenbei
historisiert Elias damit auch die Persönlichkeitstheorie von Sigmund Freud, da er
über die sozio- und psychogenetisch ablaufenden Prozesse die gesellschaftlichen
Bedingungen des von Freud ausgearbeiteten Persönlichkeitsmodells, und zwar vor
allem des Über-Ichs aufzeigen kann. Darüber hinaus arbeitet Elias auch eine Antwort auf die soziologische Untersuchungsfrage heraus, wie Gesellschaft möglich ist.
Gegenwärtige Gesellschaften und ihre Ordnungen sind nach Elias nur deswegen
weitgehend ohne externe Zwangsapparaturen möglich, weil die externen Kontroll-
instanzen über einen geschichtlichen Prozess verinnerlicht wurden und sich in der
Folge eine Selbstregulierung ausgebildet hat, die die Persönlichkeit prägt. Die Gesellschaft und ihre Ordnungsvorstellungen sind also in den Köpfen und Körpern
der Menschen. Die Menschen zensieren sich selbst. Schließlich zeigen die histo-
risch-soziologischen Untersuchungen, dass Gesellschaften viel zu komplex sind, als
dass einfache Ursache-Wirkungszusammenhänge aufzufinden wären, die auch
noch universell gültig sind (Elias 1971). In der Folge müssen Figurationen stets neu
untersucht werden.

2 Elias' Arbeit über Wolfgang Amadeus Mozart

Die Arbeit über Mozart ist keine typische Biografie, die sich bemüht, mehr oder
weniger chronologisch das Leben von Wolfgang Amadeus Mozart darzustellen.
Dafür bezieht sich Elias nur ungenügend auf die Ergebnisse der Mozartforschung
und setzt vieles als bekannt voraus, sodass biografische Ereignisse und Lebensphasen aus Mozarts Leben fehlen oder nicht hinreichend berücksichtigt werden.
Elias' Arbeit ist auch nur bedingt eine soziologisch ausgerichtete Biografie, die
etwa Institutionalisierungen von Lebensläufen oder die Bedeutung von Geburts-
kohorten- und Alterseffekten ausweist. Vielmehr ist sie eine Fallstudie, die am
Beispiel von Mozart den methodologischen Ansatz von Elias vorführt und aufzuzeigen sucht, wie sich Beziehungsgefüge und sozialstrukturelle Verschiebungen
im Verhältnis zueinander beobachten lassen und wie strukturelle Kontexte individuelle Entscheidungen ermöglichen.

2.1 Die höfische Gesellschaft

Ausgangspunkt der Untersuchung zu Mozart ist die sich nach und nach auflösende und im Übergang befindliche *Höfische Gesellschaft*, in die Mozart hinein geboren wird, und die Elias in früheren Studien umfassend untersucht hat. Höfische Gesellschaft meint nach Elias eine Gesellschaftsformation in der europäischen Geschichte, die zwischen einer Feudalgesellschaft und einer kapitalistischen Industriegesellschaft einzuordnen ist und den fürstlichen Hof als Machtzentrum ausweist (Elias 2002a: 7 ff.). An dieser Gesellschaft interessieren Elias vor allem die Beziehungs- und Positionsgefüge, die mit differenten Machtchancen in einer zentralistischen, auf den Hof ausgerichteten Herrschaft einhergehen. Dass sich historisch ein auf einen Hof ausgerichtetes Herrschaftszentrum ausbildet, ist nach Elias auf eine „Verhöflichung der Krieger" (Elias 1976: 351) sowie auf eine Monopolisierung der Gewalt und der Finanzen zurückzuführen. So bemerkt Elias (Elias 1976: 2):

> Aber offenbar handelt es sich noch um etwas anderes als um das zufällige Auftreten einer Reihe großer Fürsten und um zufällige Siege vieler, einzelner Territorialherren oder Könige über viele, einzelne Stände annähernd in der gleichen Zeit. Nicht ohne Berechtigung spricht man von einem Zeitalter des Absolutismus. Was in dieser Veränderung der Herrschaftsform zum Ausdruck kommt, ist eine Strukturveränderung der abendländischen Gesellschaft im ganzen. Es gewannen nicht nur einzelne Könige an Macht, sondern offenbar erhielt die soziale Institution des Königs oder Fürsten in einer allmählichen Umbildung der ganzen Gesellschaft ein neues Gewicht, einen Machtzuwachs, den sie als Chance ihren Inhabern oder deren Repräsentanten und Dienern in die Hände legte.

Die sich ausbildenden Beziehungsgefüge beschreibt Elias am Beispiel des Königs, des Adels und eines finanzstarken sowie in der Verwaltung tätigen Bürgertums als eine Figuration, die sich vor allem durch Abhängigkeiten unterschiedlicher und gegeneinander gestellter, aber etwa machtgleicher Interessengruppen und Menschen verstehen lässt, die um Machtchancen und -zugänge konkurrieren (Elias 1976; Elias 2002a).[4] In Folge der von Elias als „Königsmechanismus" (Elias 1976: 222 ff.) beschriebenen Konstellation verstärken sich die Abhängigkeiten zwischen, aber auch innerhalb der um die zentrale Machtposition gruppierten Interessengruppen, sodass zunehmend jeder mit jedem um die Gunst anderer konkurriert und jeder jeden kontrolliert, um sich Vorteile zu verschaffen und Statusverluste zu vermeiden. Empirisch weist Elias die sich ausbildenden Interdependenzketten und die zunehmende Kontrolle in den höfischen Machtzentren am Beispiel von höfischen

---

4 Nach Georg Simmels (Simmel 1995) soziologischem Konkurrenzmodell, das Elias im Kern wiedergibt, konkurrieren die Menschen am Hof nicht direkt um eigene Macht, sondern um die Gunst Dritter, die über den Zugang zu Macht verfügen und Machtchancen verteilen.

Manieren und Etiketten im Bereich der Geschlechterbeziehungen, der Verwendung von Besteck und Serviette oder dem Schneuzen und Ausspucken nach (Elias 1998). Die beobachtbaren Veränderungen in den Verhaltensregeln sind als Nebenfolgen der ständigen Verschiebungen innerhalb des Machtgleichgewichtes zwischen den Gruppen und Positionen zu verstehen und setzen sich in der Folge nur langsam durch. Die höfische Gesellschaft ist trotz der Abhängigkeiten und der umfassenden Kontrollen, in der jeder jeden und sich selbst bis in das kleinste Detail beobachtet, keine starre Figuration.

Nach Elias ist die höfische Gesellschaft eine europäische Gesellschaft, die sich nicht nur in Frankreich und Spanien, sondern auch in England sowie den italienischen und deutschen Staaten ausbildet, und die regional kaum Unterschiede aufweist.[5] Kern der höfischen Gesellschaft ist ab Mitte des 17. Jahrhunderts der in Frankreich aus einem königlichen Jagdschloss umgebaute Hof von Versailles, um den sich in der Peripherie je nach ihrer Bedeutung die weiteren europäischen Höfe gruppieren. Die Bedeutung des Versailler Hofes als Zentrum der höfischen Gesellschaft zeigt sich unter anderem daran, dass in der europäischen höfischen Aristokratie in der Regel französisch gesprochen wird und Versailles stilbildend in Etikette, Höflichkeit und Fragen des Geschmacks, der Kunst und der Manieren ist (Elias 2006a). In der Folge spricht auch Mozart Französisch und ist mit den höfischen Verhaltensweisen vertraut. Zudem bemüht er sich unter anderem in Paris, aber auch etwa in Berlin und Wien um eine Anstellung am Hof.

2.2 Mozart

Während Elias die höfische Gesellschaft in ihren Grundstrukturen und Verlaufsformen schon in früheren Arbeiten herausgearbeitet hat, untersucht er in der Studie über Mozart vor allem die Kunst, ihre Produktions- und Rezeptionsweisen als auch die Stellung der Künstler:innen in der höfischen Gesellschaft. Wolfgang Amadeus Mozart ist für Elias deswegen ein geeignetes Beispiel, da das Leben von Mozart einen Übergang markiert von einer noch höfisch – und zwar in ihrer absolutistischen Version – geprägten Kunst, die Elias in Folge der noch starken Ausrichtung

---

5 Vor allem die Sprach- und Verhaltensweisen sowie die kulturellen Wert- und Normvorstellungen ähneln sich sehr stark und weisen kaum regionale Unterschiede aus. So bemerkt auch Elias: „Die europäische höfische Gesellschaft des 17. und 18. Jahrhunderts stellte eine ähnliche übernationale gesellschaftliche Formation dar, die bisher letzte überstaatliche Gesellschaftsformation Europas. Auch von ihr gilt, daß sie eine Eliteformation war, ein Establishment, dessen Mitglieder ihrer Persönlichkeitsstruktur und Gesittung nach eine größere Affinität zueinander hatten als zu den unteren Schichten ihres Landes" (Elias 2006a: 268).

an mittelalterliche Kunsthandwerke als *Handwerkerkunst* beschreibt, hin zu einer sich allmählich ausbildenden *Künstlerkunst* (Elias 2005a: 54 ff.). Damit meint Elias eine Kunst, in der Kunstproduzent:innen und Kunstkonsument:innen sozial gleichgestellt sind, in der Künstler:innen primär für einen anonymen Kunstmarkt produzieren und selbst entscheiden, was und wie sie Kunst herstellen. Vor allem an den Verschiebungen in der Generationenfolge zwischen Mozart und seinem Vater illustriert Elias den Übergang. Mozarts Vater ist weitestgehend noch als Musiker einer höfischen Gesellschaft zu verstehen. Mozart ist hingegen nur noch bedingt Hofmusiker.[6] Die Kunst und vor allem die Musik sind in der höfischen Gesellschaft darauf ausgerichtet, den Adel zu unterhalten. „Ihre primäre Funktion war", wie Elias schreibt, „den eleganten Damen und Herren zu gefallen" (Elias 2005a: 107). Die Musik ist im Kern also Unterhaltungsmusik. In der Folge erfüllen Künstler:innen und vor allem Musiker:innen wichtige Funktionen am Hof und einem dort lebenden Adel, der seine Einnahmen aus seinem Landbesitz oder aus den Bezügen hoher Staats- und Kirchenämter bezieht und über viel Zeit verfügt. Gefällt und unterhält die Musik, steigerte dies nicht nur das Ansehen der Musiker:innen, Komponist:innen oder Kapellmeister:innen, sondern auch der jeweiligen Auftraggeber:innen und der Fürst:innen, an deren Höfen die Musik gespielt wird. Höfische Musik ist somit an der Repräsentation beteiligt und als symbolische Statusarbeit zu verstehen in einem Hierarchiesystem, das auf feine Nuancierungen und Unterschiede achtet. Musiker sind, wie Elias dementsprechend anmerkt, „für einen solchen Großhaushalt ebenso unentbehrlich wie Zuckerbäcker, Köche oder Kammerdiener und hatten in der höfischen Berufshierarchie normalerweise den gleichen Rang wie jene" (Elias 2005a: 21). Auch wenn Musiker:innen mit ihrer Musik repräsentative Aufgaben erfüllen, sind sie vor allem an kleineren Höfen, wie etwa in Salzburg, wo Mozart aufwächst und sein Vater Johann Georg Leopold Mozart zuerst als Violinist und später als Vizekapellmeister primär für die musikalische Unterhaltung zuständig ist, in Folge des kleineren Haushaltes und den geringeren Repräsentationsaufgaben auch in anderen Bereichen tätig und nicht ausschließlich für die Musik zuständig. So ist Mozarts Vater beispielsweise gleichzeitig als Kammerdiener tätig. Und auch von Wolfgang Amadeus Mozart werden während seiner Anstellung am Salzburger Hof solche Dienste erwartet. Neben ihrer Stellung, ihren Verdienstmöglichkeiten und

---

6 Wenige Jahre nach Mozart gelingt es aber schon dem knapp 15 Jahre später geborenen Ludwig van Beethoven, sich als freier Künstler und weniger abhängig von den Höfen zu etablieren und ein Einkommen unter anderem auch aus Verlagsverträgen und Konzerten zu erwirtschaften, das ein weitgehend finanziell gesichertes Leben ermöglicht (Elias 2005a). Dass sich Strukturveränderungen unter anderem erst in Generationsfolgen nachweisen lassen und damit dem Konzept der Generation eine analytische Bedeutung zugewiesen wird, übernimmt Elias wohl von Mannheim. Siehe hierfür etwa Stefanie Ernst (Ernst 2017: 30).

ihrem Tätigkeitsbereich, der vor allem auf die Repräsentation des Hofes ausgerichtet ist, gleichen Künstler:innen anderen Handwerker:innen am Hof auch hinsichtlich der eingeforderten Leistung, in der die Köch:innen etwa für bestimmte Speisen für das Abendessen, die Maler:innen für bestimmte Renovierungsarbeiten und die Musiker:innen und Komponist:innen eben für bestimmte Musik beauftragt werden. Dementsprechend bemerkt Elias (Elias 2005a: 56): „In der Phase der Handwerkerkunst hat der Geschmackskanon der Auftraggeber als Bezugsrahmen der Kunstgestaltung die Oberhand über die persönliche künstlerische Phantasie jedes Kunstschaffenden; die individuelle Einbildungskraft des letzteren wird strikt im Sinne des Geschmackskanons der etablierten Auftraggeberschicht kanalisiert." Die Musikproduktion als auch die Art und Weise, wie Musik gespielt wird, sind in der Folge abhängig von den aristokratischen Auftraggeber:innen. Dass diese bestimmte Musikstücke in Auftrag geben und die Komposition zum Teil bis in das kleinste Teil vorgeben, ist nur möglich, weil eine gewisse Expertise in der Aristokratie vorhanden ist, sodass man versteht, wie Musik funktioniert und man eine musikalische Darbietung entsprechend bewerten kann. Da die bürgerlichen Bediensteten weitgehend von der Lebenswelt der höfischen Gesellschaft in ihrem Auftreten, den Verhaltensweisen, ihrem Kunstgeschmack assimiliert werden, ohne selbstredend statusgleiche Mitglieder zu sein, kennzeichnet Elias schließlich das Beziehungsgefüge zwischen bürgerlichen Hofkünstler:innen und den aristokratischen Angehörigen der höfischen Gesellschaft als eine Etablierten-Außenseiter-Beziehung (Elias 2005a: 45). Hinzu kommt, dass die Beziehungen zwischen dem Adel und ihren Bediensteten unmittelbar und sehr persönlich sind und eine Trennung zwischen Privatheit und Öffentlichkeit kaum vorhanden ist (Ariès und Chartier 1991). In der Folge erhöht sich auch das Ausmaß von Fremd- und Selbstkontrolle. Nach Elias ist die persönliche Beziehung am Salzburger Hof aber weniger stark wie in Wien oder Versailles, sodass der Handlungsspielraum von Leopold und Wolfgang Amadeus Mozart trotz bestehender Abhängigkeiten im Vergleich deutlich größer ist. Aufgrund dieses erhöhten Entscheidungs- und Handlungsspielraums ist es Leopold Mozart beispielsweise möglich, mit seinem Sohn mehrere Monate bei bestehendem Einkommen und Zahlungen des Salzburger Bischofs auf Konzertreise zu gehen, sodass der junge Mozart an verschiedenen Höfen in Europa Klavierkonzerte geben kann. Dass in Salzburg eine weniger starke persönliche Beziehung zu beobachten ist, führt Elias auf eine erhöhte Konkurrenz zwischen den zahlreichen kleineren deutschen, aber auch italienischen Höfen in Folge einer fehlenden Zentralisierung und Machtmonopolisierung zurück und einer damit einhergehenden erhöhten Chance, eine Anstellung an einem anderen Hof zu bekommen (Elias 2005a: 35).

Die größeren Handlungsspielräume und geringeren Machtansprüche in Salzburg, sein Ehrgeiz sowie seine frühen Erfolge als Musiker, die in der Regel auf eine Begabung zurückgeführt werden, obwohl sie sicherlich vor allem auf seine zeitintensive Ausbildung in der Kindheit zurückzuführen sind,[7] führen schließlich nach Elias dazu, dass sich Mozart trotz Vertrautheit mit der höfischen Lebenswelt nicht mehr wie sein Vater als handwerklicher Hofmusiker in die Höfische Gesellschaft integrieren will.[8] Mozart versteht sich selbst immer mehr als Musiker und immer weniger als höfischer Bediensteter, der unter anderem Auftragsmusik komponieren soll, die seinen Ansprüchen nicht genügt. In der Folge bemüht sich Mozart eine Zeitlang um eine Anstellung an prestigeträchtigeren Höfen und kündigt seinen Dienst in Salzburg auf. Trotz beachtlicher Erfolge und einer hohen Anerkennung gelingt es Mozart weder eine Anstellung zu bekommen, noch in Wien als ein von der höfischen Gesellschaft unabhängiger Musiker, Komponist und Musiklehrer wirtschaftlich erfolgreich zu sein. Die höfischen Strukturen und Beziehungsgefüge sind noch zu sehr als Etablierte-Außenseiter-Beziehungen ausgerichtet und an einer Handwerkerkunst orientiert, die sich als Auftragskunst versteht. So bemerkt Elias zusammenfassend (Elias 2005a: 18):

> Das Leben Mozarts illustriert sehr eindringlich die Situation bürgerlicher Gruppen, die als abhängige Außenseiter zu einer vom höfischen Adel beherrschten Wirtschaft gehörten, und zwar in einer Zeit, wo der Machtvorsprung der höfischen Establishments noch recht groß war, aber nicht mehr groß genug, um Äußerungen des Protests, zumindest auf dem politisch weniger gefährlichen kulturellen Gebiet, völlig zu unterbinden. Mozart focht als bürgerlicher Außenseiter in höfischen Diensten mit erstaunlichem Mut einen Befreiungskampf gegen seine aristokratischen Dienstherren und Auftraggeber aus. Er tat es auf eigene Faust, um seiner persönlichen Würde und seiner musikalischen Arbeit willen. Und er verlor den Kampf.

Neben einer kunstsoziologischen Ausarbeitung und Ergänzung seiner Studien zur höfischen Gesellschaft ist die Arbeit über Mozart auch deswegen aufschlussreich, weil Elias darauf aufmerksam macht, dass sich zeitgleich und neben einer höfischen Gesellschaft und ihrer Kunst eine vor allem am Bildungsbürgertum und anderen bürgerlichen Trägerschichten orientierte nicht-höfische Kunst beobachten lässt, in der sich frühe Formen einer *Künstlerkunst* ausgebildet haben. So kann er zeigen, dass sich bestimmte Bereiche der Literatur deutlich früher als die Musik von der höfischen Handwerkerkunst emanzipieren und sich in der Folge nicht

---

7 Elias erklärt dies zusätzlich über tiefenpsychologisch ablaufende Sublimierungsprozesse, die Mozarts Beschäftigung mit Musik als eine Ersatzbefriedigung versteht.
8 Elias weist etwa daraufhin, dass Mozart im Unterschied zu seinem Vater nur ungenügend die Anforderungen an gesellige Interaktionen am Hof in seinen Verhaltens- und Kommunikationsweisen umsetzen konnte (Elias 2005a: 113).

nur ein frühes Verlagswesen und ein Markt für eine eher anonyme Käuferschicht ausbildet, sondern auch eine erhöhte Nachfrage vor allem im städtischen Bürgertum.[9] Die bürgerliche Literatur des 18. Jahrhunderts ist damit eher *Künstlerkunst* als *Handwerkerkunst* (Elias 2005a: 38). Dass sich in Deutschland im Unterschied zu Frankreich in der Literatur eine nicht an Höfen ausgerichtete Kunst etablieren konnte, führt Elias neben einer erhöhten Konkurrenzsituation zwischen den zahlreichen kleinen Höfen auch auf eine relative Abgeschlossenheit der höfischen Gesellschaft zurück, die dazu führt, dass ihre Angehörige nicht-höfische Kunst kaum zur Kenntnis nehmen und diese in Folge ihrer Verschiedenheit auch bei Kenntnisnahme nicht anerkennen.[10]

Schließlich erweitert Elias in seiner Arbeit über Mozart auch seine an Freud angelegte Persönlichkeitstheorie, indem er dem Über-Ich als innerer Instanz sozialer Kontrolle ein Kunstgewissen hinzufügt, das kaum dem Bewusstsein zugänglich über das Empfinden und die Beurteilung von Kunst mitentscheidet. In der Folge zeigen sich deutliche Parallelen zu dem Habituskonzept von Pierre Bourdieu (Bourdieu 1999), der unter dem *Habitus* einen Erzeugungsmodus versteht, der Wahrnehmungs-, Handlungs- und Beurteilungsschemata zusammenfasst, die einerseits gesellschaftlich und in der Regel klassenspezifisch ausformuliert sind und andererseits auch individuelle Kreativität beinhalten. So schreibt Elias (Elias 2005a: 74 f.):

> Nicht nur die Dynamik des Phantasiestroms, nicht nur ein Wissensstrom ist also bei der Hervorbringung eines Kunstwerks beteiligt, sondern auch eine richtende Persönlichkeitsinstanz, das Kunstgewissen des Schaffenden, eine Stimme, die sagt: „So muß man es machen, so sieht es sich, hört es sich, fühlt es sich gut an, und so nicht". Wenn sich die Produktion in bekannten Bahnen bewegt, dann spricht dieses Gewissen des einzelnen mit der Stimme des gesellschaftlichen Kunstkanons. Aber wenn ein Künstler, wie Mozart das in seinen späteren Jahren tat, den vertrauten Kanon individuell weiterentwickelt, dann muß er sich auf sein eigenes Kunstgewissen verlassen; er muß bei der Vertiefung in sein Material rasch entscheiden können, ob die Richtung, in die ihn sein spontaner Phantasiestrom bei der Arbeit am Material vorantreibt, dessen immanenter Eigengesetzlichkeit gerecht wird oder nicht.

---

9 Einer der wesentlichen Gründe für ein sich ausbildendes Leseinteresse im Bürgertum ist die hohe Bildungsaffinität und die Bedeutung von Büchern und Lesen. Dass Elias dies nicht explizit anführt, ist möglicherweise auf den fragmentarischen Zustand des Manuskriptes zurückzuführen.
10 Für höfische Formen der Literatur siehe Norbert Elias (Elias 2006a).

3 Rezeption und Wirkung

Die Arbeit von Norbert Elias über Mozart ist eine aufschlussreiche historisch-soziologisch ausgerichtete kunstsoziologische Untersuchung, die die Arbeiten zur höfischen Gesellschaft hinsichtlich der Beziehungsgefüge zwischen höfischen bürgerlichen Bediensteten und dem höfischen Adel erweitert und die Stellung der Künstler:innen mit ihren spezifischen Produktions- und Rezeptionsweisen einarbeitet. Werkgeschichtlich ist die Studie über Mozart darüber hinaus von Bedeutung, da sie neben der theoretischen und empirischen Weiterentwicklung der Studien zur höfischen Gesellschaft auch etwa die Persönlichkeitstheorie weiter ausarbeitet, nicht-höfische Strukturen im Bereich der Kunst ausweist und das von Elias und Scotson in einer empirischen Gemeindestudie Ende der 1950er Jahre ausgearbeitete Modell von Etablierten-Außenseiter-Beziehungen (Elias und Scotson 1993) auf höfische Beziehungsgefüge und Figurationen überträgt. Hinzu kommt, dass das Buch für eine soziologische Studie äußerst erfolgreich ist. So wurden bisher etwa 40.000 Exemplare verkauft, und das Buch wurde in 13 Sprachen übersetzt.[11] Schließlich wird das Buch in mehreren neueren Überblicksdarstellungen zur Soziologie der Künste wenn auch meistens sehr knapp behandelt (vgl. etwa Danko 2012; Smudits et al. 2014; Steuerwald 2016) sowie in verschiedenen Fachzeitschriften zumeist positiv rezensiert (vgl. etwa Champy 1994; De Nora 1994; Fermon 1993; Mörth 1993).[12]

Es ist daher bemerkenswert, dass im Unterschied zu den Arbeiten zur Figurations-, Prozess- und Zivilisationssoziologie, die umfassend kritisiert worden sind etwa hinsichtlich der Bewertung der verarbeiteten Quellen oder der Konzeption einer höfischen Gesellschaft und zu zahlreichen Anschlussforschungen vor allem in den Geschichtswissenschaften und der Soziologie geführt haben, die Arbeit zu Mozart kaum aufgearbeitet und weiterbearbeitet worden ist (vgl. dazu Duindam 1993; Steuerwald 2016). Und auch in den zahlreichen und zumeist musikwissenschaftlich ausgerichteten Biografien über Mozart sowie in der Mozartforschung insgesamt wird die Arbeit von Elias in der Regel nicht berücksichtigt.[13] Dass sich im Vergleich zu ihrer Kenntnisnahme für die Arbeit über Mozart eine deutlich schwächere Wirkung beobachten lässt, liegt neben dem ursprünglich nicht hin-

---

11 So Laura Hübner vom Suhrkamp-Verlag in einer Mail-Anfrage. Nach Angaben des Suhrkamp-Verlags ist die erfolgreichste Schrift „Über den Prozess der Zivilisation", von der etwa 150.000 Exemplare verkauft wurden. Im Vergleich zu Elias′ Buch „Die Gesellschaft der Individuen" mit etwa 20.000 Verkaufszahlen ist das Mozartbuch deutlich erfolgreicher.
12 Vor allem Tia de Nora verweist auf zahlreiche Problemstellen der Arbeit.
13 Siehe hingegen die Rezension von Dibelius (1992) im Mozart-Jahrbuch auf die mich Armin Brinzing von der Internationalen Stiftung Mozarteum in Salzburg aufmerksam gemacht hat.

reichend für eine Publikation ausgearbeiteten Manuskript sicherlich auch daran, dass die Arbeit zu sehr als ein Beitrag zur Mozartforschung gelesen wird und zu wenig als eine Arbeit, die sich bemüht, auf die Bedingungen bürgerlicher Künstler in einer höfischen Gesellschaft am Beispiel Mozarts aufmerksam zu machen.

Literatur

Ariès, P. und Chartier, R. (Hg.) 1991. *Geschichte des privaten Lebens. Bd. 3: Von der Renaissance zur Aufklärung.* Frankfurt am Main: Fischer.

Bourdieu, P. 1999. *Die feinen Unterschiede. Kritik der gesellschaftlichen Urteilskraft.* Frankfurt am Main: Suhrkamp.

Champy, F. 1994. Critique – Mozart. Sociologie d´un genie. *Homme* 34, S. 163–165.

Danko, D. 2012. *Kunstsoziologie.* Bielefeld: transcript.

De Nora, T. 1994. Review – Mozart: Portait of a Genius. *Sociological Review* 42, S. 588–589.

Dibelius, U. 1992. Mozart aus Soziologen-Perspektive. In: Zentralinstitut für Mozartforschung der Internationalen Stiftung Mozarteum Salzburg (Hg.) *Mozart Jahrbuch 1992.* Kassel: Bärenreiter, S. 153–155.

Duindam, J. 1993. Norbert Elias und der frühneuzeitliche Hof. Versuch einer Kritik und Weiterführung. *Historische Anthropologie* 6, S. 370–387.

Elias, N. 1971. *Was ist Soziologie?* München: Juventa.

Elias, N. 1976 *Über den Prozeß der Zivilisation. Soziogenetische und psychogenetische Untersuchungen. Entwurf zu einer Theorie der Zivilisation.* Frankfurt am Main: Suhrkamp.

Elias, N. 1977. Zur Grundlegung einer Theorie sozialer Prozesse. *Zeitschrift für Soziologie* 6, S. 127–149.

Elias, N. 1998. *Über den Prozeß der Zivilisation. Soziogenetische und psychogenetische Untersuchungen. Wandlungen des Verhaltens in den weltlichen Oberschichten des Abendlandes.* Frankfurt am Main: Suhrkamp.

Elias, N. 2002a. Die höfische Gesellschaft. Untersuchungen zur Soziologie des Königstum und der höfischen Aristokratie. *Gesammelte Schriften Bd. 2.* Frankfurt am Main: Suhrkamp.

Elias, N. 2002b. Kitschstil und Kitschzeitalter. In: *Frühschriften. Gesammelte Schriften Bd. 1.* Frankfurt am Main: Suhrkamp, S. 148–163.

Elias, N. 2005a. Mozart. Zur Soziologie eines Genies. *Gesammelte Schriften Bd. 12.* Frankfurt am Main: Suhrkamp.

Elias, N. 2005b. Biographisches Interview mit Norbert Elias. Interview von van Voss, A. J. H. und van Stolk, A. (1984). In: *Autobiographisches und Interviews. Gesammelte Schriften Bd. 17.* Frankfurt am Main: Suhrkamp, S.189–278.

Elias, N. 2005c. Notizen zum Lebenslauf. In: *Autobiographisches und Interviews. Gesammelte Schriften Bd. 17.* Frankfurt am Main: Suhrkamp, S. 9–96.

Elias, N. 2006a. Das Schicksal der deutschen Barocklyrik. Zwischen höfischer und bürgerlicher Tradition. In: *Aufsätze und andere Schriften III. Gesammelte Schriften Bd. 16.* Frankfurt am Main: Suhrkamp, S.267–296.

Elias, N. 2006b. Auszüge aus dem Katalog zur Ausstellung „Afrikanische Kunst". In: *Aufsätze und andere Schriften I. Gesammelte Schriften Bd. 14.* Frankfurt am Main: Suhrkamp, S. 131–170.

Elias, N. 2006c. Stufen der Entwicklung der afrikanischen Kunst in sozialer und visueller Hinsicht. In: *Aufsätze und andere Schriften I. Gesammelte Schriften Bd. 14*. Frankfurt am Main: Suhrkamp, S. 171–218.

Elias, N. und Scotson, J. L. 1993. *Etablierte und Außenseiter*. Frankfurt am Main: Suhrkamp.

Elias, N. und Dunning, E. 2003. Sport und Spannung im Prozeß der Zivilisation. *Gesammelte Schriften Bd. 7*. Frankfurt am Main: Suhrkamp.

Ernst, S. 2017. „Ein Anlass (…), über bestimmte grundlegende Fragen des Faches neu nachzudenken" Über die Entwicklung prozesstheoretischen Denkens in Europa. In: Ernst, S. und Korte, H. (Hg.) *Gesellschaftsprozesse und individuelle Praxis. Vorlesungsreihe zur Erinnerung an Norbert Elias*. Wiesbaden: Springer VS, S. 23–43.

Fermon, D. 1993. Review – Mozart: The Sociology of a Genius. *Library Journal* 118, S. 105.

Hackeschmidt, J. 1997. *Von Kurt Blumenfeld zu Norbert Elias. Die Erfindung einer jüdischen Nation*. Hamburg: Europäische Verlagsanstalt.

Jentkes, E. 2017. Die Bedeutung von Gruppencharisma und Gruppenschande für die Entwicklung der Figurationssoziologie bei Norbert Elias. In: Ernst, S. und Korte, H. (Hg.) *Gesellschaftsprozesse und individuelle Praxis. Vorlesungsreihe zur Erinnerung an Norbert Elias*. Wiesbaden: Springer VS, S. 45–68.

Korte, H. 1988. *Über Norbert Elias. Das Werden eines Menschenwissenschaftlers*. Frankfurt am Main: Suhrkamp.

Mörth, I. 1993. Rezension zu Norbert Elias: Mozart. Zur Soziologie eines Genies. *Soziologische Revue* 16, S. 33–35.

Schröter, M. 1985. *Bestandsaufnahme der vorhandenen wissenschaftlichen Manuskripte von Norbert Elias (bis 1984)*. Bochum: Photodruck. Literaturarchiv Marbach.

Schröter, M. 1997. Ein Autor und sein Herausgeber. Drei Berichte (1972–1990). In: Schröter, M. (Hg.) *Erfahrungen mit Norbert Elias. Gesammelte Aufsätze*. Frankfurt am Main: Suhrkamp, S. 260–323.

Simmel, G. 1995. Soziologie der Konkurrenz. In: *Aufsätze und Abhandlungen 1901–1908. Band 1. Georg Simmel Gesamtausgabe Band 7*. Frankfurt am Main: Suhrkamp, S. 221–246.

Smudits, A. et al. 2014. *Kunstsoziologie. Lehr- und Handbücher der Soziologie*. München: Oldenbourg.

Steuerwald, C. 2016. Norbert Elias (1897–1990). Die Kunst der Soziologie und die Soziologie der Kunst. In: Steuerwald, C. (Hg.) *Klassiker der Soziologie der Künste. Prominente und bedeutende Ansätze*. Wiesbaden: Springer VS, S. 281–310.

Visser. S. 1993. *Provisional inventory of the archive of Norbert Elias (1897–1990)*. Amsterdam: Photodruck. Literaturarchiv Marbach.

Weber, M. 1992. Die „Objektivität" sozialwissenschaftlicher Erkenntnis. In: Weber, M. (Hg.) *Soziologie, Universalgeschichtliche Analysen. Politik*. Stuttgart: Kröner, S. 186–262.

Nina Tessa Zahner
Pierre Bourdieu: „Elemente zu einer soziologischen Theorie der Kunstwahrnehmung"

1 Biografie und Werk

Pierre Bourdieu wurde am 1. August 1930 als Sohn von Albert und Noémie Bourdieu im kleinen Dorf Denguin im Béart geboren. Sein Vater war Briefträger und später Leiter des Postamts. 1951 besuchter er in der Elitehochschule *Ecole Normale Superiéure* mit Jacques Derrida die gleiche Jahrgangsstufe und studierte hierauf Philosophie an der Sorbonne. Im Anschluss unterrichtete er an einem Gymnasium in Moulins (1954–1955), wurde jedoch nach nur einem Jahr zum Militärdienst einberufen, den er in Algerien absolvierte. Dort begann er, die algerische Gesellschaft ethnographisch zu dokumentieren und zu analysieren. Nach Ende seiner Dienstzeit führte er seine ethnologischen Studien zwei weitere Jahre als Assistent für Philosophie an der Universität in Algier fort, bis ihn Raymond Aron als seinen Assistenten zurück an die Sorbonne holte. 1964 wurde Bourdieu *directeur d'études* an der *Ecole pratique des Hautes Etudes* und gleichzeitig zusammen mit Aron Co-Direktor des *Centre de sociologie européenne*, dem unter anderem auch Luc Boltanski, Raymonde Moulin, Jean-Claude Passeron und Monique de Saint-Martin angehörten. Hier begann er seine umfassende Beschäftigung mit Fragen des Kunstwahrnehmens im Rahmen eines Projektes über den sozialen Gebrauch der Fotografie (Bourdieu 1965) und eines weiteren über den Museumsbesuch (Bourdieu und Darbel 1966). Aufgrund politischer Differenzen mit Aron schied Bourdieu Ende der 1960er Jahre aus dem *Centre de sociologie européenne* aus und gründete 1969 das eigene *Centre de sociologie de l'éducation et de la culture*. Hierauf folgte im Jahr 1979 mit den *Actes de la recherche en sciences sociales* die Gründung einer eigenen Zeitschrift. Im gleichen Jahr führte er die zahlreichen Einzeluntersuchungen über die sozialen Gebrauchsweisen symbolischer Praktiken in „La Distinction" (Bourdieu 1979, dt. 1987) als eine Art Sozialstrukturanalyse der Gegenwartsgesellschaft zusammen. 1981 erfolgte die Berufung auf den Lehrstuhl für Soziologie am *Collège de France*; Anfang der 1990er Jahre veröffentlichte er mit „Les règles de l'art" (Bourdieu 1992a, dt. 2005) seine große Untersuchung zur Genese und Struktur des literarischen Feldes. Im gleichen Jahrzehnt stellte er in „La misère du monde" das Schicksal sozial marginalisierter Personen in Einzelinterviews dar (Bourdieu 1993, dt. 1997a) und reflektierte in den „Méditations pascaliennes" (Bourdieu 1997b, dt. 2001b) über die Bedingungen des wissenschaftlichen Wahrnehmens. Hier benannte

https://doi.org/10.1515/9783110716863-006

er auch den wissenschaftlichen Universalismus als Grundlage seines Handelns: „Keine Wissenschaft ohne Engagement, kein Engagement ohne Wissenschaft". Am 23. Januar 2002 starb Bourdieu in Paris.

Pierre Bourdieu hat eine der theoretisch am weitesten ausgearbeiteten und auf umfassenden empirischen Untersuchungen basierende soziologische Analyse der Kunst vorgelegt. Sein Ansatz verbindet eine ausgearbeitete Rezeptionstheorie mit einer differenzierten feldanalytischen Betrachtung der Produktionsbedingungen der Kunst und erfreut sich bis heute einer weitreichenden Resonanz in der kunstsoziologischen Forschung aber auch im Kunstfeld selbst.

2 Pierre Bourdieus relationale Kunstrezeptionstheorie

Bourdieus Beschäftigung mit der Kunst begann mit verschiedenen empirischen Einzeluntersuchungen, die er mit einer Forschergruppe in den Jahren 1960 bis 1963 durchführte. Mit teilnehmender Beobachtung und Interviews wurden unter anderem die ästhetischen Präferenzen von Bewohnern eines Dorfes in der Provinz Béarn, Arbeitern und Arbeiterinnen bei Renault und zwei Fotoklubs der Region Lille rekonstruiert. In diesen frühen Studien kommt Bourdieu zu dem Ergebnis, dass ästhetische Präferenzen in eine ‚funktionale Ästhetik' einerseits und eine ‚reine Kunst' andererseits unterschieden werden können. Während die funktionale Ästhetik „die künstlerische Tätigkeit gesellschaftlich normierten Funktionen unterordnet", ist für die reine Kunst „die Ausgestaltung ‚reiner' Formen, die allgemein als die sublimen gelten, die Abwesenheit funktionaler Merkmale und praktischer oder ethischer Zwecke vorausgesetzt" (Bourdieu et al. 2006: 19). In dem Aufsatz „Elemente zu einer soziologischen Theorie der Kunstwahrnehmung" (Bourdieu 1970) formuliert Bourdieu eine erste und bis heute in der Soziologie des Publikums höchst einflussreiche Theorie des Kunstwahrnehmens. Angestoßen wurde diese durch seine Forschungen zum europäischen Museumspublikum, die er 1966–1969 mit einer Forschungsgruppe durchgeführt hatte (Bourdieu und Darbel 1969).

2.1 Elemente zu einer Theorie der Kunstwahrnehmung

Bourdieu formuliert die oben genannten ‚Idealtypen' des Kunstwahrnehmens in Anschluss an Immanuel Kant (Bourdieu 2005: 491) theoretisch aus: Die reine Ästhetik wird so nach dem Typus des „interesselosen Wohlgefallens" (Kant 1974: 126), die funktionale Ästhetik gemäß dem „Angenehmen" (Kant 1974: 126) als dem

„Interesse der Sinne" (Bourdieu 1970: 172) konzipiert. Den unteren Schichten attestiert Bourdieu eine Präferenz für das „Ritual der feierlichen Erhebung und weihevollen Bestätigung der Gruppe", „der Verbindung mit den anderen Menschen, mit der Gemeinschaft, mit der Welt" (Bourdieu 2006: 105). Demnach praktiziere der „barbarische Geschmack" (Bourdieu 2006: 101) eine „fundamentale Zustimmung zur gesellschaftlichen Sache" (Bourdieu 2006: 104) und neige dazu, auf alltagsweltliche Begriffe zurückzugreifen, um so das Besondere fortwährend dem Allgemeinen zu unterstellen. Das Wahrnehmen der unteren Klassen vollführe so ein unkritisches Sich-Einfügen in die gegebenen Herrschaftsverhältnisse.

Demgegenüber fokussiere die „andachtsvolle Aneignung" (Bourdieu 2006: 108) des künstlerischen Werks durch die herrschenden Klassen das Werk in seiner Einzigartigkeit. Der reine Blick praktiziere eine „bewusste oder unbewusste Dekodierung" (Bourdieu 1970: 159) der künstlerischen Arbeiten, die sich eben nicht an Gattungs- oder Genrebegriffen orientiere, sondern die Bedeutung des Werkes relational im „Universum der Darstellung" eruiere (Bourdieu 1970: 171): „Das Kunstwerk auf spezifisch ästhetische Weise zu betrachten […] heißt also […], dessen distinktive Züge zu ermitteln, indem man es in Beziehung zu allen Werken (und nur zu diesen Werken) setzt, die insgesamt die Klasse bilden, der es angehört" (Bourdieu 1970: 171). Es handle sich hier um ein streng relationales Sehen, das ausschließlich andere Kunstwerke als Maßstab einer vergleichenden Rezeptionspraxis heranziehe. Für diese Wahrnehmungspraxis eines ‚relationalen Verstehens' erweise sich eine umfassende Kenntnis des kunsthistorischen Kanons als unabdingbar.

Die im Aufsatz „Elemente einer Theorie der Kunstwahrnehmung" entfaltete frühe Rezeptionstheorie Bourdieus greift in umfassender Weise auf die Überlegungen Erwin Panofskys zurück, der u.a. die Idee der relationalen Analyse Ernst Cassirers auf die kunsthistorische Forschung übertragen und so die Methode der *Ikonografie* entwickelt hatte (Müller 2017). Nach dieser Methode kann die tiefere Bedeutung eines Kunstwerks, die „notwendig von geschichtlichem Charakter" (Bourdieu 1987: 22) ist, auf Basis eines stabilen, auf relationalen Beziehungen basierenden Regelsystems freigelegt werden. Demnach erschließt sich „die genuine Wahrnehmung von Kunstwerken, deren Sinn oder besser ‚Wert' […] einzig im Kontext der spezifischen Geschichte einer künstlerischen Tradition" (Bourdieu 1987: 22). Die Bourdieusche Wahrnehmungsästhetik integriert so im ‚reinen Blick' Vorstellungen der Autonomie der Kunst im Sinne eines eigenlogischen, ausdifferenzierten Referenzsystems oder Diskurses und attestiert demgegenüber der „populären Ästhetik" (Bourdieu 1987: 22) einen bruchlosen Zusammenhang mit den praktischen Anforderungen des Alltaglebens. Die unteren Klassen bleiben gemäß dieser Konzeption in ihrem Wahrnehmen dem Primat des Ausdrucks, der Zustimmung zum Bestehenden verhaftet und verharren so in der fehlenden Einsicht in ihren Unterdrückungszusammenhang. Demgegenüber fragen die oberen Klassen in reflexiver Manier nach der *Bedeutung* der Dinge, statt in der sinnlichen Betrachtung zu verharren. Ihrer Praxis der Kunstbetrachtung kommt so ein emanzipatorisches Potenzial zu.

Bourdieu macht hier Kultur – im Sinne einer Kultur des Wahrnehmens – als zentrales Medium der Reproduktion sozialer Ungleichheit sichtbar. Er arbeitet heraus, wie kollektive Wahrnehmungsschemata als kollektiver Klassen*habitus* sowohl die Voraussetzung wie den Effekt sozialer Ungleichheit darstellen. In der Tradition des Strukturalismus von Emile Durkheim und Claude Lévi-Strauss, deutet er Sozialstruktur als untergründige Struktur, die über den Modus des Sinnlichen gesellschaftliche Bedeutung zeitigt und so als Medium der Reproduktion objektiver Klassenlagen fungiert. Bourdieu macht hier – ähnlich wie Michel Foucault – das Subjekt als Effekt sozialer Strukturen sichtbar: „Nimmt man [...] die Durkheimsche Hypothese von der gesellschaftlichen Genese der Denk-, Wahrnehmungs-, Beurteilungs-, und Handlungsschemata [...] ernst, dann kommt man zwangsläufig zu der Hypothese, dass es eine Entsprechung zwischen den sozialen Strukturen [...] und den mentalen Strukturen geben muss, eine Entsprechung, die sich mittels der Struktur der symbolischen Systeme [...] einstellt" (Bourdieu 2001b: 48 f.).

2.2 Von der Kultur des Wahrnehmens zur Theorie Symbolischer Gewalt

Bourdieu strebt in seiner Soziologie eine „Kritik der symbolischen Gewalt" (Moebius 2006: 51) an, indem er die symbolischen Sinnsysteme als gesellschaftliche Machtinstrumente sichtbar zu machen sucht, die den Akteuren *körperlich* eingeschrieben sind und damit auf einer vorbewussten Ebene wirksam werden. Bourdieu schließt hier umfassend an Merleau-Pontys Leibphänomenologie an. Diese arbeitet heraus, wie der Körper sowohl vom Subjekt selbst, wie auch von seiner Umgebung vorreflexiv *erlebt* wird und so über das sinnliche Erleben vorintellektuell als Instrument der vorbewussten Reproduktion von Herrschaft wirksam wird.

Nach Merleau-Ponty wird der sich verhaltende Leib in eine ihm vorgängige sozio-kulturelle Welt hineingeboren und trägt in seinen Praktiken die inkorporierten kulturellen Strukturen derselben weiter. Zwar können die Subjekte ihre eigenen Lebensbedingungen durch ihr Verhalten aktiv beeinflussen und unter Umständen sogar transformieren, hierbei ist das leibliche Subjekt jedoch gerade aufgrund seines Körperschemas – seiner perzeptiven, praktischen und kommunikativen Gewohnheiten, die es im Umgang mit äußeren Strukturen erworben hat – stets an seine soziale Herkunft gebunden (Merleau-Ponty 2010: 450). Sind die überlieferten sozialen, sprachlichen und historischen Strukturen für Merleau-

Ponty keine fixen Schablonen, in die sich das Subjekt einfügen muss, sondern relativ flexible Praxismuster, die im leibhaftigen Wahrnehmen und Verhalten aktiv weitergetragen werden, neigt Bourdieu dazu, diese stärker im Sinne von sinnlich eingeschriebenen Denk-, Wahrnehmungs- und Handlungsmustern zu verwenden. Das Leiblich-Sinnlich-Eingeschriebene gerät so bei Bourdieu zu einer dem Alltagsmenschen kaum wahrnehmbaren Festschreibung gesellschaftlicher Machtverhältnisse (Bourdieu 2001b: 232 f.). Wahrnehmen als körperliche Praxis stellt daher bei Bourdieu eine fortwährende Bestätigung der objektiven Bedingungen ihres Erwerbs dar; ist die verinnerlichte Form objektiver, oft stillschweigend auferlegter Regeln und Strukturen (Marcoulatos 2001: 4 ff.). In Anschluss an Merleau-Ponty fungieren dann Dinge, Formen und Materialitäten als sichtbare Manifestationen vergangener Wissensformen, Arbeitstechniken, Verhaltensweisen und Sinnbildungen, die vom Leib durch seinen alltäglichen Umgang mit ihnen inkorporiert werden (Merleau-Ponty 2010: 399). Im Handeln werden so bei Bourdieu immer „zwei Zustände der Geschichte miteinander in Verbindung [ge]setzt [...]: die Geschichte im objektivierten Zustand, d. h. die im Lauf der Zeit in den Dingen (Maschinen, Gebäuden, Monumenten, Büchern, Theorien, Sitten, dem Recht, der Sprache usf.) akkumulierte Geschichte und die Geschichte im inkorporierten Zustand, die Habitus gewordene Geschichte" (Bourdieu 2011: 26).

Dieser doppelte Prozess der Reproduktion von Geschichte durch die Instituierung in die Dinge und die Inkorporation in die Körper hat die Funktion, alternative Möglichkeiten von Wirklichkeit unsichtbar zu halten: Sprache, Dinge, Gebäude, Traditionen, Körper etc. werden in dieser Perspektive vor allem als Instrumente zur Reproduktion sozialer Macht wahrgenommen, die Erkenntnisurteilen vorausgehen (Prinz 2013: 200 ff.). Sie perpetuieren die sozialen Herrschaftsverhältnisse reibungslos, indem sie auf der Ebene des Sinnlichen wirken und können nur unter Aufwendung von Reflexionsarbeit sichtbar gemacht werden.

Dem Theorieangebot Bourdieus ist so ein grundsätzliches Misstrauen gegenüber dem Sinnlichen eingeschrieben. Jeder Sehnsucht nach Unmittelbarkeit, sei sie im Sinne einer unmittelbaren Materialität, Körperlichkeit oder Alltags- bzw. Lebenswelt angelegt, erteilt er eine Absage. In derartigen Bestrebungen sieht er nur einen Willen zur Mythologisierung der gesellschaftlichen Verhältnisse, die letztlich ihrer machtinduzierten Verschleierung dienen und so dem Ziel der Aufrechterhaltung der bestehenden sozialen Herrschaftsverhältnisse. In diesem Sinne wendet er sich auch massiv gegen jede Aufwertung des Alltagslebens in der phänomenologisch-pragmatischen Soziologie. Denn die von historischen Überlieferungen geprägte Alltagswelt ist seiner Überzeugung nach, grundsätzlich von den in sie eingeschriebenen Machtverhältnissen durchdrungen. Bei Bourdieu sind es gerade die Alltagswelt und die alltägliche Praxis, die soziale Ungleichheit stabilisieren und Machtbeziehungen reproduzieren: „In Hinblick auf die soziale Welt macht uns der

Alltagsgebrauch der Alltagssprache zu Metaphysikern. [Da] die Trugschlüsse und logischen Gewaltstreiche, die in den trivialsten alltagsweltlichen Äußerungen enthalten sind, nicht mehr wahrgenommen werden" (Bourdieu 1992b: 74).

Gerade in den Alltagsbegriffen haben sich nach Bourdieu die Ergebnisse der Kämpfe der Akteure um symbolische Macht abgelagert. Wenn die funktionale Ästhetik Kunst unter Bezugnahme auf die Alltagswelt wahrnimmt, so schreibt sie in dieser Wahrnehmungspraxis die bestehenden Verhältnisse fort, ordnet sie doch die Kunst dem Überlieferten unter und kann sie so eben nicht in ihrer Eigenlogik als Potentialität für eine Distanznahme vom Alltag und damit zur Emanzipation von Herrschaftsverhältnissen fruchtbar machen. Die reine Ästhetik hingegen kann sich durch ein spezifisch eigenlogisches und historisches Kunstwahrnehmen vom Alltag emanzipieren und diesen infrage stellen, sich jedoch nicht von ihrem eigenen Wahrnehmen emanzipieren.

Aufgabe der Soziologie ist es, gegen die Metaphysik des Alltags, zu den Dingen, Artefakten, Materialien, Praktiken und Begriffen in Distanz zu gehen und „die Logik der Kämpfe" (Bourdieu 1992b: 75) zu identifizieren und zu beschreiben, die die objektivierte Geschichte geschaffen haben. Das Instrumentarium hierfür ist die *Feldanalyse*: Der feldanalytische Blick zeigt die Welt als Ort der Auseinandersetzung um Weltdeutung. In der Tradition der Wittgensteinschen Gebrauchstheorie der Bedeutung, nach der Artefakte und Praktiken offen für situative Umdeutungen und Verwendungen sind (Kalthoff et al. 2016), werden im Rahmen der feldtheoretischen Untersuchung Klassifikations- und Ordnungssysteme als Gegenstände sozialer Auseinandersetzungen sichtbar gemacht, die das Monopol auf legitime Weltsetzungen zum Gegenstand haben. In Anschluss an die Sprachphilosophie John Austins wird die Bedeutung einer Äußerung dann vor allem in ihrer Kontextabhängigkeit betrachtet: „what we have to study is not the sentence but the issuing of an utterance in a speech situation" (Austin 1970: 127). Bourdieu untersucht daher in seinen feldanalytischen Studien die situative Strukturierung des Wahrnehmens, Sprechens, Denkens und Handelns durch soziale Faktoren. Dabei nimmt er eine dezidiert historische Perspektive ein, gilt es doch zu begreifen, wie ein Feld entstanden ist und um was in ihm gerungen wird.

2.3 Feldanalytische Studien

In seinen Untersuchungen zum Literatur- bzw. Kunstfeld rekonstruiert Bourdieu jedoch nicht nur deren Entstehungsbedingungen und Funktionsprinzipien, sondern diagnostiziert mit Blick auf gegenwärtige Verhältnisse auch einen kontinuierlichen Machtzuwachs des Marktes. Seit den 1990er Jahren sei „die gegenüber ökonomischen Zwängen hart erkämpfte Unabhängigkeit der Produktion und der Verbreitung von

Kultur durch das Eindringen der Marktlogik auf allen Ebenen [...] in ihren Grundlagen" (Bourdieu 2001a: 83) gefährdet. Konkret sei durch die Etablierung des Kultursponsorings und weitreichende Privatisierungen eine wachsende Intrusion der Welt des Geldes in das Feld der Kunst zu beobachten, die dazu führe, dass Kunstschaffende zur Konformität gezwungen würden. Dies käme der Nivellierung kritischen und unabhängigen Denkens gleich (Bourdieu 2005: 228 ff., 552 f.). Die bedeutende Rolle der Kunst im Prozess der gesellschaftlichen Selbstaufklärung, alternative Klassifizierungen und Teilungsprinzipien zur Wahrnehmung von Welt anzubieten, sei im Verschwinden. Das Potenzial, hegemoniale Wahrnehmungsweisen von Welt auf künstlerischem Wege kritisch zu reflektieren, ginge verloren (Zahner und Karstein 2014: 202 f.).

Seine kunstfeldanalytischen Studien regen Bourdieu zur Aktualisierung seiner Wahrnehmungstheorie an. Es soll nundarum gehen, die „Spuren von Intellektualismus zu tilgen, die meiner eigenen, einige Jahre zuvor veröffentlichten Darlegung der Grundprinzipien einer Wissenschaft von der künstlerischen Wahrnehmung anhaften mochten" (Bourdieu 2005: 490). In der neuen Variante seiner Wahrnehmungstheorie distanziert er sich denn auch von einem allzu strukturalistischen Denken, das relationales Kunstwahrnehmen als ein *adäquates* Wahrnehmen gegenüber einem alltagsweltlichen profiliert. Der bewussten Anwendung von Regeln des historischen Verstehens wird nun ein „ursprüngliches Verstehen der Zeitgenossen" zur Seite gestellt, das in „sein Verstehen praktische Schemata (vergleichbar etwa grammatischen Regeln) eingehen lässt, die als solche das Bewusstsein niemals streifen" (Bourdieu 2005: 492):

> Der Habitus ruft den Gegenstand hervor, befragt ihn, bringt ihn zum Sprechen, während dieser seinerseits den Habitus hervorzurufen, an ihn zu appellieren, ihn zu provozieren scheint; Wissen, Erinnerungen oder Bilder, die, wie Baxandall bemerkt, mit den unmittelbar wahrgenommenen Eigenschaften verschmelzen, können offenkundig nur aufsteigen, weil sie für einen entsprechend prädisponierten Habitus von diesen Eigenschaften scheinbar mit magischer Gewalt herausbeschworen werden. [...] Kurzum, wenn die Kunsterfahrung [...] eine Sache der Sinne und des Gefühls und nicht des Entzifferns und Räsonierens ist, so deswegen, weil die Dialektik zwischen dem konstituierenden Akt und dem konstituierenden Gegenstand, die sich gegenseitig hervorrufen, in der im wesentlichen dunklen Beziehung zwischen Habitus und Welt vor sich geht (Bourdieu 2005: 499 f.).

Bourdieu stellt damit in seiner aktualisierten Version seiner Wahrnehmungstheorie heraus, dass Kunstwahrnehmen im Sinne eines *ursprünglichen Verstehens der Zeitgenossen* (vgl. Bourdieu 2005: 492) ein ebenso adäquates, wenn nicht ein adäquateres Verstehen von Kunstwerken gestattet, wie die strukturalistische kunsthistorische Analyse. Das ursprüngliche Verstehen ist demnach grundsätzlich durch inkorporierte Wahrnehmungs- und Bewertungsschemata geprägt, die sowohl von den Werken gefordert, wie auch von den Adressaten an sie herangetragen werden.

Diese Neukonzeption des Wahrnehmens liefert einen weniger normativ geprägten Begriff des ästhetischen Wahrnehmens als die erste Version der Wahrnehmungstheorie. Denn ästhetische Erfahrung basiert nun lediglich auf der Harmonie von Habitus und Welt. Diese kann jedoch historisch variabel auf unterschiedlichste Weise, unter Rückgriff auf unterschiedlichste Kunstbegriffe hergestellt werden. Jede Untersuchung von Kunstwahrnehmung muss daher eine „wahre Übung in historischer Ethnologie" (Bourdieu 2005: 494) sein, denn es gilt dann die sozialen Voraussetzungen der jeweils herrschenden ‚Institution des Blicks' im Rahmen rekonstruktiver feldanalytischer Studien historisch-vergleichend zu erarbeiten.

Es ist wichtig zu verstehen, dass diese feldanalytische Überarbeitung der ursprünglichen Wahrnehmungstheorie *keine* pragmatische Überarbeitung der Bourdieuschen Konzeption des Wahrnehmens darstellt, wie von einigen Interpreten immer wieder behauptet (Lizardo 2011: 39; Prinz 2013: 302 f.). Ästhetische Erfahrung wird hier zwar als „essentially practical and emotive [...] and not analytical or theoretical" (Lizardo 2011: 39) konzipiert und Bourdieu stellt auch wiederholt heraus, „that the perception of cultural works can best be thought of as a practical execution of quasi-corporeal schemata that operate beneath the level of concept" (Bourdieu 1992c: 60), dies bedeutet jedoch *nicht*, dass Bourdieu Kunsterfahrung nun als eine rein sinnliche Tätigkeit konzipiert. Vielmehr geht es ihm darum zu zeigen, dass diese kognitiven Schemata im Rahmen eines Gefühls der Vertrautheit im Umgang mit Kunstwerken und einem untrüglichen Gespür für künstlerische Qualität sinnlich verankert sind und damit weniger explizierbar, als von Bourdieu in der ersten Variante konzipiert. Bourdieu denkt den Modus der Kunstwahrnehmung, den er als „ursprüngliches Verstehen" (Bourdieu 2005: 492) fasst, genau wie die alltagsweltliche Praxis als von Denk-, Wahrnehmungs- und Handlungsschemata geprägt. Dieser Modus ist demnach körperlich verankert, liegt unterhalb der Ebene des Konzeptionellen und kann als solcher nur in seinen eigenen Grenzen der Moralisierung und Aufklärung des Einzelnen oder der Gesellschaft dienlich sein: „Da der Habitus eine unbegrenzte Fähigkeit ist, in völliger (kontrollierter) Freiheit Hervorbringungen – Gedanken, Wahrnehmungen, Äußerungen, Handlungen – zu erzeugen, die stets in den historischen und sozialen Grenzen seiner eigenen Erzeugung liegen, steht die konditionierte und bedingte Freiheit, die er bietet, der unvorhergesehenen Neuschöpfung fern" (Bourdieu 2008: 103).

Mit dem Begriff des ursprünglichen Verstehens propagiert Bourdieu eben gerade nicht „particular social activities which engage and train the individual's cognitive apparatuses and conceive of the individual in culture [...] as the site of compilation of socially relevant and active skills" (Langdale 1998: 482). Vielmehr ersetzt er hier den allzu statischen, begriffsfokussierten methodischen Werkzeugkasten der strukturalistischen Analyse durch weniger normativ angelegte ethnologische Feldstudien. Auf diese Weise kann beispielsweise eine spezifisch ausgeprägte intellektualistisch orientierte Praxis des Kunstwahrnehmens – wie etwa die des ‚reinen Blicks' – als sozial-historisch spezifische, als einer spezifischen Verfasstheit des Feldes geschuldete, sichtbar gemacht werden. Diese kann als in der Tradition der Aufklärung stehende Ästhetik innerhalb ihrer Grenzen emanzipatorisch wirken.

3 Rezeption, Kritik und Würdigung

In Anschluss an Bourdieu hat sich eine umfassende geschmackssoziologische Forschung herausgebildet, die in Zusammenführung der Bourdieuschen Konzepte von Habitus und Feld die Partizipation in verschiedenen gesellschaftlichen Teilbereichen zum Gegenstand empirisch-quantitativer Studien macht. Vor allem bezogen auf kulturelle Felder wurde hierzu eine kaum überschaubare Zahl an Publikumsstudien durchgeführt (Zahner 2012). Krankte diese Forschung zu Anfang noch an einer allzu naiven Übernahme der strukturalistischen Konzeption der frühen Bourdieuschen Wahrnehmungstheorie (Rössel 2009), so fanden bald umfassende, durch die Lebensstilforschung angeregte Modellierungen statt, die hochinteressante Einblicke in die Teilnahme an kulturellen Angeboten bieten (Otte und Lübbe 2021). Neben diesen quantitativen Studien können qualitativ angelegte Studien zeigen, wie es in kulturellen Feldern zu einer immer weiter fortschreitenden Ausdifferenzierung der Praxen des Kunstwahrnehmens kommt (Berli 2014; Hanquinet 2013; Lena 2019; Zahner 2006; Zahner 2012; Zahner 2021b). Hier zeigt sich ein Wandel des Wissensregimes im Feld der Kunst, in dessen Rahmen die Bedeutung eines Kunstwerkes nicht mehr durch die Bezugnahme auf einen stabilen Kontext bzw. einen autonomen (Kunst-)Diskurs entsteht. Vielmehr sind Bedeutungszuschreibungen als Ergebnis hybrider Praxen und der Hereinnahme unterschiedlichster Wissenskontexte zu denken.

Heute wird Bourdieu gern ein gewisser Scientizismus vorgeworfen und seine Delegitimierung der Alltagswahrnehmung zugunsten einer wissenschaftlich-relationalen Weltwahrnehmung angeprangert (Rancière 1975: 29). Der Vorwurf jedoch, Bourdieu orientiere sich in seiner Wahrnehmungstheorie „als sozial positionierter Beobachter, […] in seinem Urteil an der damals gesellschaftlich anerkannten Hierarchie der Künste und Objekte" und trage so „entgegen der eigenen Intention – bei seiner Analyse des Habitus unterschiedlicher Klassen eher zu einer Re-Ontologisierung sozialer Grenzziehungen als zu deren Dekonstruktion" bei (Reinecke 2017: 378; vgl. auch Boltanski 2010; Bennett 2011; Zahner 2012), kann so nicht stehen bleiben (Zahner 2021a). Der Vorwurf mag vielleicht für die erste, strukturalistische Version der Wahrnehmungstheorie

Gültigkeit beanspruchenden, gilt jedoch kaum für die feldanalystisch überarbeitete Version und offenbart damit eine bei den Kritikern nur bruchstückhafte Vertrautheit mit der Wahrnehmungskonzeption Bourdieus.

Vor dem Hintergrund dieser Vorwürfe und dem aktuell zu beobachtenden Bedeutungszuwachs einer phänomenologisch-pragmatischen Soziologie, in der sich wieder verstärkt Sehnsüchte nach Ganzheit, Unmittelbarkeit, Materialität, Körperlichkeit, Welt und unbedingtem Sein artikulieren, wundert es, dass nur wenige Studien, die sich mit dem Wahrnehmen befassen, an Bourdieus Studie zum „Elend der Welt" (Bourdieu 1997a) anknüpfen. Zielen doch die dort geführten Interviews auf „ein *generelles* und *genetisches Verständnis* der Existenz des anderen [...], das auf der praktischen und theoretischen Einsicht in die sozialen Bedingungen basiert, deren Produkt er ist" (Bourdieu 1997a: 398 Hervor. i. O.). Hier wird eine Methodologie präsentiert, die auch für die Beforschung des Wahrnehmens in künstlerischen Feldern von nachhaltigem Interesse sein dürfte: Bourdieu sucht hier „Verstehen und Erklären" (Bourdieu 1997a: 398) als Einheit zu prozessieren. Er unternimmt es einerseits, sich ganz phänomenologisch auf ‚die Sache selbst' einzulassen und das erhobene Interview-Material in seiner Sinnlichkeit in Erscheinung treten zu lassen. Zum anderem sucht er zugleich die soziale Verortung der vorgestellten Positionen sichtbar zu machen sucht und auf diese Weise den Blick auf die Verortung im sozialen Machtgefüge zu lenken. Er unternimmt hier den Versuch die natürliche Anschauung, der subjektiv-sinnförmigen Erfahrung zugleich vor Augen zu stellen und zu objektivieren. Hier liegt meiner Meinung nach ein großes Potenzial der Bourdieuschen Forschung, das bisher – zumindest für die Kunstsoziologie – noch nicht vollumfänglich erkannt wurde (Zahner 2021a; Zahner 2021b). Es bietet die Möglichkeit, dem manchen soziologischen Bestrebungen eingelagerten Willen zur Mythologisierung der gesellschaftlichen Verhältnisse entgegenzutreten (Zahner 2021c), der letztlich ihrer machtinduzierten Verschleierung dient (Latour 2018).

Auch aktuelle Auseinandersetzungen um *gender*, *race* und *colour*, die auch in künstlerischen Feldern mit wachsender Vehemenz geführt werden, könnten vom feldtheoretischen Zugang Bourdieus profitieren. Mit dessen Hilfe ließe sich einmal mehr deutlich machen, dass Sprache, Dinge, Gebäude, Traditionen, Körper, Praxen etc. eingelagerten Weisen des Weltwahrnehmens sind und der Reproduktion sozialer Macht dienen. Bourdieu gibt uns hier ein Instrumentarium an die Hand, das eben nicht nur bei sozialer, regionaler oder geopolitischer Herkunft, bei Klasse, Geschlecht, Ethnie oder Hautfarbe ansetzt und zumeist auch endet, sondern soziale Ungleichheit immer im Kontext ihrer Rahmenbedingungen sichtbar zu machen sucht. Dies ist Boudieus Einsicht geschuldet, dass auch askriptive Merkmale niemals unmittelbar wirken, sondern immer nur vermittelt durch konkrete soziale Rahmenbedingungen (Hark 2007). Hier wird man zugleich darauf aufmerksam gemacht, dass jede Theorie über ‚die' Welt, ‚das' Soziale, ‚die' Menschen, ‚die' Kultur und ‚die' Natur etc. immer auch eine *Theorie der eigenen intellektuellen Praxis* umfassen muss. Arbeitet man mit Bourdieu, muss man sich immer auch der verästelten Anamnese des eigenen Standpunktes widmen, dem Ort, von dem aus die eigene Diagnose erfolgt. Hier liegt nach meiner Überzeugung das große Potenzial der Bourdieuschen Soziologie für die Gegenwart. Sie kann dazu anregen, dezidiert Auskunft über die Praxis des eigenen Wahrnehmens zu geben und so die eigene Situiertheit und damit auch die Begrenztheit des Eigenen sichtbar machen. Dies ist unangenehm und aufwendig, aber vor dem Hintergrund der aktuellen Herausforderungen und neuen identitären Substanzialismen wohl dringend nötig.

Literatur

Austin, J. L. 1970. *How to do things with words. The William James Lectures delivered at Harvard University in 1955*. Oxford: Clarendon Press.
Bennett, T. 2011. Culture, Choice, Necessity. A Political Critique of Bourdieu's Aesethetic. *Poetics* 39, S. 530–546.
Berli, O. 2014. *Grenzenlos guter Geschmack. Die feinen Unterschiede des Musikhörens*. Bielefeld: transcript.
Bock, U. et al. (Hg.) 2007. *Prekäre Transformationen. Pierre Bourdieus Soziologie der Praxis und ihre Herausforderungen für die Frauen- und Geschlechterforschung*. Göttingen: Wallstein.
Boltanski, L. 2010. *Soziologie und Sozialkritik. Frankfurter Adorno-Vorlesungen 2008*. Berlin: Suhrkamp.
Bourdieu, P. 1965. *Un art moyen. Essai sur les usages sociaux de la photographie*. Paris: Ed. de Minuit.
Bourdieu, P. 1970. Elemente zu einer soziologischen Theorie der Kunstwahrnehmung. In: Bourdieu, P. *Zur Soziologie der symbolischen Formen*. Frankfurt am Main: Suhrkamp, S. 159–201.
Bourdieu, P. 1979. *La distinction. Critique sociale du jugement*. Paris: Les Éd. de minuit.
Bourdieu, P. 1987. *Die feinen Unterschiede. Kritik der gesellschaftlichen Urteilskraft*. Frankfurt am Main: Suhrkamp.
Bourdieu, P. 1992a. *Les règles de l'art. Genèse et structure du champ littéraire*. Paris: Éd. du Seuil.
Bourdieu, P. 1992b. *Rede und Antwort*. Frankfurt am Main: Suhrkamp.
Bourdieu, P. 1992c. Commentary on the Commentaries. *Contemporary Sociology* 21, S. 158–161.
Bourdieu, P. 1993. *La Misère du Monde*. Paris: Editions du Seuil.
Bourdieu, P. 1997a. *Das Elend der Welt. Zeugnisse und Diagnosen alltäglichen Leidens an der Gesellschaft*. Konstanz: UVK.
Bourdieu, P. 1997b. *Méditations pascaliennes*. Paris: Seuil.
Bourdieu, P. 2001a. *Gegenfeuer 2. Für eine europäische soziale Bewegung*. Konstanz: UVK.
Bourdieu, P. 2001b. *Meditationen. Zur Kritik der scholastischen Vernunft*. Frankfurt am Main: Suhrkamp.
Bourdieu, P. 2005. *Die Regeln der Kunst. Genese und Struktur des literarischen Feldes*. Frankfurt am Main: Suhrkamp.
Bourdieu, P. 2008. *Sozialer Sinn. Kritik der theoretischen Vernunft*. Frankfurt am Main: Suhrkamp.

Bourdieu, P. 2011. Der Tote packt den Lebenden. In: Bourdieu, P. *Der Tote packt den Lebenden.* Hamburg: VSA, S. 17–54.

Bourdieu, P. und Darbel, A. 1969. *L'Amour de l'art. Les musées et leur public.* Paris: Les Éd. de minuit.

Bourdieu, P. et al. (Hg.) 2006. *Eine illegitime Kunst. Die sozialen Gebrauchsweisen der Photographie.* Hamburg: Europäische Verlagsanstalt.

Hanquinet, L. et al. 2013. The Eyes of the Beholder: Aesthetic Preferences and the Remaking of Cultural Capital. *Sociology* 48(1), S. 111–132.

Hark, S. 2007. Vom Gebrauch der Reflexivität. Für eine »klinische Soziologie« der Frauen- und Geschlechterforschung. In: Bock, U. et al. (Hg.) *Prekäre Transformationen. Pierre Bourdieus Soziologie der Praxis und ihre Herausforderungen für die Frauen- und Geschlechterforschung.* Göttingen: Wallstein, S. 39–62.

Kalthoff, H. et al. 2016. Einleitung: Materialität in Kultur und Gesellschaft. In: Kalthoff, H. et al. (Hg.) *Materialität. Herausforderungen für die Sozial- und Kulturwissenschaften.* Paderborn: Wilhelm Fink, S. 11–41.

Kant, I. 1974. *Kritik der Urteilskraft.* Frankfurt am Main: Suhrkamp.

Langdale, A. 1998. Aspects of the Critical Reception and Intellectual History of Baxandall's Concept of the Period Eye. *Art History* 21(4), S. 470–497.

Latour, B. 2018. *Das terrestrische Manifest.* Berlin: Suhrkamp.

Lena, J. C. 2019. *Entitled. Discriminating tastes and the expansion of the arts.* Princeton, N.J. Princeton University Press.

Lizardo, O. 2011. Pierre Bourdieu as a Post-cultural Theorist. *Cultural sociology* 5(1), S. 25–44.

Marcoulatos, I. 2001. Merleau-Ponty and Bourdieu on Embodied Significance. *Journal for the Theory of Social Behaviour* 31(1), S. 4–27.

Merleau-Ponty, M. 2010. *Phänomenologie der Wahrnehmung.* Berlin: de Gruyter.

Moebius, S. 2006. Pierre Bourdieu. Zur Kritik der symbolischen Gewalt. In: Moebius, S. und Quadflieg, D. (Hg.) *Kultur. Theorien der Gegenwart.* Wiesbaden: VS, S. 51–66.

Moebius, S. und Quadflieg, D. (Hg.) 2006. *Kultur. Theorien der Gegenwart.* Wiesbaden: VS.

Müller, J. 2017. Erwin Panofsky (1892 – 1968). In: Steuerwald, C. (Hg.) *Klassiker der Soziologie der Künste. Prominente und bedeutende Ansätze.* Wiesbaden: Springer, S. 215–233.

Otte, G. und Lübbe, H. 2021. *Kulturpartizipation in Deutschland. Soziale Ungleichheiten im Freizeit- und Kulturverhalten.* Frankfurt am Main/New York: Campus.

Prinz, S. 2013. *Die Praxis des Sehens. Über das Zusammenspiel von Körpern, Artefakten und visueller Ordnung.* Bielefeld: transcript.

Prior, N. 2005. A question of perception: Bourdieu, art and the postmodern. *The British Journal of Sociology.* 56(1), S. 123–139.

Rancière, J. 1975. *Wider den akademischen Marxismus.* Berlin: Merve.

Reinecke, C. 2017. Der (damalige) Geschmack der Bourgeoisie. Eine historische Re-Lektüre von Pierre Bourdieus „Die feinen Unterschiede" (1979). *Zeithistorische Forschungen: Teil des Portals Zeitgeschichte-online* 14(2), S. 376–383.

Rössel, J. 2009. Kulturelles Kapital und Musikrezeption. Eine empirische Überprüfung von Bourdieus Theorie der Kunstwahrnehmung. *Soziale Welt* 60(3), S. 239–257.

Zahner, N. T. 2006. *Die neuen Regeln der Kunst. Andy Warhol und der Umbau des Kunstbetriebs im 20. Jahrhundert.* Frankfurt am Main/New York: Campus.

Zahner, N. T. 2012. Zur Soziologie des Ausstellungsbesuchs. Positionen der soziologischen Forschung zur Inklusion und Exklusion von Publika im Kunstfeld. *Sociologia Internationalis. Europäische Zeitschrift für Kulturforschung* 50(1/2), S. 209–232.

Zahner, N. T. 2021a. Das Publikum als Ort der Auseinandersetzung um legitime Formen des Kunst- und Weltwahrnehmens. In: Schürkmann, C. und Zahner, N. T. (Hg.) *Wahrnehmen als Soziale Praxis. Künste und Sinne im Zusammenspiel*. Wiesbaden: Springer, S. 133–161.

Zahner, N. T. 2021b. Kunstwahrnehmen im Ausstellungskontext. In: Escher, C. und Zahner, N. T. (Hg.) *Begegnung mit dem Materiellen*. Bielfeld: transcript, S. 155–177.

Zahner, N. T. 2021c. Mit Max Weber gegen die Wiederverzauberung des sozialwissenschaftlichen Denkens? In: Maurer, A. (Hg.) *Mit Leidenschaft* und Augenmaß. Zur Aktualität von Max Weber. Frankfurt am Main/New York: Campus, S. 81–107.

Zahner, N. T. und Karstein, U. 2014. Autonomie und Ökonomisierung der Kunst. Vergleichende Betrachtungen von System- und Feldtheorie. *Zeitschrift für theoretische Soziologie 3*, S. 188–210.

Christine Magerski

Niklas Luhmann: „Das Kunstwerk und die Selbstreproduktion der Kunst"

1 Biografie und Werk

Niklas Luhmann (8.12.1927–6.11.1998) ist ein Klassiker der Soziologie des 20. Jahrhunderts. Luhmanns Werk besteht in der Erarbeitung einer umfassenden allgemeinen Theorie der modernen Gesellschaft. Den Auftakt bildet die 1984 erschienene Schrift „Soziale Systeme. Grundriss einer allgemeinen Theorie", den Abschluss bilden die beiden 1997 veröffentlichten Bände „Die Gesellschaft der Gesellschaft". Dazwischen liegen Monografien über einzelne Funktionssysteme wie die Wissenschaft, das Recht und die Kunst. Dass „Die Kunst der Gesellschaft" (Luhmann 1995) die letzte von Luhmann selbst besorgte Studie zu einem spezifischen Funktionssystem der modernen Gesellschaft ist, besagt nichts über den Stellenwert der Kunst im Theoriegebäude Luhmanns. Im Gegenteil: Die Kunst nimmt in der Systemtheorie Luhmanns eine Schlüsselstellung ein.

Um die besondere Rolle der Kunst innerhalb der Theoriearchitektur Luhmanns zu verstehen, muss man sich zunächst klarmachen, dass Luhmann, ganz im Sinne des Modells wissenschaftlicher Revolutionen von Thomas Kuhn (Kuhn 2007), an der Lösung eines Problems arbeitete.[1] Das Problem bestand darin, dass die Gesellschaft nicht länger ihrer theoretischen Konzeptionalisierung entsprach. Analog zur Krise um 1900, in deren Kontext die klassische Soziologie als ein Diskurs über Gesellschaft entstand, sahen theoretisch Interessierte, dass die Gesellschaften nicht so sind, wie sie in den vorherrschenden Diskursen bislang beschrieben worden waren (Wagner 1995: 221). Die gesellschaftlichen Phänomene waren gewissermaßen ihren Begriffen entwachsen und ließen sich mit den überkommen Konzepten und Theorien nicht mehr hinreichend erfassen. Seit den frühen 1970er Jahren wurde daher eine Rekonzeptionalisierung angestoßen.

Genau dieses Problem sah auch Luhmann. Seine Theorie sozialer Systeme ist eine Rekonzeptualisierung von Gesellschaft. Der juristisch geschulte, mit Verwaltung und Administration ebenso wie mit vorherrschenden Gesellschaftstheorien

---

1 Laut der von Thomas Kuhn im Jahr 1966 vorgelegten Studie beginnt jede wissenschaftliche Revolution mit dem Auftauchen eines Problems, auf welches das jeweils vorherrschende Paradigma keine Antwort zu geben vermag. Das zur Lösung des Problems entwickelte neue Paradigma ersetzt dann das alte und treibt so die Entwicklung beziehungsweise den Ausbau der Struktur der jeweiligen wissenschaftlichen Disziplin voran (vgl. Kuhn 2007).

https://doi.org/10.1515/9783110716863-007

vertraute Luhmann antwortete auf die Frage nach der Beschaffenheit der Gesellschaft mit dem Theorem der *funktionalen Differenzierung*. Das Theorem selbst kann als eine Formalisierung des bereits von den Klassikern der Soziologie um 1900 hervorgehobenen Prinzips der Arbeitsteilung verstanden werden. Luhmann radikalisiert diesen Ansatz, indem er das Prinzip der Arbeitsteilung autonomen, durch Autopoiesis getragenen Sozialsystemen zuschreibt. Der Begriff der Autopoiesis (und mithin die Besonderheit der damit bezeichneten Systeme) meint, dass sie in der Lage sind, die Elemente, derer sie zum Funktionieren und zum Fortbestand bedürfen, selbst herzustellen. Dadurch können sie in einem bis dahin nicht gekannten Maße auf ihre eigene Logik fokussieren und sich darüber hinaus von anderen Systemen abgrenzen. Hinter den autopoietischen Systemen sieht Luhmann einen evolutionären Prozess, der sowohl die Teilsysteme wie auch die sie umfassende Gesellschaft einschließlich ihrer Theorie ergreift.

Aus kunstsoziologischer Perspektive relevant ist dabei, dass die Systemtheorie Luhmanns auf hohem Abstraktionsniveau zwei Konzepte zusammenführt, die gemeinhin getrennt verhandelt werden: *Evolution* und *Form*. Jedes System kann als eine spezifische Form verstanden werden, die sich entlang der ihr eigenen Funktion evolutionär entwickelte. Dass es überhaupt Formen gibt, verdankt sich dem Gegenbegriff: dem Chaos, zu verstehen als allgemeine Unordnung oder Unorganisiertheit. Zu denken ist hier an die von der philosophischen Anthropologie unterstrichene Leistung der Sprache, aus dem schier unendlichen Meer der Möglichkeiten mittels Formbildung anschlussfähige Kommunikation zu machen. Auch bei Luhmann sind die Formen eine gebündelte und im Verlauf der Geschichte zunehmend strukturierte Kommunikation. Der Kern dieser Kommunikation wird als Code bezeichnet. Das Recht (mit dem Code Recht/Unrecht), die Wissenschaft (wahr/falsch) oder eben auch die Kunst sind derartig ausdifferenzierte Formen mit einer je spezifischen Funktion und Ausprägung, wobei man sich hinter dem Begriff der Ausdifferenzierung keine teleologische Prädisposition der Gesellschaft vorstellen darf. Die Gesellschaft könnte anders sein, ja war als vormoderne grundlegend anders strukturiert. Zufall und Kontingenz spielen in der Systemtheorie eine entscheidende Rolle, und genau damit kommt die Kunst ins Spiel.

2 Luhmanns Kunstsoziologie

Betrachtet aus systemtheoretischer Perspektive, ist die Kunst die auf die Herstellung von Formen spezialisierte Akteurin innerhalb der funktional differenzierten Gesellschaft. Ihre Funktion liegt in der Produktion ästhetischer Formen. Auch sie hat sich in einem evolutionären Prozess zu einem autopoietischen System entwickelt. Doch lässt sich, anders als beim Recht oder der Wissenschaft, für die moderne Kunst nur schwer ein eindeutiger Code ermitteln. Es fehlt gewissermaßen das, was Ernst Cassirer in seiner „Philosophie der symbolischen Formen" (Cassirer 1990) als den „Brechungsindex" bezeichnete. Scheinbar alles kann zum Gegenstand der Kunst werden.

Diese Grenzenlosigkeit erweist sich unter dem Gesichtspunkt des Systems als äußerst ambivalent. Einerseits mangelt es der modernen Kunst mit dem fehlenden eindeutigen Code an Distinguität und damit Stabilität. Andererseits aber gewinnt sie gerade dadurch an symbolischer Kraft und wird, dem Geld bei Georg Simmel (1987) vergleichbar, zum Symbol der modernen Gesellschaft. Auch und gerade der Kunst gelingt ein symbolischer Trick: Sie weiß und macht vor, wie sich aus kontingenten Gebilden gesamtgesellschaftlich anerkannte Formen machen lassen. Mehr noch: die Kunst stellt die von ihr gemachten Formen ostentativ als Anstoß für weitere Kommunikation in den Raum und ist damit das exemplarische System innerhalb einer Theorie, welche auf der Trias von Form, Kommunikation und Gesellschaft gründet.

2.1 Grundgedanken des Kunstwerk-Aufsatzes

Deutlich erkennbar wird die Sonderstellung der Kunst in der Theoriearchitektur Luhmanns erstmals in seinem Aufsatz „Das Kunstwerk und die Selbstreproduktion der Kunst". Dieser erschien 1984 in „Delphin. Eine deutsche Zeitschrift für Konstruktion, Analyse und Kritik", deren Untertitel bereits treffend die Richtung des Kunstwerk-Aufsatzes vorwegnimmt: Konstruktivistische, analytische und kritische Elemente sind in ihm eng miteinander verwoben und konturieren ein systemtheoretisches Bild der Kunst, wie es Luhmann in den darauffolgenden Jahren bis hin zum Kunst-Buch „Die Kunst der Gesellschaft" (Luhmann 1995) weiter ausgearbeitet hat. Bezeichnend sowohl für den Aufsatz wie auch für dessen Rezeption ist die Tatsache, dass bereits zwei Jahre nach der Erstveröffentlichung ein Wiederabdruck in dem Sammelband „Stil. Geschichten und Funktionen eines kulturwissenschaftlichen Diskurselements" (Gumbrecht et al. 1986) erfolgte. Luhmann, so zeigt die neuerliche Veröffentlichung, war nicht nur schnell in der Kulturwissenschaft angekommen, sondern wurde in ihr auch frühzeitig zum Begriffs- und Theorielieferanten. Der dritte Abdruck in den posthum besorgten „Schriften zur Kunst und Literatur" (Luhmann 2008) unterstreicht nur einmal mehr die Relevanz des Aufsatzes und des mit ihm eröffneten Eintritts der Systemtheorie in das Feld der wissenschaftlichen Auseinandersetzung mit Kunst und Literatur.

Was sind die zentralen Aussagen? Nähern wir uns dem Inhalt über den Titel und den Aufbau des Werkes, so ließe sich der Titel zunächst als Anspielung auf

Walter Benjamins bekannten Aufsatz „Das Kunstwerk im Zeitalter seiner technischen Reproduzierbarkeit" lesen. Anders als Benjamin aber geht es Luhmann
nicht um die Gefahren, welche sich für die Aura des Kunstwerks aus der Möglichkeit seiner technischen Vervielfältigung ergeben, sondern um die Bedrohung der
Kunst als Sozialsystem, wie sie sich aus dem selbst auferlegten Zwang zur Selbstreproduktion ergeben. Von daher spricht Luhmann für die Zeit des Entstehens
des Aufsatzes von dem Moment „kurz vor der Aussichtlosigkeit" (Luhmann 1984:
188). Entfaltet werden die „Folgeerscheinungen der Ausdifferenzierung der Kunst
unter dem Sondercode schön/häßlich" (Luhmann 1984: 139) in zwölf Kapiteln,
wobei durchgehend nicht zwischen einzelnen Kunstarten oder Gattungen unterschieden, sondern die Kunst einheitlich als spezifische Kommunikationsform behandelt wird.

Als solche zählt die Kunst zu den selbstreferenzielle, ihr Verhältnis zur Umwelt über „zirkulär-geschlossene Operationsverknüpfungen" (Luhmann 1984: 139)
herstellenden Systemen. Hinter dieser etwas sperrigen Formulierung steht die
Absage an das Prinzip der Mimesis. Nachahmung, gleich ob der Natur oder der
Gesellschaft, ist für die moderne Kunst keine Option mehr, da sie zu sehr mit sich
selbst beschäftigt ist. „Kunst" so Luhmann die Evolution der Kunst zusammenfassend, „wird zu einem sich selbst bestimmenden, sich selbst produzierenden, sich
an inneren Kohärenzen und Widersprüchen orientierenden System" (Luhmann
1984: 140). Dies ist ausdrücklich nicht als eine Verselbstständigung der Kunst gegenüber der Gesellschaft zu verstehen, wie sie Theodor W. Adorno attestierte,
sondern als eine Verselbstständigung der Kunst in der Gesellschaft. Kein opponie-
rendes oder kritisches Verhältnis verbindet laut Luhmann die Kunst mit der Gesellschaft. Vielmehr bilden sie eine Schicksalsgemeinschaft: „die Kunst teilt das
Schicksal der modernen Gesellschaft gerade dadurch, daß sie als autonom gewor-
denes System zurechtzukommen sucht" (Luhmann 1984: 142).[2]

Luhmann vollzieht folglich einen „Wechsel vom Paradigma der Entfremdung
zum Paradigma der Differenzierung" (Roberts 1998: 123). Die Ausdifferenzierung
selbst kann als eine Art Emanzipation mit Folgen verstanden werden. Zur Veran-
schaulichung mag hier der Begriff der Adoleszenz dienen. Bezogen auf die Kunst

---

2 Für beide, Adorno und Luhmann, ist Kunst sowohl ein *fait social* wie auch eine Realität *sui
generis*. Beide sehen in der Kunst die konstruktive Kraft zweiter Ordnung, welche der Gesellschaft ihr „Strukturschicksal" vor Augen führt. Während dieses Schicksal für Adorno aber historisch und endgültig ist, ist es für Luhmann weder terminal noch tragisch – sondern evolutionär.
Genau diese Differenz erlaubt es Luhmann, zentrale Aspekte der Kunsttheorie Adornos (die Kor-
relation von Kunst und Gesellschaft innerhalb der Kunst wie auch innerhalb des selbstreflexiven
Prozesses der Aufklärung) differenztheoretisch umzuformulieren, ohne sich den historischen
Schlussfolgerungen anzuschließen (Roberts 1997: 73).

meint dies ein einzigartiges Phänomen beziehungsweise eine besondere Phase, in
der die Kunst ihrer Umwelt bereits entwachsen ist, ohne jedoch bereits eine eigene Form gefunden zu haben. Aus diesem Zustand des Dazwischen erklärt sich
für Luhmann die Risikobereitschaft, mit der sich die Kunst in immer neue Form-
experimente stürzt. Indem Luhmann als Beobachter der Kunst auf jene Phase ab-
stellt, gewinnt seine Theorie der Kunst die Form einer Theorie der Avantgarde:
Die Lösung von externen Vorgaben führt zu einer Freiheit bezüglich der Wahl
von Themen und Formen, die jedoch, wenn es nicht zu neuen Grenzziehungen
kommt, die Kunst aufzulösen droht (Magerski 2011: 99 ff.).

Bislang aber bewegt sich die Kunst in scheinbar gesicherten Grenzen. Folglich muss sie, eben als ein soziales Funktionssystem, eine Funktion haben: „In der
modernen Gesellschaft hat mithin die Kunst eine Funktion oder sie besitzt keine
Geschlossenheit der Selbstreproduktion, also keine Autonomie" (Luhmann 1984:
143). Um die Funktion auszumachen, lenkt Luhmann den Blick in die Kunstgeschichte und kommt zu einer eingestandenermaßen recht unscharfen Definition:
Die Funktion der Kunst sei die „Konfrontation der (jedermann geläufigen) Realität mit einer anderen Version derselben Realität" (Luhmann 1984: 144). Das
könnte man für banal oder, als Umschreibung von Fiktion, für einen alten Hut
der Kunsttheorie halten. Damit aber würde man sich um die Pointe bringen.
Zwar fokussiert Luhmann, ganz wie die klassische Ästhetik, auf die Differenz von
Kunst und Wirklichkeit, steigert diese jedoch zur Konfrontation zwischen einer
vermeintlich gegebenen Realität und einer künstlerisch gemachten Realität – und
entscheidet diese zugunsten der Kunst. So gesehen, besteht die Funktion der
Kunst darin, die Welt in der Welt als eine gemachte und mithin kontingente erscheinen zu lassen.

Hinter der Definition der Funktion von Kunst als „Herstellung von Weltkon-
tingenz" (Luhmann 1984: 145) steht ein radikales Denken; radikal, weil es gegen
jede theoretische Verharmlosung der Kunst auftritt und uns – die Verhältnisse
regelrecht auf den Kopf stellend – mit der Vorstellung einer realen Kunst inmit-
ten einer kontingenten Realität konfrontiert. Operiert wird dabei trotz aller
konstruktivistischen Radikalität mit einer überaus traditionellen Setzung der
Ästhetik: dem Begriff des Kunstwerks. Gegen emphatische, die moderne Kunst
über die Werkgrenzen treibende Vorstellungen wird der Werkbegriff mit der
Begründung gestärkt, allein das Kunstwerk führe an sich selbst vor, „daß und
wie das kontingent Hergestellte, an sich gar nicht Notwendige schließlich als
notwendig erscheint, weil es in einer Art Selbstlimitierung sich alle Möglichkeiten nimmt, anders zu sein" (Luhmann 1984: 145).

Bei der etwas vagen Formulierung von „einer Art Selbstlimitierung" sollte
man an Georg Simmel denken und hier an die von ihm für die Produktion und
Rezeption von Kunst hervorgehobene Bedeutung des Rahmens (Simmel 2009).

Auch und gerade für Luhmann gilt, dass die Kunst ihrer Funktion, die Welt in der Welt erscheinen zu lassen, nur gerecht werden kann, wenn sie – ganz kunstimmanent – zwischen Form und Kontext unterscheidet. Mit dem Rahmen scheidet die Kunst die Umwelt aus und zieht die Grenze zwischen Form und Kontext, zwischen sich und Umwelt. Luhmann steht damit in der Tradition der formalen Soziologie der Kunst; eine spezifische Form der Kunstsoziologie, welche mit dem Akt der Rahmung die Form gegenüber dem Inhalt und mithin den Werkcharakter der Kunst aufwertet.

Die Form selbst ist „unausgesprochene Selbstreferenz" (Luhmann 1984: 150), was wiederum bedeutet, dass die Selbstreferenz sowohl unbewusst als auch bewusst erfolgen kann. Bei der Kunst ist letzteres der Fall. Indem das Kunstwerk versucht, Form und Kontext in Einklang zu bringen, unternimmt es den Versuch, eine „Einheit in der Differenz" (Luhmann 1984: 150) herzustellen. Diese Einheit aber darf nicht selbstverständlich sein, sondern muss als ästhetische Form eine Mehrdeutigkeit eröffnen, um jene Kunstkommunikation zu provozieren, die sich an das Kunstwerk zurück richtet. Sie muss Rezipierende „stutzig" (Luhmann 1984: 150) machen, indem sie Weltbezüge zwar einspielt, diese aber ästhetisch bricht. Darum erfordert die Herstellung des modernen Kunstwerks spezifische Mittel, welche auf die Erzeugung von Irritation und Kontingenz abzielen: Paradoxien, Unschärfen, Verfremdungen, Rätsel und Zitate. Luhmann erinnert in diesem Zusammenhang an Kafka, aber auch an jüngere Techniken der Verblüffung, Täuschung und gar Verspottung. Sie alle markieren das „Durchgangsstadium für eine Operation, die man als Entlarvung der Realität bezeichnen könnte" (Luhmann 1984: 145) und damit einen Zustand, an dessen Ende die im Kunstwerk-Aufsatz aufgerufene Einsicht von S.J. Schmidt steht: *The Fiction is that Reality Exists.*

2.2 Stil als Schlüsselbegriff

Die Existenz von Kunstwerken aber ist keine Fiktion. Als „Kompaktkommunikation" (Luhmann 1984: 146) stehen sie als Beweis für die Möglichkeit der Herstellung symbolischer Ordnung. Aber gibt es auch eine Ordnung zwischen den einzelnen Kunstwerken und, wenn ja, zwischen dieser und der sozialen Ordnung insgesamt? Luhmann bejaht dies und gibt die Antwort mit einem Begriff, der in der Kunst- und Literaturtheorie eine lange Geschichte hat: dem Stilbegriff. „Der Stil eines Kunstwerks", so Luhmann kategorisch, „ermöglicht es, zu erkennen, was es anderen Kunstwerken verdankt und was es für weitere, neue Kunstwerke bedeutet" (Luhmann 1984: 153). Der Stil stellt damit das Kunstwerk überhaupt erst in eine historische Reihe, ermöglicht eine Zu- und Einordnung und lässt Anschlusskommunikation als solche erkennen.

Damit ist der Stil gleichzeitig der Beweis der Autonomie der Einzelkunst-
werke wie deren Widerspruch. Da, wo Kopien erlaubt sind, kann Stil aus der Vor-
bildlichkeit einzelner Werke entstehen. Diese sind dann Originale, denen die
Epigonen folgen. Zu denken ist hier an Regel-Ästhetik und eine ihr folgende
„Regel-Kunst" (Luhmann 1984: 157). Doch bildet dieses einfache Nachahmungsver-
hältnis in der Moderne die Ausnahme. Regel-Kunst soll nicht mehr sein. Verbrei-
teter ist „Amplifikation" (Luhmann 1984: 155), das heißt eine Steigerung und
Effektverstärkung des jeweils erfolgreichen Stils. Durch sie wird der Stilbegriff
selbst temporalisiert. Die Folge sind Stildiskussionen, an denen sich nur diejenigen beteiligen können, welche die Stilbrüche zu erkennen vermögen.

Als eine besondere Ebene des Umgangs mit Kunstwerken spielt der Stil bei
der Ausdifferenzierung des Kunstsystems im 18. Jahrhundert eine wichtige Rolle,
da er es erlaubt, die Temporalisierung und Historisierung der Stileinheiten in
Epochenbegriffe umzuformen. Aus dem Nacheinander aber wird zunehmend ein
Nebeneinander beziehungsweise eine Gleichzeitigkeit. Luhmann spricht von einer
„Simultanpräsentation von Vergangenem" (Luhmann 1984: 165), welche wiederum
zu Orientierungsproblemen und einem „Modernitätsbewusstsein" (Luhmann 1984:
165 f.) führt. Bereits für die zweite Hälfte des 18. Jahrhunderts wird eine Historisierung der Stile und ein endgültiger Bruch mit den traditionellen Zeitvorstellungen
attestiert; Zeitvorstellungen, die es erlaubt hatten, an der Vorstellung der Kunst als
einer auf das Schöne, Gute und Wahre abstellenden Einheit festzuhalten. Erst mit
dem Abschied von dieser Einheit vermag das Kunstwerk ganz sein Eigenrecht zu
beanspruchen. Die Folgen sind eine theoretische Ästhetik, eine „historisch-situativ
bewußte Stilpolitik" (Luhmann 1984: 168) sowie eine fortschreitende Individualisierung des Kunstwerks.

Wo aber bleibt dann die soziale Anbindung? Wenn keine allgemein gültige Be-
wertung von Kunstwerken mehr zulässig ist, sind die Kunstwerke vom Zwang zur
Anschlusskommunikation entlastet und stehen im wahrsten Sinne des Wortes frei.
Das einzelne Kunstwerk selbst wird damit zum „Moment einer Stilentwicklung"
(Luhmann 1984: 169) und gleichsam zum Zeugnis einer je spezifischen Stilpolitik.
Das „Stilgespräch" (Luhmann 1984: 169) findet nun zwischen den einzelnen Kunst-
werken und nicht länger zwischen Kunstwerk und Umwelt statt. Der Kreis der
Kunst schließt sich und öffnet sich für die Pluralität der Darstellungen und ihrer
Deutungen. Aber schließt sich auch noch ein sozialer Kreis um die Kunst? Anders
als die Kunst des Mittelalters und der frühen Neuzeit ist sie nicht mehr durch Auf-
tragsarbeiten an den Klerus oder den Adel gebunden und mithin nicht mehr „in
die Gesellschaftsstruktur eingehängt und dadurch garantiert" (Luhmann 1984: 158).
„Geschmackszirkel" (Luhmann 1984: 161) vermögen eine solche Anbindung in Zeiten zunehmender sozialer Beweglichkeit zunächst noch zu leisten und garantieren
zudem soziale Distinktion.

Doch bleibt Luhmann bei der an Bourdieu erinnernden Geschmacksdiskussion nicht stehen. Stattdessen lässt er Stil und Kunstwerk in der Moderne zusammenfallen und stellt sich selbst ausdrücklich vor die Frage, was die Anschlusskommunikation und mithin den Fortbestand der Kunst jenseits des Stils sichern könne. Mit der Mode wird ein mögliches funktionales Äquivalent für den Stil diskutiert und auf die Konvergenz zwischen Kunst und Mode verwiesen. Die Differenz von ‚in' und ‚out' verdrängt die Differenz von ‚schön' und ‚hässlich', was die Kunst zu immer schnelleren Stilwechseln und die sie Beobachtenden letztlich vor die Frage führt, „ob sich die Kunst auf diese Weise zu Ende verändern könnte" (Luhmann 1984: 183).

Entscheidend ist, dass der Stil – die eigentliche „Kontaktebene zwischen Kunstsystem und gesellschaftlicher Umwelt" (Luhmann 1984: 171) – von zwei Seiten ‚bedroht' wird: von der Mode und der Geschichte. Während sich die Kunst einerseits der Logik der Mode fügt, wird sie andererseits insbesondere durch ihre Musealisierung von der Vergangenheit derart überströmt, dass allein ihre Kontingenz deutlich zu erkennen ist.[3] Was nach einem Verlust klingt, ist systemtheoretisch betrachtet ein Gewinn: Die Kunst der Moderne nimmt die Pluralität der Stile ernst und erkennt an, dass es weder eine perfekte Darstellung der Realität noch eine „beste Ansichtsseite der Welt" (Luhmann 1984: 170) gibt. Alles wird zu einer Frage des Standpunkts und damit zu jenem Imperativ an die Betrachtenden, der als die eigentliche Leistung der Kunst für die Gesellschaft zu verstehen ist: „polykontextural sehen lernen; also lernen zu wissen, wovon abhängt, was er jeweils sieht" (Luhmann 1984: 170). „Was die Kunst die Leute lehren will", so heißt es geradezu pädagogisch, „lehrt sie zuvor sich selbst" (Luhmann 1984: 170).

2.3 Der Kunstwerk-Aufsatz als Paradigmengeber

Das Akzeptieren einer polykontexturalen Welt ist das eine, eine ästhetische Gestaltung eben dieser Welt das andere. Luhmann fängt diese Schwierigkeit ein, wenn er auf den Verlust des „Idealischen" und eine Romantik zu sprechen kommt, die diesen durch Selbstreflexion, Paradoxien, Ironie und Selbstzitation zu kompensieren versuchte. Worauf Luhmann bezeichnenderweise in diesem Zusammenhang nicht

---

3 Interessant ist dabei, dass Luhmann in diesem Zusammenhang ausdrücklich auf das „Kalkül der Organisation" (Luhmann 1984: 185) und damit auf jenes Moment der Institutionalisierung zu sprechen kommt, welches er mit Sicht auf die Organisation von Kunst etwa durch das Zelebrieren der Kunst durch Großausstellungen oder auch durch den Kunstmarkt gänzlich ausspart. Dabei kann die Musealisierung der Kunst gerade aus organisationssoziologischer Perspektive lediglich als ein weiterer Schritt in Richtung Organisation verstanden werden.

zu sprechen kommt, ist die Formentscheidung der literarischen Romantik für den Essay beziehungsweise das Fragment. Wer die literarischen Werke der Moderne, nachgerade kanonische Texte wie etwa Robert Musils „Der Mann ohne Eigenschaften" kennt, der weiß, dass die Einsicht in die Polykontexturalität und Kontingenz mit massiven Problemen bezüglich des ästhetischen Formgebungsprozesses verbunden ist, und dies bis hin zur resignierten Aufgabe jeder Möglichkeit einer Vollendung.

Formen schaffen, bedeutet immer auch Oberfläche, Mitte und Hierarchie herstellen. Luhmann selbst wusste dies nur zu gut, andernfalls hätte er keine Theorie wie aus einem Guss vorlegen können. Von daher kann die um den Formbegriff kreisende Systemtheorie selbst als eine ästhetische Theorie, ja als ein ästhetisches Projekt verstanden werden (Roberts 1998; Magerski 2007: 403 ff.). Auch Luhmann versuchte, mit einer universalistischen Theorie eine Form zu schaffen, welche die Welt in der Welt abbildet. Mehr noch: Auf die Systemtheorie trifft zu, was Luhmann im Kunstwerk-Aufsatz eher beiläufig festhält, dass es nämlich mit jedem Differenzierungsprozess zu „merkwürdigen Übertreibungen" kommen und man in diesem Zusammenhang auch an „Theoriemoden wissenschaftlicher Disziplinen" (Luhmann 1992: 177) denken könne. Spätestens in den 1990er Jahren war die Systemtheorie selbst eine solche.

So gelesen liegt die Leistung der Systemtheorie darin, trotz der selbstattestierten unumgänglichen Teilung der Welt in Funktions- und Beobachtungssysteme den Versuch zu unternehmen, einen Standpunkt über der polykontexturalen Welt einzunehmen. Das gern aufgerufene Problem des blinden Flecks hat Luhmann für sich löst: Das Ergebnis des berühmten Ein-Mann-Projekts einer Theorie der Gesellschaft einschließlich des „Überdenken(s) traditioneller Prämissen ästhetischer Reflektion" (Luhmann 1984: 187) ist eine individualisierte Kunst- und Sozialtheorie. Als solche steht auch hinter ihr eine *„Abweichungsverstärkung"* (Luhmann 1984: 176, Hervor. i. O.), die sich, durch „Kommunikation am ungewöhnlichen Objekt" (Luhmann 1984: 187), zu einem eigenen Stil gerierte.

Wer den Fortgang der Geschichte der gewagten Ausdifferenzierung nachlesen möchte, dem sei Luhmanns Monografie „Die Kunst der Gesellschaft" (Luhmann 1995) empfohlen. Das Kunst-Buch wiederholt zahlreiche Grundgedanken des Kunstwerk-Aufsatzes, weicht jedoch an einer zentralen Stelle ab: An die Stelle des Codes schön/hässlich tritt nun die Differenz von Kunst/Nichtkunst, womit noch deutlicher unterstrichen wird, dass das Resultat der Selbstbeschreibungsgeschichte der modernen Kunst das „perfekt autonome System" (Luhmann 1995: 480) ist. Dass dies überhaupt möglich ist, also selbst in den Raum des Möglichen eine Ordnung zu bringen ist, verweist auf die spezifisch moderne, die Kunst ebenso wie ihre Gesellschaft charakterisierende „Emanzipation der Kontingenz" (Roberts 1991: 498). Mit der Kunst hat sich das Unwahrscheinliche institutionalisiert und für aufmerksame Beobachter die Tür zu grundlegenden Fragen an der „Naturalisierung der sozialen Ordnung" (Wagner 1995: 255) aufgestoßen. Kunst wird damit zum Zugangsmodell für Fragen normativer Ordnung insgesamt.

3 Würdigung

Ebenso, wie die Kunst ihrem drohenden „Todesurteil" (Luhmann 1984: 188) zu ent-kommen scheint, ist auch die Systemtheorie nicht das Ende der langen „Geschichte der Reaktion von Wissenschaft auf ihr eigenes Auflösevermögen" (Luhmann 1992: 510), sondern erweist sich als überaus produktive Vorlage für die Kultur- und Sozialtheorie. Hervorzuheben sind in diesem Zusammenhang vor allem die beiden wohl renommiertesten Schüler Luhmanns, Dirk Baecker und Rudolf Stichweh, von denen ersterer die Systemtheorie konsequent in der Kultur- und Wirtschaftswissenschaft umsetzt, während letzterer mit konstruktivistischem Elan an einer Theorie der Weltgesellschaft arbeitet und deren Kunst zurück an den Inhalt bindet. Den Kunstwissenschaften seien die unmittelbar an Luhmanns Kunstwerk-Aufsatz an-schließenden Arbeiten von Hans Dieter Huber (2004) und Kitty Zijlmans (1991) empfohlen, während sich die Literaturwissenschaften über die Schriften von Gerhard Plumpe (1995), Niels Werber (1992), Oliver Sill (2001) oder Claus-Michael Ort (1995) darüber informieren können, welche Wege vom Kunstwerk-Aufsatz in die Erforschung und Lehre der Literatur führen.

Angesichts der hier nur aufgerissenen Rezeption wird bereits deutlich, dass eine abschließende Einordnung des Kunstwerk-Aufsatzes in das Fachgebiet kein leichtes Unterfangen ist. Gerade weil er Teil einer „auf Universalität abzielende(n) Gesellschaftstheorie" (Luhmann 1995: 10) ist, provoziert er wissen- und willentlich die Schwierigkeit, die „Disziplinzugehörigkeit eindeutig festzulegen" (Luhmann 1992: 453 f.). Zwei Einordnungen bieten sich gleichwohl an: Zum einen ließe sich, wie gesagt, die Analogie zur Kunst in den Vordergrund stellen, die „weitreichende Affinität zwischen soziologischer Theorie Luhmannscher Prägung und der Kunst" (Roberts 1998: 132 f.) betonen und im Kunstwerk-Aufsatz der Beginn einer ästhetischen Theorie sehen. Zum anderen kann der Kunstwerk-Aufsatz als frühe Positionierung einer spezifischen Position innerhalb der Kultursoziologie gelesen werden. Als solche grenzt sie sich insbesondere von einer Richtung ab, der zufolge die Existenz einer sozialen Realität unabhängig von den Forschungsmethoden und Analyseinstrumenten unbestritten bleibt (Kuzmics und Mozetic 2004). So gesehen, hätten wir es mit einer „Unterdifferenzierung" innerhalb der soziologischen Disziplin und damit mit einer jener „Interessengruppierungen" zu tun, wie sie sich im Zusammenhang mit interdisziplinären Importen bilden (Luhmann 1992: 454). Was diese inter- oder transdisziplinären Unternehmungen zusammenhält, ist ein distinktes Paradigma – und genau das formulierte Luhmann im Jahr 1984 mit dem Kunstwerk-Aufsatz.

Literatur

Cassirer, E. 1990 (1923–1929). *Die Philosophie der symbolischen Formen*. Darmstadt: Wissenschaftliche Buchgesellschaft.

Gumbrecht, H. U. et al 1986. Stil. Geschichten und Funktionen eines kulturwissenschaftlichen Diskurselements. Frankfurt am Main: Suhrkamp.

Huber, H. D. 2004. *Bild – Beobachter – Milieu. Entwurf einer allgemeinen Bildwissenschaft*. Ostfildern-Ruit: Hatje Cantz.

Kuhn, T. 2007. *Die Struktur wissenschaftlicher Revolutionen*. Berlin: Suhrkamp.

Kuzmics, H. und Mozetič, G. 2004. *Literatur als Soziologie. Zum Verhältnis von literarischer und gesellschaftlicher Wirklichkeit*. Konstanz: UVK Verlagsgesellschaft.

Luhmann, N. 1984. Das Kunstwerk und die Selbstreproduktion der Kunst. *Delphin. Eine deutsche Zeitschrift für Konstruktion, Analyse und Kritik*, (2), S. 51–69.

Luhmann, N. 1992. *Die Wissenschaft der Gesellschaft*. Frankfurt am Main: Suhrkamp.

Luhmann, N. 1995. *Die Kunst der Gesellschaft*. Frankfurt am Main: Suhrkamp.

Luhmann, N. 2008. Schriften zu Kunst und Literatur, hrsg. von Werber, N. Frankfurt am Main: Suhrkamp.

Magerski, C. 2007. Zum Verhältnis von Kunst und Wissenschaft bei Niklas Luhmann. In: Magerski, C et. al. (Hg.) *Moderne Begreifen. Zur Paradoxie eines sozio-ästhetischen Deutungsmusters*. Wiesbaden: DUV, S. 403–416.

Magerski, C. 2011. *Theorien der Avantgarde. Gehlen – Bürger – Bourdieu – Luhmann*. Wiesbaden: Springer VS, S. 99–122.

Ort, C-M. 1995. Systemtheorie und Literatur. Teil II: Der literarische Text in der Systemtheorie. *IASL. Internationales Archiv für Sozialgeschichte der deutschen Literatur* 20, H.1. S. 161–178.

Plumpe, G. 1995. *Epochen moderner Literatur. Ein systemtheoretischer Entwurf*. Opladen: Westdeutscher Verlag.

Roberts, D. 1991. *Art and Enlightenment. Aesthetic theory after Adorno*. Lincoln: Nebrasca University Press.

Roberts, D. 1997. Paradox preserved: From Ontology to Autology. Reflections on Niklas Luhmann´s *The Art of Society. Thesis Eleven* 51/1997, S. 53–74.

Roberts, D. 1998. Von der ästhetischen Utopie der Moderne zur Kunst der Gesellschaft. Ort und Funktion der autonomen Kunst in der Systemtheorie Luhmanns. In: Greiner, B. und Moog-Gründewald, U. (Hg.) *Etho-Poietik. Ethik und Ästhetik im Dialog*. Bonn: Bouvier, S. 119–134.

Sill, O. 2001. *Literatur in der funktional differenzierten Gesellschaft*. Wiesbaden: VS.

Simmel, G 1987. *Philosophie des Geldes*. Berlin: Duncker & Humblot.

Simmel, G. 2009. Der Bildrahmen. Ein ästhetischer Versuch. In: Lichtblau, K. (Hg.)*Simmel, Georg. Soziologische Ästhetik*. Wiesbaden: VS-Verlag, S. 97–102.

Wagner, P. 1995. *Soziologie der Moderne*. Frankfurt am Main/New York: Campus.

Werber, N. 1992. *Literatur als System. Zur Ausdifferenzierung literarischer Kommunikation*. Opladen: Westdeutscher Verlag.

Zijlmans. K. 1991. Das Kunstwerk als Einheit von Differenz. In: Onderdelinden, S. (Hg.) *Interbellum und Exil*. Amsterdam/Atlanta: Rodopi, S. 72–89.

Oliver Berli
Howard S. Becker: „Art Worlds"

1 Biografie und Werk

„Sociology by accident"

Chicago ist für die Geschichtsschreibung der Soziologie ein besonderer Ort. Hier entstehen 1892 die University of Chicago und das erste Soziologiedepartment der USA. Nur wenige Jahre später bringt Albion K. Small (1854–1926) das „American Journal of Sociology" auf den Weg, das bis heute zu den zentralen englischsprachigen Publikationsorganen der Disziplin zählt. In der Stadt Chicago, die in dieser Zeit durch ein starkes Bevölkerungswachstum und vielgestaltige soziale Probleme gekennzeichnet ist, führt die erste Generation der „Chicago School of Sociology" Studien durch, die heute zu den Klassikern einzelner Forschungsrichtungen wie der Stadt- und Migrationsforschung gezählt werden (vgl. Berli und König 2015).[1] In den Jahren nach dem Zweiten Weltkrieg verschiebt sich allmählich die Rangordnung innerhalb der US-amerikanischen Soziologie. Es lässt sich ein relativer Bedeutungsgewinn der quantitativen Sozialforschung an der Columbia University einerseits und der Theoriegebäude eines Talcott Parsons andererseits festhalten, der mit einem relativen Bedeutungsverlust der Chicagoer Soziologie einhergeht. Gleichzeitig entsteht in den Jahren zwischen 1945 und 1960 so etwas wie eine „Second Chicago School" (Fine 1995), zu der Erving Goffman (1922–1982) sowie Anselm Strauss (1916–1996) gezählt werden können. In dieser Phase studiert Howard S. Becker (1928–2023) an der University of Chicago bei damaligen Größen des Fachs wie E.W. Burgess (1886–1966) und Herbert Blumer (1900–1987) und promoviert ebendort 1951 mit einer Studie über Lehrpersonal an öffentlichen Schulen (Debro 1986).

    Das bisher Angeführte legt es nahe, Becker in die Chicagoer Tradition einzuordnen. Dieser selbst steht einfachen Rekonstruktionen dieser Tradition jedoch skeptisch gegenüber (Becker 1999: 7). Zunächst lässt sich festhalten, dass er vor der Aufnahme seines Studiums andere Pläne hegte als Soziologe zu werden. Während seines Studiums tritt Becker mehrmals die Woche live als Pianist auf und nimmt

---

1 Zur Chicago School of Sociology liegt eine umfangreiche Literatur vor, die nicht frei von Mythenbildung ist. Als vertiefende Lektüre zu dem vorliegenden Kapitel bietet sich Rolf Lindners „Die Entdeckung der Stadtkultur" (2007) sowie Jean-Michel Chapoulies „Chicago Sociology" (2019) an. Erwähnt werden müssen in diesem Zusammenhang auch Jane Adams und die Hull House-Bewegung (Deegan 1988).

https://doi.org/10.1515/9783110716863-008

auch Unterricht bei dem angesehenen Jazzpianisten Lennie Tristano. In einem älteren Interview beschreibt er diese Phase folgendermaßen: „I entered sociology by accident [...] Actually, I was playing the piano; I intended to be a musician [...] I signed up in sociology without knowing what I was getting into [...]" (Debro 1986: 25 f.). Die Soziologie betreibt er eigenen Aussagen zufolge in dieser Zeit eher als Hobby (Debro 1986: 27). Allerdings verfügt Becker nicht nur über praktische Erfahrung als Jazzpianist, sondern nutzt seinen Zugang zu dieser sozialen Welt auch für seine Forschung. Aufgrund von Feldnotizen, die er für ein Seminar anfertigte, wird er an Everett C. Hughes (1897–1983) verwiesen, der großes Interesse an der Arbeit der „dance musicians" zeigt (Danko 2015: 33). Angeleitet und ermutigt durch Hughes entstehen aus Beckers Feldforschung seine MA-Thesis „The Professional Dance Musician in Chicago" (Becker 1949) sowie ein Fachartikel (Becker 1951). Basierend auf 18 Monaten teilnehmender Beobachtung als „just another young piano player" (Becker 1951: 137) thematisiert er das spannungsvolle Verhältnis zwischen professionellen Unterhaltungs- und Jazzmusikern[2] und ihrem Publikum. Dieser thematische Fokus ließe sich auch an anderen Konstellationen – beispielsweise in Pflegeberufen – untersuchen und verrät den Einfluss von Hughes. Dessen Relevanz dokumentiert sich nicht nur in Beckers arbeitssoziologischer Grundhaltung, sondern auch in seiner Distanz zu großen Theorieentwürfen (Becker 2008: ix). Der zweite große Einfluss während Beckers Zeit in Chicago ist der Symbolische Interaktionismus, vertreten durch Herbert Blumer (Debro 1986: 28; Plummer 2003: 23). Interaktionistisch grundiert, gilt Beckers Grundinteresse dem „doing things together" – so der Titel einer frühen Aufsatzsammlung (Becker 1986). Gerade die vielfältigen Arbeiten zu Musik und anderen Kunstformen dokumentierten diese anhaltende Grundperspektive (bspw. Becker 1951; Becker et al. 1989; Faulkner und Becker 2009). Zudem adaptiert Becker auch eine zurückhaltende Einstellung zu den Möglichkeiten der Soziologie: „Blumer thought, and so do I, that the basic operation in studying society—we start with images and end with them—is the production and refinement of an image of the thing we are studying" (Becker 1998: 12). Viele von Beckers Arbeiten – beispielsweise seine Studie „Outsiders" (Becker 1963) oder auch „Art Worlds" (Becker 1982) – gewinnen einen Teil ihrer Anziehungskraft daraus, dass sie Beschreibungen der untersuchten Phänomene bereitstellen, die Alternativen zu anderen Darstellungen bieten.

---

2 Die musikalische Szene, in der sich Becker damals bewegt, ist männerdominiert. Die ungleichen Geschlechterverhältnisse im Jazz hat u. a. Marie Buscatto (2007) am Beispiel der Welt des französischen Jazz zum Thema gemacht. Das Vorwort zu ihrer instruktiven ethnografischen Studie hat wiederum Becker verfasst. Auf die Verbindungen zur französischsprachigen Soziologie werde ich am Ende zurückkommen.

Nach dem Abschluss seiner Promotion 1951 wird Becker für mehrere Jahre als „research bum" in unterschiedlichen Kontexten arbeiten. In dieser Zeit entstehen Studien wie „Boys in White" (Becker et al. 1961) oder „Making the Grade" (Becker et al. 1968), die sich mit „student culture" beschäftigen. Nachdem er in diesem Themenfeld eine gewisse Sättigung verspürt (Becker 2008: x), wächst sein Bedürfnis, ein neues Feld zu erschließen. Gelegenheit für eine Neuausrichtung bietet 1970 ein Aufenthalt am Center for Advanced Studies in the Behavioral Sciences in Palo Alto (Becker 2008: x). Diese thematische Grundausrichtung wird in der Publikation von „Art Worlds" (Becker 1982) einen vorläufigen Höhepunkt finden.

2 Art Worlds: Kunst als kollektives Handeln

Beckers Beschäftigung mit künstlerischen Praktiken in den 1970er Jahren manifestiert sich in Lehrveranstaltungen, der praktischen Auseinandersetzung mit Fotografie sowie einer Reihe von Aufsätzen (Becker 1974, 1975, 1976, 1978), die in das spätere Buch „Art Worlds" (Becker 1982) einfließen werden. Dieses Buch ist keine empirische Studie im herkömmlichen Sinn, gleichzeitig ist sie empirisch gesättigt. Becker mobilisiert hier Beispiele aus unterschiedlichen Kunstgattungen und Epochen, um seine Überlegungen zu entwickeln. Im Ergebnis bietet „Art Worlds" auf etwa 370 Seiten elf Kapitel voller Anregungen für die Entwicklung von Fragestellungen sowie Konzepte, die sich für eigene Forschungen adaptieren lassen. Entsprechend fragmentarisch ist die anschließende Zusammenfassung. Sie kann als Einladung gelesen werden, „Art Worlds" selbst zu erkunden.

Die Perspektive, die Becker in „Art Worlds" entwickelt, ist durch zwei Grundannahmen geprägt. Zum einen knüpft er an seine Erfahrungen als Jazzpianist sowie seine frühe Forschung zu „dance musicians" (Becker 1949, 1951) an, indem er Kunst als *Arbeit* begreift. Zum anderen geht er über seine Vorarbeiten hinaus, da er nun stärker als bisher die Gesamtheit der Arbeit – die kollektiven und koordinierten Handlungen innerhalb einer sozialen Welt – in den Blick nimmt. Sein Grundinteresse an „doing things together" formuliert er zu Beginn wie folgt: „All artistic work, like all human activity, involves the joint activity of a number, often a larger number, of people. Through their cooperation, the art work we eventually see or hear comes to be and continues to be" (Becker 1982: 1). In einer ersten Annäherung lässt sich dieser interaktionistisch gefärbte Grundgedanke an einem Jazzkonzert verdeutlichen (Pessin 2017). Damit ein solches zustande kommt, benötigt man Musiker:innen, ein Publikum, eine Location, (mit allem was dazugehört: Sound, Licht, Getränke, Toiletten, etc.), Personen, die Eintrittskarten verkaufen und kontrollieren, eine mehr oder weniger geteilte Vorstellung davon, was Jazz für eine Musik ist, eine Setlist, Instrumente – die Liste lässt sich endlos fortsetzen. Wer sich einen Filmabspann anschaut, bekommt eine Idee davon, wie viele Menschen an der Hervorbringung von Kunstwerken und -ereignissen beteiligt sein können (Becker 1982: 7 f.). Becker leitet dazu an, noch weiter zu gehen und auch Tätigkeiten zu bedenken, die typischerweise nicht als künstlerisch angesehen werden, aber trotzdem notwendig sind, um ein Jazzkonzert, eine Plastik oder ein Gedicht hervorzubringen.

All diese Tätigkeiten werden nur im Grenzfall von einer oder wenigen Personen übernommen, stattdessen zeichnen sich Kunstwelten durch eine Arbeitsteilung aus (Becker 1982: 9). Diese lässt sich heuristisch über die Unterscheidung von Kernpersonal („core personnel") und unterstützendem Personal („support personnel") erschließen (Becker 1982: 16 f.). Während die erste Gruppe typischerweise als Künstler:innen anerkannt werden und Aufgaben übernehmen, die als künstlerisch gelten, übernimmt die Letztere Aufgaben, wie den Verkauf von Eintrittskarten, die in der jeweiligen Kunstwelt nicht als künstlerisch gelten. Somit verbindet Becker das Ausüben bestimmter Tätigkeiten eng mit der Anerkennung als Künstler:in: „The ideology posits a perfect correlation between doing the core activity and being an artist. If you do it, you must be an artist. Conversely, if you are an artist, what you do must be art" (Becker 1982: 18). Anerkennung wird also denjenigen zuteil, die Aufgaben ausführen, die als künstlerisch gelten.[3] Die vielfältigen Beispiele, die Becker anführt, machen plastisch, dass diese Grenzziehungen historisch variabel und umkämpft sind.

Gesellschaften im Allgemeinen und Kunstwelten im Besonderen stellen in unterschiedlichem Maße Ressourcen für die Ausübung von Kunst bereit (Becker 1982: 92). Ein besonders anschauliches Beispiel stellt die Musik des US-amerikanischen Komponisten Harry Partch dar, die Becker auch zur Erläuterung heranzieht (Becker 1982: 32 f.). Partch komponierte mikrotonale Musik, d. h. Musik die Tonintervalle beinhaltet, die kleiner als Halbtonschritte sind. Eine solche künstlerische Entscheidung hat weitreichende Folgen. Zum einen werden Instrumente benötigt, die diese Intervalle hervorbringen können. Wenn es diese nicht gibt, müssen sie entwickelt und gebaut werden. Zweitens müssen Musiker:innen ausgebildet werden, die diese neu entwickelten Instrumente spielen und die neue Form der Nota-

---

3 Hinzu kommt eine wechselseitige Verstärkung der Reputation von Künstler:innen und deren Werken: „The reputation of the artist and the work reinforce one another: we value more a work done by an artist we respect, just as we respect more an artist whose work we have admired" (Becker 1982: 23). Dem Thema Reputation widmet Becker ein eigenes Kapitel (Becker 1982: 351–371), in dem er die Reputation von Künstler:innen, Werken und Ressourcen als Resultate des kollektiven Handelns in Kunstwelten deutet.

tion lesen können. Damit ist noch nicht Schluss, denn das zusammengestellte Ensemble braucht zudem ein Publikum, das bereit ist, sich mit mikrotonaler Musik auseinanderzusetzen usw. Becker bemerkt in dieser Hinsicht lakonisch: „You can always do things differently if you are prepared to pay the price in increased effort or decreased circulation of your work" (Becker 1982: 33).

Eng verbunden mit dem Thema Ressourcen ist das der Konventionen. Diese sind für die Hervorbringung von Kunst zentral und können unterschiedliche Reichweiten aufweisen (Becker 1982: 42). Manche Konventionen sind allen kompetenten Mitgliedern einer Gesellschaft geläufig – Becker nennt hier Vorstellungen über Geschlechterrollen oder Tonfolgen als Beispiel – und können deshalb als Material in der Kunstproduktion eingesetzt werden. Andere haben eine geringere soziale Reichweite und entstehen innerhalb von Kunstwelten. Zu denken wäre hier beispielsweise an genrespezifische Innovationen in der Musik wie beispielsweise die Ablösung von traditionellen Songstrukturen im Jazz. Konventionen können auch in Artefakten verkörpert werden (Becker 1982: 57). So lernen angehende Musiker:innen nicht nur ein Musikinstrument zu beherrschen, sondern zugleich die Konventionen, die spezifischen Musikgenres (bspw. typische Akkordverbindungen im Jazz) zugrunde liegen. Konventionen im hier vorgestellten Sinne haben einen Doppelcharakter: Sie schränken einerseits ein, aber sind zugleich entlastend, da im gemeinsamen Arbeiten nicht alles jederzeit neu verhandelt werden muss. Trotz der Willkür konventioneller Festlegungen, unterstützen diese das Gelingen von Kooperation (Becker 1982: 29):

> People who cooperate to produce a work of art usually do not decide things afresh. Instead, they rely on earlier agreements now become customary, agreements that have become part of the conventional way of doing things in that art. Artistic conventions cover all the decisions that must be made with respect to works produced, even though a particular convention may be revised for a given work.

Zugleich sind Konventionen keineswegs starr, sondern ermöglichen auch Raum für Erkundungen und Experimente (Pessin 2017: 23). Allerdings macht Becker auch klar, dass von Konventionen abzuweichen nicht ohne Kosten ist. Mögliche Folgen sind Konflikte zwischen den beteiligten Akteuren oder verminderte Anerkennung für die künstlerischen Arbeiten (Becker 1982: 34). Besonders nahe kommt Becker diesem Navigieren durch unterschiedliche Optionen in dem Kapitel zu „editing" (Becker 1982: 192 ff.). Hier arbeitet Becker heraus, dass Kunstwerke als Summe großer und kleiner Entscheidungen aller beteiligten Akteure verstehbar sind. In vereinfachter Weise lässt sich dies bereits an den Optionen der Künstler:innen nachvollziehen (Becker 1982: 197):

They may choose one possibility in this work and an alternative in a later version, perform a work one way one time and choose a variation the next. Some choices become habitual. Some get embodied in physical objects and thus become permanent. Others are ephemeral, the works disappearing when they are finished, to be replaced on another occasion by another version.

Diese Beschreibung ist natürlich eine Vereinfachung, worauf auch Becker hinweist (Becker 1982: 197 f.). Denn zum einen ist stets eine Vielzahl von Akteuren an der Hervorbringung von Kunstwerken beteiligt und zum anderen muss auch der zeitliche Horizont geweitet werden. Die Prozesse, die Becker unter dem Schlagwort „editing" versammelt, sind nicht abgeschlossen, wenn ein Bild gemalt oder eine Aufnahmesession im Tonstudio beendet ist. Prinzipiell sind diese Prozesse unabgeschlossen, da auch Kunstwerke prinzipiell unabgeschlossen sind (Becker 2006). So werden beispielsweise musikalische Kompositionen aufs Neue interpretiert und aufgeführt, literarische Texte für andere Medien adaptiert oder Street Art konserviert und in Ausstellungen rekontextualisiert.

Wie eingangs bemerkt, verstehe ich die hier präsentierten Einblicke als Einladung für eigene Streifzüge. Die Liste der Themen, die Becker in „Art Worlds" bearbeitet, ist noch lange nicht erschöpft. So widmet er sich u. a. der Distribution von Kunst (Becker 1982: 93 ff.), der Rolle von Kritik in Kunstwelten (Becker 1982: 131 ff.), Kunst und Staat (Becker 1982: 165 ff.) wie auch Außenseiter:innen und Autodidakt:innen (Becker 1982: 226 ff.). Es gibt also noch viel zu entdecken.

3 Abschließende Einordnung und Würdigung

Der gefestigte Status von Howard Becker innerhalb der Kunstsoziologie ist unbestreitbar. Seine thematisch relevanten Studien – allen voran „Art Worlds" (Becker 1982) – werden in den einschlägigen Überblickswerken, Textsammlungen und Lehrbüchern mindestens erwähnt, wenn nicht ausführlich präsentiert (Alexander 2003; Berli 2016; Danko 2012; Gerhards 1997; Heinich 2001; Tanner 2003). Dieser Status sollte nicht darüber hinwegtäuschen, dass es Unterschiede der Rezeption in unterschiedlichen Sprachräumen gibt. So weist Walter Müller-Jentsch noch 2012 drauf hin, dass sich die deutschsprachige Rezeption Beckers nicht auf dem Niveau der englischsprachigen Kunstsoziologie bewege (Müller-Jentsch 2012: 25). In den vergangenen Jahren dürfte sich diese Situation jedoch gewandelt haben. So liegt von Dagmar Danko (2015) eine umfang- und kenntnisreiche Einführung in die Arbeiten von Becker vor. Hinzu kommen deutschsprachige Übersetzungen von „Art Worlds" (dt. 2017) und „Telling about Society" (orig. 2007; dt. 2019). Präsenter als in der deutschsprachigen Soziologie ist Becker im französischen Kontext. Dafür spricht, dass ein Großteil seiner kunstsoziologisch relevanten Arbeiten in französischen Übersetzungen vorliegen und es Sammelbände wie auch Monografien zu Beckers Ansatz gibt (Benghozi und Paris 2013; Blanc und Pessin 2004; Peneff 2014; Pessin 2004).[4] Zum Teil liegt die Anziehungskraft, die Beckers Ansatz – wie auch die Chicago School insgesamt – auf Teile der französischen Soziologie ausübt, vermutlich darin begründet, dass er sich als Alternative zur Bourdieuschen Tradition lesen lässt. Hinzu kommt, dass Becker sich im Zuge der Arbeit an „Art Worlds" der französischen Kunstsoziologie zuwendet und im Laufe der folgenden Jahrzehnte viele Kontakte aufbaut.[5] Damit möchte ich diese kurzen Bemerkungen zur ungleichen Rezeption Beckers in Deutschland und Frankreich verlassen und mich einem letzten Thema zuwenden: dem analytischen Mehrwert der Theorie der Kunstwelten. Dieser lässt sich an vier Punkten festmachen. *Erstens,* stellt die Nähe zum künstlerischen Prozess zweifelsohne eine der Stärken dieser Perspektive dar (vgl. Zembylas 2013: 149). Die kollektiven Arbeitsprozesse, die zur Hervorbringung von Kunstwerken und -ereignissen führen wie auch die beteiligten Akteure, Materialien und Konventionen werden in „Art Worlds" anhand vielfältiger empirischer Beispiele anschaulich und nachvollziehbar dargestellt. Die Nähe zur Chicagoer Tradition dokumentiert sich darin, dass Becker Kunst als Arbeit konzeptualisiert, die von jemandem geleistet werden muss (Plummer 2003: 23). Neben der Perspektive eines Everett Hughes lassen sich hier auch Familienähnlichkeiten zu interaktionistischen Konzepten von Arbeit und sozialen Welten identifizieren, wie sie sich zum Beispiel bei Anselm Strauss finden (Strübing 2007: 73 ff., 99 ff.). Gerade für Fragestellungen, die nahe an die Prozesse der Hervorbringung von Kunst heranmöchten, bietet „Art Worlds" deshalb viele Anregungen. Besonders plastisch ist in dieser Hinsicht das siebte Kapitel, das sich dem „editing" widmet (Becker 1982: 192 ff.). *Zweitens,* erlaubt das analytische Programm von „Art Worlds", eine prozessuale Perspektive auf Kunstwerke einzunehmen. Das „Kunstwerk an sich" gibt es für Becker nicht (Becker 2006: 23). Damit wird der Werkscharakter von Kunst deutlich eingeklammert. Stattdessen postuliert er ein Prinzip der fundamentalen Unbestimmtheit des Kunstwerks („Fundamental Indeterminancy of the Artwork", Becker 2006: 23). Denn: „There are only the many occasions on which a work appears or is performed or read or viewed, each of which can be different from all the others" (Becker 2006: 23). Konsequenterweise ist das, was als Kunstwerk gilt, von den Konventionen der jeweiligen Kunstwelt abhängig. Wel-

---

4 Beide monografischen Einführungen liegen auch in englischsprachigen Übersetzungen vor (Pessin 2017; Peneff 2018).
5 Nachzulesen ist das unter anderem in seinem autobiographischen Essay „How I Learned a Few ‚Foreign' Languages" (Becker 2022).

che Ausgabe eines Romans beispielsweise als definitiv gilt, ist also eine Frage, die innerhalb der jeweiligen Kunstwelt ausgehandelt wird. In letzter Konsequenz plädiert Becker hier für eine Prozessanalyse künstlerischer Arbeit, welche die aus „Art Worlds" bekannten Foci aufnimmt. Mit dieser Betonung der grundlegenden Bedeutung von Prozessualität als sozialtheoretischer wie methodologischer Prämisse steht Becker auch hinsichtlich der Frage nach dem Status des Kunstwerks für die soziologische Analyse deutlich in der Tradition des Interaktionismus. Der Status des Kunstwerks in der soziologischen Analyse ist ein wiederkehrendes Thema kunstsoziologischer Diskussionen. So werden beispielsweise innerhalb des Production-of-Culture-Ansatzes wie auch in der Bourdieuschen Perspektive Kunstwerke weitgehend ausgeklammert (Danko 2012: 112 ff.).[6] Demgegenüber fordern neuere Ansätze ein, inspiriert durch die Science & Technology Studies, diese (wieder) ernster zu nehmen. Stellvertretend für diese Position sei hier auf Antoine Hennion (1993) verwiesen. *Drittens*, begegnen uns in „Art Worlds" auch Überlegungen hinsichtlich der Bedeutung von Netzwerken für künstlerische Praktiken. Deren Relevanz hatte Becker bereits in früheren Analysen am Beispiel der „dance musicians" unterstrichen. Die Beteiligten sind sich als Mitglieder von Cliquen wechselseitig verpflichtet. Sie vermitteln sich Auftrittsmöglichkeiten und empfehlen sich wechselseitig für Engagements (Becker 1963: 104 f.). Becker zufolge lässt sich eine Karriere als „dance musician" daher als Karriere innerhalb eines Netzwerks denken: „The successful career may be viewed as a series of such steps, each one a sequence of sponsorship, successful performance, and the building up of relationships at each new level" (Becker 1963: 108). Stärker als in seinen Bemerkungen zu den Netzwerken professioneller Musiker:innen unterstreicht Becker in „Art Worlds" den grundlegenden relationalen Charakter von Kunstwelten (bspw. Becker 1982: 25). Entsprechend anschlussfähig an relationale Traditionen in der Kunstsoziologie erscheinen seine Ausführungen. So beziehen sich Dowd und Pinheiro (2013) in ihrer Untersuchung des Sozialkapitals von Jazzmusiker:innen mehrfach auf Becker. In ihrer Netzwerkanalyse historischer Mu-

---

6 In beiden genannten Fällen handelt es sich um wirkmächtige Perspektiven innerhalb der Kunstsoziologie. Der Production-of-Culture-Ansatz legt den Fokus auf die Hervorbringung von Kunst und mobilisiert hierfür überwiegend Konzepte und Methoden aus Arbeits- und Organisationssoziologie (Danko 2012: 95 ff.). Im Kontrast dazu entwerfen Arbeiten in der Bourdieuschen Tradition die Künste als Spielfelder, in denen um Positionen gekämpft wird. Das Leitmotiv dieser Perspektive ist ihre ungleichheitsanalytische Ausrichtung (König und Berli 2012). Becker nimmt hier eine interessante Position ein. Denn einerseits lässt sich seine Theorie mit ihrer arbeitssoziologischen Grundierung an die erstgenannte Perspektive anschließen, sie geht aber nicht in ihr auf. Andererseits lässt sich die Theorie der Kunstwelten als analytisches Korrektiv zur Bourdieuschen Feldanalyse lesen.

sikszenen in Manchester versuchen Bottero und Crossley (2011) die theoretischen Perspektiven Beckers und Bourdieus ins Gespräch zu bringen und zeigen dabei die Anschlussfähigkeit der Theorie der Kunstwelten für netzwerkanalytische Perspektiven auf. Die Einsicht in die Bedeutung von personalen Beziehungen und wechselseitigen Verpflichtungen, wie sie Becker formuliert, lassen sich jedoch nicht nur am Beispiel von Musiker:innen, sondern auch in anderen Kunstwelten untersuchen. *Viertens*, eröffnet das Konzept der Konvention die Möglichkeit unterschiedliche Teilaspekte von Kunstwelten in ihren Wechselwirkungen zu untersuchen. Während viele kunstsoziologische Ansätze ihren Fokus entweder auf Produktions- oder Konsumaspekte legen, gehört für Becker beides konstitutiv zur jeweiligen Kunstwelt. Das Konzept der Konventionen bietet eine vielversprechende Option, um nicht nur über die Praxis der Hervorbringung von Kunst nachzudenken, sondern auch die Erwartungen und Reaktionsweisen unterschiedlicher Publika zu untersuchen.

Literatur

Alexander, V. D. 2003. *Sociology of the Arts. Exploring Fine and Popular Forms*. Malden, MA: Blackwell Publishing.

Becker, H. S. 1949. *The Professional Dance Musician in Chicago*. (Unveröffentliche MA-Thesis). Department of Sociology: University of Chicago.

Becker, H. S. 1951. The Professional Dance Musician and His Audience. *American Journal of Sociology* 57, S. 136–44.

Becker, H. S. 1963. *Outsiders. Studies in the Sociology of Deviance*. New York: The Free Press.

Becker, H. S. 1974. Art as Collective Action. *American Sociological Review* 39, S. 767–76.

Becker, H. S. 1975. Art photography in America. *Journal of Communication* 25, S. 74–78.

Becker, H. S. 1976. Art Worlds and Social Types. *American Behavioral Scientist* 19, S. 703–718.

Becker, H. S. 1978. Arts and Crafts. *American Journal of Sociology* 83, S. 862–889.

Becker, H. S. 1982. *Art Worlds*. Berkeley: University of California Press. (deutsch: *Kunstwelten*. Hamburg, Avinus, 2017).

Becker, H. S. 1986. *Doing Things Together*. Evanston: Northwestern University Press.

Becker, H. S. 1998. *Tricks of the Trade. How to think about your research while you're doing it*. Chicago: University of Chicago Press.

Becker, H. S. 1999. The Chicago School, So-Called. *Qualitative Sociology* 22, S. 3–12.

Becker, H. S. 2006. The Work Itself. In: Becker, H. S. et al. (Hg.) *Art from Start to Finish. Jazz, Painting, Writing, and Other Improvisations*. Chicago: University of Chicago Press, S. 21–30.

Becker, H. S. 2007. *Telling About Society*. Chicago: University of Chicago Press. (deutsch: *Erzählen über Gesellschaft*. Wiesbaden: Springer VS, 2019).

Becker, H. S. 2008. *Art Worlds*. 25th anniversary ed. updated and expanded. Berkeley: University of California Press.

Becker, H. S. 2022. How I Learned a Few „Foreign" Languages. In: Becker, H. S. (Hg.) *Here and There, A Collection of Writings*. San Francisco: Wise Guy Press, S. 133–152.

Becker, H. S. et al. 1961. *Boys in White. Student Culture in Medical School*. Chicago: University of Chicago Press.

Becker, H. S. et al. 1968. *Making the Grade. The Academic Side of College Life*. New York: Wiley.

Becker, H. S. et al. 1989. Theatres and Communities. Three Scenes. *Social Problems* 36, S. 93–116.

Becker, H. S. et al. (Hg.) 2006. *Art From Start To Finish. Jazz, Painting, Writing, and Other Improvisations*. Chicago: University of Chicago Press.

Benghozi, P.-J. und Paris, T. (Hg.) 2013. *Howard Becker et les mondes de l'art. Acte du colloque de Cerisy*. Palaiseau: Éditions de l'École Polytechnique.

Berli, O. 2016. Howard Becker. In: Steuerwald, C. (Hg.) *Klassiker der Soziologie der Künste. Prominente und wegweisende Ansätze*. Wiesbaden: Springer VS, S. 651–675.

Berli, O. und König, A. 2015. Migration und Stadt im Fokus der Chicago School of Sociology: Urbane Lebenswelten zwischen Segregation und Integration am Beispiel von Harvey W. Zorbaughs „The Gold Coast and the Slum". In: Reuter, J. und Mecheril, P (Hg.) *Schlüsselwerke der Migrationsforschung – Pionierstudien und Referenztheorien*, Wiesbaden: Springer VS, S. 61–75.

Blanc, A. und Pessin, A. (Hg.) 2004. *L'art du terrain. Mélanges offerts à Howard S. Becker*. Paris: L'Harmattan.

Bottero, W. und Crossley, N. 2011: Worlds, Fields and Networks. Becker, Bourdieu and the Structures of Social Relations. *Cultural Sociology* 5, S. 99–119.

Buscatto, M. 2007: *Femmes du jazz. Musicalités, féminités, marginalisations*. Paris: CNRS Éditions.

Chapoulie, J.-M. 2019. *Chicago Sociology*. New York: Columbia Unversity Press.

Coser, L. 1978. American Trends. In: Bottomore, T. und Nisbet, R. (Hg.) *History of Sociological Analysis*, New York: Basic Books, S. 283–321.

Danko, D. 2012: *Kunstsoziologie*. Bielefeld: transcript.

Danko, D. 2015: *Zur Aktualität von Howard Becker*. Wiesbaden: Springer VS.

Debro, J. 1986: Dialogue with Howard S. Becker. An Interview conducted by Julius Debro. In: Becker, H. S. (Hg.) *Doing Things Together*. Evanston: Northwestern University Press, S. 25–46.

Deegan, M. J. 1988: *Jane Adams and the Men of the Chicago School, 1892 – 1918*. New Brunswick: Transaction Publishers.

Dowd, T. J. und Pinheiro, D. L. 2013: The Ties among the Notes. The Social Capital of Jazz Musicians in Three Metro Areas. *Word and Occupations* 40, S. 431–464.

Faulkner, R. R. und Becker, H. S. 2009. *Do you know ...? The Jazz Repertoire in Action*. Chicago: University of Chicago Press.

Fine, G. A. (Hg.) 1995. *A Second Chicago School? The Development of a Postwar American Sociology*. Chicago: University of Chicago Press.

Gerhards, J. (Hg.) 1997. *Soziologie der Kunst. Produzenten, Vermittler und Rezipienten*. Opladen: Westdeutscher Verlag.

Hennion, A. 1993. *La passion musicale. Une sociologie de la mediation*. Paris: Éditions Métailié.

Heinich, N. 2001. *La sociologie de l'art*. Paris: La Découverte.

König, A. und Berli, O. 2012. Das Paradox der doxa. Macht und Herrschaft als Leitmotiv der Soziologie Pierre Bourdieus. In: Imbusch, P. (Hg.) *Macht und Herrschaft. Sozialwissenschaftliche Konzeptionen und Theorien*. Wiesbaden: Springer VS, S. 303–333.

Lindner, R. 2007. *Die Entdeckung der Stadtkultur. Soziologie aus der Erfahrung der Reportage*. Frankfurt am Main/New York: Campus.

Müller-Jentsch, W. 2012. *Die Kunst in der Gesellschaft*. Wiesbaden: Springer VS.

Peneff, J. 2014. *Howard S. Becker. Sociologue et musicien dans l'école de Chicago*. Paris: L'Harmattan.

Peneff, J. 2018. Howard S. Becker. Sociology and Music in the Chicago School. New York/London: Routledge.

Pessin, A. 2004. *Un sociologue en liberté. Lecture d'Howard S. Becker*. Saint-Nicolas, Québec: Les Presses de l'Université Laval.

Pessin, A. 2017. *The Sociology of Howard Becker. Theory with a Wide Horizon*. Chicago/London: University of Chicago Press.

Plummer, K. 2003. Continuity and Change in Howard S. Becker's work: an interview with Howard S. Becker. *Sociological Perspectives* 46, S. 21–39.

Strübing, J. 2007. Anselm Strauss. Konstanz: UVK.

Tanner, J. 2003. *The Sociology of Art. A Reader*. London/New York: Routledge.

Zembylas, T. 2013. Die Bedeutung des Praxisbegriffs für die Kunstsoziologie. In: Steuerwald, C. und Schröder, F. (Hg.) *Perspektiven der Kunstsoziologie*. Wiesbaden: Springer VS, S. 149–163.

IV Aktuelle Diskussionen und Forschungsfelder

Uta Karstein
Aktuelle Forschungsfelder – Einführung

Die folgenden Beiträge vermitteln einen Eindruck von der Vielfalt der Themengebiete und Fragestellungen, denen man in der gegenwärtigen Kunstsoziologie begegnet. Die Autor:innen beziehen sich dabei auch auf Forschungsperspektiven, die durch die im Abschnitt III vorgestellten Theoretiker ausgearbeitet und etabliert wurden. So arbeitet Gina Jakobs mit Niklas Luhmanns Theorie der Kunst als Kommunikation. Für Gunnar Otte wiederum ist Pierre Bourdieus Theorie der Kunstwahrnehmung ein wichtiger Bezugspunkt. Oft dienen den Autor:innen auch mehrere Theorien als Referenzen, und es wird ein ebenso pragmatischer wie fruchtbarer Umgang mit vorhandenen Theoriewerkzeugen sichtbar. Dies ist etwa bei Hannes Krämer der Fall, der mit seinem Forschungsdesign Simmels soziologische Ästhetik mit Howard S. Beckers Ansatz von Kunst als kollektiver Arbeit ins Gespräch bringt. Die Beiträge fokussieren dabei wahlweise Fragen der Produktion, der Distribution, der Rezeption oder die künstlerische Arbeit selbst.

Alle Aufsätze beruhen auf eigenen Forschungen und sind in der Auseinandersetzung mit empirischem Material entstanden. Insofern lässt sich an ihnen nicht nur beobachten, wie etablierte und neue theoretische Perspektiven miteinander ins Spiel gebracht oder kritisch reflektiert werden, sondern auch, wie konkrete Forschungspraxis und die Handhabung verschiedener Methoden im Bereich der Kunstsoziologie aussehen kann. Dies soll natürlich nicht bedeuten, dass es in der gegenwärtigen Kunstsoziologie nicht auch vorrangig theoretisch orientierte Debatten und Beiträge gibt. Dazu gehören beispielsweise die Diskussionen um den Stellenwert des Kunstwerks in der Kunstsoziologie, in deren Kontext auch explizite Überlegungen zu einer *Kunstwerke*soziologie angestellt werden (Majastre und Pessin 2001; vgl. dazu Danko 2012: 112 ff.). Aber auch Reflexionen zum kunstsoziologischen Gehalt allgemeiner Sozialtheorien (vgl. bspw. Zahner 2023) oder Diskussionen zu Adaptionsmöglichkeiten spezifischer Paradigmen und cultural turns (vgl. bspw. Kastner 2023) gehören dazu. Der Schwerpunkt der hier zu findenden Auswahl liegt hingegen eindeutig auf dem Zusammenspiel von Theorie und Empirie in konkreten Untersuchungen.

Hannes Krämer widmet sich in seinem Beitrag den „aesthetic economies" und geht am Beispiel der Werbebranche der „alltäglichen Fabrikation kreativer Produkte" in der Kultur- und Kreativwirtschaft nach. Seine ethnographischen Untersuchungen verknüpfen dabei arbeits- und organisationssoziologische Forschungsperspektiven mit kunst- und kultursoziologischen Fragestellungen im Sinne einer soziologischen Ästhetik.

https://doi.org/10.1515/9783110716863-009

Auch *Christiane Schürkmann* nähert sich ihrem Untersuchungsgegenstand mit ethnographischen Mitteln. Im Zentrum steht dabei die künstlerische Praxis bzw. künstlerisches Arbeiten im Atelier, wobei Schürkmann vor allem an „Fragen der Möglichkeitsfindung im Umgang mit Materialien, Techniken und Konzepten" interessiert ist. Dem nähert sie sich aus einer praxistheoretischen Perspektive, die sie mit leibphänomenologischen Elementen kombiniert.

Gina Jakobs setzt sich mit der von Niklas Luhmann vertretenen These auseinander, dass sich postmoderne Kunst vorrangig mit ihren eigenen Grenzen beschäftige, kommunikative Anschlüsse an andere Systeme hingegen nicht mehr suche. Dass dies nicht auf alle künstlerischen Positionen zutrifft, zeigt Jakobs am Beispiel eines Kunstkollektivs, das die Grenzen zur Politik bewusst überschreitet. Damit steht in diesem Beitrag die künstlerische Arbeit selbst im Vordergrund.

Mit dem Beitrag von *Lisa Gaupp* wechseln wir auf die Ebene der Distribution. Gaupp analysiert vor dem Hintergrund der Beckerschen Theorie der Art Worlds und netzwerkanalytischen Überlegungen internationale Theaterfestivals und die von ihnen betriebenen Politiken der Diversität. Besondere Aufmerksamkeit kommt dabei den Kurator:innen als wichtigen Gatekeepern zu. Grundlage dafür sind eine Reihe von Interviews mit Kurator:innen und Künstler:innen, die durch Dokumentenanalysen ergänzt werden.

Im Beitrag von *Olav Velthuis* steht der Kunstmarkt im Zentrum und damit auch hier die Ebene der Distribution. Untersucht werden vor allem die Mechanismen der Preisbildung und die vielschichtigen symbolischen Bedeutungen und Funktionen, die Preise im Kontext des Kunstmarktes haben. Dies erfolgt auf der Grundlage von Interviews mit im Kunsthandel tätigen Personen sowie einer reichhaltigen Analyse verschiedener Dokumente wie Kunstzeitschriften, Tageszeitungen und Handreichungen für Künstler:innen und Kunsthändler:innen. Hierfür setzt sich Velthuis aus einer kultur- und kunstsoziologischen Perspektive mit gängigen wirtschaftstheoretischen Annahmen zu Preisen auseinander.

Gunnar Ottes Beitrag schließlich nimmt die Rezeptionsseite in den Blick. Im Fokus seiner Untersuchungen steht dabei vor allem das Publikum von Kunstausstellungen und Kunsthandwerksmärkten, dem sich Otte mit den Mitteln der quantitativen Sozialforschung nähert. Bourdieus Rezeptionstheorie wird dafür um weitere handlungstheoretische Elemente mit dem Ziel ergänzt, möglichst alle relevanten „Ressourcen und Opportunitäten" erfassen zu können, die den Kulturkonsum beeinflussen.

Literatur

Danko, D. 2012. *Kunstsoziologie*. Bielefeld: transcript.

Kastner, J. 2023. Für eine intersektionalistische Kunstsoziologie. Anmerkungen zu einem Desiderat. *Artis Observatio* 2, S. 35–50.

Majastre, J.-O. und Pessin, A. (Hg.) 2001. *Vers une sociologie des oevres*. Paris: L'Harmattan.

Zahner, N. T. 2023. Bruno Latours ästhetisierte Mythologie des Sozialen. Zum Verhältnis von Wissenschaft, Ästhetik und Politik bei Bruno Latour. *Artis Observatio* 2, S. 93–125.

Hannes Krämer
Das alltägliche Fabrizieren ästhetischer Formen. Kreative Produktionsästhetik in Werbeagenturen

1 Einführung

Der nachfolgende Text stellt meine ethnografische Studie zur Arbeitspraxis in der Kultur- und Kreativwirtschaft, speziell im Feld der Werbung vor. Die leitende Forschungsfrage der Untersuchung lautete: Wie produzieren Akteur:innen erwerbsmäßig kreative Produkte? Diese Problemstellung verbindet arbeits- und organisationssoziologische Forschungsperspektiven mit kunst- und kultursoziologischen Fragestellungen. Diese Kopplung ist zwar nicht direkt neu (vgl. Becker 1982; Bourdieu 2011a Peterson und Anand 1996) aber nach wie vor keineswegs üblich. Die Soziologie begreift Erwerbsarbeit in der Regel als marktförmig organisierte Tätigkeit, welche der Einkommenserwirtschaftung und Sicherung des Lebensunterhalts dient (Kocka 2001: 10) und analysiert diese als mehr oder minder rationale Formatierung sozialer Verhältnisse. Entsprechend interessiert sich die Arbeitssoziologie für die Struktur des Arbeitsmarktes oder für die Prägung der Gesellschaft durch die Erwerbsarbeit, sowohl modernisierungstheoretisch[1] als auch gegenwartsdiagnostisch.[2] Ebenso analysiert die Arbeitssoziologie, die als traditionsreiche Bindestrichsoziologie vollständig „Arbeits- und Industriesoziologie" heißt, die Macht- und Ungleichheitsbeziehungen innerhalb von Betrieben und in den letzten Jahren auch innerhalb von Professionen. Mit diesen Forschungsinteressen wurden die Soziologie prägende Studien hervorgebracht und viel für die Institutionalisierung des Faches getan. Fragen einer Soziologie der Ästhetik oder auch der Kunst allerdings standen und stehen dabei nicht im Zentrum des arbeits- und organisationssoziologischen Interesses.[3] Ohne Frage gibt es Studien zur ökonomischen Struktur des Kunstfelds (vgl. Bourdieu 2011b), Untersuchungen zu Karriereerfolgen (Menger 1999) oder zum Arbeitsmarkt von Künstler:innen (Haak 2008; Manske und Schnell 2010) – eine eingehende Verbindung von kunst- und arbeitssoziologischen Perspektiven allerdings gab es eher selten. Nun ist vor dem Hintergrund eines häufig konsta-

---

1 Typisch wäre hierfür die Rede von der (Post-)Industriegesellschaft (etwa Deutschmann 2002).
2 Vergleiche beispielsweise die These vom „Ende der Arbeitsgesellschaft" (etwa Schmidt 1999).
3 Was nun keineswegs ausschließt, dass nicht auch Studien zu „Arbeit und Kunst" durchgeführt wurden – vgl. beispielsweise das gelungene Projekt „Bilder der Arbeit" von Klaus Türk (2000).

https://doi.org/10.1515/9783110716863-010

tierten Wandels der Arbeitswelt im Kontext von Dienstleistungsarbeit und Digitalisierung sowie neuen Berufs- und Beschäftigungsformen die soziologische Aufmerksamkeit für nicht klassische Arbeitsformen und -felder gestiegen. Besonders der so genannten Kultur- und Kreativwirtschaft kommt in diesem Kontext eine besondere Rolle zu. Als „aesthetic economies" (Negus 2002) setzt dieser Wirtschafts- und Arbeitsbereich auf die Produktion ästhetischer Symbole, affektiver Erlebnisse und sinnlicher Erfahrungen und damit auch auf künstlerische Arbeitspraktiken, welche ihren Einsatz in der Hervorbringung entsprechender symbolischer Güter finden. Als paradigmatische Branchen gelten das Design, die Architektur, die Mode, die Filmwirtschaft oder die Werbung (vgl. Hartley 2007). Die verbindende Klammer dieser einzelnen Felder ist die Herstellung symbolischer, das heißt auch ästhetischer Produkte und die Nutzung von Kreativität als zentraler Ressource in diesem Produktionsprozess. Auch wenn diese Wirtschaftsbereiche historisch zunächst ein Randphänomen des industriellen Kapitalismus einer organisierten Moderne darstellen, nehmen sie seit der Spätmoderne (ca. seit den 1970er, 1980er-Jahren) auch volkswirtschaftlich einen größeren Stellenwert ein. Vor allem aber werden sie häufig als Leitbilder gegenwärtiger Arbeitswelten und Ökonomien angeführt. Der Integration künstlerischer Praktiken, Ästhetiken und Selbstbeschreibungen in den Produktionsprozess von Unternehmen wird dabei nicht nur mehr Aufmerksamkeit zugeschrieben, sondern diese werden sogar als Erfolgsrezept zeitgenössischen Wirtschaftens angesehen – und zwar sowohl von den Wirtschaftsakteuren als auch den soziologischen Analysen (vgl. beispielhaft Menger 2006). Die starke Verzahnung künstlerischer und ökonomischer Praxis innerhalb der Kultur- und Kreativwirtschaft rückt dieses Feld als einen analytisch ebenso spannenden wie vielversprechenden Gegenstand in den Fokus.

2 Theoretischer Rahmen

Meine Studie fragt nach der alltäglichen Fabrikation kreativer Produkte (Werbungen) in der Kultur- und Kreativwirtschaft. Ausgehend von einer extensiven Sichtung der Forschungsbefunde in der Literatur ließ sich folgende Leerstelle identifizieren: Obwohl kreative Leistungen immer wieder als ökonomisches Produkt der Arbeitspraxis in der Kultur- und Kreativwirtschaft hervorgehoben werden, ist nur wenig über die Produktion selbst zu erfahren.[4] Offen sind damit folgende Fragen: Wie werden entsprechende kreative und ästhetische Produkte im Detail fabriziert? Wie werden sie in die Welt gesetzt? Wie werden sie stabilisiert, also wie bestehen sie

---

4 Zu einem ähnlichen Befund kommt auch Schürkmann (2017).

verschiedene Selektionsprozesse? Wie werden sie gerahmt? Welche Arbeitspraktiken werden dabei vollzogen, welche Diskurse mobilisiert und an welche gesellschaftlichen Arbeits- und Produktionsregime angeschlossen?

Um diese Fragen zu beantworten gilt es zunächst, den Gegenstand theoretisch und methodologisch einzuordnen. Für das Anliegen des vorliegenden Beitrags sind dabei vor allem drei Diskurssträng von Interesse: Diskurse zu Erwerbsarbeit und zur (formalen) Organisation von Kreativität und Ästhetik (2.1), Diskurse um Kreativität (2.2) und schließlich ein historischer Blick auf die Entwicklung des hierbei in den Blick genommenen konkreten Falls der Werbung (2.3). Argumentativ zusammengebunden werden diese Stränge aus einer kultursoziologischen Perspektive, die sich gleichermaßen von einer Soziologie des Ästhetischen (Reckwitz 2015) wie auch einer ethnografisch-praxeologischen Analysehaltung (Amann und Hirschauer 1997; Schmidt 2012; Krämer 2016b) instruieren lässt. Sozialtheoretisch lässt sich die Arbeit damit im Bereich der Theorie sozialer Praktiken verorten, wobei hier mehr an eine praxeologische Mikrosoziologie US-amerikanischer Provenienz (Garfinkel, Goffman, aber auch Latour und die Science-and-Technology-Studies) angeschlossen wird, als an die französische Praxeologie wie sie etwa Pierre Bourdieu (1987) entwirft.[5] Gesellschaftstheoretisch greife ich in der Arbeit die Diskussion um die Herausbildung einer Post- oder Spätmoderne auf, wie sie beispielsweise bei Scott Lash und John Urry (1987), aber auch bei Andreas Reckwitz (2006) verfolgt wird.

Ebenso sind auch verschiedene Bezüge zu kunstsoziologischen Klassikern zu verzeichnen. Zunächst sind Georg Simmels Arbeiten zu einer „soziologischen Ästhetik" (Simmel 1992: 197 ff.) zu nennen. Der als einer der Gründerväter der deutschen Soziologie geltende Philosoph und Soziologe sensibilisiert in seinen Studien dafür, das Ästhetische nicht nur auf das Feld künstlerischer Praxis zu beschränken, sondern die Gesellschaft insgesamt mithilfe dieser Brille zu betrachten. Demnach können prinzipiell jegliche Formen gesellschaftlichen Handelns auch nach ihrer ästhetischen Gestalt befragt werden – was Simmel etwa anhand der Gegenüberstellung einer vergemeinschaftenden und einer individualisierenden Tendenz einer Gesellschaft nachzeichnet, die er über das Verhältnis von Symmetrie und Asymmetrie beschreibt (ebd.). In den Betrachtungen zur modernen Erfahrung der Großstadt wird – im Vergleich zum vormodernen Landleben – die Steigerung von Eindrücken auf einer ästhetischen Ebene als sinnliche Überforderung gedeutet und zugleich auf die Ausbildung ästhetischer Konsumpraktiken hingewiesen (Simmel 1903). Ein derart weiter Ästhetikbegriff lenkt den Blick auf die sinnlichen, wahrneh-

---

5 Im Detail allerdings lassen sich diese einzelnen praxeologischen Perspektiven gar nicht so einfach abgrenzen (vgl. Krämer 2014a: 114).

mungsbezogenen Formgebungsprozesse kreativer Praxis und deren Leistungen für die Herstellung, Geltung und Weitergabe ästhetischer Produkte.

Instruktiv für meine Studie waren ebenso Pierre Bourdieus Arbeiten zum kulturellen Feld. Besonders in den Studien zur „Ökonomie symbolischer Güter" (Bourdieu 2011a) analysiert Bourdieu die Organisation sämtlicher Felder der Kulturproduktion (also nicht nur der Kunst) und arbeitet wichtige Prinzipien heraus, wie die „Leugnung der Ökonomie" (Bourdieu 2011c: 98). Damit ist gemeint, dass ökonomische Orientierung im Feld kollektiv verdrängt und um einen Glauben an die Idee weitreichend ersetzt werden würde. Auch ist Bourdieus Kritik einer Ideologie der Schöpfung („Ideologie des Charismas") unmittelbar instruktiv für die Arbeit, da sie den Blick dafür schärft, welche Instanzen das ‚genialische Schöpfersubjekt' autorisieren und so der Idee des einfallsreichen, selbstverpflichteten und autarken Künstlersubjekts eine Absage erteilt (Bourdieu 2011a: 101).

Schließlich sind sich auch Parallelen zu den Arbeiten des kunstsoziologischen Klassikers Howard S. Becker zu identifizieren, dessen stark empirische Orientierung und methodologische Position verschiedene Aspekte der von mir durchgeführten Studie anregte. Neben dem geteilten Interesse an kooperativen Formen der Verfertigung sozialer Produkte ist es vor allem der Umstand, Kunst als kollektives und interaktives Phänomen zu perspektiveren und dabei das breite Netzwerk daran Beteiligter zu identifizieren, welcher Beckers Arbeiten (etwa in „Art Worlds", 1982) zu einem zentralen methodologischen Bezugspunkt meiner Ethnografie der Werbebranche machte. Nicht von der Geronnenheit, sondern von der Hervorbringung sozialer Prozesse auszugehen, ist hier eine wichtige Parallele zwischen der Becker'schen Kunst- und Kultursoziologie und der Anlage der vorliegenden Untersuchung.

2.1 Ästhetik und Kreativität in Arbeitsprozessen

Anders als es der gerade genannte Bezug zu den soziologischen Klassikern vermuten lässt, war eine Arbeit am Sinnlichen in der Arbeits- und Organisationsforschung lange kaum ein Thema.[6] Erst seit den 1990er-Jahren finden sich verschiedene Forschungsbemühungen, die Arbeit hinsichtlich ihrer kulturellen, ästhetischen und affektiven Form befragen. Diese Forschungen rückten zunächst die sinnlichen Erfahrungen von Arbeitsprozessen und Organisationen in den Fokus (vgl. Gagliardi 2006).

---

6 Es finden sich prominente *kultur*-soziologische Studien, welche die Dimensionen des Sinnlichen untersuchen, aber dabei ist die Arbeitspraxis kein zentraler Erkenntnisgegenstand, sondern eher Beispiel für anderes – vgl. etwa Arli Hochschilds (1990) Studie zum Emotionsmanagement anhand der Arbeitspraxis von Stewardessen.

So wurden etwa die architektonische Gestaltung des Arbeitsraums, die optische Aus-
stattung von Büros sowie die taktile, olfaktorische, akustische Wahrnehmung der Arbeitsumgebung als Bestandteil alltäglicher Arbeitswelten untersucht. Zugleich wurde
auch das Arbeitssubjekt als je spezifische Trägerin subjektiver Fähigkeiten und
Fertigkeiten wiederentdeckt (Baethge 1991; Moldaschl und Voß 2002). Die schöpfe-
risch-subjektiven Kompetenzen umfassen dabei nicht nur formale und zertifi-
zierte Leistungen wie etwa Abschlüsse, Zeugnisse, Weiterbildungen etc., sondern
auch ästhetische *Skills*, die mit (selbst-)unternehmerischen Kompetenzen gepaart,
von der Wirtschaft nachgefragt werden und somit für eine verbesserte Position
auf dem Arbeitsmarkt sorgen (vgl. Bröckling 2007). Die Bedeutung der Fähigkeiten
zur kreativen Schöpfung wie auch zur Produktion gesellschaftlich weit anschluss-
fähiger Symbole wurde dabei aus verschiedenen theoretischen Perspektiven
hervorgehoben (vgl. etwa Florida 2002; Reckwitz 2012; Reich 1993). Im arbeitssoziologischen Diskurs ist es dann besonders das Künstlersubjekt, welches als ein
Rollenmodell (neben anderen), als ein Leitbild zeitgenössischen Arbeitens identifiziert wurde. Demnach zeigen sich in den (prekären) Erwerbsbedingungen der
Künstler:innen besonders prägnant allgemeine strukturelle Trends des Arbeitsmarktes wie auch kulturelle Entwicklungen der professionellen und beruflichen
Konfigurationen von Arbeit. Besonders im Bereich der Kultur- und Kreativwirtschaft (Manske und Schnell 2010), aber auch darüber hinaus, wird ein „Künstlerideal" des Arbeitens (Boltanski und Chiapello 2006; Menger 2006; McRobbie 2016)
deutlich. Eine implizite oder explizite Ausrichtung von Erwerbsarbeit an einem
idealtypischen Bild des autonomen Künstler:innensubjekts scheint zunehmend
als Gegenfigur zur etablierten rational-industriellen Erwerbsarbeit positioniert zu
werden. Anhand der Analyse von Selbstbeschreibungen aus den *Creative Industries* wird die kreative Tätigkeit als Chance auf nicht-entfremdete, authentische
sowie selbstverwirklichende Arbeit gedeutet. Im arbeitssoziologischen Diskurs
wird dabei allerdings weniger das Künstler:innensubjekt in seiner Diversität
nachgezeichnet, als vielmehr ein Leitbild künstlerischen Arbeitens hervorgehoben, welches sich (unter anderem) an einem Ideal autonomer, dem Werk ver-
pflichteter Künstler:innen orientiert (vgl. Krämer 2017).

2.2 Die omnipräsente Anrufung des Kreativen

Nun wurde das Ästhetische nicht nur in der Arbeits- und Organisationspraxis entdeckt, sondern ebenso als ein allgemeiner Wert in nahezu allen Feldern des Sozialen konstatiert und beschrieben. Die Gegenwartsgesellschaft wird aus einer solchen
Perspektive beschrieben als eine „Kreativgesellschaft", in der die gesellschaftliche
wie individuelle Orientierung, ein kreatives Subjekt zu sein, gleichermaßen Wunsch

und Zwang darstellt und damit die Praktiken, Diskurse und materialen Orientierungen maßgeblich beeinflusst. Eine solche gesellschaftliche Orientierung am Neuen wurde von verschiedenen Autor:innen angeführt (vgl. bspw. Bröckling 2007; Florida 2002; Hutter et al. 2011; Reckwitz 2012). Trotz im Detail unterschiedlichen Argumentationen aber weisen nahezu alle Studien auf die Bedeutung des Ästhetischen für die Produktion von gesellschaftlich Neuem hin. Andreas Reckwitz' (2012) einflussreiche Studie „Die Erfindung der Kreativität" bringt das mit dem Begriff der „Ästhetisierung" auf den Punkt und meint damit eine Übertragung von ästhetischen Wahrnehmungsprozessen auf nicht-ästhetische Bereiche. Kreativität wird demnach an eine gesellschaftliche Entwicklung gekoppelt, welche auf „die Hervorlockung ästhetischer Wahrnehmung" zielt – unabhängig davon, ob sie in anderen oder in einem selbst erzeugt werden soll (Reckwitz 2012: 25).[7] Es ist dieses Hervorbringen, die Produktion ästhetischer Formate, welche daher genauer untersucht werden sollten.

2.3 Werbung als ästhetisches Unterfangen

Wie erwähnt, lässt sich noch ein dritter Diskursstrang identifizieren, in dem dezidiert kunstsoziologische Themen verhandelt werden, und der für die Anlage der Studie von Interesse ist. Es handelt sich hierbei um die historische Aufarbeitung der ästhetischen Dimension von Werbung und Produktanpreisung. Anhand der Werbe- und Konsumgeschichte wird deutlich, dass kreative und künstlerisch anspruchsvolle Darstellungen nur *eine* mögliche Orientierung bei der Produktion von Werbung darstellen. Streng genommen spielten derartige Formen der Produktanpreisungen in der modernen Wirtschaftswerbung lange Zeit nur eine marginale Rolle und wurden anderen technischen, ökonomischen und professionsbezogenen Gütekriterien untergeordnet. Entsprechend sind auch ästhetische Subjektmodelle, wie das des künstlerischen *Musterzeichners* oder ästhetische Darstellungsformen wie die Plaka*tkunst* eher selten oder historisch nur von kurzer Dauer (vgl. Ingenkamp 1996; Lamberty 2000; Meffert 2001). Erst durch die so genannte „Creative Revolution" (Fox 1984) in der Werbeproduktion ab Ende der 1950er/ Anfang der 1960er Jahre wurden künstlerisch-kreative Subjektpositionen und Darstellungsmög-

---

7 Zur Ästhetisierungsthese von Reckwitz wurden verschiedene Einwände hervorgebracht: Jan Loheit (2015) etwa sieht eine Schieflage in der Ästhetik-Konzeption, da diese zu wenig die Verhältnisse der politischen Ökonomie berücksichtige (Loheit 2015), Alexandra Manske beispielsweise merkt das Fehlen einer dezidierten Ungleichheitsperspektive an (Manske 2016) und Ulf Wuggenig vermisst die kritische Auseinandersetzung mit der Vereinnahmung des Ästhetischen (Wuggenig 2019), um nur einige markante Kritiken zu nennen.

lichkeiten normalisiert und popularisiert. So traten die ‚verrückten Kreativen‘, die Einführung kreativer Spielfelder innerhalb von Organisationen bis hin zur zunehmenden Fixierung auf die Ästhetik des Objekts als konkurrierende Orientierungen innerhalb der Werbeindustrie auf den Plan (Fox 1984; Frank 1997; McFall 2002). Die viel beschworene „Kreativwerbung" wird damit durch die Brille der Werbe- und Konsumgeschichte als kontingente Form soziohistorischer, mithin kultureller Prozesse sichtbar, welche aus diversen wie auch widersprüchlichen Verkopplungen und Entkopplungen künstlerischer Deutungsangebote mit Modellen aus der Arbeits- und Wirtschaftswelt hervorgegangen ist.

In diesen drei und für die Untersuchung zentralen Diskurssträngen sollte die Bedeutung des Ästhetischen wie Künstlerischen für die zeitgenössische Arbeit in seiner historischen Emergenz hervorgehoben und plausibilisiert werden. Mit einer solchen konzeptuellen Positionierung wie auch historischen Rekonstruktion lässt sich nun viel präziser nach kreativer Arbeit innerhalb der Kultur- und Kreativwirtschaft fragen.

3 Alltägliche Fabrikation ästhetischer Formen

Die eingangs formulierte Leitfrage nach der Form von Kreativität in zeitgenössischen Arbeitskontexten lässt sich nun noch einmal folgendermaßen präzisieren und aufschlüsseln: Wie wird das Kreative im Feld markiert? Welche Instanzen sind in welcher Art und Weise an seiner Hervorbringung beteiligt? Welche Kreativpraktiken werden vollzogen und welche Subjekte gelten als kreativ? Wie wird das Kreative ausgehandelt? Untersucht werden kurzum Fabrikationsprozesse ästhetischer Formen in der alltäglichen Arbeitspraxis von Werbetreibenden.

3.1 Vorgehen

Die zugrundeliegende Studie war ethnografisch angelegt. Dabei wurde auf unterschiedliche Methoden zur Datenerhebung zurückgegriffen: Einen großen Anteil hatten zwei extensive Feldaufenthalte, anhand derer die konkrete Arbeitspraxis in der Werbeindustrie teilnehmend beobachtet, das heißt gleichörtlich und gleichzeitig, mitvollzogen wurde. Ich war dazu als Vollzeit-Werbetextpraktikant in zwei mittelständischen Werbeunternehmen in zwei Großstädten für je drei Monate beschäftigt.[8] Dies bedeutete, dass ich tagsüber (mehr oder weniger erfolgreich) Wer-

---

8 Zu den Herausforderungen des Feldzugangs vgl. Hannes Krämer (2014a: 106 ff. sowie 2016a).

betexte verfasste und am arbeitsalltäglichen wie freizeitlichen Geschehen teilgenommen habe. Während der Arbeitszeit blieben oft nur kurze Momente zur Anfertigung von Feldnotizen. Diese wurden meist in den Abendstunden oder am Wochenende ergänzt und in sogenannte Feldprotokolle überführt (vgl. dazu Breidenstein et al. 2013). In einer der Agenturen hatte ich darüber hinaus die Möglichkeit, einige gestalterische Tätigkeiten auf Video festzuhalten. Auch konnte ich Audioaufnahmen von natürlichen Gesprächen innerhalb des Gestaltungsprozesses aufzeichnen sowie einige ethnografische Interviews mit Angehörigen der Agenturen durchführen (vgl. zur Spezifik des ethnografischen Interviews: Spradley 1979). Vor und auch nach den teilnehmenden Beobachtungen habe ich offene, leitfadengestützte Interviews mit verschiedenen Akteur:innen aus anderen Agenturen geführt sowie eine Sichtung zentraler Branchenpublikationen vorgenommen. Durchaus typisch für ethnografische Forschungsprozesse, sah ich mich schließlich einem sehr diversen Datenkorpus gegenüber. Zusammengehalten wurden die unterschiedlichen Daten, Materialien, Eindrücke von meinem Forschungsinteresse an der Praxis der Akteur:innen, also deren konkretem Tun und Sagen (vgl. Schatzki 1996; Schmidt 2008; Breidenstein et al. 2013). Die Auswertung folgte einem induktiven Vorgehen, welches sich an der Grounded Theory orientierte (vgl. Breidenstein et al. 2013: 109 ff.).

3.2 Ergebnisse

In der Analyse des Materials erwiesen sich für den thematischen Fokus des vorliegenden Aufsatzes drei Ebenen als besonders relevant: ästhetische Selbst- und Fremdbeschreibungen, ästhetische Orte und Organisationen sowie ästhetisches Tun.

3.2.1 Ästhetische Selbst- und Fremdbeschreibungen

Die erste Ebene betrifft die Selbst- und Fremdbeschreibungen der Kreativen. Auf dieser, soziologisch gemeinhin als Identität verhandelten, Ebene wird eine Orientierung an der Möglichkeit persönlicher Selbstentfaltung durch die Arbeitstätigkeit und eine hohe affektive Bindung zur Arbeitstätigkeit sowie zum Arbeitsobjekt deutlich. Die Kreativen sprechen von einem „inneren Verlangen", von einem Wunsch nach Neuem und einem affektiven Bezug (z. B. „Wow-Moment", „Kribbeln") als Antrieb für ihre Tätigkeit. Ideen, Filme, Grafiken, Texte werden in diesem Zusammenhang nicht als bloße Produkte, sondern als Objekte mit hohem Identifikationspotential gedeutet. Schaffensdrang, Werkbezug, Selbstverwirklichung sind hier maßgebliche Relationen und Kriterien, welche die Kreativen bei der Beschreibung ihres beruflichen Selbst' in den Fokus rücken. Auf diese Weise verorten sie sich selbst in der Nähe eines bürgerlichen Künstlerideals (vgl. Boltanski und Chiapello 2006; Menger 2006; kritisch: Raunig und Wuggenig 2007). Nun ist diese künstlerische Selbstverortung im Werbefeld durchaus angelegt (siehe den historischen Abriss oben), allerdings unterscheiden sich die Akteur:innen bei genauerer Betrachtung dann doch signifikant vom bürgerlichen Künstlerideal. Da ist zum einen die Subjekt-figur des Werbeberaters, der zwar auch künstlerische und kreative Elemente in sei-ner Arbeitstätigkeit verortet, diese allerdings in erster Linie als ‚Verkaufskunst' rahmt und damit einer ökonomischen Fundierung unterordnet. Zum anderen veror-ten die Kreativen ihre Tätigkeit auch in Hinblick auf die ökonomische Verwertung in einem wettbewerbsorientierten Feld. Allerdings stellt diese Orientierung nur eine, zuweilen widerstrebende, Möglichkeit der Selbstverortung dar, welche sich of-fenbar in einem ständigen Spannungsfeld zur eigenen schöpferischen Tätigkeit be-findet, wie in den Interviews und Beobachtungen deutlich wurde.

3.2.2 Ästhetische Orte und Organisationen

Auf einer zweiten Ebene lässt sich hinsichtlich des Zusammenhangs von Ästhetik und Werbepraxis auf die Agentur als eine *ästhetische Arena* verweisen. Dies gilt in einem doppelten Sinne. Agenturen sind als konkreter Ort wie auch als Organi-sationsprinzip Teil einer ästhetischen Grundorientierung. So kommt, *erstens*, den Agenturen in ihrer büroöffentlichen Inszenierungsgestalt eine besondere Bedeu-tung zu: Agenturräume sind keineswegs neutrale oder gar zufällige Orte durchra-tionalisierter Produktion, sondern ihre Gestaltung drängt sich Mitarbeiter:innen wie Besucher:innen als atmosphärisches Versprechen, als ein affektives Arrange-ment auf (Baldry 1997 et al.; Adler 2018). Die „Laboratorien des Begehrens" (Hen-nion und Méadel 2013) weisen in ihrer räumlichen Struktur, in der Anordnung der Artefakte und der symbolischen Repräsentation auf eine postmoderne Ästhe-tik der Bricolage und des Samplings hin, die typisch für Formen entgrenzter Ar-beitswirklichkeit in der Kreativwirtschaft sind (vgl. Prinz 2012). Dabei vermischen sich etwa die Produktions- und Repräsentationsräume. Die Arbeit selbst wird zur Schau gestellt und nicht von den Kund:innen verborgen. Die materiell-räumliche Büroorganisation der Agenturen setzt nicht mehr auf Zellen („cubicles"), sondern auf Landschaften, „office spaces" (inkl. einiger Rückzugsorte), in denen das zufäl-lige, organische und vermeintlich gewachsene Nebeneinander einzelner Objekte überwiegt. Diese spezifische räumliche Ästhetik des natürlich Gewordenen wirkt informell und inszeniert dabei eine Authentizität der Organisation. In den umge-nutzten Fabriketagen der beobachteten Fälle wird eine Form öffentlicher Affekt-gemeinschaft in Szene gesetzt, die als Gegenmodell zu einer White-Collar-Ästhetik traditioneller Angestellter fungiert und sich als kompetente Akteurin einer postfordistischen Ästhetik versteht – wofür diese Agenturen ja auch bevorzugt aufgesucht werden. Ein derartige „organizational aesthetic" (Gagliardi 2006: 703) legt gewisse Möglichkeiten der Raumnutzung, aber auch der Selbstdeutung wie der Selbstführung nahe. Studien im Anschluss an Michel Foucault haben kritisch darauf hingewiesen, dass diese ästhetischen Raumordnungen auch eine Form der Selbststeuerung darstellen, indem die Arbeitssubjekte sich selbst in eine Art spielerischen und organischen Umgang mit ihrer Arbeitsumgebung versenken, dabei die faktische Orientierung an Unternehmenszielen ausblenden und sich einem Kreativitätsdispositiv unterwerfen (vgl. McKinlay und Starkey 1997; Bröckling 2007; Lorey 2007).

Zweitens geriet neben den materiellen wie auch semiotischen Dimensionen des Arbeitskontextes die Agentur als Organisationsprinzip in den Blick. Werbeagenturen (aber keineswegs nur diese) weisen in ihrer Struktur separate Bereiche kreativer Produktion auf, in denen in verschiedener Hinsicht vor allem ästhetische Geltungsansprüche zählen (sollen). In Abgrenzung zur „Kundenberatung" oder auch „Mediaplanung" wird die „Kreation" als ein besonderer Bereich ausgewiesen – als ein Ort, an dem kreative Subjekte, kreative Praktiken und gestalterische Fähigkeiten den Arbeitsalltag bestimmen. Eine Betonung ebendieser Qualitäten führt dazu, dass die Kreation häufig als eigengesetzliche Sphäre wahrgenommen wird, die sich nicht ohne Weiteres einer ökonomischen Verwertungslogik unterwerfen lässt. Die Güte von Arbeitsprozessen sowie Arbeitsprodukten wird in der Singularität des Einfalls verortet, welcher vornehmlich auf der Ebene eines affektiven Bezugs wirken muss. Darüber hinaus wird den „Kreativen", also in erster Linie den Grafiker:innen, Texter:innen und Konzepter:innen, eine spezifische Kompetenz zum kreativen und ästhetischen Einfall zugeschrieben, die sie von anderen Produktionsschritten wie -sphären unterscheiden. Diese Kompetenzen werden des Weiteren als eine professionelle Leistung adressiert. Nach Innen ermöglicht dies die organisatorische Stabilisierung der Unwahrscheinlichkeit ästhetischen Einfalls. Nach Außen wird dieser Bereich, nicht frei von mythischen Überhöhungen, als Wunderkammer kreativer Ideen inszeniert und damit als Grundlage ökonomischer Leistungen ausgewiesen. Die Mystifizierung der Strukturen kreativer und ästhetischer Einfallsproduktion lässt sich professionssoziologisch als Strategie der Sicherung von Sonderwissen deuten (Pfadenhauer 2003). Und es ist die organisationale Leistung der Agentur, solche Einfälle möglich zu machen.

3.2.3 Ästhetisches Tun

Das Herzstück der Studie bilden die ethnografischen Beschreibungen der Arbeitspraxis selbst. Die Ethnografie folgt der allmählichen Konkretisierung eines kreativen Produkts in den verschiedenen Stadien seiner Verfertigung. In dieser sequenziellen Erzählstrategie wird dem entstehenden Produkt gefolgt, von der Briefing-Idee über Brainstormings und Gestaltungsschritte bis hin zum Pitch. Dabei werden punktuell zentrale Praktiken der Produktion hervorgehoben. Von besonderem Interesse für den Bereich der Kunstsoziologie sind sicherlich die schöpferischen Tätigkeiten im Bereich des Grafikdesigns und der Ideenfindung. Derartiges schöpferisches Tätig-Sein wurde in seinem Vollzug beobachtet und Kreativität damit im Werden nachvollzogen. Dabei treten einige Praktiken besonders hervor.

Zunächst etwa zeigt sich die ästhetische Entwurfspraxis als ein ständiges Bewerten und Qualifizieren von Entwürfen. In der Ideenfindung wie auch in der grafischen und textlichen Gestaltung wird sich fortwährend der Richtigkeit gestalterischer Entscheidungen versichert. Da sind zunächst die zahlreichen Formen der Selbstevaluation. Entwürfe werden auf ihre ästhetische wie kommunikative Qualität im Prozess ihrer Erschaffung befragt. Beispielsweise konnten anhand von Video-Daten Praktiken individualisierten „Probe-Sehens" (Krämer 2014a: 240 ff.) nachgezeichnet werden, also ein probatorisches Blicken, in dem Entwurfsveränderungen angetestet werden. Ähnliches lässt sich für die ästhetische Textpraxis attestieren, wenn die Texter:innen Textfragmente wie Slogans einmal probehalber schreiben und diese geschrieben „sehen müssen", so ein Interviewpartner, um deren Leistung zu entdecken. Evaluationen finden sich zudem auch im Zusammenspiel mit anderen Personen. Die Gestaltungspraxis ist – allen Vereinzelungen zum Trotz – in einen büroraumöffentlichen Kontext eingebunden, in dem verschiedene Akteur:innen auf die Entwürfe zugreifen – sei als Passierende, welche noch im Vorbeigehen einen Gestaltungsvorschlag kommentieren oder auch eingeladene Evaluator:innen, um deren Meinung gebeten wurde. Daneben finden sich im routinierten Ablauf fest etablierte Formen wertender Bezugnahme, wenn etwa Vorgesetzte Arbeitsfortschritte begutachten. Ob textliches oder grafisches (standbildliches wie bewegtbildliches) Entwerfen: die Gestaltungsvorschläge bewähren sich meist in der unmittelbaren (ästhetischen) Überzeugung des Entwurfs. Da ist dann etwa von „Schnelligkeit", „Wow-Momenten", „Überraschungen" als positiven Bezugnahmen die Rede. Diese affektive, mithin ästhetische Bewährung des Entwurfs zeigt sich beispielsweise auch in den Brainstormings. Anhand einer Analyse der Gesprächspraxis konnte ich nachzeichnen, wie die erfolgreichen Einfälle sich innerhalb der Gesprächspraxis bewährten, während direktive Bezugnahmen durch die Projektleitenden weit weniger erfolgreich waren in der Bestimmung eines guten Einfalls. Es ist mithin gar nicht eindeutig, wer der jeweilige Entscheidungsträger eines solchen Einfalls ist. Was sich anhand einer solchen Präsenz des Bewertens (evaluate) und Einschätzens (valuate) in der Arbeitspraxis sehen lässt, ist zum einen die Komplexität von Entwurfsentscheidungen und zum anderen die Notwendigkeit einer internen Kommunikation über Gestaltung. Entwerfen zeigt sich hier als ein Prozess, der vielfältige gestalterische Veränderungen und dabei jeweils zahlreiche Anschlüsse erlaubt. Im Umgang mit dieser Komplexität werden verschiedene (E-)Valuationsmomente wie auch -praktiken ausgebildet, mithilfe derer Entscheidungen über Entwürfe im Plural gefällt werden. Außerdem werden die jeweiligen Entwurfsentscheidungen (nachträglich) begründet und diese Erzählungen für die Ausbildung eines Entwurfsgedächtnisses genutzt.

Eng verbunden mit dieser evaluativen Dimension gestalterischer Arbeitspraxis zeigt sich auch eine affektive Hinwendung zum Arbeitsgegenstand, die ich an anderer Stelle als „Voll Dabei" (Krämer 2014b) bezeichnet habe. Die Kreativen setzen in ihrem Tun regelmäßig (wenn auch keineswegs ständig) auf die Evozierung affektiver Atmosphären als Bestandteil der Arbeitspraxis selbst. Gestaltungsprozesse wie auch Ideenfindungen sind keine rein rationalen Verfahren, sondern entsprechen häufig eher Flow-Erlebnissen, welche ihre Wirkung aus dem Vollzug ziehen. Entsprechende Atmosphären korrespondieren mit somatisch-emotiven Zuständen, die im Agenturalltag mithilfe verschiedener Praktiken hergestellt werden. Hierbei ist vor allem eine aktive Ausrichtung des Arbeitens auf „kreative Phasen" zu beobachten: Bestimmte Momente innerhalb der sequenziellen Produktionslogik werden demnach als kreative Phasen markiert (vornehmlich die Ideenfindung und die Gestaltungsphase) und somit als routinierte Hervorbringung ästhetischer Objekte qualifiziert. Eine Kopplung dieser Phasen mit einer affektiven Eingebundenheit zeitigt auch negative Effekte, wenn etwa das Nichterreichen einer entsprechenden „Lust am Spiel" als Versagen (selbst-)gedeutet wird oder auch wenn Projekte als „Dienst nach Vorschrift" herabgewürdigt werden.

Zusammenfassend weisen diese Ergebnisse auf wichtige Erkenntnisse einer Soziologie der Kreativarbeit, mithin auch der Kreativität, hin: Zunächst wird kreatives Arbeiten als ein mehrstufiger Prozess sichtbar, der sich keineswegs auf einen – vermeintlich genialen – Einfall reduzieren lässt. Vielmehr sind es verschiedene Schritte, die Einfälle vorbereiten, deren Formung möglich machen, die Passung mit den Ansprüchen der Kund:innen herstellen und so schließlich entsprechende Ergebnisse als kreative Lösungen erscheinen lassen. Allerdings sind diese einzelnen Ebenen keineswegs eins zu eins ineinander überführbar. Die affektiven Flowerlebnisse der Ideenfindung beispielsweise umfassen andere Praktiken, andere Affektordnungen, ein anderes Personal und mit alledem auch ein anderes Wissen als etwa in Präsentationen bei Kunden oder im Feld der Reinzeichnung benötigt wird. Es bedarf daher maßgeblich einer ständigen Übersetzung zwischen diesen einzelnen Phasen und eines entsprechenden Personals, welches als eine Art Intermediär die divergierenden symbolischen und ästhetischen Anforderungen miteinander vermittelt. Eine solche Transformation von Kundenwunsch in Briefing in Ideen in materiale Objekte in Präsentationen und schließlich irgendwann auch in ein Produkt lässt sich auch als eine fortschreitende Stabilisierung verstehen. Gewisse Ideen erleben innerhalb des Projektverlaufs eine Art „Karriere" und werden aufgrund verschiedenster meist positiver Bezugnahmen sukzessive zum finalen Ergebnis gereicht. Dabei allerdings ist es zu Beginn oft nicht eindeutig, welcher Einfall ein entsprechendes Ergebnis zeitigt, auch bleiben zahlreiche andere Ideen auf der Strecke. Karrieren kreativer Einfälle entscheiden sich demnach nicht (nur) im Voraus aufgrund der Position im sozialen Raum Agentur, sondern sind Ergebnis verschiedenster Praktiken und Aushandlungsprozesse innerhalb eines sozialen Relationsgefüges. Kreatives Arbeiten, Kreativität und kreative Produkte, so lässt sich das Gesagte zusammenfassen, werden aus einer solchen Perspektive als sozialer Prozess deutlich, also als eine Form, die gleichermaßen historisch figuriert ist wie sich auch situativ in den vielfältigen Alltagsinteraktionen bewährt.

4 Fazit: Bezüge zur Kunstsoziologie

Die vorliegende Studie weist nur auf den ersten Blick keine direkten Bezüge zur Kunst und damit zur Kunstsoziologie auf. Bei näherem Hinsehen werden sehr wohl zahlreiche Fragen und Themen berührt, die auch für die Kunstsoziologie anschlussfähig sind.

Bourdieu folgend, sind mögliche Purifizierungstendenzen des etablierten Kunstfelds immer auch Ergebnis einer praktischen, das heißt gemachten, also sozialen Herstellung dieser reinen, anti-ökonomischen Welt (Bourdieu 2011a). Hierbei nun den Blick auch auf andere ästhetische Verhältnisse zu richten, sensibilisiert für die Arbitrarität einer solchen Zuspitzung. Will man die Ausschlussmechanismen des Feldes nicht einfach unreflektiert in seine Forschungsperspektive übernehmen hieße das, darauf zu insistieren, dass ästhetische Produktion auch außerhalb des Kunstfeldes stattfindet (Krämer 2014a; Reckwitz 2012, 2015).

Zugleich bewegt sich der von mir untersuchte empirische Fall an den Rändern des Kunstfeldes. Demnach lassen sich in der Werbeindustrie historisch wie auch gegenwärtig Ausflüge von Künstler:innen in die Werbung und, quasi spiegelbildlich, werbeästhetische Mittel wie auch Personal in der Kunst finden. Dabei thematisieren beide Bereiche (Kunst und Werbung/Ökonomie) diese Grenzgänge und artikulieren genau darin Vorstellungen darüber, was die Kunst von der Werbung unterscheidet und warum, das auch gut so sei. Mehr noch, hier werden ganz zentral Identitätsfragen des Kunstfelds verhandelt, welche sich vor dem Hintergrund technischer Reproduzierbarkeit, digitaler Mobilisierung, internationaler Mobilität und milieuspezifischer Friktionen gegenwärtig besonders vehement stellen.

Dass dieses Verhältnis Kunst – Nicht-Kunst – Ökonomie aber im Detail gar nicht so trennscharf ist, machen die verschiedenen Grenzgänge und Seitenwechsel deutlich. So beschreiben sich Werber:innen immer wieder selbst als Künstler:innen. Und auch das Kunstfeld scheint sich nicht nur auf die einzelnen genuinen Lichtgestalten zu beschränken, sondern weist darüber hinaus auch eine Vielzahl unterstützenden Personals auf, zu dem nicht zuletzt auch Werbefachleute zählen (vgl. dazu schon Becker 1982). Eine solche Perspektive von den Rändern auf die Kunst offenbart interessante Parallelen zwischen Kunst und kreativer Ökonomie.

Schließlich finden sich in der hier vorgenommenen detaillierten Rekonstruktion des Einfalls wichtige Einsichten in eine Soziologie der Kreativität, die zuweilen immer noch als Genieforschung firmiert (vgl. dazu Godart et al. 2020). Demgegenüber wird Kreativität hier als kulturelle Form begriffen. Ihre Wirksamkeit wie spezifische Gestalt gilt es im Feld selbst zu identifizieren. So wird Kreativität dann auch als kontingentes Anforderungsbündel zeitgenössischer Vergesellschaftung deutlich, welches in der Gestalt eine der profundesten Kritiken aus dem Kunstfeld selbst erhält (vgl. von Osten und Spillmann 2003).

Literatur

Adler, D. 2018. Solid Futures. Office Architecture and the Labour Imaginary. In: Krämer, H. und Wenzel, M. (Hg.) *How Organizations Manage the Future. Theoretical Perspectives and Empirical Insights*. Cham: Palgrave Macmillan, S. 299–319.

Amann, K. und Hirschauer, S. 1997. Die Befremdung der eigenen Kultur. Ein Programm. In: Hirschauer, S. und Amann, K. (Hg.) *Die Befremdung der eigenen Kultur. Zur ethnographischen Herausforderung soziologischer Empirie*. Frankfurt am Main: Suhrkamp, S. 7–52.

Baethge, M. 1991. Arbeit, Vergesellschaftung, Identität – Zur zunehmenden normativen Subjektivierung der Arbeit. *Soziale Welt* 42(1), S. 6–19.

Baldry, C. 1997. The Social Construction of Office Space. *International Labour Review* 136(3), S. 366–378.

Becker, H. S. 1982. *Art Worlds*. Berkley: University of California Press.

Boltanski, L. und Chiapello, E. 2006. *Der neue Geist des Kapitalismus*. Konstanz: UVK.

Bourdieu, P. 1987. *Sozialer Sinn. Kritik der theoretischen Vernunft*. Frankfurt am Main: Suhrkamp.

Bourdieu, P. 2011a. *Kunst und Kultur. Zur Ökonomie symbolischer Güter. Schriften zur Kultursoziologie 4 (1)*. Konstanz: UVK.

Bourdieu, P. 2011b. *Kunst und Kultur. Kunst und künstlerisches Feld. Schriften zur Kultursoziologie 4 (2)*. Konstanz: UVK.

Bourdieu, P. 2011c. Die Produktion des Glaubens. Beitrag zu einer Ökonomie der symbolischen Güter. In: Bourdieu, P. *Kunst und Kultur. Zur Ökonomie symbolischer Güter. Schriften zur Kultursoziologie* 4 (1). Konstanz: UVK, S. 97–186.

Breidenstein, G. et al. 2013. *Ethnografie. Die Praxis der Feldforschung*. Konstanz: UVK/UTB.

Bröckling, U. 2007. *Das unternehmerische Selbst. Soziologie einer Subjektivierungsform*. Frankfurt am Main: Suhrkamp.

Deutschmann, C. 2002. *Postindustrielle Industriesoziologie theoretische Grundlagen, Arbeitsverhältnisse und soziale Identitäten*. Weinheim/München: Juventa.

Florida, R. 2002. *The rise of the creative class. And how it's transfoming work, leisure, community, and everyday life*. New York: Basic Books.

Fox, S. 1984. *The Mirror Makers. A History of American Advertising and its Creators*. New York: William Morrow and Company.

Frank, T. 1997. *The Conquest of Cool. Business Culture, Counterculture, and the Rise of Hip Consumerism*. London/Chicago: University of Chicago Press.

Gagliardi, P. 2006. Exploring the aesthetic side of organizational life. In: Clegg, S. R. et al. (Hg.) *The Sage Handbook of Organization Studies*. London u.a.: Sage, S. 701–723.

Godart, F. et al. 2020. The Sociology of Creativity: Elements, Structures, and Audiences. *Annual Review of Sociology 46(1)*, S. 489–510.

Haak, C. 2008. *Wirtschaftliche und soziale Risiken auf den Arbeitsmärkten von Künstlern*. Wiesbaden: Springer VS.

Hartley, J. (Hg.) 2007. *Creative Industries*. Malden (MA) u.a.: Blackwell.

Hennion, A. und Méadel, C. 2013. In den Laboratorien des Begehrens: Die Arbeit der Werbeleute. In: Thielmann, T. und Schüttpelz, E. (Hg.) *Akteur-Medien-Theorie*. Bielefeld: transcript, S. 341–376.

Hochschild, A. R. 1990. *Das gekaufte Herz. Zur Kommerzialisierung der Gefühle*. Mit einem Vorwort von Elisabeth Beck-Gernsheim. Frankfurt am Main/New York: Campus.

Hutter, M. et al. 2011. *Innovationsgesellschaft heute: Die reflexive Herstellung des Neuen. Technical University. Technology Studies Working Papers*: TUTS-WP-4-2011.

Ingenkamp, K. 1996. *Werbung und Gesellschaft. Hintergründe und Kritik der kulturwissenschaftlichen Reflexion von Werbung*. Frankfurt am Main u.a.: Lang.

Kocka, J. 2001. Thesen zur Geschichte und Zukunft der Arbeit. *Aus Politik- und Zeitgeschichte 21*, S. 8–13.

Krämer, H. 2014a. *Die Praxis der Kreativität. Eine Ethnografie kreativer Arbeit*. Bielefeld: transcript.

Krämer, H. 2014b. Voll dabei. Affektivität und Effektivität in der Arbeitspraxis von Werbern. In: Seifert, M. (Hg.) *Die mentale Seite der Ökonomie: Gefühl und Empathie im Arbeitsleben*. Dresden: Thelem, S. 125–139.

Krämer, H. 2016a. Entangled with affects. Finding objects of inquiry within the ethnographic research process. *Continencontinent 5(1)*.

Krämer, H. 2016b. Erwerbsarbeit als Praxis. Perspektive und Analysegewinne einer praxistheoretischen Soziologie der Arbeit. In: Schäfer, H. (Hg.) *Praxistheorie. Ein Forschungsprogramm*. Bielefeld: transcript, S. 301–320.

Krämer, H. 2017. Ästhetische Importe. Die Bedeutung künstlerischer Autonomie für die ökonomische Praxis. In: Karstein, U. und Zahner, N. T. (Hg.) *Autonomie der Kunst? zur Aktualität eines gesellschaftlichen Leitbildes*. Wiesbaden: Springer VS, S. 213–237.

Lamberty, C. 2000. *Reklame in Deutschland 1890–1914. Wahrnehmung, Professionalisierung und Kritik der Wirtschaftswerbung*. Berlin: Duncker & Humblot.

Lash, S. und Urry, J. 1987. *The End of Organized Capitalism*. Oxford, Cambridge: Polity Press.

Loheit, J. 2015. Die Erfindung des ›ästhetischen Kapitalismus‹. Andreas Reckwitz und die Schicksale von Ästhetik und Sozialkritik. *Das Argument* 58(1), S. 54–67.

Lorey, I. 2007. Vom immanenten Widerspruch zur hegemonialen Funktion. Biopolitische Gouvernementalität und Selbst-Prekarisierung von KulturproduzentInnen. In: Raunig, G. und Wuggenig, U. (Hg.) *Kritik der Kreativität*. Wien: Turia+Kant, S. 121–136.

Manske, A. 2016. *Kapitalistische Geister in der Kultur- und Kreativwirtschaft. Kreative zwischen wirtschaftlichem Zwang und wirtschaftlichem Drang*. Bielefeld: transcript.

Manske, A. und Schnell, C. 2010. Arbeit und Beschäftigung in der Kultur- und Kreativwirtschaft. In: Böhle, F. et al. (Hg.) *Handbuch Arbeitssoziologie*. Wiesbaden: VS Verlag, 699–727.

McFall, L. 2002. Advertising, persuasion and the culture/economy dualism. In: DuGay, P. und Pryke, M. (Hg.) *Cultural Economy*. London: Sage Publications, S. 148–165.

McKinlay, A. und Starkey, K. (Hg.) 1997. *Foucault, Management and Organization Theory. From Panopticon to Technologies of Self*. London u.a.: Sage.

McRobbie, A. 2016. *BeCreative. Making a Living in the New Culture Industries*. Cambridge (UK)/Malden MA (USA): Polity.

Meffert, S. 2001. *Werbung und Kunst. Über ihre phasenweise Konvergenz in Deutschland von 1895 bis zur Gegenwart*. Opladen: Westdeutscher Verlag.

Menger, P.-M. 1999. Artistic Labor Markets and Careers. *Annual Review of Sociology* 25, S. 541–574.

Menger, P.-M. 2006. *Kunst und Brot. Die Metamorphosen des Arbeitnehmers*. Konstanz: UVK.

Moldaschl, M. und Voß, G. (Hg.) 2002. *Subjektivierung von Arbeit*. München und Mering: Hampp.

Negus, K. 2002. Identities and industries: the cultural formation of aesthetic economies. In: DuGay, P. und Pryke, M. (Hg.) *Cultural Economy*. London: Sage Publications, S. 115–131.

Peterson, R. A. und Anand, N. 1996. The Production of Culture Perspective. *Annual Review of Sociology* 30, S. 311–334.

Pfadenhauer, M. 2003. *Professionalität. Eine wissenssoziologische Rekonstruktion institutionalisierter Kompetenzdarstellungskompetenz*. Opladen: Leske + Budrich.

Prinz, S. 2012. Büros zwischen Disziplin und Design. Postfordistische Ästhetisierungen der Arbeitswelt. In: Moebius, S. und Prinz, S. (Hg.) *Das Design der Gesellschaft. Zur Kultursoziologie des Designs*. Bielefeld: transcript, S. 245–271.

Raunig, G. und Wuggenig, U. (Hg.) 2007. *Kritik der Kreativität*. Wien: Turia + Kant.

Reckwitz, A. 2006. *Das hybride Subjekt eine Theorie der Subjektkulturen von der bürgerlichen Moderne zur Postmoderne*. Weilerswist: Velbrück.

Reckwitz, A. 2012. *Die Erfindung der Kreativität. Zum Prozess gesellschaftlicher Ästhetisierung*. Berlin: Suhrkamp.

Reckwitz, A. 2015. Ästhetik und Gesellschaft – ein analytischer Bezugsrahmen. In: Reckwitz, A. et al. (Hg.) *Ästhetik und Gesellschaft. Grundlagentexte aus Soziologie und Kulturwissenschaften*. Berlin: Suhrkamp, S. 13–52.

Reich, R. R. 1993. *Die neue Weltwirtschaft. Das Ende der nationalen Ökonomie*. Frankfurt am Main/Wien: Büchergilde Gutenberg.

Schatzki, T. R. 1996. *Social Practices. A Wittgensteinian Approach to Human Activity and the Social*. Cambridge (MA) u.a.: Cambridge University Press.

Schmidt, G. (Hg.) 1999. *Kein Ende der Arbeitsgesellschaft*. Berlin: edition sigma.

Schmidt, R. 2008. Praktiken des Programmierens. Zur Morphologie von Wissensarbeit in der Software-Entwicklung. *Zeitschrift für Soziologie* 37(4), S. 282–300.

Schmidt, R. 2012. *Soziologie der Praktiken. Konzeptionelle Studien und empirische Analysen*. Berlin: Suhrkamp.

Schürkmann, C. 2017. *Kunst in Arbeit. Künstlerisches Arbeiten zwischen Praxis und Phänomen*. Bielefeld: transcript.

Simmel, G. 1903. Großstädte und das Geistesleben. In: Petermann, Thomas (Hg.) *Jahrbuch der Gehe-Stiftung Dresden*. Dresden, S. 185–206.

Simmel, G. 1992. *Aufsätze und Abhandlungen 1894–1900*. Frankfurt am Main: Suhrkamp.

Spradley, J. P. 1979. *The ethnographic interview*. New York u.a.: Holt, Rinehart Winston.

Türk, K. 2000. *Bilder der Arbeit. Eine ikonografische Anthologie*. Wiesbaden: VS-Verlag.

von Osten, M. und Spillmann, P. (Hg.) 2003. *Der kreative Imperativ*. Zürich: Museum für Gestaltung Zürich.

Wuggenig, U. 2019. Rhetorik der Kreativität: Über die internationale Zirkulation von Wörtern und Ideen. In: Kannler, K. et al. (Hg.) *Kritische Kreativität: Perspektiven auf Arbeit, Bildung, Lifestyle und Kunst*. Bielefeld: transcript, S. 43–71.

Christiane Schürkmann
Mit Material malen. Einblicke in die Ethnografie künstlerischen Arbeitens

1 Einleitung

Für die Praxis künstlerischen Arbeitens spielen Räume, Materialien, Technik, Dinge und Menschen zusammen und nehmen im Vollzug der Hervorbringung künstlerischer Werke aufeinander Einfluss. Um eine solche Praxis in ihren Facetten und Ausprägungen sowie in ihrem Vorgehen und ihrer „Logik" (kunst-)soziologisch zu beforschen, bedarf es – so die These dieses Aufsatzes – eines ethnografischen Zugangs, der sich offen gegenüber den verschiedenen Arbeitsweisen im Feld der Kunst zeigt. Insbesondere die Ethnografie mit ihren Möglichkeiten der praktischen Teilnahme bis hin zur distanzierten Beobachtung (Spradley 1980) bietet eine Spannbreite an Optionen, sich künstlerischem Arbeiten in seinen praktischen Vollzügen anzunähern und für die Kunstsoziologie zugänglich(er) zu machen. Dabei sind sowohl Fragen nach praxisspezifischem Wissen zu berücksichtigen als auch Fragen nach praxisspezifischen Weisen des Wahrnehmens – so besteht nicht zuletzt im Wahrnehmen ein für die Teilnehmer:innen des Feldes der Kunst konstitutiver bzw. praktisch-phänomenaler Zugang zu Tätigkeiten, Gegenständen und Reflexionen. Fragen, die sich vor dem Hintergrund einer solchen Forschungsanlage stellen, lauten unter anderem: Welche Herausforderungen lassen sich in künstlerischen Prozessen identifizieren? Welche Beziehungen zwischen Künstler:innen und Materialien lassen sich beobachten? Wie entwickeln sich künstlerische Arbeitsweisen in der Interaktion zwischen Künstler:in und künstlerischer Arbeit? Wie werden welche ästhetischen Wirkungen im Vollzug der Hervorbringung von Kunstwerken evoziert? Derartige Fragen erfordern den Gang ‚in' die Praxis künstlerischen Arbeitens mit einem offenen Blick, wie ihn die Ethnografie nahelegt.

Getragen wird eine solche Ethnografie künstlerischen Arbeitens (siehe hierzu Schürkmann 2017, 2018, 2021) unter anderem von der Ambition einer weitergehenden Vermittlung zwischen Kunstsoziologie und ihrem Gegenstand: der Kunst – einschließlich ihrer praktischen Hervorbringung. Die Frage nach einer geeigneten ethnografischen Perspektive schließt sich besonders mit Blick auf die Sichtbarwerdung künstlerischer Prozesse und die Beobachtbarkeit der Entstehung künstlerischer Arbeiten an. So geht es beim künstlerischen Arbeiten nicht zuletzt auch darum, etwas wahrnehmbar bzw. vor allem in der bildenden Kunst sichtbar zu machen, das zuvor (noch) nicht wahrnehmbar bzw. sichtbar gewesen ist (Schürkmann 2018). Das heißt: Es geht in der künstlerischen Praxis auch um Fragen der

https://doi.org/10.1515/9783110716863-011

Möglichkeitsfindung im Umgang mit Materialien, Techniken und Konzepten, die eingebunden sind in situiertes Wahrnehmen und Wissen. Vor diesem Hintergrund ist es das Ziel dieses Aufsatzes, anhand eines empirischen Beispiels Einblicke in die Ethnografie künstlerischen Arbeitens zu geben und diese im Sinne einer Forschungsperspektive zugleich theoretisch zu flankieren: Im Fokus steht dabei die Praxis der Künstlerin Myriam Holme, deren Kunst sich im Bereich der Malerei verorten lässt und in deren Selbstverständnis dem Umgang mit Materialien eine besondere Rolle zuteilwird; theoretisch eingebettet wird die hier profilierte ethnografische Forschung in praxistheoretische Positionen – ergänzt um die Leibphänomenologie Maurice Merleau-Pontys.

Grundsätzlich lässt sich die hier vorgeschlagene Perspektive als Beitrag innerhalb der qualitativ ausgerichteten kunstsoziologischen Forschung verstehen, die sich mittlerweile auf vielseitige Weise etablieren konnte: Prominent in diesem Bereich ist etwa die pragmatistisch und am symbolischen Interaktionismus ausgerichtete Studie Howard S. Beckers, die künstlerisches Handeln als „collective activity" (Becker 2008: 1) verschiedener Akteur:innen beschreibt und die damit künstlerisches Arbeiten als soziales Handeln konzipiert; im Rahmen der Akteur-Netzwerk-Theorie und einer neo-pragmatistischen Ausrichtung hat Antoine Hennion (Hennion 1993, 2013) die Genese musikalischer Werke untersucht; ebenfalls vor dem Hintergrund der Akteur-Netzwerk-Theorie rekonstruiert Albena Yaneva, wie sich im Rahmen einer Installation ein gewöhnlicher Bus in ein Ausstellungsobjekt verwandelt (Yaneva 2003) und wie städtische Architektur entworfen wird (Yaneva 2009). Mit Blick auf künstlerische Praktiken und implizites Wissen hat Tasos Zembylas (Zembylas 2012, 2014) Kreativität fokussiert und Praktiken des Komponierens (Zembylas und Niederauer 2016) sowie des Verfassens von Literatur (Zembylas und Dürr 2009) in den Blick genommen; auch ist über die Beziehung zwischen Ethnografierenden und Teilnehmenden der „Kunstwelten" im Zuge einer qualitativ ausgerichteten kunstsoziologischen Forschung reflektiert worden (Rothenberg und Fine 2008).

Der Aufsatz geht wie folgt vor: Zunächst wird kurz auf den theoretischen Rahmen der hier vorgeschlagenen ethnografischen Forschung eingegangen, der vor allem aus praxistheoretischen Bezügen und der Leibphänomenologie Maurice Merleau-Pontys besteht (2); im Anschluss wird an einem Beispiel gezeigt, wie künstlerisches Arbeiten mit Blick auf das Zusammenspiel von Künstlerin und Material, von Wahrnehmen und Wissen, von Teilnahme und Beobachtung aus einer solchen Perspektive „zum Sprechen" gebracht werden kann (3); abschließend soll die hier eingenommene Perspektive für die Kunstsoziologie zusammengefasst und weitergehend reflektiert werden.

2 Theoretische Einbettung: Praxistheorie und Leibphänomenologie

Um künstlerisches Arbeiten ethnografisch zu beforschen, bedarf es der Beobachtung von Praktiken *in situ*, um dieses Arbeiten in seinem praktischen Wissen beschreiben und analysieren zu können; ergänzend dazu erfordert das Feld der Kunst auch ein Teilnehmen an seinen ihm eigenen Weisen des Wahrnehmens und – in der bildenden Kunst nach wie vor besonders relevant – des Sehens (Schürkmann 2017).[1] Aus diesem Grund wird mit zwei ethnografischen Ichs gearbeitet, deren Wahrnehmen zwischen distanzierter Beobachtung mit soziologisch ausgerichtetem Interesse an Praktiken und empathischer Teilnahme an den Wahrnehmungsweisen des Feldes und dessen Teilnehmenden oszilliert (Schürkmann 2017: 22 ff., 2021).

Die Perspektive des ersten ethnografischen Ichs, das beobachtet und sich auf Praktiken *in situ* fokussiert, lässt sich konzeptionell an praxistheoretische Ansätze anschließen (Reckwitz 2008; Schatzki 2001; Schäfer 2016). Praktiken zeichnen sich durch ihre Situierung, Performativität und Materialität aus – oder anders formuliert: Sie lassen sich als lokalisierbare, köpergebundene Vollzüge einschließlich des Einbezugs von Artefakten und Dingen beobachten und verfügen somit über eine zugängliche und öffentliche Dimension (Garfinkel 2008: 1; Reckwitz 2008: 114; Schatzki 1996: 41), die der ethnografischen Forschung zur Ressource wird (Kalthoff 2003; Breidenstein et al. 2013: 33). Fragen, die sich aus dieser Sicht stellen, lauten etwa: Wie werden Materialien und Werkzeuge, Technik und Dinge zum Einsatz gebracht? Wie zeigen sich Routinen sowie Momente der Irritation innerhalb künstlerischer Arbeitsvollzüge in Verbindung mit den Selbstzuschreibungen der Teilnehmenden? Mit dieser Sicht fokussiert die Ethnografin vornehmlich das Wissen der von ihr beforschten Praxis – hier der Praxis künstlerischen Arbeitens –, die besonders in ihrem *Wie* in Erscheinung tritt. Die Fokussierung auf Praktiken impliziert in gewisser Weise auch ein quasi funktionalistisches Moment, da mit dieser Perspektive besonders das Gelingen von Praxis im Vordergrund steht. Ein „praktisches Wissen, ein Können, ein Know-how, ein Konglomerat von Alltagstechniken, ein praktisches Verstehen im Sinne eines ‚Sich auf etwas verstehen'" (Reckwitz 2008: 111) bzw. eine *skillful performance* (Reckwitz 2003: 290; 2008: 113, vgl. auch Schatzki

---

1 Eine ausführliche Auseinandersetzung mit praxistheoretischen Positionen und der Leibphänomenologie Merleau-Pontys im Rahmen der hier vorgeschlagenen Forschungsperspektive findet sich in der Studie „Kunst in Arbeit. Künstlerisches Arbeiten zwischen Praxis und Phänomen" (Schürkmann 2017).

2002: 72) treten mit diesem Zugang für das beobachtende ethnografische Ich hervor.

Da sich das Feld der Kunst – und dies mag in anderer Weise auch für weitere Felder gelten – jedoch nicht allein durch sein praktisches Wissen und ‚Können‘ erschließen lässt, ist ein weiterer ethnografischer Zugang notwendig, der sich auf die spezifische Praxis des Wahrnehmens im Feld künstlerischen Arbeitens einlässt und der sich somit weitergehend ‚in‘ künstlerische Prozesse und Vollzüge hinein begibt:[2] Ein zweites ethnografisches Ich wird gleichsam hinzugezogen, das an diesen Prozessen und Vollzügen – soweit ihm dies möglich ist – wahrnehmend teilnimmt. Dieses ethnografische Ich folgt den in Entstehung oder in Ausstellung befindlichen künstlerischen Arbeiten einschließlich ihrer konzeptionellen, ästhetischen sowie ‚eigentümlichen‘ Potenzialen und Herausforderungen sowie der Sicht der Teilnehmenden bzw. der Kunstschaffenden auf ihre Arbeit. Fragen, die für dieses ethnografische Ich relevant werden, sind unter anderem: Wie zeigt sich was? Wie wirken die zum Einsatz gebrachten Materialien? Was setzt die jeweilige künstlerische Arbeit in ihren Entstehungsvollzügen an Erfahrungspotenzialen, Perspektiven und Zugängen im Vollzug ihres Betrachtens frei? Wie reflektieren Künstler:innen im Wahrnehmen, Machen und Sprechen ihre Arbeit(en)? Mit diesem Zugang folgt die Ethnografin den Wahrnehmungsweisen der Teilnehmenden durch ihre leibliche Anwesenheit bzw. Kopräsenz und durch ein ‚Sich-Hinein-Begeben‘ in die Logik des Feldes bzw. des jeweiligen Arbeitsprozesses.

Theoretisch lässt sich dieser ‚Gang in das Feld‘ via Teilnahme an die Leibphänomenologie Maurice Merleau-Pontys anschließen (Merleau-Ponty 1974, 2003a, 2003b). Ausgangsort dieser Phänomenologie ist der Leib, der sich im Sinne eines *Zur-Welt-Seins* in Vollzüge des Wahrnehmens begibt und Welt erschließt und erlebt. Dieses Verständnis von Wahrnehmen ist demnach wesentlich grundlegender bzw. fundamentaler als der Rekurs auf Sinneswahrnehmungen (Merleau-Ponty 1974: 264 ff.). Etwas freier formuliert geht es dabei nicht zuletzt um einen Gang durch Phänomene, die erst im praktischen Erleben und Durchleben wahrnehmender Vollzüge wirklich und möglich zugleich werden. Ethnografisch gewendet, lässt sich das leibliche *Zur-Welt-Sein* der Phänomenologie Maurice Merleau-Pontys in ein *Zum-Feld-Sein* übersetzen (Schürkmann 2017: 38, 2021: 260 ff.): Die Ethnografin begibt sich im Vollzug des teilnehmenden Wahrnehmens in ihr Feld einschließlich all seiner Undurchsichtigkeiten, Fragen, Irritationen, Ambiguitäten und Unzugäng-

---

2 Dem Wahrnehmen, der Sinnlichkeit und insbesondere dem Sehen sind in den vergangenen Jahren immer wieder innerhalb soziologischer Auseinandersetzungen in unterschiedlicher Weise Aufmerksamkeit zuteilgeworden (siehe hierzu etwa Prinz 2014; Göbel/Prinz 2015); auch in der Kunstsoziologie wird der Einbezug der Sinne und des Wahrnehmens als soziale Praxis aktuell intensiv diskutiert (Schürkmann/Zahner 2021).

lichkeiten, um weiter ‚in' die zu beforschende Praxis – hier die Praxis künstlerischen Arbeitens – einzutauchen und ein tieferes Verständnis für deren Ambivalenzen, Herausforderungen, Plausibilitäten und Relevanzen zu erlangen. Wie sich diese beiden ethnografischen Ichs ergänzen können, um künstlerisches Arbeiten in seinem praktischen Wissen, seinen wahrnehmbaren Eigenheiten sowie seinen spezifischen Herausforderungen verstehen zu können, wird im Folgenden an einem empirischen Beispiel gezeigt.

3 Das Material malt mit: Ein Gang in die Praxis künstlerischen Arbeitens

Insbesondere beim Betreten von Ateliers, Studios oder alternativen Arbeitsorten (bildender) Künstler:innen wird die Individualität ihrer Vorgehensweisen wahrnehmbar – so geht es für die Teilnehmenden im Feld der Kunst nicht zuletzt darum, eine eigene Perspektive und eine von anderen unterscheidbare künstlerische Position zu entwickeln (Schürkmann 2018: 442). Diese Bestrebungen zeigen sich nicht erst anhand fertiggestellter Werke oder ausgestellter künstlerischer Arbeiten, sondern werden bereits in der Organisation der Arbeitsräume der jeweiligen Künstler:innen erkennbar: Was befindet sich wo? Wie ist was angeordnet? Was wird besonders profiliert und im Raum exponiert, was wird eher im Verborgenen gehalten? Ein Protokollauszug aus einem Gang in das Atelier der Künstlerin Myriam Holme gibt exemplarisch einen ersten Einblick davon, wie der Ethnografin im Rahmen eines Atelierbesuchs künstlerisches Arbeiten einschließlich seiner Hervorbringungen zunächst entgegentritt:

> Ich betrete das Atelier und schaue mich um: Das Atelier wirkt sehr großräumig und aufgeräumt. Einige Arbeiten sind auf dem Boden aufgebaut, andere hängen an der Wand, im hinteren Teil sind Werkzeuge und Materialien in Regalen und Boxen untergebracht. Ein aufgebautes Ensemble auf dem aus dunkelgrauem Stein gefliesten Boden bestehend aus verschiedenen Materialien zieht mich besonders in seinen Bann: Glitzernde Folien liegen übereinander, wobei einzelne einen violetten, oder gräulich grünen, oder wiederum einen goldenen Schimmer abgeben, dazwischen ragen eine spiegelnde sowie eine kupferleuchtende Fläche hervor. Knittriges und Glattes, Unebenes und Ebenes, Leichtes und Schweres finden zusammen und ergänzen sich zu einer schimmernden, leuchtenden und spiegelnden bildnerischen Komposition im Raum, die zugleich skulptural anmutet und die dazu einlädt, um sie herum zu gehen.

Der Raum in seinem Gesamteindruck – „sehr großräumig und aufgeräumt"– entfaltet beim Eintreten der Ethnografin sofort seine Wirkung für diese. Besonders die am Boden sowie an der Wand angeordneten Arbeiten lassen das Atelier auch als einen Ort des Betrachtens, des Sehens und Wahrnehmens aufscheinen – ein Ort, an dem nicht allein fabriziert und produziert wird, sondern auch ein Ort, an dem räsoniert, rezipiert und reflektiert wird. Dabei geraten zugleich die Dinge in den Fokus der Ethnografin, die diesen Raum in seiner ihm eigenen Wirkung mit hervorbringen: Hier ist es eine auf dem Boden aufgebaute Arbeit, die den Blick der Ethnografin geradezu „einrollt" (Merleau-Ponty 2004: 185, 191). Insbesondere das Kontrastive, ausgehend von den zum Einsatz gebrachten Materialien, die „leuchten" und „schimmern", scheint die besondere Wirkung der Arbeit aus Sicht der Ethnografin auszumachen: „Knittriges und Glattes, Unebenes und Ebenes, Leichtes und Schweres" lassen eine Spannung erahnen, die den Arbeiten der Künstlerin innewohnt, wobei speziell die hier für die Ethnografin hervortretende Arbeit sowohl bildnerische als auch plastische bzw. raumbezogene Qualitäten aufweist: „[...] und ergänzen sich zu einer [...] bildnerischen Komposition im Raum, die zugleich skulptural anmutet". Was zeigt sich hier zunächst mit Blick auf den Raum? Das Atelier wird hier auch als ästhetischer Ort relevant und zugleich als Raum, der die Arbeit am Ästhetischen ermöglicht, indem er den weiträumigen Aufbau von Arbeiten zulässt, die sich noch nicht im Stadium ihrer Ausstellung befinden, die aber durchaus räumlich exponiert werden, um weiter an und mit ihnen künstlerische Prozesse in Gang zu setzen. Ein weiterer Protokollauszug gibt Einblicke in das vor Ort entstehende Gespräch in Anbetracht der im Raum aufgebauten Arbeiten:

> Myriam und ich gehen langsam im Atelier umher und kommen in Anbetracht der Arbeiten ins Gespräch. Vor der mir sofort ins Auge gesprungenen ‚Bodenarbeit' mit den Folien, der Spiegelfläche und der Kupferplatte bleiben wir stehen. Die Künstlerin erzählt, dass die Dreidimensionalität in ihren Werken derzeit sehr wichtig für sie sei und dass sie zudem viel mit Kontrasten arbeite: „Hier trifft Blattgold auf Plastikfolie". Für sie stelle sich die Frage, wie Materialien im Zusammenspiel in eine Form der Malerei gebracht werden können: „Das Plastik hier macht etwas auf dem Metall".

Das Sprechen vor und in Anbetracht künstlerischer Arbeiten ist nicht nur eine gängige Konversationsform bzw. Form der „Kunstkommunikation" (Hausendorf und Müller 2016) im Feld künstlerischen Arbeitens, sondern es eignet sich auch hervorragend, um einen weitergehenden Zugang zur künstlerischen Praxis in ihren Besonderheiten, jeweiligen Vorgehensweisen und ihrem Zugang und ihren Fragestellungen herzustellen (Schürkmann 2017: 95 ff.). Relevanzen der Künstlerin werden im Sprechen angenähert und verbalisiert, die ersten Eindrücke der Ethnografin (s. o.) werden entweder weitergehend bestätigt, oder gegebenenfalls durch die Aussagen irritiert – in diesem Beispiel findet der Eindruck der Ethnografin, dass kontrastive Momente in dieser Arbeit eine Rolle spielen, durch den Kommentar der Künstlerin Bestätigung: „[...] und dass sie zudem viel mit Kontrasten arbeite". Dabei bleibt es jedoch nicht bei einer vornehmlich ästhetischen Wirkung dieser Kontraste – auch die den verwendeten Materialien zugeschriebene Wertigkeit spielt mit rein: „Hier trifft Blattgold auf Plastikfolie". Hochwertiges Edelmetall wird zu mittlerweile geschmähtem Kunststoff in Beziehung gesetzt, was gesellschaftskritische Assoziationen freisetzen kann. Auch das seitens der Ethnografin bereits angenäherte Wahrnehmen des Skulpturalen in der im Fokus stehenden Arbeit greift die Künstlerin in ihrer Selbstauskunft der Ethnografin gegenüber auf, indem sie die Relevanz der „Dreidimensionalität" hervorhebt. Die Spannungsgeladenheiten der Arbeiten plausibilisieren sich im Vollzug des Gesprächs und des gemeinsamen Betrachtens des Werkes aber nicht allein durch die vorhandenen Kontraste, sondern auch im Übergang zu einer anderen Disziplin der bildenden Kunst: Malerei bedient sich hier auch raumgreifenden Strategien, die traditionell im Bereich der Bildhauerei zu finden sind. In diesem Arbeiten spielt auch die Materialbezogenheit eine große Rolle: Leichtere Folien werden zusammen mit metallenen, schwereren Platten angeordnet, glänzendes Blattgold wird in Kontakt mit knittrigen Plastikfolien gebracht. Das Material wird hier als ein *aktiver* Part in die künstlerische Arbeit einbezogen und als solcher seitens der Künstlerin adressiert: „Das Plastik hier *macht* etwas auf dem Metall". Dabei lässt die Künstlerin in ihren Ausführungen offen, was genau das Material „macht" – sie spricht hier von „etwas", das in seiner Unbestimmtheit belassen wird. So liegt gerade in dieser Unbestimmtheit und in der Offenheit im Umgang mit Materialien ein Moment des Experimentierens der künstlerischen Praxis, dessen Ergebnis nicht in Gänze erklärt und vorweggenommen wird bzw. werden soll und die Spannung aufrechterhält (Schürkmann 2016b, 2017).

In einem verschriftlichten Statement, das die Künstlerin der Ethnografin über ihr Selbstverständnis des eigenen Tuns im Kontext eines im Anschluss per Mail geführten ethnografischen Interviews (Spradley 1979) zukommen lassen hat, wird der Fokus auf das Material als relevanter Part ihrer Malerei noch einmal verdeutlicht:[3]

Ethnografin: Wie siehst du dein eigenes Arbeiten? Kannst du mir dieses in seinem Vorgehen mit deinen Worten einmal beschreiben?

---

3 Der Einbezug von Teilnahme-Protokollen im Feld künstlerischen Arbeitens – hier eine Beschreibung von Arbeitsprozessen durch die Künstlerin – erscheint besonders dann sinnvoll, wenn es um fachspezifische und zugleich individualisierte Praktiken künstlerischen Arbeitens geht, wie etwa eigens entwickelte Umgangsweisen mit ausgewählten Materialien, die für den jeweiligen künstlerischen Prozess zum Einsatz gebracht werden (Schürkmann 2015: 225). So greift die Ethnografin hier auf das verbalisierte Wissen der Teilnehmenden zurück, das somit auch Platz in der ethnografischen Analyse finden kann.

Künstlerin: Ich versuche mithilfe von Material zu malen, das Material [...] soll mir immer mehr den Weg weisen. Robuste Plastikfolien bringe ich in eine in sich stabile dreidimensionale Form und besprühe die markanten Kennzeichen der Dreidimensionalität: die Ecken, die äußersten Linien, die Knicke, die Falten. Nach dem Trocknen bringe ich die Plastikfolie wieder in ihre zweidimensionale Form, flach, eben und nur noch durch die Markierungen etwas von einem Körper erzählend. Diese Plastikfolie „beziehe" ich mit Blattgold [...]. Diese Goldflächen trocknen lange und gehen eine Verbindung ein, die chemische Prozesse anstößt, danach bringe ich hauchdünne farbige Seidenpapiere auf, sie schmiegen sich an die leichten Mulden des Plastiks [...]. Die Malerei entsteht im Dazwischen, in der Reaktion zwischen Lack, Gold, Papier, Binder. Die gültige Malerei entsteht durch das Abziehen des Papieres von der Plastikfolie, die Goldblättchen bleiben am Papier haften, aber aufgrund der Fragilität mit Wunden, mit Verlusten – Teile bleiben auf der Plastikfolie hängen/kleben, die ersten gesprühten Lackspuren dann teils auf der Plastikmalerei stehen bleibend, teils mit dem Gold mitgezogen.

Die Künstlerin stellt in der Beschreibung ihrer Vorgehensweise das Material im Kontext ihrer Malerei zentral – so wird es ihrer Sichtweise nach an der Praxis des Malens beteiligt. Dieses ‚Malen mit Material‘ und das ‚Malen des Materials‘ lässt sich gleichsam als eine Interaktion zwischen dem Tun der Künstlerin (das Falten und Knittern der Plastikfolien zu einer Art ‚Skulptur‘, das Ansprühen der „Knicke, Falten und Ecken", das Glattziehen der Folie, das Beschichten der Folie mit Blattgold sowie das Abziehen des Papiers von der Folie) und der Aktivität der Materialien beschreiben, die aufeinander in Form chemischer Reaktionen, Haftungen und Abrisse einwirken. In dieser Weise gibt die Künstlerin durch ihren experimentellen Einsatz verschiedener Materialien („Lack, Gold, Papier, Binder") ein Stück weit die Kontrolle über das Werden ihrer Werke ab und delegiert das ‚was passiert‘ an die zum Einsatz gebrachten Materialien. Es entsteht ein Wechselspiel aus hinzufügen und wegnehmen, kombinieren und separieren der verschiedenen Materialien bis aus Sicht der Künstlerin eine für sie erkennbare Malerei entsteht, die sich aus diesem interaktiven Prozess heraus entwickelt.

Wie lässt sich ein solches Arbeiten mit Blick auf die künstlerische Praxis weitergehend fassen? Eine solche Praxis *dezentriert* in gewisser Weise das künstlerische Subjekt, indem es die Dynamiken der „materiellen Mitspieler" (Schürkmann 2016b: 366) in das künstlerische Arbeiten integriert. So ist die Künstlerin in der Interaktion mit den Materialien immer noch eine wichtige Instanz, die Materialien auswählt, die Material mittels Körperkraft in „Form" bringt, die „markante Kennzeichen der Dreidimensionalität" identifiziert, um diese zu behandeln, und die Blattgold aufträgt und Papier abzieht. Zugleich wird das Material in diesem Prozedere für die Künstlerin zu einem „Wegweiser" künstlerischer Handlungen und damit zu einer Orientierung für Entscheidungen. Eine solche Praxis der Malerei, in der auch das Material ‚mit malt‘ ist demnach keineswegs beliebig und ‚wild‘, sondern erfordert jahre- bis jahrzehntelange Übung und setzt ein gewachsenes praktisches und auch chemisch-technisches Wissen voraus. Dieses Wissen fließt wiederum in die künstlerischen Arbeiten in ihrer Materialbezogenheit ein, und verhilft ihnen zu jener ästhetischen Dichte, wie sie sich etwa in der Wahrnehmung der Ethnografin zu Beginn ihres Atelierbesuchs gezeigt hat – so wurden ihre Blicke von einer solchen Arbeit geradezu eingenommen.

4 Schluss

Der Aufsatz hat sich zum Ziel genommen, Einblicke in die Ethnografie künstlerischen Arbeitens zu geben und die Hervorbringung künstlerischer Arbeiten aus dieser Perspektive an einem empirischen Beispiel weitergehend zum Sprechen zu bringen. Ausgehend von teilnehmenden Beobachtungen im Atelier der Künstlerin Myriam Holme und einem daran anschließend geführten ethnografischen Interview konnte gezeigt werden, wie sich künstlerisches Arbeiten mit Einbezug der entstehenden bzw. im Werden befindlichen Werke aus einer solchen Sicht zeigt: Hier als eine Praxis, in welcher sich der künstlerische Prozess sowohl von der Künstlerin als auch von den ihrerseits zum Einsatz gebrachten Materialien formiert. Eine solche Perspektive auf künstlerisches Arbeiten folgt in dieser Weise den verschiedenen Teilnehmenden und Teilnehmerschaften am künstlerischen Prozess: hier den Materialien, einschließlich ihrer Wahrnehmbarkeiten und beschriebenen Aktivitäten sowie den Ausführungen der Künstlerin, die diese Aktivitäten auch in ihren Eigendynamiken für ihre Arbeiten einzubeziehen weiß. Eine solche Rekonstruktion künstlerischen Arbeitens interessiert sich demnach einmal für das Wissen der Teilnehmenden, das sich im machenden Vollzug aber auch im Sprechen bzw. Beschreiben des eigenen Tuns zu erkennen gibt, sowie der *in situ* praktizierten Wahrnehmung, die sodann auch die leibliche Kopräsenz der Ethnografin erfordert. Theoretisch findet eine solche ethnografische Perspektive ihre Anbindung in den Praxistheorien in Verbindung mit der anverwandten Leibphänomenologie Maurice Merleau-Pontys.

Was kann eine solche Ethnografie künstlerischen Arbeitens für die Kunstsoziologie leisten? Oder andersherum gefragt: Wie fügt sich die Ethnografie künstlerischen Arbeitens in die Kunstsoziologie ein? Beide Fragen lassen sich in folgender Weise bündeln: Ihren Platz findet diese „qualitative Kunstforschung" (Schürkmann 2017: 46 f.) an der Schnittstelle zwischen Kunstsoziologie und dem Feld der Kunst, indem sie eine Übersetzung zwischen den beiden Sphären anbietet. In dieser Weise vermag eine solche Forschung 1) den Gegenstandbereich der Kunstsoziologie zu erweitern, indem auch das feld- und praxisspezifische Wissen sowie das Wahrnehmen in soziologische Analysen Einzug erhalten – und dies nicht allein mit Blick auf sozialstrukturelle und Habitus-spezifische Fragen, sondern auch auf der Ebene mikrosoziologisch in den Blick zu nehmender (Vollzugs-)Praktiken; 2) kunstsoziologische Annahmen in gewisser irritieren, die von einer starken Trennung zwischen Produktion und Rezeption im Feld der Kunst ausgehen – so wird etwa deutlich, wie stark künstlerisches Arbeiten auch mit dem Betrachten von Kunst und ihren Werken an Orten ihrer Hervorbringung einhergeht; 3) wie Materialität bzw. Materialien und Dinge, Räume und Werkzeuge in der Kunstsoziologie auch empirisch Berücksichtigung finden können.

Es lässt sich abschließend festhalten, dass eine solche ethnografische Haltung immer offen bleiben muss für Veränderungen und Wandel im Feld künstlerischen Arbeitens, sodass insbesondere auch zeitgenössische Kunst, die eine prozesshafte „Kunst in Arbeit" ist (Schürkmann 2017), durch diese Forschung einen festen Platz in der aktuellen Kunstsoziologie finden kann.

Literatur

Becker, H. S. 2008. *Art Worlds*. Berkeley: University of California Press.

Breidenstein, G. et al. 2013. *Ethnografie. Die Praxis der Feldforschung*. Konstanz: UVK.

Eco, U. 2016. *Das offene Kunstwerk*. Frankfurt am Main: Suhrkamp.

Garfinkel, H. (Hg.) 2008. *Studies in Ethnomethodology*. Reprinted. Cambridge, UK: Polity Press.

Göbel, H.-K. und Prinz, S. (Hg.) 2015. *Die Sinnlichkeit des Sozialen. Wahrnehmung und materielle Kultur*. Bielefeld: transcript.

Hennion, A. 1993. *La Passion musicale. Pour une sociologie de la médiation*. Paris: Métailié.

Hennion, A. 2013. Von einer Soziologie der Mediation zu einer Pragmatik der Attachements. Rückblick auf einen soziologischen Parcours innerhalb des CSI. *Zeitschrift für Medien- und Kulturforschung 2*, S. 11–35.

Hausendorf, H. und Müller, M. (Hg.) 2016. *Handbuch. Sprache in der Kunstkommunikation*. Boston: de Gruyter.

Kalthoff, H. 2003. Beobachtende Differenz. Instrumente der ethnografisch-soziologischen Forschung. *Zeitschrift für Soziologie 32 (1)*, S. 70–90.

Merleau-Ponty, M. 1974. *Phänomenologie der Wahrnehmung*. photomechan. Nachdr. der Ausg. 1966. Berlin: de Gruyter.

Merleau-Ponty, M. 2003a. *Das Primat der Wahrnehmung*. Frankfurt am Main: Suhrkamp.

Merleau-Ponty, M. 2003b. *Das Auge und der Geist. Philosophische Essays*. Hamburg: Felix Meiner.

Merleau-Ponty, M. 2004. *Das Sichtbare und das Unsichtbare. Gefolgt von Arbeitsnotizen*. München: Fink.

Prinz, S. 2014. *Die Praxis des Sehens. Über das Zusammenspiel von Körpern, Artefakten und visueller Ordnung*. Bielefeld: transcript.

Reckwitz, A. 2003. Grundelemente einer Theorie sozialer Praktiken. Eine sozialtheoretische Perspektive. *Zeitschrift für Soziologie 32 (4)*, S. 282–301.

Reckwitz, A. 2008. *Unscharfe Grenzen. Perspektiven der Kultursoziologie*. Bielefeld: transcript.

Schäfer, H. (Hg.) 2016. *Praxistheorie. Ein soziologisches Forschungsprogramm*. Bielefeld: transcript.

Schatzki, T. R. 1996. *Social Practices. A Wittgensteinian Approach to Human Activity and the Social*. New York/Cambridge: Cambridge University Press.

Schatzki, T. 2001. Introduction: Practice Theory. In: Schatzki, T. R. et al. (Hg.) *The Practice Turn in Contemporary Theory*. London: Routledge, S. 1–14.

Schatzki, T. 2002. *The Site of the Social. A philosophical Account of the Constitution of Social Life and Change*. University Park: Pennsylvania State University Press.

Schürkmann, C. 2015. Von Raketenleisten bis zum Leichtmetall. Begegnungen einer Praxis des Materials im Einsatz künstlerischer Arbeiten. In: Schäfer, F. et al. (Hg.) *Methoden einer Soziologie der Praxis*. Bielefeld: transcript, S. 215–237.

Schürkmann, C. 2016a. Maurice Merleau-Ponty. In: Steuerwald, C. (Hg.) *Klassiker der Soziologie der Künste. Prominente und bedeutende Ansätze*. Wiesbaden: Springer VS, S. 433–451.

Schürkmann, C. 2016b. Eisen, Säure, Rost und Putz. Material in der bildenden Kunst. In: Kalthoff, H. et al. (Hg.) *Herausforderungen für die Sozial- und Kulturwissenschaft*. Paderborn: Wilhelm Fink, S. 359–375.

Schürkmann, C. 2017. *Kunst in Arbeit. Künstlerisches Arbeiten zwischen Praxis und Phänomen*. Bielefeld: transcript.

Schürkmann, C. 2018. Über das Sichtbare hinaus. Eine Soziologie künstlerischer Praxis. *Zeitschrift für Soziologie 47(6)*. S. 438–453.

Schürkmann, C. 2021. Wir nehmen mehr wahr, als sich uns zeigt. Zur Ethnografie künstlerischer Praxis. In: Schürkmann, C. und Zahner, N. T. (Hg.) *Wahrnehmen als soziale Praxis. Künste und Sinne im Zusammenspiel*. Wiesbaden: VS, S. 251–273.

Spradley, J. P. 1979. *The Ethnographic Interview*. New York u.a.: Holt, Rinehart and Winston.

Spradley, J. P. 1980. *Participant Observation*. New York: Holt, Rinehart and Winston.

Rothenberg, J. und Fine, G. A. 2008. Art Worlds and Their Ethnographers. *Ethnologie française 1 (38)*, S. 31–37.

Yaneva, A. 2003. When a Bus Met a Museum: Following Artists, Curators and Workers in Art Installation. *Museum and Society 1(3)*, S. 116–131.

Yaneva, A. 2009. *Made by the Office for Metropolitan Architecture: An Ethnography of Design*. Rotterdam: 010 Publishers.

Zembylas, T. 2012. Auf den Spuren von Tacit Knowing im künstlerischen Schaffensprozess. *Sociologia Internationalis 50(1–2)*, S. 87–113.

Zembylas, T. 2014. *Artistic Practices. Social Interactions and Cultural Dynamics*. London: Routledge.

Zembylas, T. und Dürr, C. 2009. *Wissen, Können und literarisches Schreiben: Eine Epistemologie der künstlerischen Praxis*. Wien: Passagen.

Zembylas, T. und Niederauer, M. 2016. *Praktiken des Komponierens. Soziologische, wissenstheoretische und musikwissenschaftliche Perspektiven*. Wiesbaden: Springer VS.

Gina Jacobs

Die Kunst, den Anschluss zu behalten. Politische Kunst am Beispiel des Zentrums für Politische Schönheit

1 Entwicklungen (Post-)Moderner Kunst bei Luhmann

Niklas Luhmann beendet sein Werk „Die Kunst der Gesellschaft" (Luhmann 1997a) mit einem Ausblick auf die Herausforderungen, die die Moderne für die Kunst bereitstellt. Die moderne Kunst, die sich Luhmann zur Folge ab der zweiten Hälfte des 19. Jahrhunderts entwickelt, grenzt sich von vorherigen Kunstformen ab, indem sie auf Fiktionalität verzichtet. Sie hat nicht mehr genug Ähnlichkeit mit der Realität, um mit dieser verwechselt werden zu können. Doch eben dieses Potenzial, auf den ersten Blick auch für real gehalten zu werden, ist es, was die Fiktionalität ausmacht. Die moderne Kunst scheint sich wenig für Realitätsverdoppelungen zu interessieren (Luhmann 1997a: 470). Stattdessen konzentriert sie sich auf sich selbst und steigert diese Fokussierung auf Selbstreferenz in der Postmoderne noch. Sie lenkt den Blick zunehmend ins Systeminnere, nicht in die Umwelt. Die Modernität dieser Kunst liegt darin, dass die eigene Autonomie zum Thema der Selbstbeschreibung wird. Das Kunstsystem radikalisiert seine Autonomie, indem es die Selbstnegation ins System einschließt. An diesem Punkt sind Kriterien wie Schönheit oder Stimmigkeit für die Entscheidung darüber, ob es sich um Kunst handelt, nicht mehr relevant. Das System ist stattdessen damit beschäftigt, die eigenen Grenzen in Frage zu stellen. Die Unterscheidung Kunst/ Nichtkunst löst die zuvor von Luhmann proklamierte Codierung von passend/unpassend ab. Die Kunst der Postmoderne ist an Traditionen nicht mehr gebunden. Luhmann spricht diesbezüglich auch von einer l'art sur l'art, die die Kunst des l'art pour l'art in ihrer Selbstbezüglichkeit noch überbietet. Fremdreferenzen werden desavouiert und die Bestimmung des Kunstwerks liegt dann nur noch darin, ein Oszillieren zwischen Kunst und Nichtkunst auszulösen und damit stetig die Grenzen des eigenen Systems (neu) auszuloten (Luhmann 1997a: 482). Das Hauptmotiv der Kunst des 20. Jahrhunderts scheint so gesehen darin zu liegen, die eigenen Systemgrenzen zum Inhalt der Kunst zu machen. Kunstwerke wie Duchamps *Fountain* zeigen in diesem Sinne auf, dass alles Kunst sein kann.

Es ist dabei weiterhin das Bestreben der Kunst, die eigene Funktion zu erfüllen und der Welt aufzuzeigen, dass jede Ordnung kontingent ist. Aber sie zeigt

https://doi.org/10.1515/9783110716863-012

diese Kontingenz auf, ohne dabei eine kritische Haltung einzunehmen (Luhmann 1997a: 498 f.). Die Botschaft liegt dann nur noch darin, dass die Kunst behauptet: Es geht auch anders. Wie die Alternative auszusehen hat, bleibt offen. Eine Kunst, die den Blick nur noch ins Systeminnere lenkt, hat der Realität in Bezug auf inhaltliche Potentiale nichts zu sagen. Sie ist in diesem Sinne unpolitisch.

Luhmann beendet seine Ausführungen zum Kunstsystem insofern mit der Prognose, die Kunst in der Postmoderne sei davon geprägt, sich um sich selbst zu drehen und die (formalen) Grenzen des eigenen Systems immer wieder in Frage zu stellen. Sie tut dies unter dem Verzicht auf Fremdreferenzen und ist sich selbst genug. Eine Kunst, die so agiert, zahlt hierfür auch einen Preis. Denn das Desavouieren von Fremdreferenzen kann nur auf Kosten externer Anschlüsse vollzogen werden. Wenn die Kunst sich inhaltlich und formal nur noch mit ihren internen Grenzen beschäftigt, dann ist sie für systemfremde Kontexte weitgehend irrelevant und uninteressant. Sie drängt sich niemandem auf und verbleibt innerhalb des eigenen Bezugsrahmens. Damit spitzt sich ein Problem zu, was für die Kunst ohnehin ein stetiger Begleiter ist: die Wahrscheinlichkeit von kommunikativen Anschlüssen außerhalb der Kunst sinkt und damit auch die Relevanz in der Gesellschaft.[1] Die von Luhmann beschriebene (post-)moderne Kunst scheint sich in „blutleerer Eigenrotation" (Mahnkopf 1998: 586) zu verfangen.

Diese Prognose, die am Ende der „Kunst der Gesellschaft" steht, soll in diesem Beitrag zum Anlass für eine kritische Reflexion genommen werden. Luhmann scheint sich in der Entwicklung selbstreferentieller Kunstformen als Gipfel der künstlerischen Evolution so sicher, dass er Alternativen außer Acht lässt. So ist beispielsweise auffällig, dass Kunstformen, die unter das Prädikat *Politische Kunst* fallen, bei Luhmanns Analysen und Prognosen keine Beachtung erfahren. Am Beispiel des Künstlerkollektivs *Zentrum für Politische Schönheit* soll im Folgenden gezeigt werden, warum es sich lohnt, Luhmanns Kunstbegriff auch in eine andere Richtung weiterzudenken.[2] Der Beitrag verfolgt dabei die These, dass sich auch Kunstformen beobachten lassen, die den Preis fehlender Anschlüsse nicht zu zahlen bereit sind. Stattdessen scheinen sie diese vielmehr in verschiedener Form zu suchen. Das Erkenntnisinteresse liegt darin, anhand empirischer Beispiele aktuelle Entwicklungen in der Kunst mit den Luhmannschen Thesen zur postmodernen Kunst abzugleichen und mögliche Desiderate in Luhmanns Kunstbegriff aufzuzeigen.

---

1 Luhmann behauptet, dass Kunst generell durch geringe Beteiligungszahlen auffalle, da die Teilnahme an ihr freigestellt sei (Luhmann 1997a).
2 Im Folgenden muss der Nachweis, warum es sich bei den hier aufgeführten Formen auch mit Luhmann um Kunst handelt, außer Acht gelassen werden. Dies bedarf einer ausführlicheren Diskussion, die im Rahmen dieses Beitrags nicht geführt werden kann.

2 Politische Aktionskunst: Das *Zentrum für Politische Schönheit*

Das *Zentrum für Politische Schönheit (ZPS)* ist ein Künstlerkollektiv, das seit einigen Jahren immer wieder mit radikalen Kunstaktionen auffällt. Bemerkenswert ist hierbei, dass bei jeder dieser Kunstaktionen offensiv ein von den Künstler:innen identifizierter politischer Missstand kritisiert wird. So widmen sich die Aktionen „Himmel über Srebrenica" und „Die Säulen der Schande" dem Massaker von Srebrenica unter Betrachtung der Rolle, die die UN dabei innehatten. Weitere Aktionen thematisieren den Waffenexport aus Deutschland, die lebensgefährliche Flucht von Menschen aus Kriegsgebieten über das Mittelmeer in die Europäische Union oder rechtsradikale Entwicklungen in der Gesellschaft und der Politik.[3] Die Künstler:innen des Kollektivs beschreiben die eigene Arbeit, indem sie behaupten, sich dem „Aggressiven Humanismus" (ZPS 2013) verschrieben zu haben. Bei einem Vortrag mit dem Titel „Mit Kunst die Gesellschaft hacken" (Pelzer und Ruch 2014) betonen zwei der Künstler:innen zudem, sie wollten nicht wie Amnesty International Papierboote falten, um gegen die Verletzung von Menschenrechten zu protestieren. Ihre Form der Partizipation sei aggressiver, grenzüberschreitender und damit wirksamer.

Lisa Bogerts identifiziert das Wirken des *ZPS* insofern als Form des Artivismus und damit als Hybrid zwischen Kunst und Aktivismus (Bogerts 2015). An der Selbstbeschreibung der künstlerischen Kommunikationen des *ZPS* ist insbesondere auffällig, dass das Bestreben der eigenen Kunstform nicht in ihrer internen Selbstbezogenheit, sondern in ihrem kunstexternen Wirken liegt. Wenn diese Selbstbeschreibung zutrifft, dann müsste das *ZPS* also bestrebt sein, Anschlüsse außerhalb der Kunst zu suchen, um diesem eigenen Anspruch gerecht zu werden. Inwiefern die Aktionen des *ZPS* tatsächlich darauf ausgerichtet sind, Anschlüsse außerhalb des Kunstsystems zu generieren, gilt es im Folgenden zu zeigen.[4]

---

3 Eine Übersicht der Aktionen findet sich unter: https://politicalbeauty.de/aktionen.html [letzter Aufruf: 17.11.2020].
4 Für die folgenden Überlegungen zum gezielten Generieren von Anschlüssen ist insbesondere das theoretische Konzept der „Irritationsgestaltung" prägend (Mölders 2015, 2019).

3 Adressat:innen der Kunst

Betrachtet man die Aktionen des *ZPS* in ihrer künstlerischen Gestaltung genauer, so lassen sich insbesondere drei verschiedene Gruppen von Adressat:innen vermuten.

3.1 Das individuelle Publikum

Das *ZPS* ist bei den eigenen Aktionen bestrebt, die einzelnen Individuen als Publikum zu erreichen. Dabei scheint es nicht (nur) auf kunstaffines Publikum abzuzielen, sondern auf potenziell alle Bürger:innen (Bogerts 2017: 15). Dies lässt sich vermuten, da das *ZPS* die Aktionen stets im öffentlichen Raum und nicht im Museum oder in anderen Funktionsräumen der Kunst stattfinden lässt. So wird für die Aktion „Flüchtlinge Fressen" eine Arena mit lebendigen Tigern mitten in Berlin errichtet und bei der Aktion „Die Säulen der Schande" wird eine Skulptur mit mehr als 16.000 Schuhen vor dem Brandenburger Tor aufgebaut. Diese Aktionen, die auch auf den ersten Blick Eindruck machen, sollen zufällig vorbeikommende Passant:innen zum Innehalten animieren. Das Publikum vor Ort soll auf das Kunstwerk aufmerksam werden und damit auch auf die Thematik.

Interessant ist hierbei vor allem, dass die Künstler:innen des *ZPS* sich nicht darauf verlassen, dass die Aktion als passives Werk eindrucksvoll genug ist, um die Aufmerksamkeit des lokalen Publikums zu binden. Viele Kommunikationen der künstlerischen Aktionen werden darüber hinaus so gestaltet, dass sie das Publikum gezielt zum Mitwirken animieren sollen. Ein Beispiel hierfür findet sich bei der Aktion „25.000 Euro Belohnung", die laut den Künstler:innen das Ziel hatte, einen geplanten Waffendeal mit Saudi-Arabien zu verhindern und die Anteilseigner:innen der Waffenfirma *Krauss-Maffei* Wegmann ins Gefängnis zu bringen (ZPS 2012). Die aus verschiedenen Komponenten bestehende Aktion sah unter anderem vor, dass dem Regierungssprecher Steffen Seibert die Frage „Warum unterstützt die Bundesregierung den Export von Kampfpanzern nach Saudi-Arabien?" via Twitter von möglichst vielen Usern zugesandt werden sollte (Rötzer 2012). Die Frage war von den Künstler:innen des *ZPS* bereits vorformuliert worden und konnte über einen Button einfach abgeschickt werden. Zudem wurde das Publikum animiert, Hinweise über eine eigens eingerichtete Homepage einzureichen, die zu der Verhaftung der Anteilseigner:innen führen sollten. Auch dies war durch die Gestaltung der Homepage in nur wenigen Schritten möglich. Es fällt insofern auf, dass die Künstler:innen bestrebt waren, die Beteiligungshürden so gering wie möglich zu halten. Die Partizipation an der Aktion wurde durch die Gestaltung der Homepage und das Vorformulieren der Frage so einfach wie möglich gestaltet. Das Publikum war wortwörtlich nur einen Klick von einer aktiven Beteiligung entfernt.

Darüber hinaus wurden Personen auf der Straße aufgefordert, den Anteilseigner:innen einen Brief zu schreiben. Der Inhalt des Briefes konnte von den angesprochenen Personen selbst bestimmt werden. Insgesamt sollten und konnten 100 Briefe gesammelt und verschickt werden. Jedem Brief wurde schließlich eine Patronenkugel beigelegt (Dierig und Tauber 2012). Diese Komponente der Aktion sollte dabei dem Motto „[...] Bürgerinnen und Bürger ‚erklären' den Besitzern des Waffenkonzerns Krauss-Maffei Wegmann den Krieg" (ZPS 2012) folgen. Dass das Schreiben eines Briefes höhere Beteiligungshürden impliziert als ein Klick zum Senden einer Frage via Twitter, schien von den Künstler:innen in der Gestaltung der künstlerischen Kommunikationen dabei bereits antizipiert worden zu sein. Das Publikum wurde hier nicht nur über die Homepage aufgefordert, sich zu beteiligen. Die Kunstschaffenden wurden aktiver, indem sie körperlich präsent waren und gezielt auf das Publikum zugingen. Sie setzten einen stärkeren Impuls, um die Fortführung durch das Publikum zu initiieren, da es einer höheren Aktivierungsenergie bedurfte. Einer vermuteten höheren Beteiligungsbarriere wurde so auch gezielt ein stärkerer Impuls entgegengesetzt.

Dass es nicht allzu leicht ist, das Publikum aus der Passivität der beobachtenden Position herauszuholen und zum aktiven Mitmachen zu animieren, scheint in der Aufbereitung der künstlerischen Kommunikationen des *ZPS* insofern bereits einkalkuliert zu sein. An dieser Stelle lässt sich ein Vorgehen identifizieren, dass von Holger Kube Ventura unter der Kategorie „Impulskunst" zusammengefasst wird. Impulskunst beschreibt eine künstlerische Kommunikation, die darauf abzielt, dass sie durch das Publikum fortgeführt wird. Kunst „triggert" das Publikum und fungiert insofern als Impulsgeberin (Kube Ventura 2002: 199 f.). Der künstlerische Impuls soll beim Publikum Reflexionsprozesse anregen, die schließlich in konkreter Handlung münden („Mitmach-Aktion") (Pot 2015: 33; Kube Ventura 2002: 199 f.). Bereits hier kann konstatiert werden, dass das *ZPS* Anschlüsse nach außen gezielt zu suchen scheint. Eine Adressatengruppe sind dabei die Individuen, die auf die Kunst aufmerksam werden sollen und sich darüber hinaus an ihr beteiligen sollen.

3.2 Die Politik

Der Selbstbeschreibung des *ZPS* zufolge liegt die Vermutung nahe, dass nicht (nur) das allgemeine Publikum, sondern die Politik hauptsächliche Adressatin der Kunstaktionen ist. Schließlich behaupten die Künstler:innen von sich selbst nicht weniger, als dass sie eine „parallele deutsche Außenpolitik" (Pelzer und Ruch

2014) betreiben würden. Und auch die thematische Ausrichtung des *ZPS* lässt deutliche Hinweise hierauf erkennen. Denn Themen wie Waffenhandel, die Sicherheit von Flüchtenden oder Rechtsradikalismus adressieren den Zuständigkeitsbereich der Politik. Es gilt also auch in Richtung der Politik nach gezielten Versuchen, Anschlüsse zu generieren, Ausschau zu halten.

Bemerkenswert ist hierbei, dass das *ZPS* sich auf den ersten Blick nicht an den guten Ton einer auf Gelingen ausgerichteten Kommunikation zu halten scheint. Thilo Hagendorff merkt diesbezüglich an, „dass Verständigung bzw. allgemein die Fortsetzung von Kommunikation nur über Inklusion möglich ist" (Hagendorff 2014: 200), Moralkommunikation hingegen neige zur Exklusion und habe „so gut wie keine Aussicht auf Erfolg" (Hagendorff 2014: 205).

Betrachtet man die Kunstaktionen des *ZPS* genauer, so lässt sich eine Diskrepanz zwischen den von Hagendorff formulierten Maximen, und den Gestaltungen der künstlerischen Kommunikationen erkennen. Denn das Vorgehen des *ZPS* erscheint vor dem Hintergrund gelingender Kommunikation im Sinne Hagendorffs geradezu destruktiv. Die Künstler:innen verzichten nicht auf Moralkommunikation, sie inszenieren diese geradezu: Sie errichten eine Arena mit der Aufschrift „Flüchtlinge fressen" und behaupten, dass sich Menschen dort den lebendigen Tigern zum Fraß vorwerfen, um die Missstände an den europäischen Außengrenzen zu kritisieren. Sie schreiben Anteilseigner einer Waffenfirma zur Fahndung aus, um den Waffenhandel anzuprangern. Vom *ZPS* prätendierte Missstände werden nicht rational kritisiert, sie werden mit Moral aufgeladen und in übersteigerter Form angeprangert.

Ein häufig angewendetes Stilmittel des *ZPS* ist hierbei, im Gewand offizieller Politik oder staatlicher Institutionen zu erscheinen. Ein eindrückliches Beispiel für dieses Vorgehen findet sich bei der Aktion „Kindertransporthilfe des Bundes" (ZPS 2014). Hier hatte das *ZPS* sich als Bundesregierung ausgegeben und behauptet, es würde eine vom Familienministerium organisierte Hilfsaktion geben, die 55.000 syrische Kinder aus dem Kriegsgebiet in Syrien rettet. Die Aktion bestand aus einer authentisch gestalteten Homepage, einer mit Schauspieler:innen besetzten Informationshotline, bei der Interessierte sich melden konnten, um ein syrisches Kind aufzunehmen, einer Informationsbroschüre inklusive vorgeblichem Grußwort der Ministerin Manuela Schwesig, Werbespots, Antragsbögen, Gesetzestexten und Formblättern. Das *ZPS* behauptete, damit ein fertiges Konzept zur Rettung der Kinder vorzulegen. Innerhalb von 48 Stunden meldeten sich nach Angabe des *ZPS* mehr als 1.000 Familien, die ein Kind aus Syrien aufnehmen wollten (ZPS 2014).

Das Kalkül dieses künstlerischen Vorgehens scheint eben darin zu liegen, dass politische Missstände sowie politische Untätigkeit nicht nur sprachlich angeprangert werden. Das *ZPS* nimmt darüber hinaus auch performativ die Rolle der Politik ein und führt diese vor, indem die Künstler:innen vorgeben, es selbst besser zu machen.

Der Politik, die – im Gegensatz zur Kunst – an (sprachliche) Konventionen gebunden ist, ist ein dialogischer Anschluss an solche Aktionen kaum möglich. Insbesondere, da die Aktionen des *ZPS* die Grenzen des Legalen häufig zu überschreiten drohen. Auf den ersten Blick könnte man also zu dem Schluss kommen, die Künstler:innen würden hier nicht den kommunikativen Anschluss, sondern vielmehr den kommunikativen Abbruch suchen. Das Vorgehen des *ZPS* scheint zunächst auf ein Scheitern in Bezug auf das Generieren von Anschlüssen hinzudeuten. Auf den zweiten Blick zeigt sich jedoch, dass dieser erzeugte Dissens (s)eine Funktion erfüllt.

Die damalige Ministerin Manuela Schwesig geriet durch die Aktion in die unangenehme Lage, diese als nicht aus ihrem Ministerium stammend dementieren zu müssen, während das *ZPS* weiterhin öffentlich behauptete, dass das Konzept zur Rettung bereits vorliege und die Bundesregierung dieses nur noch bewilligen und umsetzen müsse. Die Bundesregierung wurde insofern zum kommunikativen Anschluss an die Aktion und damit auch an die Thematik angeregt, da sie verkünden musste, die syrischen Kinder nicht zu retten.

Es lässt sich feststellen, dass das *ZPS* in Bezug auf die Politik nicht den rationalen Diskurs, sondern den moralisch aufgeladenen Dissens sucht, um kommunikative Anschlüsse zu generieren. Der Dissens eröffnet einen Raum, in dem die Systeme operativ und kontextbezogen aneinander anschließen und die Schnittstellen neu verhandeln. Er stellt die bisher gezogenen Grenzen in Frage. Um den Zustand des Konflikts aufzulösen, ist es notwendig, die Grenzen (neu) auszuloten. Und dieses Ausloten der Grenzen enthält stets das Potenzial, bisher Ausgeschlossenes wieder einzuschließen (Baecker 2013: 276; Baecker 2011: 70). Ein zuvor eventuell nur hintergründig behandelter Inhalt kann somit wieder in den Vordergrund rücken. Gleichzeitig kann der als schlechter angesehenen Vergangenheit eine anzustrebende Zukunft gegenübergestellt werden (Baecker 2011: 67 f.). Was (re-)integriert wird und was auf der Seite des Exkludierten verbleibt, wird im Raum des Konflikts verhandelt. Der Dissens hat also verbindendes Potenzial, indem (mindestens) zwei Verhandlungspartner an seiner Auflösung arbeiten. Hierfür muss er den Betroffenen als relevant genug erscheinen, um nicht ignoriert werden zu können (Baecker 2011: 61).[5]

Das *ZPS* setzt hier auf eine Form der Moralkommunikation, die einen konstruktiven Dialog mit der Politik fast unmöglich macht. Der Dialog scheint insofern nicht das primäre Ziel der Kunstaktionen zu sein. Es geht vielmehr darum, die Politik dazu anzuregen, sich überhaupt zu einer Thematik zu verhalten und zu positionieren. Die Künstler:innen inszenieren insofern einen Streit, der einen

---

5 Siehe weiterführend hierzu auch die Überlegungen von Marc Mölders (Mölders 2015a), Niklas Luhmann (Luhmann 1997b) und Jean Piaget (Piaget 1976).

Anschluss an die Aktion verursachen soll. Denn den politischen Akteuren bleibt kaum eine andere Option, als sich von den Aktionen zu distanzieren und damit an die künstlerischen Kommunikationen anzuschließen. Dies hat insbesondere damit zu tun, dass die Aktionen des *ZPS* darauf ausgelegt sind, nicht nur den direkten Kommunikationsweg mit den Individuen und der Politik zu suchen. Sie scheinen vielmehr auch darauf ausgelegt zu sein, in den Medien stattzufinden.

3.3 Die Massenmedien

Die Aktionen des *ZPS* fallen auch – und insbesondere – den Medien auf. Wenn die Künstler:innen des Kollektivs eine neue Aktion initiieren, dann können sie sich der Berichterstattung der großen Medien fast gewiss sein. Ob „Der Spiegel", „Die Welt", „Die Frankfurter Rundschau", „Die Zeit", „taz" oder „Tagesspiegel", es scheint kaum ein großes Medium zu geben, in dem die Aktionen des Kollektivs noch nicht thematisiert wurden. Hieraus lässt sich schließen, dass die Aktionen des *ZPS* einen besonders hohen Wert für die massenmediale Berichterstattung zu haben scheinen. Und dies überrascht wenig, wenn man sich die Eigenlogik der Massenmedien vor Augen führt.

Massenmedien weisen eine besonders hohe Affinität zur Berichterstattung über „Enttäuschung von Normalitätserwartungen" (Luhmann 2002: 307) auf und folgen dabei dem Code der Information/Nichtinformation. Was bereits bekannt ist gilt als Nichtinformation, was als Information neu ist, kann als potenziell berichtenswert in Betracht gezogen werden und hat insofern einen Nachrichtenwert. Auch Überraschungsmomente haben durch ihre Nichterwartung einen medialen Wert (Wehner 1997: 135). Dies gilt gleichermaßen für Informationen, die eine Neuheit aufgrund ihres Überbietungswertes darstellen. Die Präferenz liegt auf der Berichterstattung von (positiven oder negativen) Steigerungen (Fuchs 2004:80 f.). Personifizierende Informationen finden ebenso wie Normverstöße und Konflikte bevorzugt massenmediale Resonanz, da sie geeignet sind, Bewertungen anzuregen und zudem ein hohes Skandalisierungspotential bieten (Luhmann 1996: 61). Gleichzeitig haben Massenmedien ein Interesse an hohen Anschlusszahlen (Imhof 2011: 249 f.). Moralisch oder konventionell abweichendes Verhalten erfährt ebenso häufig eine große mediale Aufmerksamkeit und gleichzeitig eine quantitativ hohe Rezeption durch die Öffentlichkeit (Imhof 2011: 246 ff.).

Vergleicht man diese Kriterien mit dem Vorgehen des *ZPS*, dann fällt auf, dass die Aktionen der Künstler:innen für die mediale Berichterstattung geradezu prädestiniert erscheinen. Die Gestaltung der Aktionen hat, wie für Kunst obligatorisch ist, stets einen Neuheitswert.[6] Aufgrund der radikalen Erscheinungsform ist zudem stets das Kriterium der Überbietung erfüllt. Die Radikalität der künstlerischen Aktionen übersteigt die Erwartungen, die an durchschnittliche Kunstaktionen gestellt werden. Das Errichten einer Arena mit lebendigen Tigern oder das Initiieren einer öffentlichen Fahndung im Rahmen einer Kunstaktion überbieten das Erwartbare. Die Aktionen sind jedoch nicht nur in der Sachdimension, sondern auch der Zeitdimension überraschend.[7] Denn die Künstler:innen kündigen diese nicht an. Die Arena mit lebendigen Tigern erscheint ebenso plötzlich mitten in Berlin, wie die Fahndungsplakate. Darüber hinaus konnte bereits gezeigt werden, dass die künstlerischen Aktionen geeignet sind, moralisch aufgeladene Konflikte und Dissens zu erzeugen.

Man kann also zu dem Schluss kommen, dass das *ZPS* den kommunikativen Anschluss der Massenmedien gezielt zu suchen scheint. Der Anschluss der Massenmedien garantiert die öffentliche Aufmerksamkeit und stellt sicher, dass die Aktion allgemein bekannt wird. Und wenn man sich in Erinnerung ruft, dass die Politik als hauptsächliche Adressatin der Kunstaktionen zu vermuten ist, erscheint dieser Weg über die massenmediale Berichterstattung zusätzlich als aussichtsreich. Denn in der Politik Aktive beobachten sich selbst im Medium der öffentlichen Meinung als Beobachter zweiter Ordnung. Die Politik unterhält enge strukturelle Kopplungen zu den Massenmedien (Luhmann 2002: 311). So „muß (fast) jedes Thema, das in der Politik Resonanz finden soll, die Aufmerksamkeitsfilter der öffentlichen Meinung passieren" (Wehner 1997: 123). Der auf den ersten Blick längere Weg über die Massenmedien kann dadurch auch als Abkürzung fungieren (Mölders 2015: 4 ff.). Dass das *ZPS* den kommunikativen Anschluss durch die Massenmedien sucht, scheint insofern als zielführend, um kommunikative Anschlüsse durch die Politik anzuregen.

Während Organisationen wie Amnesty International den Dialog mit der Politik suchen und als Verhandlungspartner:innen anerkannt werden wollen, initiiert das *ZPS* medienwirksame Kunstformen, die darauf ausgerichtet sind, große Aufmerksamkeit zu erzeugen und Anschlüsse zu generieren (Bogerts 2015). Die politische Aktionskunst braucht die öffentliche Beteiligung, um zu überdauern.

---

6 Kunst muss Luhmann zur Folge stets das Kriterium erfüllen, neu zu sein. Das Konzept der Neuheit ist dabei zwischen Code und Programm anzusiedeln. Es erfüllt eine „Scharnierfunktion" (Luhmann 1997a: 327). Während der Code unveränderlich bestehen bleibt, ändert das Programm fortlaufend die eigene Formel zur Entscheidung über passend oder unpassend. Die richtige Zuordnung durch das Programm wird so einem sich ändernden Zeitgeist gerecht, ohne das Kriterium der Neuheit über die künstlerische Codierung stellen zu müssen.
7 Zur gezielten Gestaltung von Kommunikationen in der Sach-, Zeit- und Sozialdimension(„Irritationsgestaltung") siehe Marc Mölders (Mölders 2015, 2019).

Die konkrete künstlerische Aktion ist als Auslöser zu betrachten. Die Kunst setzt einen Impuls, um einen Konflikt in der Öffentlichkeit zu erzeugen. Die Öffentlichkeit soll den Konflikt dann über die zeitlichen und räumlichen Grenzen der künstlerischen Aktion tragen.

4 Fazit

Dieser Beitrag ist mit der Prognose Luhmanns gestartet, die (Post-)Moderne Kunst würde sich insbesondere mit dem Ausloten der eigenen Grenzen beschäftigen und in diesem Sinne gänzlich unpolitisch sein. Diese Fokussierung auf die eigenen Grenzen hat dann zur Folge, dass die Kunst kommunikative Anschlüsse außerhalb des Systems nicht mehr sucht und diese dadurch höchst unwahrscheinlich werden. Die vorliegende Abhandlung beinhaltete hingegen die Annahme, dass sich in der (Post-)Moderne auch Kunstformen identifizieren lassen, die Anschlüsse nach außen zu suchen scheinen. Dies lässt sich anhand der Beobachtungen zur Kunst des *Zentrums für Politische Schönheit* verifizieren. Das *ZPS* verzichtet nicht darauf, der Welt aufzuzeigen, wie diese anders denkbar ist. Dabei signalisiert die Kunst des *ZPS* jedoch nicht nur: *Es geht auch anders*. Indem die Künstler:innen performativ die Rolle der Politik einnehmen, sagen sie vielmehr: *So geht es anders*. Die Kunst des *ZPS* ist in diesem Sinne nicht unpolitisch. Sie desavouiert die Fremdreferenzen nicht, sie versucht sie vielmehr in den Vordergrund zu rücken. Kommunikative Anschlüsse werden nicht nur billigend in Kauf genommen, sie werden durch die Gestaltung der Kunstaktionen sogar explizit gesucht. Bemerkenswert ist dabei, dass sich die Versuche, kommunikative Anschlüsse zu erzeugen, auf verschiedenen Ebenen identifizieren lassen. Die Aktionen des *ZPS* erfüllen (nahezu) alle Kriterien, die Luhmann als Nachrichtenwert für die Massenmedien formuliert hat. Die Erzeugung öffentlicher Aufmerksamkeit durch massenmedialen Anschluss scheint daher ein zentrales Anliegen dieser Kunstform zu sein. Denn der Druck auf die politischen Akteure kann nur wirksam werden, wenn der mit der Politik initiierte Dissens im öffentlichen Raum stattfindet. Dass die Individuen gezielt „getriggert" und zum Mitmachen animiert werden, hat insofern auch eine Doppelfunktion. Einerseits wird so eine individuelle Betroffenheit erzeugt, andererseits kann auch dies als Mittel zur Erzeugung von größerer Öffentlichkeit gesehen werden. Die politische Kunst des *ZPS* ist auf allen drei Ebenen (Individuen, Politik, Öffentlichkeit) bestrebt, den Anschluss zu behalten.

Ein Desiderat im Luhmannschen Kunstbegriff ist damit identifiziert. Denn dieser sieht in seinen Prognosen zur Entwicklung der Kunst (post-)moderne Formen, die als politische Kunst bestrebt sind Anschlüsse gezielt zu generieren, nicht vor. Vielleicht hat Luhmann die Entwicklung politischer Kunst nicht kommen sehen, vielleicht hat er sie außer Acht gelassen oder einfach nicht als eine Form der Kunst akzeptiert. Dass das Betrachten politischer Kunst jedoch für die System-theorie, sowie für die Kunsttheorie Erkenntnisgewinne anzubieten hat, hat dieser Beitrag versucht, in aller Kürze darzustellen. Die weitere Forschung wird sich da-rauf konzentrieren aufzuzeigen, was man an Beobachtungsspektren gewinnt, wenn man sich von den Luhmannschen Annahmen einer selbstgenügsamen Kunst löst und den Luhmannschen Kunstbegriff empirisch wie theoretisch auf seine Aktualität untersucht. Es wird dabei davon ausgegangen, dass dies möglich ist, ohne sich notwendigerweise von den Grundprinzipien der Systemtheorie ent-fernen zu müssen.

Literatur

Baecker, D. 2011. *Organisation und Störung.* Berlin: Suhrkamp.

Baecker, D 2013. *Form und Formen der Kommunikation.* Frankfurt am Main: Suhrkamp.

Bogerts, L. 2015. *Kunst ist zwecklos. Zur Rolle politischer Kunst angesichts der aktuellen Migrations- und Flüchtlingspolitik.* Abrufbar unter: http://www.sicherheitspolitik-blog.de/2015/11/13/kunst-ist-zwecklos/ [letzter Aufruf 17.11.2020].

Bogerts, L. 2017. Ästhetik als Widerstand. Ambivalenzen von Kunst und Aktivismus. *PERIPHERIE* 1, S. 7–28.

Dierig, C. und Tauber, A. 2012. *Ein Künstler bremst die deutsche Panzeroffensive.* Abrufbar unter: https://www.welt.de/wirtschaft/article107750907/Ein-Kuenstler-bremst-die-deutsche-Panzeroffensive.html [letzter Aufruf: 17.11.2020].

Fuchs, P. 2004. *Das System „Terror".* Bielefeld: transcript.

Hagendorff, T. 2014. *Sozialkritik und soziale Steuerung. Zur Methodologie systemangepasster Aufklärung.* Bielefeld: transcript.

Imhof, K. 2011. *Die Krise der Öffentlichkeit. Kommunikation und Medien als Faktoren des sozialen Wandels.* Frankfurt am Main/New York: Campus Verlag.

Luhmann, N. 1996. *Die Realität der Massenmedien.* Opladen: Westdeutscher Verlag.

Luhmann, N. 1997a. *Die Kunst der Gesellschaft.* Frankfurt am Main: Suhrkamp.

Luhmann, N. 1997b. *Die Gesellschaft der Gesellschaft.* Frankfurt am Main: Suhrkamp.

Luhmann, N. 2002. *Die Politik der Gesellschaft.* Frankfurt am Main: Suhrkamp.

Mahnkopf, C.-S. 1998. Luhmanns Version vom Ende der Kunst. *Sinn und Form. Beiträge zur Literatur* Jg. 50/1998/4. Akademie der Künste: Berlin, S. 579–592.

Mölders, M. 2019. *Die Korrektur der Gesellschaft: Irritationsgestaltung am Beispiel des Investigativ-Journalismus.* Bielefeld: transcript.

Mölders, M. 2015. Das Janusgesicht der Aufklärung und der Lenkung. Irritationsgestaltung: Der Fall Pro Publica. *Medien & Kommunikationswissenschaft* 63 (1), S. 3–17.

Mölders, M. 2015a. *Responsivität und Steuerung. Zur Aufdringlichkeit externer Problemlagen.* [Paper für die Tagung ‚Responsivität in Wissenschaft, Politik und Wirtschaft' am FIW Bonn]. Universität Bonn, 17.–19. September 2015.

Pelzer, S. und Ruch, P. 2014. *Mit Kunst die Gesellschaft hacken. Das Zentrum für politische Schönheit.* [Vortrag auf dem Chaos Computer Congress 2014] Congress Center Hamburg, 27.12.2014. Abrufbar unter: https://media.ccc.de/v/31c3_-_6584_-_de_-_saal_2_-_201412271400_-_mit_kunst_ die_gesellschaft_hacken_-_stefan_pelzer_-_philipp_ruch/ [letzter Aufruf: 17.11.2020].

Piaget, J. 1976. *Die Äquilibration der kognitiven Strukturen.* Stuttgart: Klett.

Pot, M. 2015. *Affirmative Überidentifikation als Taktik der Kritik.* Masterarbeit, Universität Wien. Abrufbar unter: http://othes.univie.ac.at/40241/1/2015-11-03_0702883.pdf [letzter Aufruf: 17.11.2020].

Rötzer, F. 2012. Appell an die moralische Verantwortung der Eigentümer des Rüstungskonzerns Krauss-Maffei-Wegmann. *Telepolis Onlinemagazin.* Abrufbar unter: https://www.heise.de/tp/fea tures/Appell-an-die-moralische-Verantwortung-der-Eigentuemer-des-Ruestungskonzerns-Krauss-Maffei-Wegmann-3394299.html [letzter Aufruf: 17.11.2020].

Kube Ventura, H. 2002. *Politische Kunst Begriffe in den 1990er Jahren im deutschsprachigen Raum.* Wien: Edition Selene.

Wehner, J. 1997. *Das Ende der Massenkultur?* Frankfurt am Main: Campus Verlag.

Zentrum für Politische Schönheit. 2014. *Kindertransporthilfe des Bundes.* Abrufbar unter: https://politicalbeauty.de/kindertransporte.html [letzter Aufruf: 17.11.2020].

Zentrum für Politische Schönheit. 2013. Aggressiver Humanismus. In: Bierdel, E./Lakitsch, M. (Hg.) *Wege aus der Krise. Ideen und Konzepte für Morgen* [Dialog. Beiträge zur Friedensforschung 63]. LIT-Verlag: Wien/Münster, S. 105–119.

Zentrum für Politische Schönheit. 2012. *25.000 Euro Belohnung.* Abrufbar unter: https://politicalbeauty.de/25000.html [letzter Aufruf: 17.11.2020].

Lisa Gaupp

Der „Westen" gegen „den Rest"? Festivalkurator:innen als Gatekeeper für soziokulturelle Diversität

1 Kuratorische Praxis auf Internationalen Performing Arts Festivals – Einleitung

Dieser Beitrag[1] analysiert, wie soziokulturelle Diversität durch Konventionen in der kuratorischen Praxis auf renommierten internationalen Performing Arts Festivals standardisiert wird. Soziokulturelle Diversität bezieht sich dabei hauptsächlich auf Künstler:innen und Publikum mit unterschiedlichen soziokulturellen Hintergründen sowie auf unterschiedliche ästhetische Ausdrucksformen. In diesem Beitrag liegt der Fokus auf empirischen Untersuchungen der Festivals vor allem hinsichtlich der sogenannten „außereuropäischen" oder „nicht-Westlichen" Aufführungen. Vorab werden einige allgemeine Überlegungen zum:r Kurator:in als Schlüsselfigur im Sinne eines kulturellen Brokers, kulturellen Intermediarys sowie kulturellen Gatekeepers angestellt. Es wird untersucht, ob und wie Kurator:innen von Festivals, die in Europa oder im ‚Westen' stattfinden, definieren und normalisieren, was als Diversität gilt und wie sie in den Künsten programmiert wird. In der Tradition der postkolonialen und Eurozentrismuskritik wird diskutiert, wer und auf welcher Grundlage die Macht hat, Konventionen in der „Art World" (Becker 2008) der Performing Arts zu definieren, sowie welche Konventionen angewendet und durch diese Anwendung gestärkt werden. Die vorgestellten Feldstudien dienen damit als Grundlage für die Frage, wie internationale Performing Arts Festivals hinsichtlich Diversitätsthemen kuratiert werden.[2]

---

1 Der Text ist eine gekürzte Fassung des englischen Originals: Gaupp, L. 2020. "The West" vs. "The Rest"? Festival Curators as Gatekeepers for Sociocultural Diversity. In: Durrer, V. und Henze, R. (Hg.) *Managing Culture: Exchange in a Global World.* Palgrave MacMillan Hampshire, S. 127–153.
2 Performing Arts umfasst bei diesen Festivals nicht nur Produktionen in Musik, Schauspiel und Tanz, sondern auch zeitgenössische Performances wie ortsspezifische Shows, Installationen mit Performances und diskursive Programme wie Podiumsdiskussionen zu den Themen des jeweiligen Festivals. Ähnlich wie Ansätze in der zeitgenössischen Musik hinterfragen die Performing Arts, was Theater, Tanz oder Musik sein sollten und entwickeln tendenziell neue Ansätze der Kunstproduktion (Fischer-Lichte und Roselt 2001: 241).

https://doi.org/10.1515/9783110716863-013

In der internationalen Art World wird „Diversität fast als Wert an sich betrachtet" (Peres da Silva und Hondros 2019: 19). Bei den in dieser Feldstudie analysierten internationalen Performing Arts Festivals basieren die Versuche, Diversität zu erreichen, auf der Diversifizierung des Publikums sowie auf der Erzielung einer „größeren Sichtbarkeit der Arbeit von Künstler:innen mit ‚nicht-Westlichem' Hintergrund" (Westen 2012: 78). Unterschiedliche Weltanschauungen und herausfordernde Perspektiven sind willkommen oder sogar ausdrückliches Ziel der Festivalveranstalter:innen. Diversität wird meistens als Diversität der nationalen oder ethnischen Herkunft der darstellenden Künstler:innen verstanden. Bei Diversitätsförderung kann es aus intersektionaler Perspektive auch darum gehen, Zielgruppen auf der Publikumsseite mit unterschiedlichen sozialen Identitätsmerkmalen wie *gender*, ethnische Zugehörigkeit, ‚*race*' oder sexuelle Orientierung anzusprechen und einzubeziehen. Einige Festivals streben auch eine größere sprachliche Diversität an, indem sie Aufführungen und Marketingmaterial übersetzen. Wieder andere wollen sich diversifizieren, indem sie für die Region neue Kunstformen in ihr Programm aufnehmen (Gaupp 2020).

Es wird sich jedoch zeigen, dass sich die Konventionen zur Abgrenzung soziokultureller Diversität bei diesen Festivals meist an der Norm orientieren, dass die präsentierte Kunst zwar anders, aber nicht zu verschieden sein soll. So kommunizieren die meisten Festivals im Wesentlichen als Marketingstrategie, dass die nationale Herkunft ihrer Künstler:innen unwichtig sei, dass ihre Mission darin bestehe, die „besten" Künstler:innen und Kunst zu präsentieren, unabhängig von nationaler Herkunft oder einer anderen geografischen Nähe. Exotisierungen werden demnach zwar abgelehnt, dennoch sollen die internationalen Kunstschaffenden den Kanon diversifizieren. Aber dieses Image wird hier hinterfragt, indem diskutiert wird, wie spezifische soziale Prozesse und Organisationsstrukturen bei diesen Performing Arts Festivals letztlich zu einem ‚westlich' zentrierten Kanon zu führen scheinen, der sich nicht deutlich von der bisherigen Norm unterscheidet.

Bei der Analyse der Organisationsstrukturen und -prozesse dieser Festivals stellt dieser Beitrag zwei Fragen. Erstens, ob die öffentliche Präsentation dieser Festivals mit den auf diesen Festivals gelebten Praktiken übereinstimmt, und zweitens, ob es Abgrenzungstendenzen gibt, die europäische oder ‚westlich' basierte Festivals, Kurator:innen, Künstler:innen und Kunstformen von ‚dem Anderen', „dem Rest" (Hall 1994: 275 ff.) trennen, verstanden als erkenntnistheoretisches Objekt, das gegen einen imaginären ‚Westen' konstruiert wurde (Said 1991). Die Untersuchung der Institutionalisierungspraktiken von diversitätsbezogenen Konventionen zeigt, welche Rolle Festivalkurator:innen bei der Normalisierung von Diversität spielen, und wie andere Gatekeeping-Prozesse (mit) bestimmen, welche Gruppen auf den Festivals produziert werden.

Kurator:innen verkörpern eine besondere Rolle im kulturellen Feld, zum Beispiel als wichtige Gatekeeper für aufstrebende Künstler:innen, wenn diese auf internationaler Ebene sichtbar gemacht werden sollen. Die von ihnen kuratierten
Festivals bilden eine Art World im Sinne von Howard Becker (2008). In Anlehnung an den Philosophen Arthur C. Danto (1964), der eine Art World als etwas
durch in Kunstorganisationen konstruierte Konventionen institutionalisiertes
versteht, erweitert Becker diese konventionalistische und institutionalistische
Sichtweise, indem er die Netzwerkbeziehungen von Art Worlds einführt. Kunst
ist für Becker nicht das Produkt Einzelner, sondern eine kollektive Aktion eines
kooperativen Netzwerks. Festivals, als eine der häufigsten Organisationsstrukturen in der Art World der Performing Arts, können als soziale Praxis gesehen werden (Schatzki 1996: 89). Durch die Untersuchung der sozialen Praktiken auf
Festivals kann gezeigt werden, wie Menschen bei der Teilnahme an Aufführungen interagieren, kommunizieren, Kontakte knüpfen usw. Als solche bieten Festivals einen Raum für Identitätskonstruktionen (Bennett et al. 2014: 1) und können
als Ausdruck unseres Zeitgeistes untersucht werden (Willnauer 2007: 11). Auf
diese Weise kommt ihnen Bedeutung weit über den Bereich der Performing Arts
hinaus zu.

Ebenso werden die kuratorischen Strategien der untersuchten Festivals als
soziale Praxis verstanden, die Identitäten, Symbole und Beziehungen in den Performing Arts konstruieren und dekonstruieren. Das Kuratorische wird damit als
ein komplexes Feld verstanden, das sich aus verschiedenen Praktiken, multiplen
Netzwerkbeziehungen, Personen und Organisationen zusammensetzt, und in
dem dominante Ideologien, Terminologien, Konventionen, Gewohnheiten usw.
produziert und reproduziert werden. Bezogen auf Pierre Bourdieus Verständnis
eines Feldes hat das Kuratorische „soziale und politische Implikationen" (Rogoff
und von Bismarck 2012: 37), in dem Kurator:innen und andere Feldbeteiligte die
Regeln (neu) definieren und dadurch „Unterschiede und Abweichungen schaffen
sowie Reibungen mit den bestehenden Bedingungen" erzeugen (Rogoff und von
Bismarck 2012: 37). Dies gilt auch für die ‚Übersetzung' von Diversität als gesellschaftlich zunehmend anerkannten Wert in den Bereich der Performing Arts.
Durch die Untersuchung der kuratorischen Strategien, die bei diesen Festivals
zum Einsatz kommen, können bestimmte Bedeutungskonstruktionen von Diversität offengelegt und die Gatekeeping-Prozesse und Machtverhältnisse analysiert
werden, die die Grundlage jeder kuratorischen Entscheidung bilden. Gezeigt
wird, wie die Konventionen zur Förderung von Diversität auf Festivals der Performing Arts durch das komplexe Feld des Kuratorischen beeinflusst werden.

2 Kurator:innen als Gatekeeper

Je wichtiger Festivals für die Kulturlandschaft sind, desto bedeutender ist die Figur der kuratierenden Person. Auch wenn es „weltweit einige tausend Kuratoren" gebe, die zur Art World der internationalen Performing Arts Festivals gehören, seien es „in Deutschland nur etwa 20 Personen" (Interview mit Kurator:in, 6. Oktober 2017). Diese wenigen, international gesehenen Kurator:innen fungieren sowohl als „Gatekeeper" als auch als „Broker". Dies sind Schlüsselbegriffe in der Analyse von Machtverhältnissen in Netzwerken (Burt 2004).

" So verweist Becker (2008: 93 ff) auf die machtausübende und Ressourcen kontrollierende Rolle eines Gatekeepers in der Verbreitung von Kunst. In der sozialen Netzwerkanalyse werden Gatekeeper zudem als eine Art Broker charakterisiert, die Kontakte zwischen Künstler:innen und anderen Gatekeepern oder ähnlichem vermitteln. Broker planen und handeln auf der Grundlage von Machtentscheidungen (Burt 1992). Macht wird aufgebaut und abgebaut, indem Differenzen zugewiesen, Abweichungen kontrolliert und sanktioniert werden. So wird etwa „in der Musikpraxis die Position des Brokers unter anderem als Multiplikator bezeichnet" (Dollereder 2018: 60). Informationen werden durch den Broker in das Netzwerk eingespeist und in der Kommunikation mit anderen Netzwerkmitgliedern multipliziert. Dadurch kann der Broker sogenannte „strukturelle Löcher" (Burt 1992), das heißt Lücken in den sozialen Beziehungen zwischen Netzwerkmitgliedern, überbrücken, wovon beziehungsweise wodurch vor allem schwächere Netzwerkmitglieder profitieren können oder aber exkludiert werden.

Macht ist der Schlüssel zur Theorie sozialer Netzwerke, denn sie umfasst „die Fähigkeit des Brokers, verschiedene Netzwerkebenen gleichzeitig zu verstehen und im Kontext von multiplexen Netzwerkstrukturen zu denken" (Dollereder 2018: 167). Der Begriff „multiplex" wird hier verwendet, um „geschichtete Beziehungen" zu beschreiben. Dabei findet die kuratorische Vermittlung auf unterschiedlichen Ebenen statt, zum Beispiel durch Zugang zu künstlerischen Netzwerken, Verbindungen zu Förderorganisationen, Zugang zu politischen Netzwerken etc. Dies bedeutet, dass im internationalen Netzwerk der Performing Arts Festivals einige Kurator:innen stärkere Positionen einnehmen als andere. Abhängig von ihrer Fähigkeit, Netzwerkstrukturen auf Multiplexebenen zu nutzen, können sie mehr Macht ausüben als andere.

Kuratierende Personen werden auch als kulturelle Vermittler:innen bzw. Intermediaries bezeichnet, als Geschmacksmacher:innen, die definieren, was legitime und was illegitime Kunst ist (Smith Maguire und Matthews 2014: 2; dazu grundsätzlich: Bourdieu 1984). Dementsprechend können kulturelle Intermediaries, ausgehend von ihrem persönlichen Habitus, der kulturelles Kapital und subjektive Dispositionen umfasst, Kunstformen oder Künstler:innen kulturelle Legitimation zuweisen, diese aber ebenso ausschließen, indem sie sie als illegitim konstruieren (Bourdieu 1984). Kulturelle Intermediaries arbeiten auch als „Machtvermittler: innen" oder besser gesagt als Brückenbauer:innen zwischen den Sphären der Produktion und der Rezeption und filtern so Informationen und Produkte aus dem Bereich der Künstler:innen für ihr Publikum (Featherstone 2007). Bourdieus kulturelle Intermediaries sind dabei eingebettet in ein komplexes Feld von Organisationen, die Geschmacksideen beeinflussen, die von den kulturellen Intermediaries kanalisiert werden.

Brokerage bezieht sich darauf, wie die Beziehungen zwischen den einzelnen Akteur:innen auf qualitativer Ebene konstruiert werden, und kann auf vielen verschiedenen Ebenen stattfinden. „Ein soziales Netzwerk ist ein Netzwerk von Bedeutungen" (White 1992: 65 f.), und diese Bedeutungen werden durch Konventionen stabilisiert. Konventionen werden nicht als feste Normen oder Traditionen verstanden, sondern dienen als soziokulturell begründete Handlungslogiken beziehungsweise „als kollektiver Interpretationsrahmen für die Bewertung der Angemessenheit und des Wertes von Handlungen, Personen, Gegenständen und Bedingungen" (Diaz-Bone 2011: 23). Becker beschreibt, wie die gesamte Kunstorganisation von der Entwicklung und Wirkung dieser Konventionen beeinflusst wird (Becker 2008: 42), wie beispielsweise die ästhetische Bedeutung, die einem Kunstprodukt oder einem bestimmten Kunststil zugeschrieben wird. Konstruktionsprozesse finden zunächst im Zusammenspiel der Akteur:innen statt, die die sozialen, politischen, ästhetischen und bewertenden Kriterien von Kunst definieren. Diese Kriterien sind oft unbestritten und haben durch ihre Institutionalisierung normative Wirkungen. In einem zweiten Schritt greifen die Gatekeeper einer Art World diese Kriterien auf und verhandeln gemeinsam mit den Produzent:innen und Vermittler:innen der Künste in einem weiteren komplexen interaktiven Prozess deren symbolische Bedeutungen als Konventionen. Diese Konventionen sind jedoch nicht statisch; sie können mit Zustimmung einer Mehrheit der Teilnehmenden der Art World geändert oder verworfen werden. Je nachdem, was für die Stakeholder ein besseres Ergebnis verspricht, kann sozialer Status und damit Macht sowohl durch Anpassung als auch durch Beugung der etablierten Konventionen erreicht oder gesteigert werden. Aber meistens ändern sich Konventionen in einer Art World nur sehr langsam (Gaupp und Kirchberg 2017).

Wie können nun Konventionen konkret geändert werden? Becker nennt Innovator:innen in der Art World „Mavericks": Menschen, die in der Lage sind, die Konventionen zu brechen, aber dennoch Teil der Art World sein müssen, indem sie die organisatorischen Regeln befolgen (Becker 2008: 242 f.). Nur wenn die von einem Maverick eingeleitete Veränderung auch „ein adäquates organisatorisches Unterstützungssystem entwickelt" (Becker 2008: 242 f.), wird die Veränderung Bestand haben, und es gelingt, neue Konventionen zu etablieren. Die Kurator:innen und andere, die in der Art World der Performing Arts an der Überwachung und Vermittlung von Informationen beteiligt sind, haben die Konventionen festgelegt, wie in dieser Art World zu handeln ist, und können diese entsprechend auch verändern. Meist agieren Kurator:innen jedoch regulierend, indem sie unangepasste, abweichende Künstler:innen sanktionieren. Abweichungen werden in der Regel dadurch abgewehrt, dass ihnen der Zugang zum Netzwerk verweigert wird.

Die Etablierung von Standards und Normen kann dabei zu einer intrinsischen künstlerischen Zensur führen. Um an den Art Worlds der Performing Arts teilhaben zu können, müssen sich Künstler:innen etablierten Konventionen anpassen. Dies soll nicht heißen, dass unterschiedliche Produktionen ausdrücklich verboten sind, nur dass es ihren Künstler:innen mit geringerer Wahrscheinlichkeit gelingen würde, ihre Werke produzieren zu lassen. Die Aneignung eines gewissen Habitus ist bei all dem unabdingbar, um in das jeweilige Feld einzusteigen (Bourdieu 1984). Dies gilt ebenfalls für die herrschende Konvention, permanent ästhetische Innovationen produzieren zu müssen (Reckwitz 2012).

3 Methodologie

Die im Folgenden präsentierten Befunde basieren auf einer empirisch-qualitativen Studie im Bereich internationaler Performing Arts Festivals, die von 2014 bis 2018 durchgeführt wurde. Insgesamt wurden 26 qualitative Expert:inneninterviews mit 22 Kurator:innen und Dramaturg:innen von 13 hauptsächlich in Europa, Westasien und Nordafrika angesiedelten Festivals geführt. Darüber hinaus wurden vier Künstler:innen und Vertreter:innen von fünf weiteren Kulturorganisationen interviewt, die im Bereich Musik und Performing Arts tätig sind. Diese Daten werden durch die Analyse von sieben öffentlichen Diskussionen, zahlreichen Vorträgen und veröffentlichten Interviews mit Kurator:innen dieser Festivals sowie Presseveröffentlichungen der Festivals gestützt. Die meisten dieser Festivals und Veranstaltungen wurden für ein- oder mehrtägige teilnehmende Beobachtungen besucht. Bei einem Festival wirkte die Autorin bei einer Produktion als Sängerin im Chor mit.

4 Netzwerk-Beziehungen

Entgegen mancher Kritik kann nicht behauptet werden, dass es immer und nur europäische oder ‚westliche‘ Festivals gegen den Rest (Hall 1994) gibt. Es sind weitaus komplexere Netzwerkprozesse am Werk, die wiederum von multiplen

Machtstrukturen und Brokerpositionen sowie Finanzierungsstrukturen, Sprach- und Kulturpolitiken und Leitbildern von Festivals beeinflusst werden. Aus diesen Prozessen ergeben sich aber auch Synergieeffekte und Chancen für aufstrebende Künstler:innen und kleinere Festivals, wie in diesem Abschnitt gezeigt wird.

Einer der wesentlichen strukturellen Einflüsse auf diese Organisationen ist die Zahl der Eigen- und Koproduktionen im Vergleich zu Gastspielen. Während bei Eigen- produktionen und Koproduktionen typischerweise eine bestimmte Show in Zusam- menarbeit mit einer:m bestimmten Kurator:in entwickelt wird, bestehen Gastspiele in der Regel aus bestehenden Produktionen ohne beabsichtigten Bezug zum jeweili- gen Festival. Die meisten Kurator:innen, die an dieser Studie teilgenommen haben, gaben an, Koproduktionen gegenüber Gastspielen als Abhebungsmerkmal zu bevor- zugen (Elfert 2009: 127). In diesem Fall arbeiten Kurator:innen in der Regel über meh- rere Jahre mit „ihren" Künstler:innen zusammen, um eine neue Produktion zu entwickeln. Wenn in den Gesprächen mit den Kunstschaffende dabei eine Idee sehr interessant erscheint, aber aus verschiedenen Gründen nicht in das kommende Festi- valprogramm passt, kann sie auf einen späteren Zeitpunkt verschoben werden.

Sehr oft sind solche Eigenproduktionen jedoch zu teuer, um von einer einzel- nen Festivalorganisation produziert zu werden. Dies ist einer der wichtigsten Gründe für die Entwicklung von Festivalnetzwerken, die eine oder mehrere Pro- duktionen koproduzieren, um sich die Produktionskosten zu teilen, indem sie die- selbe Produktion auf den kooperierenden Festivals zeigen. Ein Ergebnis dieser Strategie ist, dass es in Summe weniger Performing Arts Gruppen und weniger Produktionen im Festivalkalender gibt. Es bildet sich eine kanonisierte Auffüh- rungslandschaft heraus, in der bei einem Großteil dieser Festivals die gleichen Gruppen produziert werden – mit der Folge von weniger Diversität an kulturel- len Ausdrucksformen.

Die Mehrheit der Interviewpartner:innen erkennen jedoch die positiven As- pekte einer solchen Zusammenarbeit an. Acht europäische Festivals der Performing Arts haben sich von 2007 bis 2017 im Netzwerk *Nxt.Stp* zusammengeschlossen und wurden von der Europäischen Kommission mit insgesamt 2,5 Millionen Euro geför- dert (https://www.nxtstp.eu/).[3] Diese Entwicklung gibt aufstrebenden internationalen

---

3 Dieses Netzwerk umfasst viele der großen Festivals in Europa: kunstenfestivaldesarts (Brüssel, Belgien), Alkantara Festival (Lissabon, Portugal), Baltoscandal Festival (Rakvere, Estland), Göte- borgs Dans & Teater Festival (Göteborg, Dänemark), De Internationale Keuze van de Rotterdamse Schouwburg (Rotterdam, Niederlande), steirischer herbst (Graz, Österreich), Théâtre national de Bordeaux en Aquitaine (Bordeaux, Frankreich) und in der zweiten Förderperiode Noorderzon Per- forming Arts Festival (Groningen, Niederlande). Assoziierte Festivals, die keine EU-Förderung er- hielten, aber an den Netzwerktreffen teilnahmen, waren Dense Bamako Danse (Bamako, Mali), On Marche (Marrakesch, Marokko), Kyoto Experiment (Kyoto, Japan) und das Panorama Festival (Rio

Künstler:innen die Möglichkeit, auf europäischer Ebene produziert zu werden, ohne langwierige Produktionsverhandlungen führen zu müssen. Das Finanzierungsschema offenbart allerdings eine zutiefst eurozentrische Ausrichtung. Die außereuropäischen Festivalvertreter:innen mussten nicht nur ihre Reisen zu Netzwerktreffen selbst bezahlen, sie hatten auch keinen Einfluss darauf, welche Künstler:innen letztlich produziert wurden, sondern konnten lediglich den kuratorischen Netzwerktreffen beobachtend beiwohnen. Ein solches Netzwerk scheint ein geschlossener Kreis zu sein, der die Gefahr eines europäisch zentrierten Kanons in sich birgt. Dies relativiert sich jedoch dadurch, dass *Nxt. stp* nicht das einzige Netzwerk ist, an dem diese Festivals teilnehmen. Häufig finden sich Kurator:innen darüber hinaus in einer Reihe nicht-institutionalisierter Netzwerkgruppen zusammen, weil ein bestimmtes Thema attraktiv ist. Auch wechseln die Partner:innen von Saison zu Saison. So werden immer wieder neue Netzwerkkontexte aufgebaut, die wiederum die Position der jeweils Kuratierenden als Intermediary stärken. So gesehen gibt es im Kuratorischen mehrere Strategien, die nicht nur von Fördermodellen und Finanzierungsfragen abhängen, sondern auch von einigen anderen Einflüssen, wie zum Beispiel der Verfolgung eines bestimmten Themas. Soziale Netzwerkanalysen weisen darauf hin, dass mit jedem neuen Projekt das Netzwerk erweitert wird, zumal die ehemaligen Netzwerkpartner:innen aufgrund des Vertrauens, das sie im früheren Projekt aufgebaut haben, immer noch stark an die Kurator:innen gebunden sind (Kadushin 2012), was auch von den befragten Kurator:innen bestätigt wurde.

Das *kunstenfestivaldesarts* in Brüssel gilt als Trendsetter in der Art World der internationalen Performing Arts Festivals. Kurator:innen von Festivals aus der ganzen Welt sind anwesend (sofern sie über ausreichende Reisemittel verfügen), um zu sehen, was in Brüssel inszeniert wird (Interview mit Kurator:in, 28. Mai 2015). Der Kurator des *kunstenfestivaldesarts* hat eine sehr starke und zentrale Position als Intermediary im Festivalnetzwerk und seine Einschätzungen darüber, welche Künstler:innen als „neu" und „aufstrebend" seien, werden von den anderen und schwächeren Netzwerkmitgliedern sehr geschätzt. Ein Aspekt der starken Brokerposition des *kunstenfestivaldesarts* ist dessen hervorragende Beziehung zu Künstler:innen-Netzwerken. Dieser Status ermöglicht es dem Festivalteam, Buchungen oder die Produktion neuer Arbeiten von Künstler:innen, an denen es interessiert ist, einfacher zu beauftragen. Andere Kurator:innen mit

---

de Janeiro, Brasilien) (https://www.nxtstp.eu/). Die beträchtliche Finanzierung durch die EU zusätzlich zu ihren bestehenden Festivalbudgets bedeutet, dass ein großer Teil der Welt der Performing Arts in Europa in diesem institutionalisierten Netzwerk zusammengeschlossen ist.

ähnlich starker Brokerposition besuchen das Festival, um herauszufinden, welche Gruppen sie nicht selbst kuratieren sollten, damit sich ihre eigenen Festivals vom „kunsten" unterscheiden.

Neben der Frage der Finanzierung tragen auch die Ambitionen der kuratorischen Expert:innen dazu bei, wie viel und welche Vorstellungen von Diversität auf diesen Festivals praktiziert werden. So ist es zum Beispiel das Ziel des Festivals *theaterformen* in Hannover/Braunschweig, neue Produktionen zu zeigen, und da die Kuratorin über ausreichende Reisemittel verfügt, ist sie in der Lage, neue Produktionen auf der ganzen Welt persönlich kennenzulernen, was unabdingbar sei, um wirklich neue Produktionen zu finden. Das Ziel des Kurators des *D-CAF-Festivals* in Kairo, Ägypten, ist es vor allem, etablierte Künstler:innen aus dem ‚Westen' für ein ägyptisches Publikum zu inszenieren, da die Mehrheit des Festivalpublikums sonst nicht die Möglichkeit hat, diese Produktionen zu sehen. Um mit diesen Gruppen in Kontakt zu treten, reist der Kurator ausschließlich zu den großen europäischen Festivals. Dem Festival *Performing Tanger* in Marokko wiederum steht es nicht frei, ein eigenes Programm mit Künstler:innen von außerhalb Marokkos zu entwickeln, da es auf institutionelle und finanzielle Beziehungen, beispielsweise zum *Institut Français*, angewiesen ist. Diese europäischen Förderorganisationen beeinflussen die Auswahl nicht-marokkanischer Künstler:innen. Abgesehen von solchen „internationalen" Acts wird das Programm des Festivals aufgrund strenger interner Budgetbeschränkungen von marokkanischen Acts dominiert. Im Gegensatz dazu interessiert sich die künstlerische Leiterin der *KunstFestSpiele Herrenhausen* in Hannover zunächst für die künstlerische Idee und befasst sich erst dann mit der Finanzierung ihrer Produktion. Auch der Ansatz des *kunstenfestivaldesarts* in Brüssel stellt die Kunstschaffenden in den Mittelpunkt und versteht das Festival als Experimentierfeld für etablierte und aufstrebende Künstler:innen. Obwohl dies die Möglichkeit des Scheiterns mit sich bringt, dürfen sie mit Neuem und Ungewöhnlichem experimentieren, was wiederum zu mehr künstlerischer Diversität und dem Beugen oder sogar Brechen geltender Konventionen der Art World führt.

Auch wenn die institutionalisierten Netzwerke offen für neue Mitglieder sind und manchmal unbekannten Künstler:innen wertvolle Möglichkeiten bieten, auf breiterer internationaler Ebene produziert zu werden, gibt es dennoch einen nationalen Bias in diesem Prozess. Die ehemalige Leiterin des Festivals *Steirischer Herbst* und derzeitige Wiener Kulturstadträtin Veronika Kaup-Hasler bringt es treffend auf den Punkt: „Die größte Herausforderung für die Künste ist ein zunehmender Nationalismus in allen Belangen. Aufgrund der Finanzkrise drängen die nationalen Förderstellen immer mehr auf eine nationale Produktion – eine ausländische Beteiligung ist finanziell natürlich willkommen, aber das Interesse an der Kofinanzierung neuer Produktionen ausländischer Künstler:innen ist geringer" (Kaup-Hasler 2012: 5). Wie in diesen Beispielen zu sehen ist, hängen Brokerage und Gatekeeping stark davon ab, wer das Festival finanziert. Man könnte annehmen, dass je größer das Budget eines Festivals ist, desto größer ist die Diversität der Künstler:innen in seinem Programm. Diese Sichtweise greift jedoch zu kurz, denn auch die Trends von Förderprogrammen, die Ambitionen der Kurator:innen sowie die im Feld herrschenden Konventionen müssen berücksichtigt werden.

5 Soziokulturelle Konventionen

Ein Rückblick auf die Programme der – aus Sicht der Mehrheit der befragten Kurator:innen – wichtigsten Performing Arts Festivals der 2010er Jahre zeigt einen durchgängig ‚westlichen' Künstler:innen-Kanon. Trotz des wachsenden Fokus'etwa auf Künstler:innen aus Lateinamerika[4], kommen programmierte Künstler:innen und Gruppen hauptsächlich aus ‚westlichen' Ländern oder sind zumindest im ‚Westen' ansässig.[5] Neben den oben skizzierten strukturellen Gründen zeigen sich auch ästhetische Einwände als Ursache für diese Entwicklung. Selbstreflexiv sprach ein:e Kurator:in beispielsweise von eurozentristischen „ästhetischen Barrieren", die immer wieder unterbewusst die Programmentscheidungen beeinflussen würden (Interview mit Kurator:in, 27. Mai 2015). Auch andere Quellen bestätigen, dass es tatsächlich nach wie vor einen „starken Eurozentrismus im Feld" gibt (Husemann 2012: 276 f.) und dies auch unter Kurator:innen europäischer Festivals, die aus außereuropäischen Ländern stammen. Die Tanzkuratorin Pirkko Husemann (2012: 276 f.) erklärt:

> Werke aus anderen Kontinenten werden leicht als „veraltet" im Vergleich zu Arbeiten aus Europa oder als „zu spezifisch" bezeichnet, um neben europäischen Werken präsentiert zu werden, ohne auch einen Zugang zu ihrem „ursprünglichen" lokalen Kontext zu schaffen. [...] Selbst europäische Kurator:innen [sic], die sich für Werke aus außereuropäischen Regionen entscheiden, müssen ihr Programm oft gegen den Vorwurf des „einfachen Auswegs" oder der reinen „Exotik" verteidigen.

---

4 Sie kommen insbesondere aus Argentinien, wie beispielsweise Mariano Pensotti.
5 Dazu gehören in den Jahren 2014–2018 Forced Entertainment (UK), SheShePop (Deutschland), Rimini Protokoll (Deutschland), Jan Lauwers & the Needcompany (Belgien), Anne Teresa De Keersmaeker (Belgien), die Wooster Group (USA), Nature Theater of Oklahoma (USA), Boris Charmatz (Frankreich) und Milo Rau (Schweiz).

Solche Verallgemeinerungen im Auswahlprozess sind kritisch zu hinterfragen. Zunächst einmal exotisiert eine Aussage, die das Herkunftsland einer Person mit ihrer künstlerischen Praxis gleichsetzt, Ethnizität und ‚race' gleichermaßen. Ebenso fraglich ist, ob es so etwas wie „außereuropäische Kunst" gibt oder nicht. Ein:e Künstler:in könnte eine Kunstform ausüben, wo auch immer ihre Traditionen in der Welt verwurzelt sein mögen, sobald diese:r Künstler:in ein gewisses Kapital auf dem jeweiligen Kunstgebiet erworben hat. Zudem ist die Kunst selbst nicht statisch, sondern verändert sich nicht zuletzt durch das Reisen ständig; jede Kunstform ist eine dynamische transkulturelle Praxis ohne reinen topografischen Ursprung (Gaupp 2016). Gleichwohl unterliegen die Prozesse der Bedeutungszuweisung in Produktion, Distribution und Rezeption etablierten soziokulturellen Konventionen. Deshalb ist die Gleichsetzung einer Kunstform mit einem Herkunftsland weit verbreitet. Johannes Ismaiel-Wendt nennt diese Othering-Prozesse in der Musikpraxis „Topophilie" (Ismaiel-Wendt 2011). Doch selbst wenn ein:e Kurator:in solche Praktiken nicht anwendet, können dennoch ästhetische Barrieren ins Spiel kommen, wenn die Kunstform nicht den etablierten Standards und Normen der (europäischen) Art World entspricht.

Soziokulturelle Konventionen dienen als interpretativer Rahmen, der letztendlich entscheidet, was zum Programmieren angemessen scheint und was nicht. Das Handeln von Kurator:innen, verstanden als kulturelle Intermediary im Sinne Bourdieus, offenbart, dass Konventionen nicht einfach routinierte Abläufe sind, sondern durch Geschmack geformt und legitimiert werden. Schließlich strebt ein kultureller Intermediary oft danach, das „Noch-Nicht-Legitimierte" zu legitimieren (Bourdieu 1984: 326). Die geschmacksbildende Arbeit der Kurator:innen bestätigt dabei zugleich ihr eigenes kulturelles Kapital und damit ihre Position als kulturelle Intermediary. Sie reproduzieren und legitimieren auf diese Weise immer auch soziale Stratifizierung (Bourdieu 1984). Die Konventionen zur Inszenierung und Wahrnehmung von Diversität im Bereich der internationalen Performing Arts Festivals orientieren sich stark an einer Norm, die zu betonen versucht, dass die nationale Herkunft keine Rolle spielt und ein Festival ein Ort der Inklusion mit größtmöglicher künstlerischer Diversität sein soll. Wenn es jedoch um die Bewertung von Unterschieden geht, neigen Kurator:innen dazu, nur Produktionen einzubeziehen, die unterschiedlich genug sind, um die Nachfrage nach dem Unbekannten zu befriedigen, sich aber nicht zu sehr vom Bekannten unterscheiden. Kunst muss sich nach wie vor in die zirkulierenden Konventionen einfügen.

Beispielsweise gab eine befragte Person an, dass sie keine „afrikanischen" Künstler:innen programmieren würde, deren Ästhetik vom Publikum als zu „langweilig" empfunden werden könnte. Zudem wäre eine lange Erklärung erforderlich, die die Arbeit kontextualisiert (Interview mit Kurator:in, 13. März 2017). In der weiteren Argumentation wurde darauf verwiesen, dass das Publikum dieses Festivals mit der erforderlichen „afrikanischen" ästhetischen Sprache zu wenig vertraut wäre, um die Konventionen in diesem Bereich verstehen zu können. Die Person sagte weiter, dass andere kulturelle Organisationen, wie der Mousonturm in Frankfurt, solche Künstler:innen zeigen könnten, da sie seit mindestens 20 bis 30 Jahren ihr Publikum dazu zu erziehen, sich einer ungewohnten Kunstform zu öffnen und sie schätzen zu lernen.

Gleichzeitig kann das Beugen herrschender Konventionen als akzeptabel angesehen werden, wenn diese Konventionen in einem bestimmten soziokulturellen Kontext verstanden werden. So wurde beispielsweise für ein Festival eine europäische Künstlerin als Fokus-Künstlerin ausgewählt, die auf der Bühne Szenen mit ihrer Vagina und ihrem eigenen Blut zeigte. Die Produktion der Künstlerin wurde sowohl kritisch gefeiert (Schlagenwerth 2015) als auch verurteilt (Luzina 2015). Während viele Menschen in ihrem Publikum ihre Shows verließen, sind Teile des Publikums und Kritiker:innen mit den soziokulturellen Konventionen vertraut, die ein solches Stück umgeben, da es durch ein organisatorisches Netzwerk etablierter, ‚westlich' zentrierter Konventionen programmiert wurde, indem beispielsweise Kritik an religiösen Normen durch theatralische Mittel eine längere Tradition hat (vgl. die Entwicklung des sogenannten In-yer-face-Theaters in den 1990er Jahren im Vereinigten Königreich: Sierz 2001; Case 1990). Eine feministische Religionskritik kann in diesem Fall also programmiert werden, auch wenn sie sich theatralischer Mittel bedient, die für manche schockierend oder anstößig sein mögen, aber die Produktion einer Kunstform, die einem Publikum vermeintlich fremd ist, wird als zu abweichend von dieser Norm deklariert und ausgeschlossen.

Ein weiteres Thema, das in diesem Zusammenhang angesprochen werden muss, ist das Diktat in zeitgenössischen Art Worlds, etwas Innovatives oder Kreatives zu produzieren (Reckwitz 2012). In der Art World der zeitgenössischen Performing Arts können Innovationen eingeführt werden, wenn sie vom Organisationssystem des Kuratorischen getragen werden und wenn sie mit den bekannten Konventionen arbeiten, auch wenn sie diese beugen oder brechen, „solange der Wandel in der Wahrnehmung nicht zu radikaler Praxis" führt (Büscher-Ulbrich et al. 2013: 11). Bezieht sich eine Innovation auf keinerlei Standards innerhalb dieser Art World – ob es dabei um Regelkonformität oder Regelbruch geht –, wird sie höchstwahrscheinlich nicht in ein Festivalprogramm aufgenommen.

Nur eine Person mit einer starken Brokerposition ist in der Lage, etwas mehr oder weniger Unbekanntes oder Kritisches in diese Art World einzuführen. Dies bedeutet, dass es der sozialen Beziehungen eines Gatekeepers bedarf, um eine kulturelle Innovation im Sinne einer unbekannten ästhetischen Konvention in eine Art World einzuführen. Aber wenn es keine soziale Beziehung gibt, dann ist es fast unmöglich, ein solches strukturelles Loch zu überbrücken, und die kulturelle Innovation wird sich wahrscheinlich nicht etablieren. Wenn also ein:e „afrikanische:r" Künstler:in eine Kunstform außerhalb der Art World internationaler Performing Arts Festivals in Europa praktiziert, wird diese Praxis die Konventionen und ästhetischen Erwartungen in dieser Art World nicht ändern. Nur wenn diese Kunstform von einem kulturellem Intermediary vermittelt wird, ist eine Aufnahme in die Programmierung möglich. Wenn es also Innovation in ‚westlich' zentrierten Art Worlds geben soll, müssen genau diese Kurator:innen noch selbstreflexiver über den eigenen konventionalisierten Bias sein, der allen ästhetischen Bewertungsurteilen zugrunde liegt und damit jeden Prozess im Kuratorischen beeinflusst, um „das Verhältnis zwischen Norm und Abweichung umzukehren" (von Osten 2003: 7).

Man könnte meinen, dass die Möglichkeit, heutzutage die eigene Arbeit über Online-Kanäle promoten zu können, Künstler:innen außerhalb einer Art World den Einstieg erleichtern würde. Die Position von Kurator:innen als kulturellen Intermediaries bleibt indes aus drei Gründen von der Digitalisierung weitgehend unberührt. Erstens suchen Kurator:innen nicht einfach online nach neuen Künstler:innen, noch haben sie Zeit, sich alle Videos anzusehen, die ihnen unbekannte Künstler:innen zusenden. Stattdessen verlassen sie sich auf ihre eigenen Erfahrungen oder persönlichen Beziehungen zu anderen Kurator:innen und vertrauenswürdigen Expert:innen auf diesem Gebiet. Üblicherweise wird ein:e Kurator:in erst dann auf eine:n Künstler:in aufmerksam, wenn diese:r bereits von einem Broker des Vertrauens empfohlen wurde (Interview mit Kurator:in, 26. Mai 2015). Zweitens bleibt der topografische Raum auch angesichts des dezentralisierenden Potenzials der Digitalisierung wichtig, da kulturelle Intermediaries und andere Beteiligte immer noch regional gebündelt sind (Hracs 2013). Drittens hängt das symbolische Kapital von Künstler:innen von ihren persönlichen Beziehungen zu kulturellen Intermediaries in diesem Bereich ab, die ihnen Zugang zu Festivalnetzwerken und programmen verschaffen (Lizé 2016).

6 Fazit

In diesem Beitrag wurde diskutiert, wie verschiedene Konzepte von Diversität in der kuratorischen Praxis von Performing Arts Festivals zum Tragen kommen. Als postkoloniale Kritik wurde argumentiert, dass diese Praxis stark von Machtverhältnissen, Konventionen, Netzwerkstrukturen und -prozessen sowie anderen organisatorischen Fragen beeinflusst wird. Es ist unwahrscheinlich, dass sich diese Machthierarchien in naher Zukunft ändern werden, da die Mehrheit der Performing Arts Festivals von ‚westlich' orientierten Fördereinrichtungen finanziert und von etablierten Kurator:innen organisiert werden. Diese sind in der Lage, die Konventionen dieser Art World stark zu beeinflussen, unterliegen aber gleichzeitig ihren eigenen ästhetischen Barrieren. Umso wichtiger ist es zu erforschen, wie die Zusammenarbeit für alle Beteiligten, ob Künstler:in, Festivalveranstalter:in, Publikum und Kurator:in, fruchtbar gemacht werden kann. In einer transkulturellen Perspektive wird es entscheidend sein, die Strukturen, Konventionen und Prozesse in der Art World von Performing Arts Festivals offenzulegen, zu kritisieren und zu hinterfragen, um internationale kuratorische Praxis zu dekolonialisieren und damit ein bisschen mehr „echte" Diversität zu erreichen.

Die hier vorgestellte Forschung zeigt, dass sich die kuratorische Praxis an die Realitäten der heutigen postmigrantischen sozialen Prozesse anpassen muss (Gaupp 2016). Aus einer transkulturellen Perspektive bedeutet Diversität, dass a priori zugeschriebene Unterschiede nicht auf nationale oder ethnische Differenzen reduziert werden, sondern als eine vielfältige und vielschichtige Intersektionalität in jeder:m Einzelnen gesehen wird.

Es ist in der Tat möglich, die vorherrschende Konvention von „anders genug – aber nicht zu verschieden" im Kuratorischen von Performing Arts Festivals durch Konflikte und Kritik zu ändern oder zumindest zu erweitern, etablierte Konzepte von Diversität zu hinterfragen und neue Perspektiven zu finden. Das Kuratorische wäre dann gerade nicht als eine feste Dichotomie von eurozentrischen oder ‚westlich' zentrierten Kurator:innen zu verstehen, die „gegen" außereuropäische oder nicht-‚westliche' Künstler:innen und Kunstformen arbeiten. Es ist nicht Europa oder der ‚Westen' gegen ‚den Rest'. Vielmehr ginge es um eine transkulturelle Form der Inklusion, die Kritik als wesentliche treibende Kraft beinhaltet. Eine solche transkulturelle kuratorische Praxis würde Konflikte als Teil der Auseinandersetzung mit „neuen" Kunstformen legitimieren. So könnten die befürchtete Fremdheit einer „afrikanischen" Kunstform oder auch die voreingenommenen ästhetischen Konventionen der kuratorischen Praxis selbst zu Untersuchungsthemen in Festivalprogrammen werden und neue Begegnungsorte für die Performing Arts schaffen. Transkulturelle Diversität in diesem Sinne bedeutet nicht, dass soziale Ungleichheiten oder Diskriminierungsprozesse ignoriert werden, sondern dass sie Kern eines transkulturellen, diversitätssensiblen Ansatzes sind. Diversität ist dabei keine Gegebenheit, sondern eine Lebensbedingung heutiger Gesellschaften, „eine Angelegenheit kultureller Überschneidungen, Grenz- und Zwischenräume, von Übergängen und gleichzeitigen Zugehörigkeiten" (Yıldız 2013: 144).

Literatur

Becker, H. S. 1963. *Outsiders: Studies in the sociology of deviance*. London: Free Press of Glencoe.

Becker, H. S. 2008. *Art worlds*. Berkeley, CA: University of California Press.

Bennett, A. et al. (Hg.) 2014. *The festivalization of culture*. Surrey and Burlington, VT: Ashgate.

Boltanski, L. und Chiapello, È. 2007. *The new spirit of capitalism*. London: Verso.

Bourdieu, P. 1984. *Distinction. A social critique of the judgement of taste*. Cambridge, MA: Harvard University Press.

Burt, R. S. 1992. *Structural holes. The social structure of competition*. Cambridge, MA: Harvard University Press.

Burt, R. S. 2004. Strucural holes and good ideas. *American Journal of Sociology, 110*(2), S. 349–399.

Büscher-Ulbrich, D. et al. 2013. Einleitung: "The more things change". In: Büscher-Ulbrich, D. et al. (Hg.) *Innovation—Konvention. Transdisziplinäre Beiträge zu einem kulturellen Spannungsfeld*. Bielefeld: transcript, S. 7–20.

Case, S.-E. 1990. *Performing feminisms. Feminist critical theory and theatre*. Baltimore, MD: Johns Hopkins University Press.

Danto, A. C. 1964. The artworld. *The Journal of Philosophy, 61*(19), S. 571–584.

Derrida, J. 2004. *Die différance. Ausgewählte Texte*. Stuttgart: Reclam.

Diaz-Bone, R. 2011. Einführung in die Soziologie der Konventionen. In: Diaz-Bone, R. (Hg.) *Soziologie der Konventionen: Grundlagen einer pragmatischen Anthropologie*. Frankfurt am Main/New York: Campus.

Dollereder, L. 2018. *Netzwerkbildung im Musiksektor von Niedersachsen. Funktionsweisen und Mechanismen Sozialer Formationen*. Lüneburg: Leuphana University of Lüneburg.

Elfert, J. 2009. *Theaterfestivals. Geschichte und Kritik eines kulturellen Organisationsmodells* (Vol. 16). Bielefeld: transcript.

Featherstone, M. 2007. *Consumer culture and postmodernism*. London: Sage Publications.

Fischer-Lichte, E., und Roselt, J. 2001. Attraktion des Augenblicks—Aufführung, Performance, performativ und Performativität als theaterwissenschaftliche Begriffe. In: Fischer-Lichte, E. Hg.) *Theorien des Performativen*. Berlin: Akademie-Verlag, S. 237–253.

Gaupp, L. 2016. *Die exotisierte Stadt. Kulturpolitik und Musikvermittlung im postmigrantischen Prozess*. Hildesheim: Olms.

Gaupp, L. 2020. Epistemologies of diversity and otherness. In: Gaupp, L. und Pelillo-Hestermeyer, G. (Hg.) *Diversity and otherness—Transcultural insights into norms, practices and negotiations*. Berlin: De Gruyter, S.13–61.

Gaupp, L. und Kirchberg, V. 2017. Kulturelle Diversität in den Künsten zwischen Tradition und Zeitgenossenschaft. In: Hieber, L. (Hg.) *Gesellschaftsepochen und ihre Kunstwelten*. Wiesbaden: VS Springer, S. 377–388.

Hall, S. 1994. The West and the rest: Discourse and power. In: Hall, S. und Gieben, B. (Hg.) *The formations of modernity*. Cambridge: Polity Press, S. 275–331.

Helin, J. et al. 2014. *The Oxford handbook of process philosophy and organization studies*. Oxford: Oxford University Press.

Hracs, B. J. 2013. Cultural intermediaries in the digital age: The case of independent musicians and managers in Toronto. *Regional Studies, 49*(3), S. 461–475.

Husemann, P. 2012. A curator's reality check: Conditions of curating performing arts. In: von Bismarck, B. et al. (Hg.) *Cultures of the curatorial*. Berlin: Sternberg, S. 268–286.

Ismaiel-Wendt, J. 2011. *Tracks'n'treks. Populäre Musik und postkoloniale Analyse*. Münster: Unrast.

Kadushin, C. 2012. *Understanding social networks. Theories, concepts, and findings*. New York: Oxford University Press.

Kaup-Hasler, V. 2012. *NXT.STP. Documentation 2007–2012*. Aufrufbar unter: https://www.nxtstp.eu/files/NXTSTP_5_years.pdf [letzter Aufruf: 21.01.2019].

Lind, M. 2012. Performing the curatorial: An introduction. In: Lind, M. (Hg.) *Performing the curatorial: Within and beyond art*. Berlin: Sternberg Press, S. 9–22.

Lizé, W. 2016. Artistic work intermediaries as value producers: Agents, managers, tourneurs and the acquisition of symbolic capital in popular music. *Poetics, 59*, S. 35–49.

Luzina, S. 2015. *Angélica Liddell bei "Foreign Affairs". Die Bühnenmesse der Porno-Queen*. Aufrufbar unter: https://www.tagesspiegel.de/kultur/angelica-liddell-bei-foreign-affairs-die-buehnenmesse-der-porno-queen/11997268.html [letzter Aufruf: 21.01.2019].

O'Neill, P. 2012. *The culture of curating and the curating of culture(s)*. Cambridge, MA: MIT Press.

Peres da Silva, G., und Hondros, K. (Hg.) 2019. *Music practices across borders: (E)Valuating space, diversity and exchange*. Bielefeld: transcript.

Reckwitz, A. 2012. *Die Erfindung der Kreativität. Zum Prozess gesellschaftlicher Ästhetisierung*. Berlin: Suhrkamp.

Rogoff, I., und von Bismarck, B. 2012. Curating/curatorial: A conversation between Irit Rogoff and Beatrice von Bismarck. In: von Bismarck, B. et al. (Hg.) *Cultures of the curatorial*. Berlin: Sternberg, S. 20–38.

Said, E. W. 1991. *Orientalism*. London: Penguin.

Schatzki, T. R. 1996. *Social practices. A Wittgensteinian approach to human activity and the social*. Cambridge: Cambridge University Press.

Schlagenwerth, M. 2015. *Angelíca Liddell. Schreiben ist meine Rache*. Aufrufbar unter: https://www.berliner-zeitung.de/kultur/angel%C3%ADca-liddell%2D%2Dschreiben-ist-meine-rache%2D%2D1299316 [letzter Aufruf: 21.01.2019].

Sierz, A. 2001. *In-yer-face theatre: British drama today*. London: Faber and Faber.

Smith Maguire, J. und Matthews, J. 2014. Introduction: Thinking with cultural intermediaries. In: Smith Maguire, J. und Matthews, J. (Hg.) *The cultural intermediaries reader*. Los Angeles, CA: Sage, S. 1–11.

von Bismarck, B. 2003. Kuratorisches Handeln. Immaterielle Arbeit zwischen Kunst und Managementmodellen. In: von Osten, M. (Hg.) *Norm der Abweichung*. Wien: Springer, S. 81–98.

von Bismarck, B. et al. 2012. Introduction. In: von Bismarck, B. et al. (Hg.) *Cultures of the curatorial*. Berlin: Sternberg, S. 7–16.

von Osten, M. 2003. Einleitung. In: von Osten, M. (Hg.) *Norm der Abweichung* (Theorie: Gestaltung). Wien: Springer, S. 7–17.

Westen, M. 2012. How many nations are inside you? On cultural diversity, global art and art museums. In: Horst, M. T. und Schwartz, G. (Hg.) *Changing perspectives. Dealing with globalisation in the presentation and collection of contemporary art*. Amsterdam: KIT, S. 76–85.

White, H. C. 1992. *Identity and control. A structural theory of social action*. Princeton, NJ: Princeton University Press.

Willnauer, F. 2007. Musikfestspiele und Festivals. In: Deutscher Musikrat (Hg.) *Musik Almanach 2007/08. Daten und Fakten zum Musikleben in Deutschland*. Regensburg: Deutscher Musikrat, S. 63.

Yıldız, E. 2013. Postmigrantische Verortungspraktiken. Ethnische Mythen irritieren. In: Mecheril, P. (Hg.) *Migrationsforschung als Kritik? Spielräume kritischer Migrationsforschung*. Wiesbaden: Springer VS, S. 139–156.

Olav Velthuis
Die symbolische Bedeutung von Preisen auf dem Kunstmarkt

1 Einleitung

[....] Dieser Artikel entwickelt eine soziologische Analyse des Preismechanismus. Das übergreifende Argument ist, dass die Preisbildung nicht nur ein ökonomischer, sondern auch ein signifizierender Akt ist; mit anderen Worten, ich interpretiere den Preismechanismus als ein symbolisches System. Trotz der unpersönlichen, sachlichen Konnotationen von Preisen argumentiere ich, dass es den Akteur:innen auf Märkten gelingt, durch sie eine Reihe von kognitiven und kulturellen Bedeutungen auszudrücken.[1]

Die Analyse stützt sich auf qualitative Daten aus Interviews mit Kunsthändler:innen in Amsterdam und New York.[2] Darüber hinaus stütze ich mich auf Material aus verschiedenen Quellen wie Rezensionen in Kunstzeitschriften, Interviews mit Künstler:innen, Sammler:innen oder Gallerist:innen, die in Büchern und Zeitschriften veröffentlicht wurden, sowie auf Leitfäden zum Kunstmarkt für Künstler:innen und Kunsthändler:innen. Meine Studie beschränkt sich auf den Primärmarkt, das heißt den Markt, auf dem zeitgenössische Kunstwerke zum ersten Mal verkauft

---

1 Bei dem folgenden Artikel handelt es sich um eine gekürzte und sprachlich überarbeitete deutsche Fassung des folgenden Artikels: Velthuis, O. 2003. Symbolic meanings of prices: Constructing the value of contemporary art in Amsterdam and New York galleries. *Theory and Society* 32(2), S. 181–215. Diejenigen Stellen, an denen Kürzungen vorgenommen wurden, sind mit [...] kenntlich gemacht. Kürzungen in den vom Autor zitierten Interviewpassagen wurden mit (...) gekennzeichnet. In Absprache mit dem Autor wurde der Beitrag gegendert, ausgenommen davon sind Interviewpassagen und zitierte Literatur.
2 Zwischen April 1998 und März 2001 habe ich 18 halbstrukturierte, ausführliche Interviews mit Kunsthändler:innen in Amsterdam und 19 Interviews mit Kunsthändler:innen in New York durchgeführt. In beiden Städten wurde derselbe Fragebogen verwendet. Die Interviews dauerten im Durchschnitt 45 Minuten bis eine Stunde. Die Auswahl der Galerien erfolgte nach zwei Gesichtspunkten: Erstens wurde eine möglichst große Vielfalt hinsichtlich des Alters und des Standorts der Galerien angestrebt; zweitens basierte die Stichprobe zum Teil auf einem Schneeballverfahren, bei dem einige Händler aufgrund von Empfehlungen befragt wurden. Die Abschriften der Interviews wurden kodiert. Im Text bezieht sich (NL) auf Amsterdamer Kunsthändler:innen und (US) auf New Yorker Händler:innen, und sie wurden nummeriert (bspw. NL2). Die Textanalyse konzentriert sich auf die beiden wichtigsten amerikanischen Kunstzeitschriften, *ARTnews* und *Art in America*. Da es für den niederländischen Kunstmarkt keine vergleichbaren Zeitschriften gibt, stammen die meisten zitierten Artikel aus zwei Tageszeitungen mit umfassender Berichterstattung über die bildende Kunst, *De Volkskrant* und *NRC Handelsblad*.

https://doi.org/10.1515/9783110716863-014

werden. Der Sekundär- oder Wiederverkaufsmarkt, auf dem Auktionshäuser die Hauptakteure sind, bleibt hierbei unbeachtet. Händler:innen auf dem Primärmarkt vertreten Kunstschaffende in der Regel auf Provisionsbasis; in Ausnahmefällen kaufen sie aber auch Kunstwerke und versuchen, diese mit Gewinn an Sammler:innen zu verkaufen. Die Künstler:innen, die ein:e Händler:in vertritt, werden in der Regel auf der Grundlage von Empfehlungen anderer Kunstschaffender ausgewählt; außerdem gehen die Händler:innen auf Kunstmessen und Abschlussausstellungen von Kunstschulen aktiv auf den künstlerischen Nachwuchs zu. Die Galerie veranstaltet Einzelausstellungen, die im Durchschnitt sechs Wochen dauern; der Verkauf von Kunstwerken ist jedoch nicht auf die Dauer der Ausstellung beschränkt.

Sowohl Amsterdam als auch New York sind Zentren des jeweiligen nationalen Kunstmarktes, in den sie eingebettet sind. In den am weitesten verbreiteten Galerieführern von New York und Amsterdam sind 536 bzw. 165 Galerien aufgeführt. Soweit verlässliche Zahlen verfügbar sind, weisen sie darauf hin, dass der durchschnittliche Umsatz amerikanischer Galerien mindestens doppelt so hoch ist wie der durchschnittliche Jahresumsatz niederländischer Galerien (497.000 $ bzw. 240.000 $). Während die New Yorker Galerien in einigen Fällen große, profitable Institutionen sind, die mehr als 50 Mitarbeitende beschäftigen, können die meisten Galerien in den Niederlanden nicht einmal ihren Besitzer:innen ein existenzsicherndes Gehalt zahlen.[3] Trotz dieser quantitativen Unterschiede zwischen den Galerien der beiden Städte hat diese Studie keine vergleichende Dimension. Stattdessen werden die Ähnlichkeiten bei der Preisgestaltung im Kunsthandel der beiden Städte herausgearbeitet; Faktoren wie das Vorhandensein oder Nichtvorhandensein von Subventionsregelungen, die zu geringfügigen Unterschieden in der Preisgestaltung führen, werden bei der Analyse nicht berücksichtigt.

[....] Ziel des Textes ist es, zwei wesentliche Anomalien des Preismechanismus auf dem Markt für zeitgenössische Kunst anzusprechen, die sich aus der Anwendung bestimmter Preisbildungsnormen ergeben. Ich zeige, dass die Preise nicht von Fall zu Fall festgelegt werden, sondern aus Konventionen der Preisgestaltung resultieren, die von Kunsthändler:innen und ihren Transaktionspartner:innen geteilt werden. Diese Preisfestsetzungsnormen sind ein Beispiel für das, was Paul DiMaggio und Walter Powell (1983) als „institutionellen Isomorphismus" bezeich-

---

3 Gallery Guide New York, January 2002; Alert. Galerie Agenda Amsterdam & Omstreken, 19/2, (Februar 2002); für die US-amerikanischen Umsatzzahlen vgl. 1997 Economic Census of the U. S. Census Bureau (National Endowment for the Arts, Washington, 2001); für den niederländischen Kunstmarkt vgl. Jannsen (2001). Die amerikanischen Erhebungsdaten über den Umsatz von Galerien umfassen auch Händler des Sekundärmarktes, die tendenziell einen höheren Umsatz haben, während die niederländischen Daten sich auf Händler des Primärmarktes beschränken.

net haben; ein Abweichen von diesen Normen kann zu Verwirrung bei den Transaktionspartnern führen, dem Ruf von Händler:innen schaden und sich letztlich negativ auf den Verkauf auswirken. Die erste Norm, die ich erörtere, ist die unbedingte Vermeidung von Preissenkungen. Aus einer wirtschaftlichen Sicht erscheint diese Norm anomal, da Kunsthändler:innen auf diese Weise das Konzept der Preiselastizität ignorieren und sich eher wie *Preis*maximierende statt *Gewinn*maximierende verhalten. Die zweite Norm besteht darin, dass Kunstwerke gleicher Größe innerhalb eines Oeuvres nicht unterschiedlich bepreist werden, auch wenn die Kunsthändler:innen wissen, dass einige Werke leichter zu verkaufen sind als andere. Dies bedeutet, dass die Händler:innen die Preise weder nach Qualität noch nach Nachfrage differenzieren.

Bei der Auseinandersetzung mit diesen anomalen Preisbildungsnormen folgt der Artikel weitgehend dem konzeptionellen Rahmen, den Viviana Zelizer in Bezug auf intime wirtschaftliche Transaktionen und Märkte für umstrittene Güter abgesteckt hat; Zelizer hat gezeigt, dass Märkte für „heilige" Güter von nicht-marktlichen Werten und außerökonomischen Logiken durchdrungen sind, die die angeblich instrumentelle Ausrichtung des Marktes verändern (Zelizer 1979, 1988, 2000). Sowohl die Ökonomie als auch ihre Kritik haben es jedoch bislang versäumt, diese kulturelle Einbettung von Märkten genauer zu erklären. In Anlehnung an Zelizers übergreifenden Rahmen zeige ich im zweiten Abschnitt, dass der Kunstmarkt für die Wirtschaftstheorie nur ein weiteres Beispiel für rationales, eigennütziges, nutzenmaximierendes Handeln darstellt; in Bezug auf die Preise für Kunstwerke lautet die Kernaussage der Wirtschaftstheorie, dass Preise nichts anderes (*nothing but*) als perfekte und neutrale Repräsentationen kultureller Werte sind. Im Falle von Ungewissheit oder asymmetrisch verteilten Informationen haben Ökonom:innen Preise dabei auch als Qualitätssignale verstanden. Im dritten Abschnitt gehe ich auf eine einflussreiche Tradition in den Geisteswissenschaften ein, die sich mit dem Kunstmarkt befasst und der ökonomischen Perspektive entgegensteht. Da der einzigartige Wert der Kunst durch die Preisbildung ‚trivialisiert' wird, haben Kunsthistoriker:innen, Kunstkritiker:innen und andere Kulturexpert:innen eine von Zelizer so bezeichnete Perspektive der feindlichen Welten (*hostile worlds*) eingenommen: Um mit dem Markt zurechtzukommen, haben sie den ökonomischen Wert (Preis) und den kulturellen Wert der Kunst dichotomisiert. Diese Dichotomisierung beinhaltet streng genommen zwei verschiedene Modelle, die ich hier als Modell der unabhängigen Sphären (*independent spheres*) und als Kontaminationsmodell (*contamination model*) bezeichne. Nach dem ersten Modell bilden Wirtschaft und Kultur zwei voneinander unabhängige Sphären. Es wird davon ausgegangen, dass der Preis eines Kunstwerks durch die ‚unpersönlichen Kräfte' von Angebot und Nachfrage bestimmt wird; diese Kräfte haben jedoch keinen Einfluss auf die ästhetische oder kulturelle Bewertung von Kunst, da Preis und Wert unabhängige Sphären bewohnen. Im Kontaminationsmodell wird der Akzent anders gesetzt; hier werden Beziehungen zwischen den beiden Sphären angenommen, die aber dazu führen, dass der Preis den kulturellen Wert der Kunst kontaminiert. Obwohl „das Wesen der Kultur die Unterscheidung ist", wie Igor Kopytoff (1986: 73) es formuliert hat, macht der Markt die Kunst zu einer bloßen Ware, deren Wert in keiner Weise einzigartig ist.

Obwohl sich einige Soziolog:innen, angefangen bei Max Weber, mit dem Preismechanismus befasst haben, zeige ich im vierten Abschnitt, dass eine vollwertige soziologische Alternative bislang fehlt. Insbesondere die symbolische Dimension der Preise wird in der Wirtschaftssoziologie nach wie vor weitgehend ignoriert. Daher entwickle ich auf der Grundlage der von mir geführten Interviews ein alternatives Verständnis des Preismechanismus'. Ich behaupte, dass scheinbar anomale Preisbildungsnormen auf dem Kunstmarkt nur angemessen verstanden werden können, wenn man die symbolischen Bedeutungen von Preisen in Betracht zieht. Mein ethnografisches Material zeigt, dass die Preise in einem Netz von Bedeutungen hängen, von denen ihre unpersönliche, geschäftsmäßige Konnotation nur eine ist. Dieses Bedeutungsgeflecht stützt sich auf kognitive Assoziationen, die Preise mit Qualität, Ansehen und Status verbinden. Dieses Bedeutungsgeflecht wird durch einen Prozess der „semiotischen Sozialisation" (Zerubavel 1997: 71 f.) etabliert. Mitglieder der Kunstwelt, die über ein detailliertes Wissen über Preise und Preisnormen verfügen, können diese interpretieren, Abweichungen feststellen und ihnen eine Bedeutung abgewinnen. Der Preismechanismus ist also nicht nur ein Allokationssystem, sondern auch ein semiotisches, kommunikatives System, das der Sprache ähnelt. In den letzten Abschnitten werde ich die Unterschiede zwischen diesem symbolischen Ansatz für Preise und den Perspektiven des Nothing-but-Modells bzw. dem Hostile-Worlds-Modell herausstellen.

Abgesehen von wirtschaftssoziologischen Überlegungen stützt sich meine Argumentation auf die Literatur der Kunstsoziologie, die besagt, dass ästhetische, künstlerische oder kulturelle Werte sozial konstruiert sind und dass die Wertschätzung eines Kunstwerks vom sozialen Kontext abhängt, in dem es gesehen wird (Becker 1984; Bourdieu 1993; Wolff 1983; Zolberg 1990). Insbesondere liegt der Wert eines Kunstwerks nicht im Werk selbst, sondern wird von den Kunstschaffenden, den Vermittler:innen und dem Publikum produziert und ständig reproduziert. Wie Howard Becker dargelegt hat, unterliegt dieser Prozess zahlreichen Konventionen und kulturellen Codes der Kunstwelt. Um mein Argument in Bezug auf die Soziologie der Künste neu zu formulieren, ist der Preismechanismus Teil der sozialen Konstruktion des kulturellen Wertes. Während Pierre Bourdieu zufolge der Wert eines Kunstwerks durch das symbolische Kapital von Kulturunternehmer:innen erzeugt wird, die die Macht zur Weihe von Kunstwerken und Künstler:innen innehaben (Bourdieu 1993: 27), deuten meine Untersuchungen darauf hin, dass nicht nur der Weiheprozess, sondern auch der Tauschprozess selbst zur Erzeugung des Glaubens an den Wert von Kunst beiträgt. Die symbolischen Bedeutungen der Preise stellen mit anderen Worten eine enge Verbindung zwischen Preis und kulturellem Wert dar.

2 Der Kunstmarkt aus wirtschaftswissenschaftlicher Sicht

In der Wirtschaftstheorie werden Preise als Ausdruck der Bereitschaft der Menschen, für ein bestimmtes Gut zu zahlen, interpretiert. Alfred Marshall, der Gründervater der modernen Wirtschaftswissenschaften, argumentierte wie folgt: „Die Größe des Wunsches, etwas zu erhalten, das normalerweise für Geld gekauft und verkauft wird, ist (...) an dem Preis messbar, den die Menschen dafür zu zahlen bereit sind" (Marshall 1890: 83). Indem die Verbraucher:innen auf dem Markt mit Geld ‚abstimmen', legen sie ihre Präferenzen offen; das Preissystem übersetzt diese individuellen Geldstimmen in überindividuelle Marktpreise (Stigler 1987). Eine zentrale Voraussetzung dieses Ansatzes ist die unbedingte Kommensurabilität der Güter. [....] Demnach hat das wertvollste Gut zwangsläufig den höchsten Preis. Entweder wird also in der neoklassischen Wirtschaftswissenschaft überhaupt nicht zwischen Preis und Wert unterschieden, oder der Preis wird als perfekte Darstellung des Wertes angesehen (Walras, zit. in Mossetto 1993: 40; Robins 1932: 10; Becker 1976: 7; Radin 1996: 8 f.).

Die Preise für Kunstwerke sind keine Ausnahme von diesen Grundsätzen. Die Kulturökonomie hat bei zahlreichen Gelegenheiten argumentiert, dass sich das wirtschaftliche Verhalten von Künstler:innen, Sammler:innen und Kunsthändler:innen nicht vom Verhalten der Beteiligten auf anderen Märkten unterscheidet. [....] In Bezug auf die Preise schreiben Heilbrun und Gray (1993: 152) in ihrem Lehrbuch über die Ökonomie von Kunst und Kultur: „Wie auf jedem anderen Markt spiegelt der resultierende Preis [auf dem Primärmarkt für Kunst, Anm. d. Verf.] die Wirkung der Kräfte von Angebot und Nachfrage wider".

Die zweifellos stärkste Aussage im Sinne des Nothing-but-Modells stammt von dem Kulturökonomen William Grampp, der in seinem Buch „Pricing the Priceless" argumentiert, dass „Kunstwerke wirtschaftliche Güter sind, dass ihr Wert vom Markt gemessen werden kann, dass die Verkäufer:innen und Käufer:innen von Kunst – die Menschen, die sie schaffen und von ihr profitieren – Menschen sind, die versuchen, so viel wie möglich von dem zu bekommen, was sie haben" (Grampp 1989: 8). [....] Die Preise für Kunstwerke spiegeln demnach die Bereitschaft der Verbraucher:innen wider, für den Status, den der Besitz von Kunstwerken verleiht, für das ästhetische Vergnügen, das sie bereiten, sowie für die erwarteten monetären Erträge zu zahlen (Grampp: 1989 20 f.). [....] Aus einer solchen Perspektive ist der ästhetische Wert nichts anderes (*nothing but*) als eine Teilmenge der allgemeinen Kategorie des wirtschaftlichen Wertes.

Sicherlich hat die neoklassische Mikroökonomie, die sich lange Zeit vor allem als Preistheorie verstanden hat, mehr zur Analyse von Preisen beigetragen, als die bloße Etablierung von Begriffen wie Zahlungsbereitschaft sowie Angebot und Nachfrage. Besonders relevant im Zusammenhang mit der Bedeutung von Preisen ist die Signaltheorie, die aus der Arbeit der Nobelpreisträger Michael Spence (1974), George Akerlof (1970) und Joseph Stiglitz (1987) hervorgegangen ist. Diese Autoren führten „Signaling" und verwandte Begriffe wie „Screening" und „Effizienzlöhne" in die Analyse von Märkten wie dem Kunstmarkt ein, wo die Qualität von Gütern schwer zu beurteilen ist und eine asymmetrische Informationsverteilung vorherrscht. Das übergreifende Argument ist, in den Worten von Stiglitz, dass „der Preis eine Funktion hat, die über das hinausgeht, was ihm in der Wirtschaftstheorie üblicherweise zugeschrieben wird: Er vermittelt Informationen und beeinflusst das Verhalten" (Stiglitz 1987: 3). Insbesondere werden die Preise zur Beurteilung der Qualität einer Ware herangezogen, oder – anders ausgedrückt – die Qualität wird über das Preisniveau „durchleuchtet" (Spence 1974: 114). Diese Signalwirkung ist nicht auf uninformierte Parteien beschränkt, denen andere Informationsquellen zur Einschätzung der Qualität von Waren fehlen. Michael Spence, der als einer der ersten Ökonomen die Bedeutung der Signalwirkung auf Märkten erkannte, argumentierte, dass Verkäufer die Qualität von Gütern innerhalb einer Produktlinie auf der Grundlage von Erfahrungen mit dem Preis korrelieren. Infolgedessen senden Preisänderungen Qualitätssignale an informierte, häufige Käufer der betreffenden Waren.[4]

3 Der Kunstmarkt aus Sicht kritischer (Sozial-)Theorien

Während Ökonomen den Markt loben, weil er alle Werte auf den Preis reduziert und so die optimale Allokation der knappen Ressourcen fördert, wird die starke Wirkung des Marktes auf das Kunstfeld von Kunsthistoriker:innen und Kulturex-

---

4 Abgesehen von Qualitätssignalen unterscheidet Spence zwischen Statussignalen, bei denen „ein großer Teil des Preises einer Ware eher auf Ausschlusskosten" und solchen, bei denen der Preis „auf Produktions- und Marketingkosten zurückzuführen ist" (Spence 1974: 114); kognitive Bedeutungen wirtschaftlicher Prozesse wurden auch von der österreichischen Schule der Wirtschaftswissenschaften anerkannt. [....]

pert:innen beklagt. Pierre Bourdieu (1993: 74) hat den Kunstmarkt zu Recht als „einen Handel, in dem die Dinge keinen Preis haben", charakterisiert, da die spezifische Ökonomie bzw. Eigenlogik der Kunst dabei negiert wird.[5] Außerhalb der Ökonomie werden Preise für Kunstwerke als weit weniger neutral wahrgenommen als von ihr selbst. Wirtschaft erscheint viel eher als *hostile World*, deren Inkommensurabilität mit der Kunst betont wird. Tatsächlich ist die Opposition gegen den Kunstmarkt so alt wie die wissenschaftliche Beschäftigung mit der Kunst selbst. Schon im 17. Jahrhundert kritisierte der niederländische Kunsthistoriker avant la lettre Karel van Mander, dass der Kunsthandel Qualitäten in bloße Zahlen umwandelt. [....] Diesem Modell zufolge kontaminieren entweder die Preise den inkommensurablen Wert der Kunst (Kontaminationsmodell), oder Preis und Wert befinden sich in zwei getrennten Sphären (Modell der unabhängigen Sphären).

Das erste Modell beruht auf einer marxistischen Wertvorstellung. Mitglieder der *Frankfurter Schule* wie Max Horkheimer, Theodor W. Adorno und Herbert Marcuse sprachen sich gegen die Kommerzialisierung der Kultur aus, weil sie „unsere kritischen Fähigkeiten erstickt, Entfremdung hervorruft, Kunstwerke degradiert und das kapitalistische System vor internen Herausforderungen schützt" (Cowens 1998: 10 f.). Arnold Hauser, Autor eines Klassikers der marxistischen Kunstgeschichte, hat den freien Kunstmarkt in den Niederlanden des 17. Jahrhunderts ebenfalls als kontaminierende Kraft bezeichnet. Die Anarchie, die der Markt verkörperte, führte laut Hauser (1983) zu finanzieller Unsicherheit für den Künstler; durch das Aufkommen des Kunsthändlers im siebzehnten Jahrhundert seien die Kunstschaffenden zudem von ihrem Publikum entfremdet worden. Infolge dieses gespannten Verhältnisses schätzten die Käufer Kunstwerke zunehmend als vergleichbar mit jeder anderen Ware ein, die man nach eigenem Ermessen zu Investitionszwecken habe kaufen können. Die primäre Quelle des Wertes hätte sich auf diese Weise von der kulturellen in die wirtschaftliche Sphäre verlagert, so Hauser (1983: 503 f.).

[....] Unter den Kunstkritiker:innen ist Robert Hughes einer der wichtigsten zeitgenössischen Vertreter des Kontaminationsmodells. Obwohl Hughes zu Beginn eines Essays über Kunst und Geld einräumt, dass „Geld den Künstlern viel mehr nützt als schadet" (Hughes 1990: 400), ist die Tatsache, dass Kunstwerke hohe Marktpreise erzielen, für ihn mit einer fetischistischen Konnotation behaftet: „Vor

---

5 Adorno charakterisiert die kapitalistische Gesellschaft folgendermaßen: „Die ganze bürgerliche Gesellschaft steht unter dem Gesetz des Tausches, des ,Gleichen gegen Gleiches', des Kalküls, das keinen Rest übrig lässt. Der Tausch ist seinem Wesen nach etwas Unzeitgemäßes, wie das Verhältnis selbst (....). Das bedeutet aber nicht weniger, als dass das Gedächtnis, die Zeit und die Erinnerung als eine Art irrationaler Rest liquidiert werden" (Adorno, zit. in Bürger: 1974: 59).

fünfundzwanzig Jahren war es einfacher, Kunstwerke in ihrer wahren Qualität zu schätzen; was das mit fetischistischem Wert beladene Meisterwerk heute verloren hat, ist eine gewisse Freiheit des Zugangs – eine Lebendigkeit, eine Verfügbarkeit für das Auge und den Geist. Es ist mit einer falschen Autorität ausgestattet worden, wie die Fassade einer Bank" (Hughes 1990: 20). So gehe die Unschuld des Kunstwerks verloren, während die visuelle Erfahrung und die ästhetische Bedeutung des Werks „unter dem brachialen Gewicht des Preises zusammenbricht" (Hughes 1990: 20). [....] Damit teilen diese Darstellungen des Marktes interessanterweise die Behauptung des ökonomischen Nothing-but-Modells, dass der Markt alle Werte auf den Preis reduziert. In der Bewertung stehen sie sich jedoch diametral gegenüber. Dass das Kontaminationsmodell nicht auf die Geisteswissenschaften beschränkt ist, veranschaulicht der Wirtschaftswissenschaftler Arjo Klamer (1996). Er argumentiert, dass Künstler:innen und Sammler:innen versuchen, Quid-pro-quo-Vereinbarungen und die Messung des Wertes von Kunstwerken mit der Begründung zu vermeiden, dass eine solche Messung die künstlerische Erfahrung entwerten würde. Daher werden von Klamer und anderen Kritiker:innen des Kontaminationsmodells Geschenktransaktionen dem quid pro quo-Charakter von Markttransaktionen vorgezogen (vgl. etwa Foster 1996). [....]

Die zweite Kritik am Preismechanismus nenne ich das Modell der unabhängigen Sphären. Es hat seine Wurzeln in der sogenannten formalistischen Tradition der Kunstgeschichte (Bell 1969; Steiner 1996; Greenberg 1991). Im Mittelpunkt des Formalismus steht der Begriff der Autonomie. Er fordert eine eigene Sphäre für die Künste, die „über dem Strom des Lebens" steht (Bell 1969: 91). Anstatt dass Preise die Kunstwelt kontaminieren, werden in diesem Modell die intrinsischen Werte der Kunst und die instrumentellen Werte der Wirtschaft radikal voneinander getrennt. „So wie es unverwechselbare und irreduzible wirtschaftliche, moralische, intellektuelle und religiöse Werte gibt, so gibt es und muss es auch völlig diskrete und irreduzible ästhetische Werte geben: Werte, die nicht mit anderen Werten erklärt werden können und mit denen wir auf Kunstwerke angemessen reagieren" (Novitz, zit. in Steiner 1996: 216). [....]

Obwohl die formalistische Tradition, die von berühmten Kunsthistorikern und -kritikern wie Clive Bell, Roger Fry, Clement Greenberg und Michael Fried vertreten wurde, nicht mehr florierte, hat die Tendenz zur Dichotomisierung von Preis und Wert der Kunst „einen längeren Atem, als man denkt" (Huskel und Teichgraeber 1993: 1). Während ihr Modell der unabhängigen Sphären nichts anderes als die Erklärungen der Ökonomen leugnet, indem es behauptet, dass der Wert nicht auf den Preis reduzierbar ist, bestätigt es gleichzeitig die ökonomische Perspektive, indem es suggeriert, dass der Kunstmarkt und der Preismechanismus im Wesentlichen a-soziale und nicht-kulturelle Phänomene seien.

4 Zur soziologischen Analyse von Preisen

In soziologischen Darstellungen des Preismechanismus wird weder den Ansätzen des *nothing but* noch der *hostile Worlds* wirksam begegnet. In Anlehnung an Karl Polanyi (1944) lautet die Standardannahme bis heute, dass die Preise in den „eingebetteten" Volkswirtschaften der vorindustriellen Gesellschaften durch Tradition oder Befehl bestimmt werden, in den „entbetteten" modernen Volkswirtschaften jedoch durch die „unpersönlichen Kräfte" von Angebot und Nachfrage (Swedberg und Granovetter 1992: 8 f.). Die Tatsache, dass die Preisbildung von Gütern soziale Aktivitäten und kulturelle Interpretationen beinhaltet, wird hingegen vernachlässigt. [....]

Natürlich gibt es einige bemerkenswerte Ausnahmen – angefangen bei Max Weber, der in „Wirtschaft und Gesellschaft" die „Geldpreise" als „das Produkt von Interessenkonflikten und Kompromissen" bezeichnete; sie seien demnach das „Ergebnis von Machtkonstellationen", so Weber (1978: 108). [....] Ebenso hat Charles Smith (1989) überzeugend dargelegt, dass selbst Auktionen, die aufgrund ihrer angeblichen Transparenz dem ökonomischen Modell am nächsten kommen sollten, erheblich von diesem Modell abweichen. Im Gegensatz zu den Annahmen der Wirtschaftstheorie kennen die Bietenden den wirtschaftlichen Wert der zum Verkauf stehenden Objekte nicht; ihre Schätzungen beruhen in der Regel auf kollektiven Meinungen, die in hohem Maße veränderbar sind. [....]

Darüber hinaus haben eine Reihe neuerer sozialstruktureller oder institutionalistischer Studien über Preise Webers Feststellung weiter ausgeführt, dass Preise aus Machtkonstellationen, Interessenkonflikten und Kompromissen resultieren. So hat unter anderem Harrison White argumentiert, dass es sich bei Preisen um soziale Formationen oder soziale Konstruktionen handelt, die aufgrund etablierter Spielregeln funktionieren, denen die Produzenten stillschweigend gehorchen. Das bedeutet, dass Preise nicht „auf mysteriöse Weise aus dem ‚Markt' entstehen", sondern „Teil der Handelsbedingungen sind und von den am Austausch beteiligten Akteuren sozial konstruiert werden" (White und Eccles 1987: 985; White 1981). In Umkehrung des neoklassischen Wirtschaftsansatzes argumentiert Neil Fligstein in seinem Ansatz „Märkte als Politik", dass der Preiswettbewerb eine Quelle der Instabilität auf den Märkten ist, die die Unternehmen daher eher zu vermeiden als zu fördern versuchen (Fligstein 1996). [....] Wayne Baker (1984) wiederum hat gezeigt, wie die Volatilität der Aktienkurse von der sozialen Struktur des Marktes und der Größe der Netze abhängt, in denen die Händler tätig sind.

All diese Studien stellen die Rolle der sozialen Struktur in den Vordergrund, die kulturellen Aspekte der Märkte lassen sie hingegen im Großen und Ganzen unberücksichtigt.[6] Insbesondere erkennen sie nicht an, dass Preise nicht nur in soziale Netzwerke eingebettet sind, sondern in Bedeutungsgeflechte und damit eine symbolische Dimension haben. Damit aber bleiben auch die Anomalien unverständlich, durch die sich der Preismechanismus auf dem Kunstmarkt auszeichnet. [....] Dabei handelt es sich insbesondere um zwei Phänomene: Die erste Anomalie ist das Vorhandensein eines starken Tabus für Preissenkungen. [....] Die von mir befragten Händler:innen und Künstler:innen sagten dazu beispielsweise: „Ein Kunstwerk wird niemals im Preis gesenkt, niemals" (US 14); „das Problem ist, dass man nicht mehr zurückgehen kann, wenn die Preise sehr hoch sind" (NL 16) oder „ich habe eine moralische Verantwortung, den Preis aufrechtzuerhalten, eine Verantwortung gegenüber der Gemeinschaft, in der ich tätig bin" (US11). In der Tat scheinen sich Kunsthändler:innen und Künstler:innen eher wie Preis- als wie Gewinnmaximierende zu verhalten. In ihrem Nachdenken über den Kunstmarkt spielt das Konzept der Preiselastizität, das in der Wirtschaftstheorie so zentral ist, nur eine untergeordnete Rolle. [....] Aus ökonomischer Perspektive ist dieses Verhalten fragwürdig, weil es die Bewegung des Marktes in Richtung Gleichgewicht hemmt: Wenn eine Preissenkung wirklich unmöglich ist, kann der Markt bei einem Überangebot nicht bereinigt werden.

Die zweite Anomalie besteht darin, dass Kunstwerke innerhalb des Oeuvres fast immer den gleichen Marktpreis haben (Rengers und Velthius 2002). Ein amerikanischer Händler erklärte dies eindringlich: „Man kann Werke nicht unterschiedlich bepreisen. Zu Lebzeiten von Künstlern muss alles, was sie ausstellen, als gleichwertig bezeichnet werden. Alles, was ein Künstler ausstellt, ist von gleichem Wert" (US 14). Selbst wenn man der Meinung ist, dass einige Werke besser sind als andere, oder wenn für einige Werke eine übermäßige Nachfrage zu erwarten ist (zum Beispiel, weil sie auf dem Cover des Ausstellungskatalogs erscheinen), wird diese Preisnorm angewendet. [....] Mit anderen Worten: Die Händler:innen nutzen den Nachfrageüberhang nach bestimmten Werken nicht aus. [....]

Um diese beiden Anomalien zu erklären, müssen wir zunächst die radikale Unsicherheit über den Wert der zeitgenössischen Kunst verstehen. Ein wichtiges Merkmal des Kunstmarktes ist, dass die Beteiligten den Wert der Objekte nicht kennen und dass Kriterien zur Bewertung der Qualität der Werke fehlen. Wie Stuart Plattner in seiner Ethnografie des Kunstmarktes von St. Louis argumentiert hat, „bedeutet der Bankrott der Kunstkritik und der bewertenden Kunsttheorie, der historisch auf den Triumph der Impressionisten und das sie kennzeichnende Händler-Kritiker-System zurückgeht, dass der Wert geheimnisvoll, sozial konstru-

---

6 Zur Vernachlässigung der Kultur in der Wirtschaftssoziologie siehe Viviana A. Zelizer (2002).

iert und ohne Expertenwissen unmöglich a priori vorherzusagen ist" (Plattner 1996: 195).

Die Angleichung von Werten, in diesem Fall durch die Preisgestaltung von Kunstwerken, ist ein Mittel zur Bewältigung von Unsicherheit. Meine Interviews zeigen insbesondere, dass mentale Assoziationen zwischen Preisen, kulturellem Wert und dem Status von Künstler:innen und Händler:innen bestehen. Ich fand heraus, dass Preise, Preisunterschiede und Preisänderungen mit Veränderungen und Unterschieden in der Qualität des Werks in Verbindung gebracht werden; diese Assoziationen beruhen auf Konventionen, die durch einen Prozess der „semiotischen Sozialisation" erlernt werden, wie der Kognitionssoziologe Eviatar Zerubavel (1997: 71 f.) es nennt. So wird der Preis als eine ökonomische Größe zu einem *Signifikanten*, der auf nicht-ökonomische Signifikate wie die Qualität eines Kunstwerks oder den Status von Künstler:innen verweist; die Preise signalisieren mit anderen Worten Qualität oder Status.

Ich behaupte nicht, dass Preissignale die einzigen Signale bei der Konstruktion von Werten und Statushierarchien in der Kunstwelt sind. Sie interferieren mit anderen Signalen, wie beispielsweise frühere Ankäufe von Werken durch Museen und führende Sammler:innen, der Standort der Galerie, die Gestaltung von Anzeigen und Verkaufskatalogen, die Sprache, die verwendet wird, um das Oeuvre der Künstler:innen zu qualifizieren, oder die Kleidungs- und Sprachcodes von Künstler:innen und Händler:innen. Was die Preissignale und die kognitiven Bedeutungen, die sie vermitteln, von diesen anderen Signalen unterscheidet, ist jedoch die numerische Qualität, die sie relativ leicht lesbar und interpretierbar macht. Wie Wendy Espeland und Mitchell Stevens argumentieren, besteht „ein Vorteil der Kommensuration darin, dass sie standardisierte Möglichkeiten zur Konstruktion von Ersatzwerten für ungewisse und schwer fassbare Eigenschaften bietet" (Wendy und Espeland 1998: 316).[7]

Preise setzen dabei insbesondere in drei Richtungen Signale: Zum einen signalisiert ein hoher Preis in den Augen von Kaufinteressierten Exzellenz und ästhetische Qualität (vgl. Plattner 1996: 15; Moulin 1987: 157). Die preisliche Gleichbehandlung aller Werke einer Person schafft darüber hinaus „Stabilität" (NL 9) und ermöglicht es den Käufer:innen überdies eher, eigene Entscheidungen zu treffen. [....] So sagt eine niederländische Händlerin: „Wer bin ich, dass ich entscheiden kann, dass dieses Gemälde interessanter ist als das daneben hängende Gemälde derselben Größe? Es ist schon oft vorgekommen, dass ich dachte: ‚Ich

---

7 Zur Relevanz allgemeiner Codes und Konventionen vgl. Howard S. Becker (1984); für statistische Analysen zum Verhältnis von Anwerbungen durch Museen und Kunstmarktpreisen vgl. Bruno S. Frey und Werner W. Pommerehne (1989). Für die Konstruktion des Glaubens an eine:n Künstler:in und dessen Wert vgl. Holger Bonus und Dieter Ronte (1997).

würde dieses und jenes Werk kaufen', aber dass das erste Werk, das die Leute kaufen, eines ist, auf das ich nie gekommen wäre" (NL 6). [....] Und drittens schließlich signalisieren Preise den steigenden Erfolg von Kunstschaffenden. [....] Die positive Bedeutung von Preiserhöhungen veranlasst Händler:innen dazu, eher Preis- als Gewinnmaximierende zu sein. Da steigende Preise als Zeichen des Erfolgs und als Bestätigung der Qualität des Werks wahrgenommen werden, haben Händler:innen und Künstler:innen einen Anreiz, aktiv Knappheit zu produzieren. Dies ist eine vorläufige Erklärung für die Tatsache, dass Galerien sowohl in der Vergangenheit als auch in der Gegenwart die Anzahl der Werke, die sie in einer Ausstellung zeigen, bewusst beschränken. Es erklärt zudem, dass selbst sehr erfolgreiche Künstler wie Mark Rothko, Francis Bacon oder Picasso eine große Anzahl von Werken hinterließen, als sie starben, und dass der Kunsthandel darauf bedacht ist, die Auflagenhöhe von Fotografien und Drucken zu begrenzen (Gee 1981; Grampp 1989). Das gegenteilige Argument gilt für Preissenkungen. Preissenkungen wirken sich nicht nur auf die finanzielle Rentabilität von Investitionen in Kunst aus. [....] Durch die Senkung des Preises vermitteln Kunsthändler:innen eine Botschaft über den Wert eines Werks. Die Senkung erweckt „Misstrauen beim Publikum", wie es eine:r der Befragten ausdrückte. [....] Eine andere Händlerin sagte: „Wenn er [der Preis, Anm. d. Verf.] sinkt, fragen sie, was mit dem Werk nicht stimmt" (US 8).[8] [....]

5 Jenseits des Signals

[....] Im Folgenden will ich darlegen, warum eine genuin soziologische Analyse von Preisen nicht nur bestehende ökonomische Signaling-Theorien bestätigt, sondern zu einem besseren Verständnis der dahinterliegenden Mechanismen beiträgt. Zunächst einmal dienen Preissignale nicht nur dem wirtschaftlichen Zweck, Verkäufe an Sammelnde zu tätigen oder die Produktivität von Kunstschaffenden zu maximieren. Wie ich in den nächsten Abschnitten zeigen werde, veranlassen Preisbedeutungen und Preisänderungen Händler:innen a) dazu, ihre vielfältigen Rollen als Gatekeeper, Vertraute und Mäzen:innen von Kunstschaffenden wahrzunehmen; tragen diese b) Bedeutungen dazu bei, Statushierarchien unter Sammler:innen und Künstler:innen zu etablieren und deren Identität auszudrücken; strukturieren sie c) die Kunstwelt auf einer überindividuellen Ebene und schließ-

---

8 Ruth Towse (1992) stellte ebenfalls fest, dass Sänger:innen, die Schwierigkeiten haben, sich am Markt zu etablieren, durch die Senkung der Honorare signalisieren, dass sie Schwierigkeiten haben, engagiert zu werden; infolgedessen wird potenzielle Nachfrage eher abgeschreckt als angezogen.

lich zeige ich d) auch, dass Preisbedeutungen immer kontextabhängig und mehrdeutig sind.

5.1 Die Rollenverteilung

Die Tatsache, dass Kunsthändler:innen sich weigern, Preise nach Qualität zu bestimmen, hat nicht nur mit der Signalwirkung von Preisen zu tun. Sie tun dies auch, um ihrer Rolle als Gatekeeper des Kunstmarktes gerecht zu werden. Diese Gatekeeping-Rolle bedeutet nicht nur, dass die Händler:innnen als Selektionsmechanismus für neu in den Markt eintretende Künstler:innen fungieren, sondern auch, dass der Kunsthandel die Galerie als wichtigstes Screening-Gerät für jedes einzelne Kunstwerk betrachtet, das auf den Markt kommt. Diese Rolle erfordert theoretisch eine Preisfestsetzung je nach Größe. Indem sie Preisunterschiede akzeptieren, würden die Handeltreibenden implizit zugeben, dass bei den zum Verkauf stehenden Werken Qualitätsunterschiede bestehen. Damit würde jedoch ihre Gatekeeper-Funktion untergraben. Eine amerikanische Händlerin erklärt, die unterschiedliche Preisgestaltung „impliziere, dass die Integrität von Künstler:innen nicht durchgängig ist, dass sie dieses eine Werk besser gemacht haben. Ich denke, das ist eine unmoralische Rolle, eine unangemessene Rolle" (US 8). Vielmehr solle man als Händler:in nur sicherstellen, dass Künstler:innen keinen Mist anstellen und dass sie ihre Werke selbst hergestellt haben. [....]

Umgekehrt zeigt sich in der Norm Preissenkungen zu vermeiden die Rolle von Händler:innen als Vertrauten ihrer Sammler:innen, da sie letztere auf der Grundlage ihrer überlegenen Kenntnisse des Kunstmarktes vertrauensvoll beraten. Selbst wenn ein:e Sammler:in ein Werk bereits erworben hat und nicht die Absicht hat, es weiterzuverkaufen, sind steigende Preise von entscheidender Bedeutung, da sie Sammler:innen, die große Summen für Waren ohne offensichtlichen Gebrauchswert ausgeben, ein Gefühl der Beruhigung vermitteln. Ein amerikanischer Händler, der eine kleine Zahl von Milliardär:innen beim Erwerb von Kunstwerken berät, die manchmal über 1 Million Dollar pro Stück kosten, sagt: „Sie müssen sich ständig selbst erklären, warum sie so viel Geld für Kunst ausgeben, manchmal bis zu 40 Prozent ihres gesamten Nettovermögens. Sie wollen also den ganzen Tag lang hören, dass es Sinn macht, was sie tun" (US 2).

Diese Handhabung von Preisen symbolisiert nicht nur die Rolle von Händler:innen als Gatekeeper und Vertrauensperson der Sammler:innen, sondern zeigt auch deren fürsorgliche Rolle gegenüber den Künstler:innen. Vor allem junge Künstler:innen, die hohe Erwartungen haben und deren Selbstvertrauen gewachsen ist, sobald sie eine Galerie gefunden haben, sind bestrebt, ihre Werke hochzupreisen; es fehlt ihnen dabei allerdings an Erfahrung in Bezug auf Preisstrategien und an Wissen über das übliche Preisniveau. Die Händler:innen sagten mir, dass sie es als ihre Pflicht ansehen, diese Künstler:innen vor sich selbst und vor ihrem Markt zu „schützen". Anstatt diesen Künstler:innen die süße Freude hoher Preise zu gönnen, kann ein:e Kunsthändler:in ihnen stattdessen andere Quellen der Selbstachtung bieten, indem man ihre Werke beispielsweise auf Kunstmessen präsentiert oder ihnen die Aufmerksamkeit von Museen und Kritiker:innen sichert. Solche Formen der Aufmerksamkeit sind weniger riskant, als hohe Preise. Diese fürsorgliche Rolle von Händler:innen gegenüber den Künstler:innen liefert im Übrigen einen weiteren Grund, Preissenkungen zu vermeiden, denn sie wirken sich negativ auf das Selbstwertgefühl von Künstler:innen aus. So sagt ein Repräsentant der New Yorker Galerieszene:

> [Ein Preisrückgang, Anm. d. Verf.] hat einen ätzenden Nachhall. Wenn der Preis des Künstlers sinkt, bedeutet das, dass die Galerie das Vertrauen in ihn verloren hat, oder die Sammler haben das Vertrauen verloren, oder er hat sein Publikum verloren. Das sind die Folgen, und das dürfen Sie niemals zulassen, denn wenn Sie ihn weiterhin ausstellen, bedeutet das, dass Sie weiterhin Vertrauen in ihn haben. Und wenn Sie weiterhin Vertrauen in ihn haben, bedeutet das, dass Sie glauben, dass der Künstler sich weiterentwickelt. Es ist schädlich für einen Künstler, wenn er feststellt, dass er sein Preisniveau nicht halten kann. Das ist ein Schlag für sein Selbstwertgefühl (US 14).

Selbst die renommiertesten Händler:innen bestätigten auf meine Nachfrage hin, dass Preise eine „Persönlichkeitsfrage" sind, was bedeutet, dass ein Preisverfall vermieden werden muss.

5.2 Reichlich und billig

Das Preisniveau sagt auch etwas über die Identität von Kunsthändler:innen, Sammler:innen und Künstler:innen aus und trägt dazu bei, Statushierarchien zwischen ihnen zu schaffen. Preise beziehen sich also nicht nur auf Objekte, wie Ökonomen annehmen, sondern auch auf die Menschen, die sie produzieren, vertreiben und konsumieren. Dass hohe Preise von Kunstwerken diese zu einem Statussymbol machen, hat der Ökonom Thorstein Veblen in seiner „Theory of the leisure class" festgestellt. Veblen (1994) argumentierte, dass das Konsumverhalten der Freizeitklasse von „pekuniären Geschmackskanons" (Veblen 1994: 79) bestimmt wird, die die Mitglieder der Klasse dazu veranlassen, Objekte im Verhältnis zu ihren monetären Kosten zu bewerten: „Der Nutzen dieser Dinge für den Besitzer beruht im Allgemeinen weniger auf ihrer inneren Schönheit als auf der Ehre, die ihr Besitz und ihr Konsum verleihen, oder auf der Schande, die sie abwehren" (Veblen 1994: 79).

Meine Ergebnisse legen nahe, dass nicht nur der Preis, sondern auch die Differenz zwischen dem aktuellen Marktpreis und dem ursprünglichen Erwerbspreis als Statussymbol dient. Steigende Preise ermöglichen es Sammler:innen und Kunsthändler:innen, ihr ‚ästhetisches Auge' und die heroische Rolle, die sie in der Kunstwelt spielen, zum Ausdruck zu bringen: Indem sie das niedrige Niveau der ursprünglichen Erwerbspreise mit dem hohen gegenwärtigen Marktwert ihrer Bestände kontrastieren, vermitteln die Beteiligten am Kunstmarkt, wie früh sie in der Lage waren, die Qualität einer künstlerischen Arbeit zu erkennen. So erzählte der niederländische Sammler Frits Becht in einem Interview mit einer niederländischen Wochenzeitung, wie er in den 1950er Jahren ein Werk des niederländischen Künstlers Co Westerik für 75 Euro kaufte und betonte, dass er es 30 Jahre später für das 1.000-fache dieses Preises verkaufen konnte (Becht zit. in Kagie 1988). Auch Sidney Janis, ein berühmter New Yorker Galerist der Nachkriegszeit [....] betonte, dass „in den letzten zehn Jahren die Werke aller [von ihm vertretenen, Anm. d. Verf.] Künstler:innen mindestens das Dreifache ihres Wertes erreicht haben, während der Wert einiger Werke um das Acht- oder Zehnfache gestiegen ist" (Janis zit in Brooks 1960). Für ihn, wie für viele andere, fungiert die Differenz zwischen dem ursprünglichen Anschaffungspreis und dem aktuellen Marktwert als Statussymbol. Dies bedeutet auch, dass manche Sammelnde eher von niedrigen als von hohen Preisen angetrieben werden, wenn sie Kunst kaufen. Sie sind auf potenzielle Wertsteigerungen erpicht und von ihrer eigenen Fähigkeit überzeugt, „Qualität" zu erkennen, und weigern sich, zu hohen Preisen zu kaufen. Der amerikanische Sammler Paul Cummings zum Beispiel verglich den Reiz des Sammelns von Gemälden mit dem Kauf von „Erdbeeren (....), wenn sie reichlich vorhanden und billig sind" (Robson 1995: 197; Steenbergen 2002). Die Händler:innen müssen also über kontextuelles Wissen verfügen, um entscheiden zu können, in welchen Fällen sie mit hohen Preisen Qualität signalisieren und in welchen Fällen sie mit niedrigen Preisen den Entdeckungscharakter betonen sollten. Einer meiner Befragten sagte, er setze die Preise für Kunst so niedrig wie möglich an, um sicherzustellen, dass „die Leute mit den Augen schauen und nicht auf den Status achten" (NL 4). [....]

So wie die Differenz zwischen dem Original- und dem aktuellen Marktwert von Kunst ein Statussymbol für Sammelnde ist, schaffen Preise Statushierarchien unter Kunstschaffenden. Die Kulturökonomin Ruth Towse (2001: 487) argumentierte, dass „die monetäre Bezahlung ein Mittel der Rangordnung ist; wenn Künstler A besser bezahlt wird als Künstler B, fühlt er sich dadurch mehr wertgeschätzt. Viele Künstler akzeptieren das Urteil des Marktes". [....] Aber die unterschiedliche Bewertung provoziert auch Auseinandersetzungen. Ein bekannter New Yorker Kunsthändler sprach von der Spannung, die „die gesamte Kunstgemeinschaft durchdringt, weil bestimmte Künstler sehr hohe Preise erzielen und andere Künstler meinen, sie seien dieser Preise nicht würdig" (US 14).

5.3 Die Strukturierung der Kunstwelt

Ein weiteres Phänomen, das die Signaltheorien der Wirtschaftswissenschaften nicht berücksichtigen, ist, dass Preissignale nicht nur die Ebene einzelner Künstler:innen und ihrer Kunstwerke betreffen, sondern auch ganze Kunstbewegungen oder die hierarchische Stellung von Ländern in der internationalen Kunstwelt. Indem das Preissystem den Aufstieg und Niedergang künstlerischer Bewegungen festlegt, strukturiert oder ordnet es die Kunstwelt historisch und geografisch. So wurde beispielsweise 1914 im Pariser Hotel Drouot mit großem Erfolg die herausragende Sammlung einer kleinen Gruppe französischer Investor:innen versteigert, die sich *La Peau de l'Ours* nannte. Die Gruppe hatte neue, überwiegend kubistische Kunstwerke von Künstler:innen wie Picasso gekauft, bevor sich deren Karrieren etabliert hatten (Fitzgerald 1995: 17). [....] In den späten 1990er Jahren, um ein weiteres Beispiel zu nennen, wurden die Rekordpreise für künstlerische Fotografien ebenfalls als ultimative Bestätigung dafür interpretiert, dass das Medium Fotografie in der Kunstwelt endlich ernst genommen wurde (Woodward 2001). [....]

Neben der internen Strukturierung der Kunstwelt strukturieren hohe Preise auch das Verhältnis der Kunstwelt zum Rest der Gesellschaft. Die Kunsthistorikerin Frances Haskell hat darauf hingewiesen, dass historisch hohe Preise „den gesamten Status der Kunst in den Augen der Welt anheben" (Haskell, zit. in Fitzgerald 1995: 6). Diese statuserhöhende Wirkung der Preise hat durchaus praktische, unbeabsichtigte Folgen. Sie führt beispielsweise dazu, dass die knappen Ressourcen auf die Erhaltung von Kunstwerken konzentriert werden und nicht auf andere Objekte, die die Gesellschaften im Laufe der Geschichte hergestellt haben. So tragen hohe Preise dazu bei, die Kunst für künftige Generationen zu erhalten. Wie ein Galerist behauptet: „Hohe Kunstpreise haben eine sehr wichtige moralische Funktion, weil sie Kunst wertvoll machen. Eine Gesellschaft kann nur Dinge bewahren, die wertvoll sind (....). Der große moralische Beitrag, den der Markt für die Kunst leistet, ist der Wert, den er der Kunst zuschreibt, was wiederum zu ihrer Bewahrung führt" (Klein 1994: 65 f.).

5.4 Umstrittene Bedeutung von Preisen

Ein letzter Kritikpunkt an ökonomischen Signaltheorien ist, dass sie eine mechanistische Beziehung zwischen Preis und Qualität voraussetzen. In meinem Material zeigt sich hingegen, dass die Bedeutungen, die Preissignale vermitteln, alles andere als eindeutig sind und immer von den Beteiligten interpretiert werden müssen. Sie beruhen auf Konventionen, die erlernt werden müssen: Ohne Kenntnis der Preise für Kunst ist eine bestimmte Preisdifferenz, ein bestimmtes Preisniveau oder eine Preisänderung bedeutungslos. Preise werden erst durch einen Prozess der „semiotischen Sozialisierung" (Zerubavel 1997: 71) sinnvoll, der weitgehend mit der Zugehörigkeit zur Kunstgemeinschaft zusammenfällt. Umgekehrt werden Außenstehende der Kunstgemeinschaft die kognitiven und kulturellen Bedeutungen, die Preise vermitteln, nicht verstehen oder sie bestreiten. [....] In den Niederlanden kam es nach dem Erwerb von Gemälden von Piet Mondrian und zeitgenössischer Künstler wie Jeff Koons und Bruce Nauman durch Museen zu hitzigen Debatten in den Medien über die Legitimität der von Kunstmuseen gezahlten hohen Preise. So argumentiert der niederländische Kunstkritiker Sven Lütticken (1999: 23 f.) in einem Rückblick auf diese Debatten: „Die Preise, die moderne Kunstwerke erhielten, waren immer ein wirksames Instrument, um die Abneigung gegen sie zu thematisieren. Sie machten die abscheuliche moderne Kunst noch abstoßender". Solche Auseinandersetzungen stärken allerdings im Endeffekt den gemeinschaftlichen Charakter der Kunstwelt; sie markieren eine Differenz zum Rest der Gesellschaft und schaffen eine Grenze zwischen denen, die die Legitimität hoher Kunstpreise verstehen, und denen, die das nicht tun.

Aber auch innerhalb der Kunstwelt kann der Preismechanismus zu Verwirrung, Missverständnissen und Anfechtungen führen. Dies wird deutlich, wenn sich Künstler:innen durch den niedrigen Preis, den Händler:innen für ihre Werke ansetzen, beleidigt fühlen, wenn Sammelnde Preisen misstrauen, die entweder niedriger oder höher sind, als sie erwarten, oder wenn Händler:innen die hohen Preise anderer Kolleg:innen lächerlich machen. Ich bin Händler:innen begegnet, die die vorsichtigen Preisvorstellungen von Kunstschaffenden für zu bescheiden hielten, und anderen, die die Forderungen nach hohen Preisen als Symbol für ein unangebrachtes Überlegenheitsgefühl interpretierten. [....]

Die Marktpreise sind für die Marktteilnehmer:innen demnach keineswegs definitiv, spezifisch oder konkret. Anders als in der ökonomischen Signaltheorie angenommen, können Preise viele verschiedene Bedeutungen gleichzeitig haben. Streitigkeiten über die Bedeutung von Preisen sind im Übrigen besonders ausgeprägt zwischen dem „avantgardistischen", angebotsorientierten Marktsegment und dem „kommerziellen", nachfrageorientierten Segment. Die Händler:innen, Künstler:innen und Sammler:innen des letzteren kritisieren die hohen Preise, die Kunstwerke im ersteren erzielen. So kommentierte der Kunstkritiker Diederik Kraaijpoel in einer niederländischen Wochenzeitung den Erwerb einer Lichtskulptur von Bruce Naumann durch das Stedelijk Museum, die mehrere Männer beim promiskuitiven Sex zeigt: „Etwas, das 800.000 Gulden kostet, kann nicht lustig sein; so viel zahlt man nicht für einen guten Witz. Ein großes, teures Kunstwerk muss eine beträchtliche Menge an kulturellem Gepäck mit sich führen. Es muss nicht gleich die Sixtinische Kapelle sein, aber die Ambitionen des Herstellers, des Galeristen und des Käufers müssen in diese Richtung gehen" (Kraaijpoel zit. in Lütticken 1999: 23 f.).

6 Der Preis als Opfergabe

Anhänger einer Hostile-Worlds-Sichtweise könnten an dieser Stelle einwenden, dass mit den hier präsentierten Befunden lediglich die kontaminierende Wirkung von Preisen unterstrichen wurde. [....] Ich behaupte jedoch, dass die Kommensuration komplexer ist und dass ihre Auswirkungen vielfältiger sind, als es das Hostile-Worlds-Modell zulässt. [....] Zunächst einmal verstärkt der Preismechanismus die Inkommensurabilität der Kunst, anstatt sie nur zu untergraben. Der Grund dafür ist, dass die hohen Geldbeträge, für die Kunstwerke gekauft und verkauft werden, sie von anderen Waren unterscheiden. Wie Georg Simmel in „Die Philosophie des Geldes" argumentierte, enthält „der Geldwert sehr großer Summen (....) ein Element der Seltenheit, das ihn individueller und weniger austauschbar und damit als Äquivalent für persönliche Werte geeigneter macht" (Simmel 1999: 374). Diese Summen statten ein Gut mit „jenem ‚Superadditum' aus, mit phantastischen Möglichkeiten, die über die Bestimmtheit von Zahlen hinausgehen" (Simmel 1999: 374). Der Anthropologe Kopytoff argumentierte ebenfalls, dass „[i]n einer pluralistischen Gesellschaft die ‚objektive' Preislosigkeit des Picasso uns nur durch seinen immensen Marktpreis eindeutig bestätigt werden kann (....). Kurz gesagt wird die Singularität durch intermittierende Ausflüge in die Warensphäre bestätigt (....), auf die schnell ein Wiedereintritt in die geschlossene Sphäre der singulären ‚Kunst' folgt" (Kopytoff 1986: 82).

Simmels „Philosophie des Geldes" begegnet der ablehnenden Haltung der *hostile worlds* Vertreter:innen gegen die Geldmessung und gegen die Einheitlichkeit der Preise aber auch noch auf eine zweite Weise. Wert, so Simmel, entsteht nur dann, wenn etwas geopfert werden muss, um ihn zu erhalten: „Der Wert entsteht nur dadurch, dass für ein Gut etwas bezahlt werden muss: Die Geduld des Wartens, die Anstrengung des Suchens, der Einsatz von Arbeitskraft, der Verzicht auf Dinge, die sonst wünschenswert wären" (Simmel 1999: 90). In der Regel wird das Opfer jedoch durch die Zahlung eines Preises in Form von Geld erbracht. Simmel kommt also zu dem Schluss, dass Wert nicht ohne Preis entsteht. Die niederländische Soziologin Renee Steenbergen (2002), die die Gewohnheiten von Kunstsammelnden in den Niederlanden untersuchte, stieß bei den Entscheidungen von Sammelnden, deren Sammelleidenschaft sie zur Aufnahme von Hypotheken oder Krediten zwang, auf einen solchen Opfergedanken. Diese Sammler:innen verzichteten auf Luxusausgaben wie neue Autos oder häufige Urlaubsreisen, um Geld für ihre Kunstsucht zu sparen. [....]

Im Gegenzug sind die Sammelnden selbst geneigt, von anderen, die ein Werk aus ihrer Sammlung erwerben wollen, ein Opfer zu verlangen. Wenn das amerikanische Ehepaar Tremaine, das in den 1980er Jahren zu den größten Sammler:innen der Welt gehörte, einem Museum ein Werk schenkte (was sie häufig taten) musste es oft mit ansehen, wie das Werk in einem Lagerraum verschwand. Daraufhin beschloss das Paar, seine Werke an Museen zu verkaufen, anstatt sie ihnen zu schenken: „Aus gutem Grund war Emily [Tremaine] der Meinung, dass die Museen Werke am meisten schätzten, wenn sie für sie bezahlen mussten. Wenn das Metropolitan einen hohen Preis für ein Werk bezahlte, kamen die Leute, um es zu sehen, und selbst wenn es für den Moment vom Kommerz verdorben war, wurde es als ein bedeutendes Kunstwerk ausgestellt, hinter dem das ganze Prestige des Museums stand" (Coppet und Jones 1984: 168). Die Tatsache, dass ein Museum ein Opfer bringen musste, um ein Kunstwerk zu erwerben, veranlasste die Kurator:innen, das Werk häufiger auszustellen als gespendete Werke, für die offensichtlich kein Opfer gebracht wurde.

Abgesehen davon, dass sie den Gedanken des Opfers vermitteln, können Preise für Künstler:innen eine eindeutigere und daher bedeutungsvollere Art des Lobes oder der Anerkennung sein, als Rezensionen von Kritiker:innen und Kolleg:innen, die Aufmerksamkeit von Kultureinrichtungen oder Komplimente von Sammler:innen und Händler:innen. Diese Bedeutung der Preise hat der Politikwissenschaftler Robert Lane (1991) als „Markterfahrung" bezeichnet. Lane argumentiert, dass die Teilnahme am Markt und seinem sozialen Gefüge nicht nur Einkommen generiert, sondern auch eine Quelle emotionaler Befriedigung darstellt: Sie trage zur menschlichen Entwicklung und zur Entwicklung eines Wertgefühls bei.

Nehmen wir den Fall von Tim Robbins, einem kritischen New Yorker Künstler, der – stark von Marx beeinflusst – die rücksichtslose Kultur kritisierte, die der Kapitalismus geschaffen hat. Um dem entgegenzuwirken, was er als „Verschwendung menschlicher Ressourcen" bezeichnete, gründete er 1982 das Kunstprogramm *Kids of Survival* (K.O.S.), das die innovativen und kreativen Talente lernbehinderter und geistig behinderter Jugendlicher im New Yorker Stadtteil South Bronx fördern sollte. In einem Interview mit der Zeitschrift *Art in America* äußerte Robbins seinen Stolz über den Erfolg des Programms. Sein Stolz bezog sich nicht nur auf den wirtschaftlichen Erfolg, sondern auch auf den künstlerischen. [....] Um dies zu verdeutlichen, spricht der Künstler im Interview über Preise: „Ich denke, wir haben das geschafft – von Arbeiten für 5 Dollar im Jahr 1981 bis zu über 150.000 Dollar für ein Hauptwerk heute" (Wei 1990: 178). Mit anderen Worten: Robbins vermittelt trotz seines marxistischen Hintergrunds die künstlerische Leistung von sich und den Jugendlichen aus der South Bronx, indem er die Preiserhöhungen als Zusammenfassung ihres künstlerischen Erfolgs und ihrer Akzeptanz durch die kulturelle Gemeinschaft bezeichnet.

Schließlich sind Künstler:innen im Gegensatz zu den Annahmen des Hostile-Worlds-Modells keine passiven Opfer der Bedeutungen, die die Preise vermitteln, sondern können diese Bedeutungen gestalten und sie aktiv für sich nutzen. [....] So haben beispielsweise in den 1950er Jahren einige Avantgarde-Künstler die Bedeutung des Preises in ihren Werken auf spielerische Weise hinterfragt. Ein Beispiel dafür ist Yves Kleins Einzelausstellung „Die blaue Epoche" in einer Mailänder Galerie im Jahr 1957. Obwohl die Werke, die Klein in der Galerie ausstellte, in jeder Hinsicht identisch waren, waren die Preise für die Werke unterschiedlich. In einer für den Künstler typischen rätselhaften Sprache argumentierte er, dass, da die Käufer bereit waren, für identische Bilder unterschiedliche Preise zu zahlen, „die malerische Qualität eines jeden Gemäldes durch etwas anderes als die materielle Erscheinung wahrnehmbar war" (Klein zit. in de Duve 1989: 78). Stephen Keene, ein New Yorker Künstler, machte sich wiederum in *The Miracle Half-Mile* über den Snobismus der Kunstwelt und den Statuseffekt der hohen Kunstpreise lustig: Keene malte 10.000 Leinwände, die die Besucher der Ausstellung vor Ort zu Preisen zwischen 3 und 100 Dollar kaufen konnten. Damit konterkarierte er die Fokussierung der Kunstwelt auf hohe Preise.

7 Zusammenfassung

[....] In diesem Artikel habe ich dargelegt, wie die Wirtschaftstheorie, nach der der kulturelle Wert nichts anderes (*nothing but*)als eine andere Form des wirtschaftlichen Wertes ist, die adäquate Analyse der Verflechtung von wirtschaftlichem und kulturellem Wert auf dem Kunstmarkt behindert hat. Das Gleiche gilt für die (sozial-)kritische Perspektive der feindlichen Welten (*hostile worlds*), die den Preis und den Wert von Kunst im Wesentlichen dichotomisiert. Auf der Grundlage einer dichten, qualitativen Beschreibung des Preismechanismus konnte ich hingegen zeigen, wie Menschen in einer Welt, die sich gegen kommerzielle Werte wendet, Wege finden, nicht-ökonomische Werte über das ökonomische Medium des Preises zu vermitteln. Preise erzählen Geschichten, die nicht nur mit Geld, Tauschwert oder monetärer Messung zu tun haben, sondern auch etwas über Rollenverständnisse von Händler:innen, über die Identität von Sammelnden, über den Status von Künstler:innen und den künstlerischen Wert von Kunst erzählen.

Das auffälligste Phänomen des Preismechanismus für zeitgenössische Kunst ist das Tabu der Preissenkung. Die Wirtschaftstheorie hat bisher keine überzeugende

Erklärung für dieses Phänomen geliefert. Eine solche Erklärung gelingt erst, wenn wir die kognitiven und symbolischen Bedeutungen von Preisen berücksichtigen. Ein Preisanstieg für das Werk bestimmter Künstler:innen kann aus konventioneller ökonomischer Sicht bedeuten, dass die Nachfrage das Angebot übersteigt, aber wenn man die Bedeutung des Preises berücksichtigt, kann er auch als Zeichen der Qualität für Sammelnde oder als Quelle des Selbstwertgefühls für diese:n bestimmten Künstler:in interpretiert werden. Umgekehrt kann ein Preisrückgang aufgrund der auf dem Kunstmarkt herrschenden Unsicherheit über den kulturellen oder ästhetischen Wert den Glauben an den Wert des Werks, den ein:e Kunsthändler:in sorgfältig aufgebaut hat, schwächen; Preis und Wert konstituieren sich mit anderen Worten gleichzeitig.

Zum Schluss stellt sich die Frage, wie repräsentativ der zeitgenössische Kunstmarkt für andere historische und moderne Märkte ist. [....] Da die Soziologie die symbolische Dimension von Preisen bisher vernachlässigt hat, hängt die Verallgemeinerbarkeit meiner Ergebnisse von weiteren Forschungen ab. So können erst künftige Untersuchungen spezifischer Märkte und ausführliche Beschreibungen von Preisbildungspraktiken zeigen, ob und inwieweit die reichhaltigen, symbolischen Bedeutungen der Preise für Kunst einzigartig sind.

Literatur

Akerlof, G. A. 1970. The Market for 'Lemons': Quality Uncertainty and the Market Mechanism. *Quarterly Journal of Economics* 84: S. 488–500.

Baker, Wayne E. 1984. The Social Structure of a National Securities Market. *American Journal of Sociology* 89(4): S. 775–811.

Becker, G. 1976. *The Economic Approach to Human Behavior.* Chicago: University of Chicago Press.

Becker, H. S. 1984. *Art Worlds.* Berkeley: University of California Press.

Bonus, H. und Ronte, D. 1997. Credibility and Economic Value in the Visual Arts. *Journal of Cultural Economics* 21: S. 103–118.

Bourdieu, P. 1993. *The Field of Cultural Production. Essays on Art and Literature.* Cambridge: Polity Press.

Brooks, J. 1960. Why fight it? Profiles: Sidney Janis. *The New Yorker.*

Bürger, P. 1974. *Theorie der Avantgarde.* Frankfurt am Main: Suhrkamp.

Cowens, T. 1998. In Praise of Commercial Culture. Cambridge: Harvard University Press.

de Coppet, L. und Jones, A. 1984. *The Art Dealers. The Powers Behind the Scene Tell How the Art World ReallyWorks.* New York: Clarkson N. Potter.

de Duve, T. 1989. Yves Klein, or the Dead Dealer. *October* 49: S. 72–90.

DiMaggio, P. J. und Powell, W.W. 1983. The Iron Cage Revisited: Institutional Isomorphism and Collective Rationality in Organizational Fields. *American Sociological Review* 48: S. 147–160.

Espeland, W. N. und Stevens, M. L. 1998 Commensuration as a Social Process. *Annual Review of Sociology* 24: 313–343.

Fitzgerald, M. C. 1995. *Making Modernism. Picasso and the Creation of the Market for Twentieth-Century Art.* New York: Farrar, Straus, and Giroux.

Fligstein, N. 1996. Markets as Politics: A Political-Cultural Approach to Market Institutions. *American Sociological Review* 61: S. 656–673.

Foster, H. 1996. *The Return of the Real. The Avant-Garde at the End of the Century*. Cambridge: MIT Press.

Frey, B. F. und Pommerehne, W. W. 1989. *Muses and Markets: Explorations in the Economics of the Arts*. Oxford: Blackwell.

Gee, M. 1981. *Dealers, Critics, and Collectors of Modern Painting. Aspects of the Parisian Art Market between 1910 and 1930*. New York: Garland Publishing.

Grampp, W. 1989. *Pricing the Priceless. Art, Artists, and Economics*. New York: Basic Books.

Greenberg, C. 1991. Avantgarde and Kitsch. In: Everett, S. (Hg.) Art Theory and Criticism. An Anthology of Formalist Avant-Garde, Contextualist and Post-Modernist Thought. Jefferson: McFarland & Company.

Haskell, T. L. und Teichgraeber, R. F. 1993. Introduction. In: Haskell, T. L. und Teichgraeber, R. F. (Hg.) *The culture of the market. Historical essays*. Cambridge: Cambridge University Press.

Hauser, A. 1983. Sozialgeschichte der Kunst und Literatur. München: C.H.Beck.

Hughes, R. 1990. *Nothing If Not Critical. Selected Essays on Art and Artists*. London: Collins Harvill.

Janssen, I. 2001. Van kunstenaar naar koper. De spilfunctie van de galerie in de particuliere markt voor hedendaagse kunst. In: Gubbels, T. und Janssen, I. (Hg.) *Kunst te koop! Artistieke innovatie en commercie in het nederlandse galeriebestel*. Amsterdam: Boekmanstudies/Mondriaan Stichting.

Kagie, R. 1988. Interview met Frits Becht. *Vrij Nederland* 49.

Klamer, A. 1996. TheValue of Culture. In: Klamer, A. (Hg.) *The Value of Culture*. Amsterdam: Amsterdam University Press.

Klein, U. 1994. *The Business of Art Unveiled. New York Art Dealers Speak up*. Frankfurt am Main: Peter Lang.

Kopytoff, I. 1986. The Cultural Biography of Things: Commoditization as Process. In: Appadurai, A. (Hg.) *The Social Life of Things. Commodities in Cultural Perspective*. Cambridge: Cambridge University Press: S. 64–91.

Lane, R. E. 1991. *The Market Experience*. Cambridge: Cambridge University Press.

Lütticken, S. 1999. Prijs en waarde. De moderne kunst onder vuur. *De Witte Raaf* 78: S. 23–25.

Marshall, A. 1890. *Principles of Economics*. London: MacMillan.

Mossetto, G. 1993. Aesthetics and Economics. Dordrecht: Kluwer.

Moulin, R. 1987. *The French Art Market. A Sociological View*. New Brunswick: Rutgers University Press.

Plattner, S. 1996. *High Art Down Home. An Economic Ethnography of a Local Art Market*. Chicago: Chicago University Press

Polanyi, K. 1944. *The Great Transformation*. New York / Toronto: Farrar & Rinehart.

Radin, M. J. 1996. *Contested Commodities*. Cambridge: Harvard University Press.

Rengers, M. und Velthuis, O. 2002. Determinants of Prices for Contemporary Art in Dutch Galleries, 1992–1998. *Journal of Cultural Economics* 26: S. 1–28.

Riley, J. G. 2001. Silver Signals. Twenty-FiveYears of Screening and Signaling. *Journal of Economic Literature* 39: S. 432–478.

Robbins, L. 1932. *An Essay on the Nature and Significance of Economic Science*. New York: New York University Press.

Robson, D. 1995. *Prestige, Profit, and Pleasure. The Market for Modern Art in New York in the 1940s and 1950s*. NewYork: Garland Publishing.

Smith, C. W. 1989. *Auctions. The Social Construction of Value*. NewYork: Free Press.

Spence, M. 1974. *Market Signaling. Informational Transfer in Hiring and Related Screening Processes.* Cambridge: Harvard University Press.

Steenbergen, R. 2002. *IetsWat ZoVeel Kost, Is AllesWaard: VerzamelaarsVan Moderne Kunst in Nederland.* Amsterdam: Vassallucci.

Steiner, C.B. 1996. *Can the Canon Burst?* Art Bulletin 78(2), S. 213–217.

Stigler, G. J. 1987. *The Theory of Price.* New York: MacMillan.

Stiglitz, J. E. 1987. The Causes and Consequences of the Dependence of Quality on Price. *Journal of Economic Literature* 25: S. 1–48.

Swedberg, R. und Granovetter, M. 1992. Introduction. In: Granovetter, M. und Swedberg, R. (Hg.) *The Sociology of Economic Life.* Boulder: Westview Press, S. 8–12.

Towse, R. 1992. The Earnings of Singers. An Economic Analysis. In: Towse, R. und Khakee, A. (HG.) *Cultural Economics.* Berlin: Springer Verlag, S. 213–214.

Towse, R. 2001. Partly for the Money. Rewards and Incentives to Artists. *Kyklos* 54(2–3): S. 473–490.

Velthuis, O. 2003, *Symbolic meanings of prices: Constructing the value of contemporary art in Amsterdam and New York galleries. Theory and Society 32(2), S. 181–215.*

Weber, M. 1978. *Economy and Society. An Outline of Interpretive Sociology.* Berkeley: University of California Press.

Wei, L. 1990, Making art, making money. Artists comments. Art in America: 178.

White, H. C. 1981. Where Do Markets Come From? *American Journal of Sociology* 87: S. 517–547.

White, H. C. und Eccles, R. G. 1987. Producers' Markets. In: Eatwell, J. et al (Hg.) *The New Palgrave Dictionary of Economic Theory and Doctrine.* London: Macmillan.

Wolff, J. 1983. *Aesthetics and the Sociology of Art.* Boston: Allen & Unwin.

Woodward, R. B. 2001. Racing for dollars, photography pulls abreast of painting. *The New York Times.*

Zelizer, V. A. 1979. *Morals and Markets. The Development of Life Insurance in the United States.* New York: Columbia University Press.

Zelizer, V. A. 1988. Beyond the Polemics on the Market. Establishing a Theoretical and Empirical Agenda. *Sociological Forum* 3: S. 614–634.

Zelizer, V. A. 2000, The Purchase of Intimacy. *Law & Social Inquiry* 25(3): S. 817–848.

Zelizer, V. A. 2002. Enter Culture. In: Mauro F. Guillen, M. F. et al (Hg.) *The New Economic Sociology: Developments in an Emerging Field.* NewYork: Russell Sage Foundation.

Zerubavel, E. 1997. *Social Mindscapes. An Invitation to Cognitive Sociology.* Cambridge: Harvard University Press.

Zolberg, V. L. 1990. *Constructing a Sociology of the Arts.* Cambridge: Cambridge University Press.

Gunnar Otte

Das Publikum für Kunst und Kunsthandwerk. Eine quantitative Untersuchung von Ausstellungsbesuchen in Deutschland

1 Einleitung

Wie lässt sich das Publikum der bildenden Künste in Deutschland beschreiben? Und wie lässt sich das Zustandekommen seiner sozialen Zusammensetzung erklären? Dieser Doppelfrage geht der Beitrag auf der Basis von Daten einer standardisierten Bevölkerungsbefragung nach, die im Forschungsprojekt „Kulturelle Bildung und Kulturpartizipation in Deutschland" erhoben wurden (vgl. Otte et al. 2018). Möchte man die Frage umfassend beantworten, müssten die individuellen Bezüge zu den bildenden Künsten mehrdimensional abgebildet werden: anhand von Ausstellungsbesuchen; der Nutzung kunstbezogener Websites; der privaten Kunstsammlung bzw. Wohnungsdekoration; des Besitzes von Bildbänden, Ausstellungskatalogen und Sachbüchern zur Kunst sowie der künstlerisch-kreativen Eigenaktivitäten. Um die Darstellung überschaubar zu halten, beschränken wir uns exemplarisch auf die Analyse des Besuchs von Kunstmuseen und -ausstellungen. Untersucht wird damit ein Verhaltensindikator, der die aktuelle Partizipation einer Person an der Kunstöffentlichkeit im physischen Raum dokumentiert. Um die Erklärungskraft von Theorien der Kulturpartizipation zu überprüfen, wird zu Vergleichszwecken ein weiteres Publikum untersucht. Durch die Betrachtung der Teilnahme an Ausstellungen und Märkten des Kunsthandwerks soll herausgefunden werden, ob sich die Publika der „schönen" und der „angewandten" Künste unterscheiden.

2 Theoretischer Rahmen

Den konzeptionellen Rahmen der Untersuchung bildet zum einen Pierre Bourdieus Theorie der Kunstwahrnehmung, zum anderen ein allgemeines handlungstheoretisches Erklärungsmodell. Bourdieus Theorie bezieht sich auf die Rezeption konkreter Kunstwerke, kann aber weiterführend für das Interesse an Kunstgattungen, die Erwartungen an Ausstellungen und die Nutzungshäufigkeit entsprechender Angebote fruchtbar gemacht werden. Mit Panofsky (1975) nimmt Bourdieu (1974: 165 ff.) an, dass Kunstwerke mehrere Bedeutungsebenen in sich tragen. Die „primäre Sinn-

https://doi.org/10.1515/9783110716863-015

schicht" der unmittelbar wahrnehmbaren Werkeigenschaften sei mit dem allgemein geteilten Erfahrungswissen des Alltags verstehbar: Farben, Formen und Gegenstände könnten von jeder Person mit Assoziationen versehen werden. Hingegen erschließe sich die „sekundäre Sinnschicht" nur durch kunstfeldspezifisches Wissen. Die formalen Arrangements und technischen Verfahren, die Einordnung des Werkes in die künstlerische Biografie und eine stilistische Epoche sowie die inhaltliche Interpretation des Dargestellten gelängen umso besser, je ausgeprägter die „ästhetische Kompetenz" (Bourdieu 1974: 169) der Rezipient:innen sei. Diese Kompetenz sei nicht naturgegeben, sondern werde im Elternhaus und in der Schule erworben und als Teil des „kulturellen Kapitals" (Bourdieu 1982: 129) verinnerlicht. Je höher das Bildungsniveau der Eltern, je ausgeprägter ihre Auseinandersetzung mit Kunst, je länger die Bildungslaufbahn und die Beschäftigung mit schulisch legitimierter Kultur, umso besser gelinge die Decodierung der sekundären Sinnschicht, so Bourdieu. Ihm zufolge ist für weniger gebildete Personen eine funktionale Vorstellung von Kunst charakteristisch, während sich der Geschmack der höher Gebildeten stärker an formalen Aspekten festmache (Bourdieu 1974: 315; Bourdieu 1982: 57 ff.). Rezipient:innen mit geringem kulturellem Kapital betrachteten ein Kunstwerk als schön oder ästhetisch wertvoll, wenn es eine realistische, am Alltagsleben orientierte Darstellung enthalte, eine für das Leben instruktive Botschaft vermittele oder handwerkliches Können demonstriere. Rezipient:innen mit hohem kulturellem Kapital seien dagegen bestrebt, die sekundäre Sinnschicht zu entschlüsseln, indem sie das Kunstwerk in seiner Originalität und Referenzialität relativ zu anderen Werken, Künstler:innen oder Epochen einordneten. Aus der Reflexion über die Formensprache der Kunst fällten sie ihre ästhetischen Urteile und seien daher auch aufgeschlossen für unkonventionelle und experimentelle Arbeiten in der Kunst.

Aus Bourdieus Theorie lassen sich zahlreiche empirisch prüfbare Hypothesen ableiten. So wäre zu erwarten, dass das Publikum in Kunstausstellungen über mehr kulturelles Kapital verfügt als das Publikum in Ausstellungen mit Kunsthandwerk. Kunsthandwerk kann leichter als Kunst allein nach funktionalen Alltagscodes und handwerklichen Kriterien erfasst werden und ist daher für breitere Personenkreise kognitiv zugänglich (Bourdieu und Darbel 2006: 91). Um Kunst zu verstehen und zu genießen, bedarf es hingegen vertiefter Wissensinhalte, mit denen die sekundäre Sinnschicht der präsentierten Werke erschlossen werden kann. Freilich hängt diese Erwartung auch von der konkreten Ausstellung ab: Die Bildungsselektivität des Publikums sollte beispielsweise in Ausstellungen mit abstrakter Kunst ausgeprägter sein als in Ausstellungen mit impressionistischer Malerei.

Bourdieus bildungs- und klassentheoretische Betrachtung kann auf andere sozialstrukturelle Kategorien ausgeweitet werden. Personen mit eigener Migrationserfahrung fehlt sozialisationsbedingt mitunter das kulturelle Kapital, das für die Kunstrezeption im Aufnahmeland vonnöten ist. Dies sollte umso mehr gelten, je größer die kulturelle Distanz des Herkunftslandes zu den in deutschen Museen überwiegend präsentierten Werken des westlichen Kulturkreises ist. Wenn es ferner zutrifft, dass Frauen aufgrund geschlechtsspezifischer Rollenzuweisungen stärker mit Fragen der Haushaltsführung und Wohnungsdekoration betraut sind als Männer, dann sollte Kunsthandwerk für sie aufgrund ihres Alltagswissens noch besser zugänglich sein. Die Kunstrezeption verlangt dagegen ein außeralltägliches Sonderwissen, das in höheren Schulformen wie dem Gymnasium vermittelt wird und weniger geschlechtsspezifisch variieren sollte. Weiter kann man annehmen, dass das für die Kunstrezeption benötigte Erfahrungswissen mit jedem Ausstellungsbesuch bzw. jeder anderen Form der Auseinandersetzung mit bildender Kunst zunimmt. Daraus lässt sich die Hypothese ableiten, dass Kunstausstellungen besonders höhere Altersgruppen anziehen, wohingegen das Interesse an Kunsthandwerk weniger altersspezifisch ist. Der These des selbstsozialisierten Erfahrungswissens steht allerdings Bourdieus Annahme entgegen, dass primär das in Kindheit und Jugend erworbene kulturelle Kapital für die Kulturpartizipation relevant ist. Die in seiner Rezeptionstheorie spezifizierte Wirkungsweise des kulturellen Kapitals lässt also zusammenfassend ein bildungs-, gegebenenfalls auch altersgehobenes und wenig migrantisch geprägtes Publikum von Kunstausstellungen sowie ein weiblich dominiertes Publikum von Ausstellungen des Kunsthandwerks erwarten.

Bourdieus Rezeptionstheorie ist damit in ihrer Anwendung bereits über seine eigene Formulierung ausgedehnt worden. Dennoch reicht der Rückgriff auf das kulturelle Kapitalkonzept keineswegs aus, um das kulturelle Besuchsverhalten der Bevölkerung zu erklären. Folgt man dem allgemeinen Handlungsmodell, das vielen sozialstrukturellen Theorien (vgl. Rössel 2005a), rationalen Handlungstheorien (vgl. Opp 1999) und teilweise auch Bourdieus Ansatz zugrunde liegt, sind weitere Ressourcen und Opportunitäten als Grundlagen individueller Handlungsentscheidungen zu berücksichtigen. In Deutschland sind Museums- und Ausstellungsbesuche meist mit einer Eintrittsgebühr verbunden. Häufige Besuche im Familienkreis können für Haushalte mit geringem ökonomischem Kapital prohibitiv teuer sein. Kunsthandwerkliche Arbeiten werden oft auf Märkten, zum Beispiel Mittelalter- und Weihnachtsmärkten, ohne Eintrittspreis präsentiert und sind damit finanziell leichter zugänglich. Jedoch gehen entsprechende Besuche mit einer Versuchung zum Mehrkonsum einher, sei es durch gastronomische Angebote, sei es durch das zum Kauf angebotene Kunsthandwerk selbst. Daher ist auch hier eine Abhängigkeit der Besuchshäufigkeit vom ökonomischen Kapital zu erwarten. Ausstellungsbesuche jedweder Art kosten aber auch Zeit, so dass die individuelle Verfügbarkeit über ausreichend Freizeit eine wichtige Ressource für häufige Besuche darstellt. Und schließlich hat die persönliche Gesundheit Ressourcencharakter. Wer chronisch krank, körperlich oder psychisch beeinträchtigt ist, wird außerhäusliche Aktivitäten seltener wahrnehmen.

Neben den individuellen Ressourcen sind die Opportunitäten relevant, die die physische und soziale Umwelt einer Person kennzeichnen. So bieten die meisten Großstädte ein reichhaltiges Kulturangebot. Gerade die großen, öffentlich finanzierten Kunstmuseen haben meist dort ihre Standorte. Je weiter entfernt jemand wohnt, umso höher sind die Transport- und Zeitkosten der Anreise und umso seltener werden entsprechende Besuche stattfinden (vgl. Otte et al. 2022). Kunstmuseen sollten daher stärker Großstadtpublika anziehen als Kunsthandwerksmärkte, die oft temporär stattfinden, mitunter an Feste und Events angegliedert sind und auch in kleinstädtischen oder ländlichen Kontexten vorkommen. Gleichermaßen als Opportunität oder Restriktion kann die familiäre und soziale Einbettung wirken. Je nachdem ob die kulturellen Interessen ähnlich oder divergierend ausgerichtet sind, können Partner:innen, Freund:innen und Verwandte zu Kulturbesuchen animieren oder davon abhalten. Betreuungsverpflichtungen gegenüber Kindern oder Pflegebedürftigen sind hingegen eine Restriktion für Kulturbesuche, wenn man von spezifisch kindgerechten Angeboten absieht. Schließlich ist darauf hinzuweisen, dass jedes konkrete Kulturangebot mit alternativen Möglichkeiten der Freizeitgestaltung konkurriert.

Den genannten Handlungstheorien zufolge sind es neben den verfügbaren Ressourcen und Opportunitäten die Präferenzen, die eine Person dazu veranlassen, überhaupt nur einen kleinen Ausschnitt des Freizeit- und Kulturangebotes für die eigene Nutzung in Betracht zu ziehen. Bourdieu argumentiert etwa, dass ästhetische Dispositionen sich in der Kindheit und Jugend durch die Einflüsse der Familie und Schule herausbilden und die Präferenzen in späteren Entscheidungssituationen vorstrukturieren. Ein überzeugendes Erklärungsmodell sollte deshalb biografisch weiter ausholen und zentrale Sozialisationsbedingungen einbeziehen.

3 Methodisches Vorgehen

Die standardisierte Befragung einer hinreichend großen Zufallsstichprobe der Bevölkerung ist für das Anliegen, die soziale Zusammensetzung des Publikums ausgewählter Kulturangebote zu beschreiben und ihr Zustandekommen zu erklären, besonders geeignet. Eine Alternative besteht in Befragungen konkreter Einrichtungspublika (vgl. Klein 1990). Ein solches Vorgehen erlaubt aber weder Aussagen über die Nichtbesucher:innen der Einrichtungen noch bundesweite Verallgemeinerungen der Ergebnisse. Auch im Vergleich mit qualitativen Befragungen bietet die gewählte Methodik Vorzüge: Eine Zufallsstichprobe der Bevölkerung ermöglicht generalisierbare Aussagen zu Häufigkeitsverteilungen und Zusammenhangsstärken und die große Fallzahl gewährleistet sicherere Schätzungen und lässt die Isolierung der Einflüsse verschiedener Determinanten des Einrichtungsbesuchs in multivariaten Erklärungsmodellen zu. Derartige Drittvariablenkontrollen führen etwa zu Einsichten darüber, ob das Bildungsniveau und das Einkommen eigenständige Wirkungen auf die Besuchshäufigkeit entfalten oder ob höhere Bildungsgruppen im Publikum nur deshalb überrepräsentiert sind, weil sie mehr Geld verdienen und sich mehr Kulturbesuche leisten können.

Das theoretische Erklärungsmodell leitete die Entwicklung des standardisierten Fragebogens im Forschungsprojekt „Kulturelle Bildung und Kulturpartizipation in Deutschland" an (vgl. Otte et al. 2018). Die im Jahr 2018 in Zusammenarbeit mit infas Institut für angewandte Sozialwissenschaft durchgeführte Umfrage bietet die bislang umfangreichste Grundlage für Erkenntnisse zur Kulturpartizipation in Deutschland. Ihr lag eine zweistufige Zufallsauswahl aus der Grundgesamtheit der deutschsprachigen Personen in Privathaushalten ab 15 Jahren in Deutschland zugrunde. Dafür wurde im ersten Schritt eine nach regionalen Gesichtspunkten stratifizierte Auswahl von 183 Gemeinden aus dem gesamten Bundesgebiet getroffen. In diesen Gemeinden fand auf der Basis der Einwohnermelderegister im zweiten Schritt eine Zufallsauswahl von Personen ab 15 Jahren statt. In computergestützten, persönlich-mündlichen Interviews wurden 2.592 Personen befragt, die auskunftsbereit und der deutschen Sprache mächtig waren. Die Response Rate lag bei 22,9 %. Leichte Verzerrungen des Samples gab es nach den Merkmalen Bildung, Migrationshintergrund und Haushaltsgröße. Für die Auszählung der Besuchshäufigkeiten wird daher eine Gewichtung der Daten vorgenommen, die die Stichprobe an soziodemografische Parameter der Grundgesamtheit (Melderegister, Mikrozensus) anpasst. Über Personen mit sehr geringen Deutschkenntnissen sind trotz dieser Gewichtung keine Aussagen möglich.

Die Anzahl der in der Freizeit getätigten Besuche verschiedener Sehenswürdigkeiten und Museen in den letzten zwölf Monaten wurde offen erfragt, darunter „Kunstmuseen und Kunstausstellungen" sowie „Ausstellungen und Märkte mit Kunsthandwerk". Explizit wurde daran erinnert, auch Besuche im Urlaub mitzuzählen. Besuche von Galerien und anderen Museumstypen wurden separat erfragt und bleiben hier unberücksichtigt. Zur Analyse der vorliegenden Zähldaten sind Negativ-Binomialregressionen besonders geeignet (vgl. Long und Freese 2014: 507 ff.). Das Ziel ist es, der Verteilung der abhängigen Variablen durch einen Satz erklärender Variablen möglichst gut Rechnung zu tragen. Das bedeutet beispielsweise zu erklären, warum viele Personen im letzten Jahr nie eine Ausstellung besucht haben, während andere sogar mehrere Dutzend Ausstellungen frequentierten. Es versteht sich, dass dies in einem statistischen Modell nicht für jeden Einzelfall gelingen kann, denn es gibt viele idiosynkratische Ursachen und

Gründe der Kulturpartizipation. Sehr wohl lässt sich aber prüfen, welche der postulierten Einflussfaktoren über viele Befragte hinweg so durchschlagend wirken, dass sie zu einer signifikant besseren Anpassung des Modells an die beobachtete Verteilung beitragen.

Die erklärenden Variablen werden wie folgt operationalisiert. Anstelle einer direkten Messung des kulturellen Kapitals behelfen wir uns mit der retrospektiven Erfassung zentraler Mechanismen der Vermittlung kulturellen Kapitals in der familiären und schulischen Sozialisation. Gängige kulturelle Praktiken im Elternhaus werden darüber erfasst, wie häufig die beiden Elternteile bzw. andere Erziehungsberechtigte in ihrer Freizeit jeweils (a) Museen und Ausstellungen besuchten, (b) malten oder zeichneten, (c) mit künstlerischem Anspruch fotografierten und (d) kunsthandwerklich arbeiteten (etwa in Form von textilem Handarbeiten, Töpfern, Holzarbeiten oder Basteln), als die befragte Person selbst 14 Jahre alt war (Ausprägungen von 0 bis 4). Das erreichte Bildungsniveau der Befragten wird vierstufig untergliedert: maximal Hauptschulniveau; Mittlere Reife; Fachhochschulreife oder Abitur; sowie Fachhochschul- oder Universitätsabschluss. Zudem wird berücksichtigt, ob der Kunstunterricht zu den drei Lieblingsfächern in der Schulzeit gehörte. Dies lässt sich als Indikator für die Unterrichtsqualität und Lernmotivation interpretieren. Darüber hinaus werden Anregungen durch den Besuch schulischer Arbeitsgemeinschaften einbezogen, und zwar in den Gebieten (a) Malen und Zeichnen, (b) Fotografieren, (c) Film- und Videoproduktion sowie (d) Kunsthandwerk. Im Hinblick auf die Ressourcenausstattung berücksichtigen wir das persönliche monatliche Nettoeinkommen als Maß für das ökonomische Kapital (fünf Quintile). Zeitressourcen werden zum einen über den Erwerbsstatus abgebildet (Vollzeit-, Teilzeit- sowie Neben-/Nichterwerbstätigkeit), zum anderen in Form des Freizeitumfangs an einem durchschnittlichen Werktag direkt erhoben (in Stunden). Die Frage nach der selbst eingeschätzten Gesundheit (fünf Ausprägungen) sowie das Vorliegen einer amtlich festgestellten Erwerbsminderung oder Schwerbehinderung dienen als Maße gesundheitlicher Ressourcen. Die räumlichen Opportunitäten der Kulturinfrastruktur bilden wir mit Hilfe von sieben Gemeindegrößenklassen ab. Die soziale Einbettung ist in den vorliegenden Daten nur rudimentär enthalten. Zum einen wird die Einbindung in eine feste Partnerschaft bzw. Ehe einbezogen, zum anderen das Vorhandensein von Kindern im Haushalt im Alter bis zu sechs Jahren sowie von sieben bis zwölf Jahren. Schließlich werden das Geschlecht (männlich/weiblich), das Alter (sieben Kategorien) und der Migrationshintergrund (eigene Migrationserfahrung; Migrationshintergrund bei mindestens einem Elternteil; kein Migrationshintergrund) berücksichtigt. Zur Vereinfachung wird auf eine kulturspezifische Aufgliederung der Herkunftsländer verzichtet.

4 Empirische Ergebnisse

Definiert man die Zugehörigkeit zu einem Publikum über wenigstens einen Besuch in den vergangenen zwölf Monaten, so umfasst das Publikum von Kunstausstellungen 37,4 % der Bevölkerung Deutschlands ab 15 Jahren. Innerhalb dieses Publikums ist ein Besuch pro Jahr der Regelfall: Auf 15,4 % aller Befragten trifft das zu. Legt man als Kriterium für die Zugehörigkeit zum „Kernpublikum" mindestens sechs Besuche im Jahr an, so zählen nur 4,7 % der Bevölkerung dazu. Und ganze 1,2 % der Befragten besuchen zwölf oder mehr Ausstellungen im Jahr, gehen also im Schnitt mindestens einmal pro Monat in eine Ausstellung. Die durchschnittliche Anzahl der besuchten Kunstausstellungen ist 1,18 im Jahr. Ausstellungen und Märkte des Kunsthandwerks werden von einem größeren Bevölkerungsanteil besucht, nämlich von 58,7 %. Auch hier sind ein oder wenige Besuche pro Jahr der Normalfall. Das Kernpublikum ist mit 3,2 % aber kleiner als das der Kunst. Im Durchschnitt werden dem Kunsthandwerk 1,47 Besuche abgestattet. Beide Publika sind größer als diejenigen anderer Museumstypen, etwa von Naturkunde-, Technik-, Geschichts- oder Volks-/Heimatkundemuseen. Noch beliebter sind dagegen Besuche historischer und religiöser Bauten sowie botanischer Gärten und Parkanlagen.

    Die beiden Publika überlappen teilweise: 27 % der Bevölkerung besuchen jährlich Kunst- und Kunsthandwerksausstellungen gleichermaßen. 10 % findet man nur in Kunstausstellungen, 31 % nur in denen des Kunsthandwerks und 31 % gehören zu keinem der beiden Publika (Cramérs V = 0.20, p < 0.01).

    In empirischen Studien erweist sich das erreichte Bildungsniveau immer wieder als eine der stärksten Determinanten des Besuchs hochkultureller Einrichtungen und Veranstaltungen (vgl. Klein 1997; Otte 2012). Dieser Befund bestätigt sich für Kunstausstellungen und -museen auch hier. Von den befragten Personen mit maximal Hauptschulniveau gehören dem Kunstpublikum 21,1 % an, von denen mit Mittlerer Reife 31,9 %, von denen auf Fachabitur- bzw. Abiturniveau 48,4 % und von den Befragten mit Fachhochschul- bzw. Universitätsabschluss sogar 64,8 %. Dies sind beträchtliche Unterschiede. Das Kunstpublikum gehört damit zu den bildungselitären Publika, wenngleich die Besucher:innen von Opern-, Ballett- und Modern Dance-Aufführungen, Klassik- und Jazzkonzerten, Design-/Architekturausstellungen sowie Lesungen eine noch höhere durchschnittliche Bildung aufweisen. Das Publikum von Kunsthandwerksausstellungen und -märkten ist weniger bildungsselektiv. Aufsteigend vom Hauptschul- zum Hochschulniveau ergeben sich für die vier Bildungsgruppen jährliche Besuchsanteile von 48,4 %, 61,8 %, 61,6 % und 70,7 %. Ein qualitativer Sprung zu höherer Partizipation zeigt sich vom Hauptschul- zum Realschulniveau, während im Fall der Kunstausstellungen der Abstand zwischen den Realschul- und Gymnasialabsolventen besonders groß ist. In beiden Fällen steigert der Übergang vom Gymnasial- zum Hochschulniveau das Besuchsinteresse nochmals deutlich.

Diese Ergebnisse stehen grundlegend im Einklang mit der Rezeptionstheorie Bourdieus. Jedoch wäre eine unhinterfragte Attribution der beobachtbaren Bildungsunterschiede auf das in höheren Schul- und Hochschulkontexten vermittelte kulturelle Kapital voreilig. Zum einen erhöht die Herkunft aus sozial privilegierten Elternhäusern den Zugang zu höherer Bildung, so dass Lernprozesse in bildungs- und hochkulturnahen Familienkontexten hinter den dargestellten Bildungsgruppendifferenzen stehen können. Zum anderen verbessern höhere Bildungsabschlüsse die Zugangschancen zu vorteilhaften Berufspositionen mit höheren Erwerbseinkommen, so dass die Bildungsgruppendifferenzen womöglich Unterschiede im ökonomischen Kapital reflektieren.[1] Um über diese Wirkungskonstellationen genauer Aufschluss zu erhalten, sind Drittvariablenkontrollen in multivariaten Modellen vonnöten.

Dazu wird auf Negativ-Binomialregressionen unter Einschluss aller oben besprochenen Variablen zurückgegriffen. Getrennt für Ausstellungen von Kunst und Kunsthandwerk zeigt Tab. 1, von welchen Merkmalen statistisch signifikante Einflüsse auf die Besuchshäufigkeiten ausgehen. Wenden wir uns zunächst dem Besuch von Kunstausstellungen zu, so findet sich für das Bildungsniveau ein nahezu linearer Effekt, d. h. mit jedem nächsthöheren Abschluss nimmt die Besuchsfrequenz zu. Darüber hinaus erhöhen sozialisatorische Anregungen durch elterliche Museums- und Ausstellungsbesuche die eigene Besuchshäufigkeit – nicht jedoch deren musische Tätigkeiten wie Malen, Fotografieren und Kunsthandwerk. Wenn in der Schule der Kunstunterricht auf besonderen Anklang stieß, hat auch dies eine nachhaltige Wirkung für die heutige Besuchspraxis. Arbeitsgemeinschaften sind dagegen weniger wichtig. Entgegen der erweiterten Auslegung von Bourdieus Rezeptionstheorie gibt es keinen Einfluss des Migrationshintergrundes. Im Einklang mit den theoretischen Überlegungen besuchen mittlere und höhere Altersgruppen Kunstausstellungen häufiger. Deutlich über dem Durchschnitt liegen vor allem die 66- bis 75-Jährigen, aber auch die 56- bis 65-Jährigen und die 46- bis 55-Jährigen.

Erwartungsgemäß hängt die Besuchshäufigkeit auch von monetären, zeitlichen und gesundheitlichen Ressourcen ab, wenngleich sich nicht alle verwendeten Messungen als gleichermaßen geeignet erweisen. Betrachtet man die fünf Einkommensgruppen, so findet man eine Zunahme der Besuche mit jedem nächsthöheren Einkommensniveau. Signifikante Besuchsunterschiede bestehen jedoch im Wesentlichen zwischen dem ärmsten und dem reichsten Fünftel. Als Restriktion erweisen sich Kinder unter 6 Jahren genauso wie Kinder zwischen 7 und 12 Jahren: Sind Kin-

---

1 Vgl. zur sozialen Mobilität allgemein Pollak/Müller (2020), im Kontext der Kulturpartizipation Nagel und Ganzeboom (2015).

der dieser Altersgruppen im Haushalt vorhanden, sinkt die Anzahl der Besuche pro Jahr jeweils um etwa 0,4. Schließlich bestätigt sich, dass Bewohner:innen von Großstädten mit mehr als 500.000 Einwohner:innen besonders besuchsaktiv sind. Allerdings stehen ihnen die Bewohner:innen von Gemeinden mit unter 5.000 Personen nicht nach. Die niedrigste Besuchsfrequenz findet man in Gemeinden mit 5.000 bis 20.000 Einwohner:innen.

Tab. 1: Ergebnisse multivariater Regressionen der Besuchshäufigkeit von Ausstellungen.

	Kunst	Kunsthandwerk
Bildungsniveau	Quasi-linearer Effekt (+)	FHR/Abitur; FH/Uni (+)
Elterliche Aktivitäten	Museen/Ausstellungen (+)	Museen/Ausstellungen (+) Kunsthandwerk (+)
Schule: Lieblingsfach Kunst	Ja (+)	–
Schule: Arbeitsgemeinschaften	–	Kunsthandwerk (+)
Persönliches Einkommen	Quasi-linearer Effekt (+)	1. Quintil (-) 3.-5. Quintil (+)
Zeit: Erwerbsumfang	Nebenher/nicht erwerbstätig (+)	–
Zeit: Freizeit in Stunden	–	–
Subjektive Gesundheit	Linearer Effekt (+)	–
Behinderung	–	–
Partnerschaft	–	Ja (+)
Kinder	Alter 0–6 Jahre; 7–12 Jahre (-)	Alter 7–12 Jahre (-)
Opportunitäten: Wohnort	5.000–20.000 EW (-) <5.000 EW; ≥ 500.000 EW (+)	<2.000; 5.000–20.000 EW (+)
Geschlecht	–	Weiblich (+)
Alter	15–25; 26–35; 36–45 (-) 46–55; 56–65; 66–75 (+)	15–25; 26–35; 76–96 (-) 36–45; 46–55; 56–65; 66–75 (+)
Migrationshintergrund	–	Eigene Migration (-)
Pseudo-R^2 (nach McFadden)	0,066	0,034

Anmerkung: Dargestellt sind statistisch signifikante Effekte ($p < 0.05$) der erklärenden Variablen im vollständigen Modell der Negativ-Binomialregressionen individueller Besuchshäufigkeiten von Kunstausstellungen/-museen und Ausstellungen/Märkten des Kunsthandwerks. Insignifikante Effekte sind mit „–" gekennzeichnet. Fallzahl: n = 2.469; ungewichtete Daten.

Welche Determinanten haben Besuche von Ausstellungen und Märkten mit Kunst-handwerk? Bereits an der Anpassungsgüte des statistischen Modells wird deutlich, dass die Häufigkeit der Besuche im Kunsthandwerk durch die Modellvariablen weniger gut erklärt wird als in der Kunst (Pseudo-R^2 = 0,034 vs. 0,066). Den aus der Rezeptionstheorie Bourdieus abgeleiteten Hypothesen zufolge sind hier weniger ausgeprägte Bildungs- und Alterseffekte zu erwarten, weil die zu erbringende Decodierungsleistung weniger kulturelles Kapital erfordert. Diese Erwartungen bestätigen sich. Während mit einem Hochschulstudium 1,56 mehr Kunstausstellungsbesuche pro Jahr verbunden sind als mit einem Hauptschulabschluss, sind es nur 0,38 mehr Ausstellungsbesuche des Kunsthandwerks. Altersbezogen unterscheiden sich die Gruppen mit der größten und der geringsten Besuchsfrequenz im Kunstbereich um 1,30 Besuche, im Kunsthandwerk um 0,85 Besuche. In beiden Bereichen sind die 66- bis 75-Jährigen am aktivsten, gefolgt von den zwei (Kunst) bzw. drei (Kunsthandwerk) darunter liegenden Altersgruppen. Evidenz gibt es auch für die Geschlechterhypothese, der zufolge sich Frauen aufgrund der stärker häuslichen Sphärenzuordnung mehr für das Kunsthandwerk interessieren. Während es bei Kunstausstellungen keine Geschlechterdifferenz gibt, verzeichnen Frauen bei Kunsthandwerksschauen 0,38 Besuche mehr. Dies bedeutet, dass diese Veranstaltungen ein mehrheitlich weibliches Publikum aufweisen und dass Frauen dort mehr als in Kunstausstellungen entweder allein oder in weiblicher Begleitung erscheinen. Der Frauenüberhang ist umso bemerkenswerter, als partnerschaftliche Bindungen einen förderlichen Effekt auf die Partizipation haben und insofern mehr Paare als in Kunstausstellungen zu erwarten wären.

Auch für kunsthandwerkliche Ausstellungsbesuche sind elterliche Einflüsse relevant, und zwar wenn die Eltern selbst kunsthandwerklich kreativ waren, aber auch wenn sie Museen und Ausstellungen im Allgemeinen häufig besuchten. Zudem hat die Teilnahme an schulischen Arbeitsgemeinschaften mit kunsthandwerklichem Schwerpunkt eine nachhaltige Wirkung. Einkommenseffekte sind von ähnlicher Relevanz wie im Kunstbereich, verlaufen aber weniger linear. Während die drei oberen Einkommensquintile eine ähnliche Besuchsfrequenz haben, fällt speziell das untere Einkommensfünftel deutlich ab. Schließlich bestätigt sich, dass die räumlichen Opportunitäten für kunsthandwerkliche Ausstellungen so verteilt sind, dass der Wohnort eine geringere Rolle spielt. Er ist aber nicht irrelevant. Während die Gemeindegrößenklasse von 5.000 bis 20.000 Personen in Kunstausstellungen am stärksten unterrepräsentiert ist, ist sie im Kunsthandwerk – zusammen mit dörflichen Gemeinden – besonders stark vertreten.

Kehren wir zum Besuch von Kunstausstellungen zurück, so erweist sich das formale Bildungsniveau sowohl in den bivariaten als auch multivariaten Analysen als die mit Abstand wichtigste erklärende Variable. Daher wird abschließend gezeigt, inwiefern sich hinter dem Bildungseffekt Merkmale der Sozialisation und des Einkommens verbergen. In Tab. 2 sind die Effekte der Zugehörigkeit zu den vier Bildungsgruppen auf die Besuchshäufigkeit von Kunstausstellungen dargestellt. Die Referenzgruppe der Personen, die ihre Bildungslaufbahn höchstens auf Hauptschulniveau abgeschlossen haben, ist auf null fixiert. In allen Modellen wird die Altersgruppenzugehörigkeit konstant gehalten, um mögliche Einflüsse der Bildungsexpansion und historisch veränderlicher Kontextbedingungen der Kunstsozialisation zu kontrollieren. Modell 1, das sonst keine weiteren Variablen enthält, zeigt, dass Personen mit Mittlerer Reife 0,42 Ausstellungen mehr besuchen als die Referenzgruppe. Für Personen auf Abitur- bzw. Hochschulniveau sind es sogar 1,55 bzw. 1,88 Besuche mehr pro Jahr. Berücksichtigt man die Anregungen, die von Ausstellungsbesuchen und künstlerisch-musischen Aktivitäten der Eltern ausgehen (Modell 2), ändert sich an den Partizipationsunterschieden der Bildungsgruppen kaum etwas. Auch der Umstand, dass Kunstunterricht und Arbeitsgemeinschaften je nach Schulform unterschiedlich anregend sein können (Modell 3), verändert die Effekte nur unwesentlich. Und auch der Einkommensmechanismus (Modell 4), trägt kaum zur Reduktion der Bildungseffekte bei. Selbst die Hinzunahme aller weiteren Variablen des Modells, das in Tab. 1 dokumentiert ist, verringert die Abstände zwischen den Bildungsgruppen kaum (Modell 5). Obwohl die Kontrollvariablen ihrerseits wichtige Einflüsse zeitigen, erweisen sich die Bildungsgruppenunterschiede als robust. Vom erreichten Schul- und Hochschulniveau gehen also Wirkungen aus, die nicht durch elterliche Kulturaktivitäten, kunstnahe Arbeitsgemeinschaften, die Bewertung des Kunstunterrichts und das später erzielte Einkommen erfasst werden.

Tab. 2: Bildungseffekte auf die Besuchshäufigkeit von Kunstausstellungen/-museen.

	Modell 1	Modell 2	Modell 3	Modell 4	Modell 5
Max. Hauptschule (Ref.)	0.00	0.00	0.00	0.00	0.00
Mittlere Reife	0.42	0.38	0.41	0.40	0.39
FHR/Abitur	1.55	1.38	1.49	1.50	1.27
FH/Universität	1.88	1.77	1.90	1.71	1.56

Anmerkung: Dargestellt sind Average Marginal Effects in Negativ-Binomialregressionen individueller Besuchshäufigkeiten von Kunstausstellungen/-museen. M1: inkl. Alter (sieben Kategorien); M2: inkl. Alter + vier elterliche Kulturaktivitäten; M3: inkl. Alter + Lieblingsfach + vier Arbeitsgemeinschaften; M4: inkl. Alter + Einkommen; M5: vollständiges Modell (wie in Tab. 1). Fallzahl: n = 2.469; ungewichtete Daten.

5 Einordnung und Ertrag

Die Analyse aktueller Umfragedaten hat erbracht, dass das Kunstpublikum in Deutschland – gemessen am mindestens jährlichen Ausstellungsbesuch – sehr stark bildungsprivilegiert ist. Dieser Befund ist nicht neu. Schon bei Publikumsbefragungen in 37 Museen Westdeutschlands Mitte der 1980er Jahre stellten sich die einbezogenen Kunstmuseen als besonders bildungsselektiv heraus (Klein 1990: 179 ff.). Auch eine bundesweite Umfrage im Jahr 1995 kam zu dem Ergebnis, dass die Schulbildung für den Besuch von Kunstmuseen eine sehr einflussreiche Determinante ist, die das Kunstpublikum sehr viel markanter strukturiert als die Publika von Geschichts- oder Technikmuseen (Kirchberg 2005: 261 ff.). Aus anderen europäischen Ländern sind diese Regelmäßigkeiten ebenfalls seit langem bekannt (Bourdieu und Darbel 2006). Da diese Studien nicht auf Zufallsstichproben der Bevölkerung beruhen und sich das analytische Vorgehen unterscheidet, sind unmittelbare Vergleiche der Ergebnisse aber schwierig. Angesichts der ausgeprägten Bildungsstrukturierung des heutigen Kunstpublikums ist jedoch nicht davon auszugehen, dass es zu einem deutlichen Abbau von Bildungsbarrieren gekommen ist, wie ihn der demokratische Imperativ einer „Kultur für alle" (Hoffmann 1981) seit den 1970er Jahren einfordert (vgl. dazu empirisch auch Rössel et al. 2005b).

Der Beitrag hat Bourdieus Theorie der Kunstwahrnehmung genutzt, um Hypothesen zu Determinanten des Besuchs von Kunst- und Kunsthandwerksausstellungen abzuleiten, die sich größtenteils bestätigten. Das kulturelle Kapital wurde nicht direkt gemessen, doch ließ sich zeigen, dass es in unterschiedlichen Kontexten mit nachhaltiger Wirkung vermittelt wird. Anders als Bourdieus Theorie nahelegt, ist nicht allein die familiäre Sozialisation entscheidend. Noch stärkere Effekte gehen von den Institutionen der Schule und Hochschule aus. Wie genau diese Bildungsinstitutionen wirksam werden, um Besuche von Kunstausstellungen zu stimulieren, konnte nicht abschließend geklärt werden, denn die Bildungsgruppenunterschiede erwiesen sich als erstaunlich stabil, selbst wenn mögliche Vermittlungsmechanismen – Kunst als Lieblingsfach, die Teilnahme an Arbeitsgemeinschaften und das Einkommen – einbezogen wurden. Deutlich wurde auch, dass Bourdieus Theorie zur Erklärung von Kulturbesuchen nicht hinreichend ist. Aus einer allgemeinen Handlungstheorie lassen sich weitere Hypothesen folgern und Bourdieus Theorie sollte daher als Teil eines weiter gefassten, sozialstrukturellen Ressourcen- und Opportunitätenansatzes aufgefasst werden.

Literatur

Bourdieu, P. 1974. Elemente zu einer soziologischen Theorie der Kunstwahrnehmung. In: Bourdieu, P. *Zur Soziologie der symbolischen Formen*. Frankfurt am Main: Suhrkamp, S. 159–201.

Bourdieu, P. 1982. *Die feinen Unterschiede. Kritik der gesellschaftlichen Urteilskraft*. Frankfurt am Main: Suhrkamp.

Bourdieu, P. und Darbel, A. 2006. *Die Liebe zur Kunst. Europäische Kunstmuseen und ihre Besucher*. Konstanz: UVK.

Hoffmann, H. 1981. *Kultur für alle: Perspektiven und Modelle*. Frankfurt am Main: Fischer.

Kirchberg, V. 2005. *Gesellschaftliche Funktionen von Museen. Makro-, meso- und mikrosoziologische Perspektiven*. Wiesbaden: Springer VS.

Klein, H.-J. 1990. *Der gläserne Besucher. Publikumsstrukturen einer Museumslandschaft*. Berlin: Gebr. Mann Verlag.

Klein, H.-J. 1997. Kunstpublikum und Kunstrezeption. In: Gerhards, J. (Hg.) *Soziologie der Kunst. Produzenten, Vermittler, Rezipienten*. Opladen: Westdeutscher Verlag, S. 337–359.

Long, J. S. und Freese, J. 2014. *Regression Models for Categorical Dependent Variables using Stata*. Third Edition. College Station: Stata Press.

Nagel, I. und Ganzeboom, H. B. G. 2015. Art and Socialisation. In: Wright, J. D. (Hg.) *International Encyclopedia of the Social and Behavioral Sciences*. Second Edition, Volume 2. Amsterdam: Elsevier, S. 7–14.

Opp, K.-D. 1999. Contending Conceptions of the Theory of Rational Action. *Journal of Theoretical Politics 11 (2)*, S. 171–202.

Otte, G. 2012. Programmatik und Bestandsaufnahme einer empirisch-analytischen Kunstsoziologie. *Sociologia Internationalis 50 (1–2)*, S. 115–143.

Otte, G. et al. 2018. *Kulturelle Bildung und Kulturpartizipation in Deutschland (KuBiPaD)*. GESIS Datenarchiv, Köln. ZA7801. Datenfile Version 1.0.0, https://doi.org/10.4232/1.13838.

Otte, G. et al. 2022. Macht Stadtluft aktiv? Die Nutzung außerhäuslicher Kulturangebote im Stadt-Land-Vergleich. In: Kolleck, N. et al. (Hg.) *Forschung zu kultureller Bildung in ländlichen Räumen. Methoden, Theorien und erste Befunde*. Weinheim: Beltz Juventa, S. 207–227.

Panofsky, E. 1975. *Sinn und Deutung in der bildenden Kunst*. Köln: DuMont.

Pollak, R. und Müller, W. 2020. Education as an Equalizing Force: How Declining Educational Inequality and Educational Expansion have contributed to more Social Fluidity in Germany. In: Breen, R. und Müller, W. (Hg.) *Education and Intergenerational Social Mobility in Europe and the United States*. Stanford: Stanford University Press, S. 122–149.

Rössel, J. 2005a. *Plurale Sozialstrukturanalyse. Eine handlungstheoretische Rekonstruktion der Grundbegriffe der Sozialstrukturanalyse*. Wiesbaden: Springer VS.

Rössel, J, et al. 2005b. Soziale Differenzierung und Strukturwandel des Hochkulturpublikums. In: Institut für Kulturpolitik der Kulturpolitischen Gesellschaft (Hg.) *Jahrbuch für Kulturpolitik 2005*. Essen: Klartext, S. 225–234.

V **Methoden**

Uta Karstein
Verfahren in der Kunstsoziologie – Einführung

Die Soziologie hat seit ihrem Bestehen eine beeindruckend große Zahl an Methoden hervorgebracht, die – wenn man das kunstsoziologische Feld überblickt – in
breitem Maße zur Anwendung kommen. Dies zeigen nicht zuletzt die hier im Abschnitt IV versammelten Beiträge, bei denen die Palette von ethnographischen
Ansätzen, über statistische Verfahren der Regressionsanalyse bis hin zu Interviews mit Expert:innen sowie Dokumentenanalysen reicht. Auch die ersten kunstsoziologisch relevanten Beiträge waren, was ihre methodischen Zugänge angeht,
durchaus vielfältig. So flossen in Max Webers (2004) musiksoziologische Studie
von 1920 unter anderem seine musikalischen Kenntnisse ein, die er sich beim Er-
lernen des Klavierspielens theoretisch wie praktisch angeeignet hatte – ein Verfahren, das stark autoethnographische Züge trägt.[1] Siegfried Kracauer (1964)
bediente sich in seinen Texten zu Berlin unter anderem der teilnehmenden Beobachtung, wobei seine Interpretationen immer auch die materielle Dimension
des Geschehens miteinschlossen.[2] Später stellten Alphons Silbermann und René
König in ihrer Künstlerstudie die Leistungsfähigkeit der empirischen Sozialforschung unter Beweis (König und Silbermann 1964). Norbert Elias (1991) wiederum
wertete verschiedenste historische Quellen (z. B. Briefe und Grundrisse) aus, das
gleiche gilt für Niklas Luhmann (1995).

Die folgenden Texte bieten eine erste Übersicht über relevante Methoden in
der aktuellen Kunstsoziologie. Der hier aufgenommene Beitrag von *Anja Frank*
gibt wichtige Einblicke in gegenwärtig genutzte qualitativ-rekonstruktive Methoden. Dabei führt Frank am Beispiel musiksoziologischer Forschungsarbeiten vor,
wie Forschungsinteressen, Fragestellungen und jeweilige Erhebungs- und Auswertungsmethoden ineinandergreifen. *Gunnar Otte* gibt einen Überblick über
klassische Forschungsfelder und Erkenntnisinteressen, die mit quantifizierenden
Methoden bearbeitet werden. Neben der Umfrageforschung werden dabei auch
experimentelle und inhaltsanalytische Verfahren vorgestellt und mit Verweisen
auf beispielhafte Studien versehen.

Der Beitrag von *Ringo Rösener* widmet sich einer wichtigen methodischen
Herausforderung in der Kunstsoziologie: der Werkanalyse. Lange Zeit galt die

---

1 Auch Alfred Schütz und Howard S. Becker spielten selbst Instrumente. Becker hatte sich darüber hinaus als Fotograf betätigt. Theodor W. Adorno wiederum war Komponist.
2 So widmete er sich unter anderem Weihnachtsbuden, U-Bahnhöfen und Cafés.

https://doi.org/10.1515/9783110716863-016

Analyse der Kunstwerke selbst als Domäne der auf einzelne Kunstgattungen spezialisierten Disziplinen wie die Musik-, Theater-, Literatur- oder Kunstwissenschaft. Dass es hier besondere Kompetenzen gibt, ist nicht von der Hand zu weisen. Und so ist es durchaus gängig und legitim, auf die Expertise der entsprechenden Fächer zurückzugreifen. Die Soziologie fungiert hier mit Georg Simmels Worten als eine Art „weiterverarbeitende Industrie", die die Arbeit und die Resultate anderer Disziplinen als ‚Halbprodukte' an sich zieht und neuen Fragestellungen unterwirft (zit. in Tyrell 2002: 55). Dennoch hat es in den letzten Jahren einige Anstrengungen gegeben, um Werkanalysen auch von einer soziologischen Warte aus methodisch abgesichert realisieren zu können. Röseners Beitrag stellt einige von ihnen vor. Dabei konzentriert er sich auf Vorschläge, die elaborierte sozialwissenschaftliche Methoden wie die Objektive Hermeneutik und die Dokumentarische Methode für die Analyse visueller Werke (Bilder, Fotografien) adaptieren.

Trotz dieser in den Beiträgen sichtbar werdenden Bandbreite an Verfahren bleiben einige Methoden unerwähnt. Deswegen soll an dieser Stelle zumindest kurz auf sie hingewiesen werden. Dazu gehört beispielsweise die Netzwerkanalyse. Hierbei handelt es sich um ein relationales Verfahren, bei dem nicht einzelne Personen, Gruppen oder Organisationen im Vordergrund stehen, sondern deren Beziehungen. Angestrebt werden wahlweise quantitative, aber auch qualitative Beziehungsanalysen. Dieses Verfahren hat zuletzt für die *documenta* Anwendung gefunden (Panzer et al. 2015). Untersucht werden hier unter anderem die Beziehungen zwischen Leihgeber:innen und die wechselseitigen Einflüsse zwischen der *documenta* und der *Biennale* in Venedig.

Zu nennen wäre an dieser Stelle auch die Autoethnografie. Die Spielregeln des Forschungsfeldes werden bei dieser Methode nicht nur aus einer gewissen Distanz heraus beobachtet, sondern der Teilnahmeaspekt steht im Vordergrund. Beispiele hierfür finden sich gegenwärtig auch im Bereich der Kunstsoziologie. So hatte sich etwa Sophie M. Müller im Zuge ihrer Untersuchungen zu den Ansprüchen und den Leistungsvorstellungen im Bereich des Tanzes selbst zur Balletttänzerin ausbilden lassen (Müller 2016).

Zu guter Letzt sollte auch die künstlerische Forschung Erwähnung finden. Der Spieß wird hier gewissermaßen umgedreht: geforscht wird nicht mehr vorrangig ‚von außen' über die Kunst. Vielmehr wird künstlerisches Arbeiten selbst zu einer Forschungsmethode erklärt. Ausgangspunkt sind dabei die Annahmen, dass dem künstlerischen und dem wissenschaftlichen Arbeiten eine explorative Auseinandersetzung mit einem Gegenstand eigen ist (Kraus 2008) und dass Kunst Wissen erzeugt (Borgdorff 2012). In diesem Sinne könne auch künstlerischem Arbeiten eine sowohl forschende als auch erkenntnisgenerierende Dimension attestiert werden. Um die Frage der genauen Ausdeutung künstlerischer Forschung, ihrer Ziele und Grenzen, ihrer Auswirkungen auf den Wissens- und Forschungs-

wie auch auf den Kunstbegriff hat sich mittlerweile ein ganzes Diskursfeld nebst eigener Institutionen etabliert (vgl. Borgdorff 2012; Jürgens und Tesche 2015; Siegmund 2016), wobei auch die Frage des Verhältnisses zur Kunstsoziologie eine Rolle spielt.[3]

Literatur

Borgdorff, H. 2012. *The Conflict of the Faculties. Perspectives on Artistic Research and Academia.* Leiden: Leiden University Press.

Elias, N. 1991. *Mozart. Zur Soziologie eines Genies.* Frankfurt am Main: Suhrkamp.

Jürgens, A.-S. und Tesche, T. (Hg.) 2015. *LaborARTorium. Forschung im Denkraum zwischen Wissenschaft und Kunst. Eine Methodenreflexion.* Bielefeld: transcript.

König, R. und Selbermann, A. 1964. *Der unversorgte selbständige Künstler. Über die wirtschaftliche und soziale Lage der selbständigen Künstler in der Bundesrepublik.* In: Stiftung zur Förderung der wissenschaftlichen Forschung über Wesen und Bedeutung der freien Berufe (Hg.) Köln/Berlin: Deutsche Ärzte-Verlag.

Kracauer, S. 1964. *Straßen in Berlin und anderswo.* Frankfurt am Main: Suhrkamp.

Kraus, A. 2008. „Künstlerische Forschung" in der qualitativen empirischen Sozialforschung unter der Perspektive phänomenologischer Methodologie anhand eines Beispiels. In: Brenne, A. (Hg.) *„Zarte Empirie". Theorie und Praxis einer künstlerisch-ästhetischen Forschung.* Münster: Verlagshaus Monsenstein und Vannerdat, S. 51–64.

Luhmann, N. 1995. *Die Kunst der Gesellschaft.* Frankfurt am Main: Suhrkamp.

Müller, S. M. 2016. *Körperliche Un-Fertigkeiten. Ballett als unendliche Perfektion.* Weilerswist-Metternich: Velbrück.

Panzer, G. et al. (Hg.) 2015. *Beziehungsanalysen. Bildende Künste in Westdeutschland nach 1945: Akteure, Institutionen, Ausstellungen und Kontexte.* Wiesbaden: Springer VS.

Tyrell, H. 2002. Religiöse Kommunikation. Auge, Ohr und Medienvielfalt. In: Schreiner, K. (Hg.) *Frömmigkeit im Mittelalter. Politisch-soziale Kontexte, visuelle Praxis, körperliche Ausdrucksformen.* München: Fink, S. 41–93.

Siegmund, J. (Hg.) 2016. *Wie verändert sich Kunst, wenn man sie als Forschung versteht?* Bielefeld: transcript.

Weber, M. 2004. Zur Musiksoziologie. Nachlass 1921. In: Braun, Ch. und Finscher, L. (Hg.) *Max Weber Gesamtausgabe* I, Band 14. Tübingen: J.C.B. Mohr.

---

3 Es gibt mittlerweile mit der *Society for Artistic Research* einen eigenen Fachverband und mit dem *Journal for Artistic Research* eine eigene Fachzeitschrift.

Anja Frank
Zum sozialen Sinn von Musik – Rekonstruktive Methoden am Beispiel musiksoziologischer Forschung

1 Einleitung – Musik als Prozess

Mit Musik und musikalischen Genres verbinden wir Epochen und Generationen, Milieus und Anlässe, biografische Erinnerungen sowie alltägliche Situationen. Was dokumentiert sich aus soziologischer Sicht in der Praxis des Musikhörens und -machens? Die Soziologie bietet ein breites Spektrum von Theorien und Methoden, um dies zu erforschen. In diesem Beitrag zeige ich, was wir mithilfe von qualitativen bzw. rekonstruktiven Methoden über den sozialen Sinn und die sozialen Funktionen von Musik lernen können. Ein Blick in das Werk einschlägiger Soziologen zeigt, dass sie sich im Laufe ihrer Forschungen musikalischen Phänomenen gewidmet haben, um an ihrem Beispiel zentrale soziologische Fragestellungen zu bearbeiten wie etwa Georg Simmel (Simmel 1882), Max Weber (Weber 2004), Norbert Elias (Elias 1991, im Anschluss Wolfgang Lipp 1992), Alfred Schütz (Schütz 1951) oder Howard S. Becker (Becker 1951). Bei allen ging es um je spezifische soziologische Probleme, die am Beispiel der Musik bearbeitet wurden: Weber betrachtete die spezifische Rationalität abendländischer Musiksysteme und ihr Verhältnis zur Gesellschaft, Elias zeigte das Austarieren sozialer Machtbalancen am Beispiel des Verhältnisses bürgerlicher Kunst- und Lebenspraxis und höfischer Gesellschaft; Becker zeigte am Beispiel der Jazzmusiker den sozialen Prozess der Herstellung von Devianz; Schütz dachte am Beispiel gemeinsamen Musizierens über Strukturen kollektiver Erfahrung und Interaktion nach.[1] Aktuelle Studien bearbeiten am Beispiel der Musik unter anderem Fragen von Genrekonstruktionen (DeNora 2011a), das Verhältnis musikalischer Genres und spezifischer Lebensstile (Diaz-Bohne 2010), individuelle Identitätsbildung und Alltagsbewältigung (DeNora 1999, 2000a, 2000b; Bergh und DeNora 2014), kollektive Identitätsbildung (Frith 2012), den Zusammenhang von musikalischen Praktiken und Erfahrungsstrukturierung mit gesellschaftlichem Wandel (Schrage und Schwetter 2019, Hoklas und Schwetter 2019), soziale Distinktionsmechanismen (Berli 2014), grundlegende Fragen sozialen Handelns (Figueroa-Dreher 2016; 2008a, 2008b, 2008c) oder eine Theorie der Vermittlung (Hennion 2015, 2010, 2008, 2007, 2003).

---

1 Für einen Überblick vgl. DeNora 2019; McCormick 2012; Inhetveen 2010.

https://doi.org/10.1515/9783110716863-017

Eine wichtige Frage in der (besonders deutschsprachigen) musiksoziologischen Forschung ist jene danach, was eigentlich untersucht werden sollte, wenn man sich für den sozialen Charakter von Musik interessiert: das Werk oder seine Rezeption und die Rezipienten – Text oder Kontext?[2] Während eine ausschließliche Perspektive auf das Werk systematisch dessen lebensweltlichen Kontext vernachlässigt, sieht sich eine strikt rezipienten- oder wirkungsorientierte Sicht dem Vorwurf ausgesetzt, die Musik selbst nur noch vermittelt in die Forschung mit einzubeziehen. Fraglich bleibt in beiden Fällen, wie Musik und das Soziale genau miteinander verbunden sind. Im Rahmen der „New Musicology" wurde versucht, diese „Trennung zwischen der Musik ‚als solcher' und ihren sozialen Wirkungen" (Schrage und Schwetter 2019: 85; vgl. auch DeNora 2003a, 2003b) zu überwinden. Hier hat Christopher Small mit seiner Wortschöpfung des „Musicking" (Small 1998) den Blick von Musik als Objekt hin zu einem Verständnis von Musik als semantisch offenen Prozess, der jede Art von musikbezogener Handlung einbezieht, verschoben – ein Gedanke der in Bezug auf die Kunstproduktion ähnlich auch von Howard S. Becker entwickelt wurde (Becker 1974). Entscheidend an dieser Perspektive ist, dass Musik als etwas verstanden wird, das nicht nur als künstlerisches Artefakt dem sozialen Handeln äußerlich gegenübersteht und dessen Produktions- und Verwendungsweisen sowie Wirkungen untersucht werden könnten. Es geht um mehr als um eine Komposition an sich, das Musizieren an sich oder das Hörerlebnis an sich. Es geht darum, sich zu fragen, wie Musik Teil sozialer Wirklichkeit wird, wie sie Bestandteil von Praktiken und Situationen wird und wie sie soziales Leben mitorganisiert. Im Zentrum steht gewissermaßen der musikalische Aufbau sozialer Interaktionen, Situationen, Ordnungen oder Welten.

Für ein solches Forschungsprogramm bieten sich qualitative, rekonstruktive Methoden der Sozialforschung an. Im Folgenden stehen Forschungsmethoden im Mittelpunkt, mit deren Hilfe Musik als symbolische Form und als sozialer Sinn- und Handlungszusammenhang betrachtet wird. Anhand ausgewählter Studien zum alltäglichen Gebrauch von Musik, zu Bewertungsdiskursen und Geschmack und zu speziellen Gattungen und Genres und deren sozialer Trägerschicht gehen sie der Frage nach, wie ästhetische und soziale Ordnung miteinander zusammenhängen.

Es gibt zahlreiche qualitative Methodologien und Methoden, die je nach theoretischer Grundlegung besondere Akzente setzen. Einen genauen Einblick in die verschiedenen Methodologien und Methoden geben diverse Methodenbücher (z. B. Bohnsack 2021; Przyborski und Wohlrab-Sahr 2021; Strauss 1998; Strübing 2018). In

---

2 Vgl. historisch den Streit zwischen Theodor W. Adorno und Alfons Silbermann (Adorno 1967, Silbermann 1967).

diesem Beitrag geht es zum einen darum, das Gemeinsame dieser Art von Forschung zu betonen, und zum anderen am Beispiel verschiedener Studien zu zeigen,
welche Fragen unter anderen gestellt und wie sie beantwortet werden können. Es
geht dabei nicht um eine erschöpfende Darstellung im Sinne eines Forschungsstan-
des, sondern um einen Einblick in die Möglichkeiten, die sich mit verschiedenen
Erhebungs- und Auswertungsmethoden bieten. Die Darstellung folgt dem Verlauf
des Forschens: Ich gehe jeweils kurz auf den grundlegenden Charakter qualitativer
Forschung, Erhebungsformen und Auswertungsstrategien ein, um dann jeweils Beispiele für musiksoziologische Untersuchungen zu zeigen. Dabei benenne ich den
theoretischen und methodologischen Hintergrund, vor dem die Autoren geforscht
haben, stelle die zentrale Forschungsfrage, die sich die Autoren jeweils gestellt
haben, vor und gehe darauf ein, welche Art von Datenmaterial erhoben wurde,
wie das Sample zusammengestellt und wie ausgewertet wurde. Schließlich zeige
ich kurz, zu welchen Ergebnissen die Forschenden gekommen sind und welche An-
schlussmöglichkeiten sich aus den Studien ergeben.

2 Ziele und Merkmale qualitativer Sozialforschung

Qualitative bzw. rekonstruktive Sozialforschung zielt erstens darauf ab zu untersuchen, wie individuelle oder kollektive Akteure soziale Wirklichkeit herstellen
und Sinn konstituieren. Es geht um die Rekonstruktion subjektiver Bedeutungs-
und Sinnzusammenhänge und darum, wie diese Art von Wissen praktisches Handeln orientiert bzw. in dieses eingelassen ist. Qualitative Analysemethoden zielen
zweitens darauf ab, einen konkreten Fall oder mehrere Fälle in einen größeren
Zusammenhang zu stellen – entweder indem strukturelle Gemeinsamkeiten entdeckt werden oder in dem das Besondere des Falles als konkrete Verwirklichung
einer allgemeinen Struktur rekonstruiert wird. Die Basisoperation dafür ist der
Vergleich und die Frage ist, woraufhin etwas verglichen wird; das Ziel besteht
darin, abstrakte Typen zu bilden, in denen das Spezifische und das Allgemeine
jenseits des konkreten Falles zum Ausdruck kommen (Przyborski und Wohlrab-
Sahr 2021; Bohnsack 2021; Strauss 1998).

Bezogen auf Musik lässt sich also fragen: Wie wird soziale Wirklichkeit für
Individuen oder Gruppen über musikalische Praxis hergestellt? Wie eignen sich
Akteure musikalische Werke an, wie beurteilen sie diese und was kommt darin
zum Ausdruck? Wie positionieren sich Akteure mithilfe musikalischer Praxis gesellschaftlich? Was lernen wir über die soziale Organisation unserer Lebenswelt

und Gesellschaft am Beispiel unserer musikalischen Aktivitäten und Werke? Wie hängen musikästhetische und soziale Ordnung zusammen?

In der gegenwärtigen musiksoziologischen Forschung kommen dabei insbesondere ethnografische sowie an der Dokumentarischen Methode, der Grounded Theory und Diskursanalyse orientierte Ansätze zum Tragen. Je nach Fragestellung und der theoretischen oder methodologischen Perspektive werden verschiedene Aspekte untersucht. Entscheidend ist bei allen, dass musikalische Praxis und Sinnkonstruktion in einem lebensweltlichen Kontext betrachtet werden und danach gefragt wird, wie Individuen und kollektive Strukturen über Musik miteinander verbunden sind.

3 Beispiele für empirisches Material, Erhebungsmethoden, Samples und Fragestellungen

3.1 Erhebung: Offene Verfahren

Die Orientierung am Prozesshaften und an semantischer Offenheit bedeutet forschungspraktisch, dass man an Datenmaterial interessiert ist, in dem sich Prozesse abbilden und in dem sich die sozialen Akteure mit ihren eigenen Begriffen und Deutungen ausdrücken sowie Gegebenheiten und Zusammenhänge innerhalb ihres eigenen Relevanzsystems darstellen (Przyborski und Wohlrab-Sahr 2021: 20 f.). Für die Erhebung solchen Materials eignen sich narrative Interviews, Gruppendiskussionen und teilnehmende Beobachtungen.

3.1.1 Sprachliches Material: Musikalische Erlebnisse und Erfahrungen erheben

Narrative Interviews
In den meisten Studien werden hauptsächlich oder zumindest teilweise narrative Interviews als Erhebungsform genutzt. Bei narrativen Interviews geht es darum, dass die Interviewten in möglichst detailreichen Erzählungen und Beschreibungen ihre Erfahrungen und erlebten Praktiken schildern. Entscheidend dabei ist, dass der entstandene Interviewtext narrative, selbstläufige Darstellungen enthält, weil nur diese die Struktur erlebter Erfahrung und Praxis abbilden und hier im-

plizite Orientierungen deutlich werden.[3] Dafür ist es notwendig, dass die Interviewten selbst bestimmen, was innerhalb eines Themas wichtig ist und dass sie in diesem Rahmen ihre Erfahrungen schildern. Die Erzähl- oder Diskussionsaufforderungen zielen deshalb darauf ab, den Interviewten die Gelegenheit zu geben, selbstläufig ihre Erlebnisse zu erzählen und zu beschreiben (oder bei Gruppendiskussionen selbstläufig zu diskutieren). Die Erzähl- oder Diskussionsaufforderung gibt zwar dementsprechend eine thematische Rahmung vor, indem sie beispielsweise die gesamte Lebensgeschichte oder eine bestimmte biografische Phase ansteuert oder für eine Gruppe ein bestimmtes Problem darstellt, überlässt die Ausgestaltung und Steuerung der Erzählungen und Beschreibungen innerhalb dieses Rahmens aber den Interviewten. Dabei entsteht eine Art von Wirklichkeitsprotokoll, das einen Zugang zum Erleben und den Erfahrungen der Interviewten eröffnet und über diesen Weg auch einen vermittelten Zugang zu vergangenen Praktiken bieten kann.

Auf diese Weise lassen sich thematisch ganz unterschiedliche Aspekte musikbezogenen Handelns fokussieren. In Howard S. Beckers und Robert Faulkners Studien zu Jazzmusikern (Faulkner und Becker 2009; Becker 1951, 2014) finden sich Beispiele der Verwendung von ethnografischen Interviews. Dies sind keine reinen Interviewstudien, aber in ihren Publikationen finden sich zahlreiche Auszüge und Interpretationen der (ethnografischen) Interviews, die sie während ihrer Feldaufenthalte geführt haben. Auch Antoine Hennion zeigt u. a. mithilfe von Interviewmaterial den vermittelnden Charakter von Musik und die soziale Formung musikalischer Vorlieben (Hennion 2015, 2008, 2007).

Auf drei unterschiedliche aktuellere Studien, die hauptsächlich Einzelinterviews nutzen, möchte ich genauer eingehen. Tia DeNora hat zur Rolle von Musik im Alltag geforscht (DeNora 1999, 2000a, 2000b). In ihren Studien hat sie u. a. mithilfe von narrativen Interviews („depth interviews") Frauen dazu befragt, wie sie Musik im Alltag nutzen. Das Sample besteht aus 52 Interviews, die Frauen sind zwischen 18 und 78 Jahre alt, haben unterschiedliche sozialstrukturelle Merkmale, verschiedene ethnische Hintergründe und leben sowohl in ländlichen als auch urbanen Regionen in den USA und dem Vereinigten Königreich. DeNora bat um Erzählungen und Beschreibungen zur Musiksammlung der Interviewten, zu alltäglichen Routinen und dem den Alltag begleitenden Musikgebrauch und fragte zu konkreten Situationen genauer nach. Die Fragen waren dabei teilweise erzähl- und beschreibungsgenerierend – beispielsweise die Aufforderung, vom vergangenen Tag zu erzählen (DeNora 1999: 33) – teilweise regten sie eher Reflexionen der

---

3 Für eine solche erzähltheoretische Grundlegung siehe Schütze 1983, vgl. auch Przyborski und Wohlrab-Sahr 2021: 285 ff.; Bohnsack 2021; Rosenthal 1995.

eigenen Hör-Erlebnisse an, produzierten also argumentative oder evaluative Darstellungen. In ihren Veröffentlichungen finden sich in den Beispielen aus den Interviews vorrangig solche argumentativen und das eigene Hörverhalten evaluierenden Passagen. DeNora fokussierte dabei die Frage nach dem Verhältnis von Alltagsstruktur und Musikgebrauch sowie nach dem Zusammenhang von Musikgebrauch und Identitätsbildung (deNora 1999: 34).[4]

Im Anschluss an die soziologische „Geschmacksdiskussion" hat Oliver Berli in seiner Studie „Der gute Musikgeschmack" semantische Verschiebungen in Bewertungsdiskursen und deren Distinktions- und Differenzierungspotenzial untersucht (Berli 2014). Orientiert an der Methodologie der Grounded Theory hat er leitfadengestützte Interviews mit 10 Personen im Alter zwischen 25 und 69 Jahren durchgeführt und ausgewertet sowie Protokolle von Beobachtungen im Wohnumfeld der Interviewten in die Analyse miteinbezogen. Berli forderte seine Interviewpartner dazu auf, über ihre musikalischen Vorlieben und Vorstellungen von guter Musik im Allgemeinen zu sprechen und von Situationen, in denen sie Musik rezipiert haben, zu erzählen. Er hat also, wie auch DeNora, seine Interviewpartner dazu gebracht, mit ihm über Musik zu reden, und dabei sind sowohl narrative als auch argumentative und evaluierende Textpassagen entstanden. In die Beobachtungsprotokolle wurden räumliche Arrangements oder die Art der Musiksammlungen aufgenommen.

Eine andere Art von Interviews haben Anne-Kathrin Hoklas und Steffen Lepa (Hoklas 2018; Hoklas und Lepa 2015) geführt. Vor dem methodologischen Hintergrund der Dokumentarischen Methode rückten sie die Biografie und den medienspezifischen Habitus der Interviewten in den Mittelpunkt und haben dafür medienbiografische Interviews geführt. Sie fragten nach Prozessen medienbiografischen Wandels und Kontinuitäten und nutzten die wissenssoziologische Konzeption des konjunktiven Erfahrungsraums im Anschluss an Karl Mannheim und Ralf Bohnsack als Zugang zur Kollektivität medientechnischer Praxis (Hoklas 2018: 258; Hoklas und Lepa 2015: 5). Gemeinsame Erfahrungszusammenhänge konstituieren sich demnach durch strukturidentische Erfahrungen, die hier im Kontext von medienmusikalischem Handeln gemacht werden. Hoklas und Lepa sprechen in dieser Hinsicht von „medienmusikalischen Orientierungen" (Hoklas 2018: 259; Hoklas und Lepa 2015: 4) als „jene relativ stabilen Orientierungen [...],

---

4 In einer weiteren Studie wurden narrative Interviews mit Jugendlichen im Alter von 15 Jahren durchgeführt (Bergh et al. 2014). Hier ging es um alltägliche Praktiken und Bedeutungen juveniler, mobiler Musiknutzung. Eine Besonderheit lag darin, dass eine Jugendliche in den Forschungsprozess involviert war. So waren die Interviews als Peer-to-Peer-Interviews angelegt. Dies hat interessante Implikationen für den gesamten Forschungsprozess und für forschungsethische Fragen (vgl. Bergh et al. 2014: 318).

die auch in späteren Lebensphasen strukturieren, wie und mit welchen Technologien im Alltag Musik gehört wird" (Hoklas und Lepa 2015: 7). Es geht in der Studie dementsprechend um die Rekonstruktion solcher generationsspezifischen musik- und medienbezogenen Praktiken und deren zugrundeliegenden Orientierungen. Sie beziehen sich zudem auf das Konzept generationsspezifischer audiotechnischer Transaktionsräume (Hoklas und Lepa 2015: 4), die durch historisch verfügbare Technologien geprägt sind. Als Beispiele dienen unter anderem der Plattenspieler und die Kassette als Objekte vergangener konjunktiver Transaktionsräume, und es wird die Frage gestellt, auf welche Weise sich mit – an und mit diesen Objekten herausgebildeten – strukturidentischen Handlungspraxen auch geteilte Erfahrungs- und Wissensstrukturen verbinden (Hoklas 2018: 259).

Das Sample umfasst 39 biografisch-episodische Interviews. Die Interviewten gehören unterschiedlichen Generationen, Milieus und Geschlechtern an. Ausgangspunkt des Sampling waren dabei Vertreter von quantitativ ermittelten Audiorepertoireklassen. So zeigte sich bei der 1960er Kohorte die Kassettentechnologie als in der Adoleszenz dominante strukturidentische Erfahrung, und auch die weiteren technischen Entwicklungen (wie die CD) haben diese in einer ähnlichen Lebensphase erlebt (Hoklas 2018: 260). Die Frage war nun: „Inwieweit hat sich dieser Transaktionsraum in kollektiv geteilten Erfahrungs- und Wissensstrukturen niedergeschlagen, die die Jahre überdauert haben und das Herangehen an neue Medientechnologien anleiten?" (Hoklas 2018: 260). Dafür wurden Fragen gestellt, die auf biografische Beschreibungen und Erzählungen im Hinblick auf Musik- und Mediennutzung und von Hörepisoden und -situationen zielten. Auf diese Weise sind Interviews entstanden, die Passagen enthalten, in denen die Interviewten detailliert erzählen und beschreiben, wie sie verschiedene technische Objekte benutzt und mit ihnen Musik gehört und erlebt haben.

Gruppendiskussionen

Eine weitere Form der Erhebung sprachlichen Materials sind Gruppendiskussionen. Das Gruppendiskussionsverfahren, wie es in der Forschungsgruppe um Ralf Bohnsack entwickelt wurde (Bohnsack 2000, Bohnsack 2021; Bohnsack und Przyborski 2006; Bohnsack et al. 2006), eignet sich besonders dazu, kollektive Orientierungen zu erheben. Es bietet einen validen Zugang zu geteilten Erfahrungen, zu milieu- und gruppenspezifischen Bedeutungsmustern und gemeinsamen Orientierungswissen sowie zu interaktiven Prozessen der Wirklichkeitskonstruktion. Hier geht es insbesondere darum, geteiltes Wissen und interaktive Prozesse auf sprachlicher Ebene beobachtbar zu machen. Die Gruppenmitglieder sind dabei Repräsentanten gemeinsamer Erfahrungsräume.

Auch Gruppendiskussionen sind prozesshafte Abläufe von Kommunikation, in denen sich Sinnstrukturen dokumentieren, die weder zufällig sind noch erst im Moment der Diskussion entstehen. Sie verweisen auf gemeinsame Erfahrungen der Gruppenmitglieder, die in Form kollektiver Orientierungsmuster zum Ausdruck kommen (Bohnsack 2021: 109 ff.; Przyborski und Wohlrab-Sahr 2021: 118 ff.). Wie die Einzelinterviews sind Gruppendiskussionen am Modell eines natürlichen Gesprächs orientiert und lassen nicht nur argumentative Diskussionen, sondern auch Erzählungen und Beschreibungen zu. Auch hier ist Offenheit die wichtigste methodologischen Prämisse: Die Diskussion ist zwar durch einen Leitfaden strukturiert, aber jenseits der Rahmenthemen gibt es keine inhaltliche Festlegung. Ein Vorteil ist, dass sich gegenseitige Bezugnahmen im Material abbilden. Auf diese Weise lässt sich anhand der performativen Struktur des Gesprächs beobachten, wie gemeinsames Wissen hergestellt bzw. aktualisiert und Differenzen bearbeitet werden.

In meiner eigenen Studie „Große Gesellschaft in kleiner Gruppe" (Frank 2018a, 2018b, 2016) habe ich Gruppendiskussionen mit Mitgliedern in Fördervereinen in Deutschland geführt.[5] Am Beispiel der Fördervereine habe ich sowohl Strukturen und Motivlinien dieser Form gesellschaftlichen Engagements untersucht als auch die Art und Weise, wie darin gesellschaftlicher Wandel reflektiert und verarbeitet wird und gesellschaftliche Positionierungen und Differenzen legitimiert werden. Die Fragen waren: Welche Selbstdefinitionen und -verortungen sind mit dem Engagement für eine bestimmte musikalische Gattung verbunden? Welche Funktionen werden Oper und Theater zugesprochen? Wie werden sie legitimiert? Welche ästhetischen Vorstellungen und Definitionen von „guter" Kunst gibt es? Insgesamt ging es dabei darum, ästhetische Bezüge in ihren Deutungs- und Thematisierungszusammenhängen und in interaktiven Prozessen zu untersuchen. Das Sample besteht aus 15 Gruppendiskussionen mit je drei bis sechs Mitgliedern aus einem Verein, die zumeist als Vorstandsmitglieder die Kerngruppe der jeweiligen Vereine darstellten. Bei den Vereinen handelt es sich um Fördervereine sowohl von reinen Opernhäusern in Großstädten als auch von Mehrspartenhäusern in mittleren Groß- und Kleinstädten. Die Gruppenmitglieder wurden gebeten zu erzählen, wie es zur Gründung des Vereins kam bzw. wie es dazu kam, sich im Verein zu engagieren, und es wurden Diskussionsfragen gestellt, u. a. was eine gute Aufführung ausmache oder wozu Oper gut sei.

Ebenso ist es möglich, interaktive Prozesse mithilfe von sprachlichem Material aus dem Internet zu untersuchen. So hat Michael Parzer (2011) Diskussionen in On-

---

5 In diesen Abschnitt wurden Teile bereits vorher publizierter Darstellungen aufgenommen (vgl. Frank 2018a, b).

lineforen über Musik mithilfe qualitativer Methoden vor dem Hintergrund der wissenssoziologischen Deutungsmusteranalyse analysiert und allgemeine Schemata der Bewertung von Popmusik herausgearbeitet. Auf diese Weise hat er sozialästhetische Transformationsprozesse innerhalb der Popularkultur und neue Formen soziokultureller (Selbst-)Verortung identifizieren und charakterisieren können. Es handelt sich dabei um allgemeine Foren und keine spezifischen Musikforen oder Szenen.[6]

3.1.2 Teilnehmende Beobachtungen: Musikbezogenes Handeln beobachten

Teilnehmende Beobachtungen bieten einen unmittelbaren Zugang zu konkreten Handlungspraktiken und Situationen und den dazugehörigen Objekten und Räumlichkeiten. Insbesondere alltägliche und routinemäßige Handlungen, die reflexiv kaum verfügbar sind und die aufgrund ihrer sich wiederholenden Struktur schlecht erzählt werden können, kann man so untersuchen. Dafür werden Beobachtungsprotokolle angefertigt, die – je nach Fragestellung – auf bestimmte beobachtbare Abläufe fokussieren und diese möglichst detailliert beschreiben. Es entsteht eine Art von Wirklichkeitsprotokoll, das Akteure in ihrem aufeinander sowie auf Objekte, Räumlichkeiten und Architektur bezogenen Handeln erfasst. Bei dieser Art der Erhebungsform geht es darum, konkrete Handlungspraktiken aufzuzeichnen und auf ihre Sinnstruktur hin zu analysieren (Przyborski und Wohlrab-Sahr 2021: 57 ff.).

Konkrete Praktiken, die mit Musik zu tun haben, hat DeNora unter anderem mithilfe von teilnehmenden Beobachtungen in verschiedenen sozialen Settings untersucht: in Karaoke-Bars und Bekleidungsgeschäften, bei Aerobic-Kursen und Musiktherapiesitzungen (u. a. DeNora 2019, 2000a; DeNora und Belcher 2000). Beispielhaft seien hier ihre teilnehmenden Beobachtungen bei Musiktherapiesitzungen und in Bekleidungsgeschäften genannt. Mithilfe von Beobachtungsprotokollen untersucht sie dabei die Interaktion zwischen Therapeuten und Klienten „as a medium of social relation" (DeNora 2006: 49) bzw. die Rolle von Musik bei der Formierung von spezifischer Handlungsmacht und Subjektivität (DeNora und Belcher 2000). Ihr Interesse richtet sich also auf soziale Interaktion mithilfe musikbezogener Praktiken an der Schnittstelle von materieller Kultur, sozialem Handeln und Subjektivität (DeNora und Belcher 2000: 80).

Silvana Figueroa-Dreher (2016) hat die Praxis des Improvisierens genauer untersucht. Sie hat dafür sowohl teilnehmend beobachtet als auch zahlreiche Inter-

---

6 Zum Umgang mit Onlinematerial vgl. auch Schmidt-Lux und Wohlrab-Sahr (2020).

views und Gespräche geführt. Ihr Sample besteht aus drei Free -Jazztrios und zwei Flamencoformationen. Sie hat für ihre Untersuchungen die Musiker in das Aufnahmestudio ihres Forschungsinstitutes eingeladen und Sessions der Musiker per Video aufgezeichnet. Die gemeinsame musikalische Praxis wurde vor dem Hintergrund einer phänomenologisch begründeten Handlungstheorie analysiert: Auch hier stehen demnach Improvisation und Musik nicht als Produkt im Mittelpunkt der Analyse, sondern als Prozess (Figueroa-Dreher 2016, 2008a, 2008b, 2008c). Ihre Fragen sind unter anderem: Auf welche Art und Weise findet das Improvisieren statt? Aufgrund welcher Haltung sind die Musiker in der Lage zu improvisieren? „Was bedeutet Improvisieren für die interviewten Künstler und Künstlerinnen?" (Figueroa-Dreher 2016: 148).[7]

3.2 Vorfindbares Material

Neben der Möglichkeit, selbst sprachliches Material über die verschiedenen Interviewformen zu erheben, lässt sich auch vorfindbares Material wie historische Quellen, Texte in Printmedien oder Online-Material als Dokument spezifischer Lebenswelten mithilfe rekonstruktiver Verfahren auswerten.

3.2.1 Vergangene Praktiken und Wissen rekonstruieren – Historische Ethnografie

Tia DeNora hat nicht nur gegenwärtige, sondern auch vergangene musikalische Lebenswelten rekonstruiert. Hierfür bieten sich historische Dokumente als Datenmaterial an. So hat sie für ihre Studie „Beethoven and the Construction of a Genius" (DeNora 1995, vgl. auch DeNora 1993) Archivmaterial wie Briefe, Subskribentenlisten oder Aufführungskritiken ethnografisch ausgewertet; sie bezeichnet ihr Vorgehen dementsprechend als „historic ethnography" (DeNora 2011b: 31). Dabei hat sie sich besonders mit biografischen Darstellungen und den Periodisierungen der Mu-

---

7 Vor dem Hintergrund der Lebensweltanalyse im Anschluss an Anne Honer (Honer 2011; Hitzler und Eisewicht 2016) und den Studien zu Szenen von Ronald Hitzler u. a. (u. a. Hitzler und Niederbacher 2010) haben Paul Eisewicht und Tilo Grenz in ihrer Studie zu Szenepraxis und -bildung in der Indie-Szene ebenfalls sowohl teilnehmend beobachtet als auch (ethnografische) Interviews geführt. Sie haben die musikalischen Praktiken der Musikrecherche und das Herstellen von „Mash-Ups" im Hinblick auf die Frage untersucht, wie sich Szenen und Gruppenzusammenhänge unter den Bedingungen der Mediatisierung herausbilden und wie sich musikalische Bezugspunkte über die Kulturgrenzen von Indie ausweiten (Eisewicht und Grenz 2011: 398).

sikgeschichte entlang der Schaffens- und Stilperioden „großer" Komponisten beschäftigt. Sie stellte dabei den zeitgebundenen Konstruktionscharakter dieser Darstellungen dem ihnen eigenen Anspruch gegenüber, objektive Darstellungen von Musikgeschichte zu sein. Sie plädiert dafür, historisches Datenmaterial aus seiner Zeit heraus zu verstehen und es als Dokument einer bestimmten historischen sozialen Wirklichkeit zu lesen sowie zu rekonstruieren, wie diese hergestellt wurde (DeNora 2011a). DeNora knüpft dabei an Überlegungen zum konstruktiven Charakter von Wissen an und überträgt dies auf musikwissenschaftliche Untersuchungen. Sie bezieht sich dafür auf Harold Garfinkels Ausführungen zur dokumentarischen Methode der Interpretation als ein Merkmal alltäglicher Kommunikation (DeNora 2011a: 31 ff.). Garfinkel wiederum hatte auf Karl Mannheims wissenssoziologische Überlegungen zurückgegriffen, und so lassen sich leicht Parallelen von DeNoras Vorgehen zur unter anderem im Anschluss an Mannheim entwickelten Dokumentarischen Methode erkennen (Bohnsack 2021).[8]

3.2.2 Wissensstrukturen untersuchen – Diskursanalyse

Ebenfalls vorfindbares Material wird in Studien benutzt, in denen Forschende diskursanalytisch vorgehen. Hier geht es um vorfindbare Diskurse als Wissensordnungen, die eine bestimmte Dimension von sozialer Wirklichkeit abbilden. Ausdruck eines Diskurses können beispielsweise mediale Artefakte zu einem bestimmten Thema sein. Eine solche Art von Material nutzt Rainer Diaz-Bone (2010) in seiner Studie zu „Kulturwelt, Diskurs und Lebensstil". Von den Überlegungen Pierre Bourdieus und Michel Foucaults ausgehend, verbindet er distinktions- mit diskurstheoretischen Überlegungen, „um die medial repräsentierten Wissensordnungen kultureller Genres für die Analyse ihres lebensstilbezogenen Gehaltes zugänglich zu machen" (Diaz-Bone 2010: 17). „Die zentrale These ist, dass die Diskursivierung kultureller Objekte und Praktiken (der Genres) erst einen vollständigen, lebensstilbezogenen Gehalt zustande bringt, so dass Genres als Diskursordnungen sinnhafte Vorgaben für die Lebensführung machen können. Die spezifischen Medien der sozialen (Teil-)Felder der Kulturproduktion, die hier Kulturwelten genannt werden, werden als die institutionellen Foren für diese Diskursivierung betrachtet" (Diaz-Bone 2010: 17). Diesen Zusammenhang untersucht Diaz-Bone am Beispiel zweier Musikzeitschriften, die zu den Popmusikgenres „Heavy Metal" und „Techno" gehören (Diaz-Bone 2010: 236 f.). Er stellt sich die Frage, wie das Wissen um

---

8 In diesem Zusammenhang ist auch die wechselseitige Rezeption von Mannheim und dem Kunsthistoriker Erwin Panofsky interessant (vgl. Bohnsack 2021: 65).

diese Genres geordnet ist und wie Wissenskonzepte zu Erfahrungskategorien werden (Diaz-Bone 2010: 119). Als Material dienen ihm unterschiedliche Artikelformate (wie beispielsweise Editoriale oder Rezensionen) unter der Annahme, dass sich hier „lebensstilbezogene Wissensordnungen [...] diskursiv entfalten" (Diaz-Bone 2010: 119).[9]

DeNoras „Ethnografy of reception" und diskursanalytische Studien ähneln sich in ihrem Verwenden von vorfindbaren Material: Sie haben einen rekonstruktiven Anspruch einmal an historisches, einmal an gegenwärtiges Material, das einen bestimmten Teil einer Lebenswelt und eine Dimension ihrer sozialen Wirklichkeit auf spezifische Weise protokolliert. So bilden Kritiken, Zeitschriften und Berichterstattung einen medial vermittelten Diskurs ab, während Subskribentenlisten, Briefe und andere historische Quellen zeigen, welche Akteure in welcher Weise mit dem Geschehen verbunden waren und stärker auf eine Alltagsebene verweisen.

4 Beispiele für Auswertungsmethoden und zentrale Erkenntnisse der Studien

4.1 Auswertung: Sinnstrukturen rekonstruieren mithilfe von Sequenzanalyse

Allen qualitativen Ansätzen ist die Grundeinsicht gemeinsam, dass Aussagen oder Handlungsvollzüge indexikal sind und auf einen sozialen Kontext verweisen, aus dem heraus sich erst ihr Sinn erschließt. Das Ziel qualitativer Auswertungsstrategien ist die Rekonstruktion dieses Sinns und die Entdeckung von Sinnstrukturen anhand des empirischen Materials. Diese Sinnstrukturen werden in der Objektiven Hermeneutik als „latenter Sinn" (Przyborski und Wohlrab-Sahr 2021: 314) oder in der Dokumentarischen Methode als „implizites Wissen" bezeichnet (Bohnsack 2021: 91). Um Sinn zu erschließen und Sinnstrukturen zu rekonstruieren, nutzen die Forschenden ein mehrstufiges Verfahren der Interpretation und Generalisierung, bei dem sie verbindende Sinnstrukturen durch die Analyse der inhaltlichen, sprachlich-formalen

---

9 Eine andere Art von Diskurs untersucht Lisa McCormick (2009) in ihrer Studie zu Musikwettbewerben im Bereich klassischer Musik. Diese, so McCormick, stellten einen zentralen Bestandteil der Welt klassischer Musikausübung dar, der auf bestimmte Weise legitimiert werden muss. Sie untersucht solche Arten von Legitimierungen am Beispiel eines internationalen Klavierwettbewerbs. Ihre Datensammlung besteht aus Material der Öffentlichkeitsarbeit und medialer Berichterstattung, das sie ebenfalls mithilfe der Diskursanalyse auswertet.

und performativen Ebenen des empirischen Materials rekonstruieren und vergleichen. Die einzelnen Schritte der Interpretation sichern das Verstehen des Gesagten
oder der protokollierten Handlungsvollzüge methodisch ab.

Das Herzstück dieser Art der Interpretation ist die Sequenzanalyse. Auch
wenn sich die unterschiedlichen Ansätze der rekonstruktiven Sozialforschung in
ihren methodologischen Hintergründen und in den Verfahrensweisen im Detail
unterscheiden, so ist ihnen die Sequenzanalyse als Basisoperation gemeinsam
(Przyborski und Wohlrab-Sahr 2021; Erhard und Sammet 2018). Ihre einzelnen
Schritte und Elemente sind in den Verfahren der Narrationsanalyse, der Objektiven Hermeneutik und der Dokumentarischen Methode genau ausgearbeitet worden (Przyborski und Wohlrab-Sahr 2021: 301 ff., 335 ff. und 367 ff.; Wernet 2009).
Bei der Grounded Theory bestimmt die sequenzielle bzw. extensive Interpretation den Schritt des „offenen" Kodierens[10], dem die zunehmend abstrakter und
theoretisch gehaltvoller werdenden Schritte des „selektiven" und „axialen" Kodierens folgen (Przyborski und Wohlrab-Sahr 2021: 265; Strauss 1998: 90 ff.).

Sequenzielle Analyse bedeutet, Interviewmaterial oder Beobachtungsprotokolle, Bildmaterial oder vorfindbare Texte oder andere Arten von Wirklich-
keitsprotokollen und Artefakten schrittweise – Sinneinheit für Sinneinheit –
auszuwerten. Das Ziel der Sequenzanalyse besteht darin, Selektionen und
deren Regelhaftigkeit zu rekonstruieren (Przyborski und Wohlrab-Sahr 2021:
321 ff.). Dafür muss die zugrundeliegende Logik oder Struktur für jede Sinneinheit (in Form einer Aussage oder als Handlungsvollzug) rekonstruiert werden.
Das heißt, sich zu fragen, in welchem Kontext eine Aussage oder Interaktion
steht, welches Handlungsproblem sich stellt, welche Möglichkeiten der Interaktion in diesem Kontext offen waren und wie und warum es genauso und nicht
anders weitergegangen ist. Die Sequenzanalyse zeigt also, wie in einem konkreten Fall spezifische Möglichkeitsräume geöffnet und regelgeleitet geschlossen
werden. Es gilt, die kontextgebundene Plausibilität der jeweiligen Aussage oder
des Handlungsvollzuges zu verstehen und die Regeln der Interaktionen und Diskurse, die das Erleben bestimmen, zu erfassen (vgl. auch Rosenthal 1995). Einzeläu-
ßerungen werden in ihrem Strukturzusammenhang, in Kenntnis der Dramaturgie
und Organisation des Gesamtdiskurses oder des Gesamtablaufs von Handlungsvollzügen interpretiert und Orientierungen, Wissensbestände und Werthaltungen vor
dem Hintergrund ihrer Bedeutungshorizonte rekonstruiert.

---

10 Auch Strauss spricht von einer genauen Analyse „Zeile für Zeile oder sogar Wort für Wort"
(Strauss 1998: 58, vgl. weiterführend: Strauss 1998: 57 ff. und 92 ff.).

Entscheidend dabei ist die Unterscheidung zwischen explizit Gesagtem und den impliziten sinnlogischen Verknüpfungen des Gesagten bzw. der impliziten Sinnlogik von Handlungsvollzügen. Um es am Beispiel der Dokumentarischen Methode zu zeigen: Hier werden die zwei Ebenen des immanenten Sinngehaltes im Sinne einer Paraphrase – „Was wird gesagt? Welche Themen werden formuliert?" – und des dokumentarischen Sinngehaltes im Sinne der Sinnmuster und Handlungsorientierungen – „Wie wird es gesagt und wofür steht es? Wie werden Themen angesprochen, gerahmt und bearbeitet?" – miteinander ins Verhältnis gesetzt (Bohnsack 2021; Przyborski und Wohlrab-Sahr 2021: 357 ff.)[11].

Das bedeutet, dass man Textmaterial auch in sprachlich-formaler Hinsicht – nach Textsorten und Kommunikationstypen – und hinsichtlich seiner Metaphorik und Performanz untersucht. So unterscheidet man in narrativen Interviews narrative Passagen, also Erzählungen, in welchen die selbst erlebten Erfahrungen rekapituliert werden und zur Sprache kommen, von allgemein beschreibenden, argumentativen und bewertenden Passagen, die auf der Ebene der Eigentheorien, Selbstdeutungen, Rationalisierungen und Legitimationen liegen. Diese beiden Ebenen, die der Erfahrungen und die der daraus generierte Eigentheorien, werden miteinander ins Verhältnis gesetzt.

Schließlich werden fallintern und fallübergreifend strukturähnliche Stellen und Kontraste gesucht und so schrittweise jene Sinnstrukturen rekonstruiert, die sich an thematisch unterschiedlichen Stellen und in verschiedenen Fällen reproduzieren. Auf die einzelnen Schritte der Interpretation und der vergleichenden Analyse folgen generalisierende Schritte hin zu einer thematisch gerahmten Typenbildung (Bohnsack 2021; Przyborski und Wohlrab-Sahr 2021: 475 ff.).

Die genaue Vorgehensweise der Interpretation ist in den hier vorgestellten Studien unterschiedlich genau dargestellt. Im Folgenden gehe ich so weit wie möglich darauf ein.

4.1.1 Interpretation von Interviewmaterial

Narrative Interviews
In ihren Studien zum alltäglichen Musikgebrauch rekonstruiert DeNora anhand der Interviews Musik bzw. musikalische reflexive Praktiken als Ressource in den Bereichen der Selbstregulierung, der Subjektivitätskonstitution und der biogra-

---

11 Auch in den anderen Methoden wie der Objektiven Hermeneutik (hier: subjektiv gemeinter vs. objektiver bzw. latenter Sinn) oder der Narrationsanalyse werden diese Ebenen unterschieden und durch die einzelnen Interpretationsschritte miteinander ins Verhältnis gesetzt (vgl. Przyborski und Wohlrab-Sahr 2021: 290 ff.; Rosenthal 1995).

fischen Arbeit und Identitätsbildung (DeNora 1999). So zeigt sie für den ersten Bereich des „conduct of emotional ‚work'" (DeNora 1999: 31) anhand der Schilderungen der Interviewten, wie diese Musik einsetzen, um „energy levels" zu beeinflussen (DeNora 1999: 41). Sie stellen über den Bezug auf Musik Handlungsfähigkeit her, Regulieren und Modulieren ihre Stimmung und schaffen ein klangliches Umfeldes (DeNora 1999: 43), um sich zum Beispiel zu konzentrieren oder zu zerstreuen. Dabei thematisieren die Interviewten die Passung von Musik und Emotionen und Situationen. Des Weiteren zeigt DeNora, wie Musik für die Konstruktion der eigenen Identität wichtig wird. Sie rekonstruiert, in welcher Weise Musik das organisierende Material für Subjektivität (DeNora 1999: 31) bietet. Drittens zeigt sie auf, dass Identität mithilfe von Musik durch ästhetische (Selbst-)Reflexivität konstituiert wird: Einige Interviewpassagen zeigen, dass die Interviewten Musik nicht nur benutzen, um Stimmungen zum Ausdruck zu bringen, sondern sich auch anhand der Musik selbst zum Objekt machen, etwa, um Trauer zu bewältigen. Zugleich findet auch Biografisierung statt, in dem Musik als ein „container für the temporal structure of past cirumstances" (DeNora 1999: 49) genutzt wird und Erinnerungen strukturiert werden. So werden Erfahrungen durch Musik noch einmal durchlebt und Erinnerungen an frühere Konzepte des Selbst hervorgerufen, biografietheoretisch gesprochen werden Erfahrungen rekapituliert und Eigentheorien erinnert. DeNora spricht in dieser Hinsicht von musikalisch komponierten Identitäten (DeNora 1999: 50) und verschiedenen Facetten für „images of self for self" (DeNora 1999: 50).

Anne-Kathrin Hoklas und Steffen Lepa rekonstruieren „habituelle Orientierungen, die das alltägliche Musikhören anleiten" und die mit einem bestimmten Medium verbunden sind (Hoklas 2018: 259; Hoklas und Lepa 2015) am Beispiel der zwei Transaktionsräume der Kassette (Hoklas 2018) und der Schallplatte (Hoklas und Lepa 2015). Dabei vergleichen sie, inwieweit die Orientierungen durch milieu-, sozialraum-, genderspezifische oder andere Erfahrungsräume hindurch identifizierbar bleiben. Sie orientieren sich an den einzelnen Interpretationsschritten der Dokumentarischen Methode. Hoklas stellt heraus, dass die hinter aktuellen Praktiken stehenden habituellen Orientierungen älteren Transaktionsräumen entspringen und die Wahrnehmung und Aktualisierung neuer Handlungsoptionen leiten (Hoklas 2018). Deutlich wird dies etwa, wenn die Interviewten ihre heutige medienmusikalische Praxis in der Semantik vergangener Transaktionsräume beschreiben.[12] Im Sample dokumentieren sich aber auch Wandlungsprozesse: So führt der Niedergang der Kassette für einen

---

12 Aber auch umgekehrt zeigt sich, wie der Umgang mit alten Audiotechnologien von jungen Nutzenden in der Semantik digitaler Transaktionsräume beschrieben wird (vgl. Hoklas und Lepa 2015).

Teil der Akteure zur Krise des Habitus, die darin zum Ausdruck kommt, dass sie neue digitale Medien kaum nutzen und weniger Musik hören, während er für die anderen zur Vitalisierung ihrer Orientierungen führt: Sie nutzen digitale Medien in ähnlicher Weise wie sie bereits die Kassettentechnologie genutzt haben oder zum Teil intensiver (Hoklas 2018: 260 ff.). Hier stellt sich die Frage, wie man erklären kann, dass die Akteure unterschiedlich auf den Medienumbruch reagieren (Hoklas 2018: 267). Während sozialstrukturelle Faktoren und soziodemographische Daten wie Bildung oder Einkommen nicht zur Erklärung beitragen, kommt Hoklas über die Fallrekonstruktionen zu einer soziogenetischen Erklärung. Es fällt auf, dass nur jene, welche die neuen digitalen Medientechnologien nutzen, auch bereits einen Walkman genutzt haben (Hoklas 2018: 267). Denn, so Hoklas, den Technologien des Walkmans und der neuen digitalen Varianten ist die Idee des mobilen, körpernahen Hörens und die damit verbundene Möglichkeit, Musik zur „affektiv-körperlichen Selbststeuerung" (Hoklas 2018: 268) zu nutzen, gemeinsam. Ganz ähnlich zeigt Hoklas auch am Beispiel von Erzählungen zur Nutzung von Schallplatten, wie sich eine am Plattenspieler geformte medienmusikalische Orientierung (Hoklas und Lepa 2015: 10 f.) herausbildet. Mit diesem ist vor allem eine kontemplative und gemeinsame Art des Musikhörens verbunden und diese bleibt auch ohne Schallplatte, auch im Umgang mit CDs, bestehen. Dies reproduziert sich ebenfalls u. a. in den Semantiken, mit denen die Nutzung beschrieben wird. Gleichzeitig sind mit der Nutzung digitaler und analoger Technologien unterschiedliche Rezeptionsmodi verbunden (Hoklas und Lepa 2015: 14). Hoklas kann diese Modi durch ihre Analyse der inhaltlichen und sprachlich-formalen Ebene der narrativen Darstellungen zeigen. Diese Befunde bieten eine interessante Ergänzung und Weiterentwicklung zu den Ergebnissen von DeNora.

Oliver Berli hat seine Interviews im Hinblick auf den sich dokumentierenden Musikgeschmack und dessen biografischer Herausbildung ausgewertet. Er hat sich bei seiner Auswertung an der Methodologie der Grounded Theory orientiert und die verschiedenen Schritte des Kodierens unter Nutzung der Software ATLAS.ti angewendet. Er nahm dabei besonders die Art der Darstellung von Präferenzen für Musik, Wissen über Musik und Praktiken und biografische Prozesse der Aneignung von Musik in den Blick. Er fragte sich konkret: „Wie drücken sich in musikalischen Geschmacksurteilen symbolische und soziale Grenzziehungen aus?" (Berli 2014: 89). Seine Auswertungen führen ihn zu den „Generierungsbedingungen von Musikgeschmack" (Berli 2014: 109 ff.), einer „Theorie des unterscheidenden Hörens" (Berli 2014: 143 ff.) und der Darstellung von Elementen grenzüberschreitenden Musikgeschmacks im Hinblick auf folgende analytische Aspekte: Praktiken des Ordnens, Praktiken des Legitimierens und Praktiken des Sich-Abgrenzens (Berli 2014: 250 ff.).

Gruppendiskussionen

In meiner Studie (Frank 2018a) habe ich die Gruppendiskussionen mithilfe der Dokumentarischen Methode ausgewertet (Bohnsack 2021; Przyborski und Wohlrab-Sahr 2021: 348 ff.).[13] Dabei interessierten mich die Motivationen, ästhetischen Präferenzen und Geschmacksurteile der Akteure nicht isoliert an sich, sondern in ihrem Erlebnis- und Thematisierungszusammenhang – als indexikale „Erfahrungsräume" (Bohnsack 2021: 62) – und es interessierte mich, wie sich die Akteure darüber gesellschaftlich verorten und soziale Realität herstellen. Das Gemeinsame des Erfahrungsraumes beschränkt sich dabei nicht auf die konkrete Gruppe, sondern verweist auf die Teilhabe an Handlungspraxen und kollektiven Wissens- und Bedeutungsstrukturen, die in einem bestimmten Erfahrungsraum über die Gruppe hinaus existieren. Bei der Analyse spielte die Rekonstruktion der Diskursorganisation und -bewegung, die performative Ebene, eine besonders wichtige Rolle, da hier Gruppenprozesse in den Blick geraten: Kollektive Orientierungsmuster, Normalitäts- und Gültigkeitsansprüche kommen in interaktiv auffälligen Passagen und sogenannten Fokussierungsmetaphern besonders gut zum Ausdruck. An solchen Stellen wurde genau herausgearbeitet, wie die Gruppenmitglieder miteinander interagieren und wie die Interaktionen sprachlich gestaltet sind: Ist die Diskursorganisation parallel oder antithetisch? Wie werden Themen eingebracht und ausgearbeitet, und was passiert, wenn es die Gruppe weit vom Thema wegführt? Wie werden Grenzen der Orientierung markiert? Wie wird ein antithetischer Diskurs aufgelöst: Gibt es Konklusionen in Form einer Synthese oder endet er oppositionell? Was bleibt implizit, welche Dinge werden Gegenstand von Aushandlungsprozessen? Über welche Themen präsentieren sich die Gruppen?

Auf diese Weise habe ich die unterschiedlichen Motivlagen des Engagements rekonstruiert: Warum engagieren sich die Leute? Welche Selbstdefinitionen, -verortungen und Orientierungsmuster sind damit verbunden? Was sind die Diskussions- und Konfliktlinien innerhalb der Vereine und zwischen Vereinen und ihrer Umwelt? Wie präsentieren sich die Akteure als Gruppe? Zum anderen wurden subjektive Theorien von Kunst rekonstruiert: Welche Funktionen werden Oper und Theater zugesprochen? Wie werden sie legitimiert? Welche ästhetischen Vorstellungen und Definitionen von „guter" Kunst gibt es?

---

13 In diesem Abschnitt wurden Teile bereits vorher publizierter Darstellungen aufgenommen (vgl. Frank 2018a: 67 f, 73 f, 89 ff.; Frank 2018b)

Das vorhandene Material wurde zunächst im Sinne der „formulierenden Interpretation" (Bohnsack 2021: 67) in thematische Abschnitte gegliedert. Die Interpretation verblieb bei diesem Schritt im Relevanzsystem der Gruppe. Zugleich wurde durch die Rekonstruktion der Abfolge von Themen und die unterschiedlichen Reaktionen auf ähnliche Fragen bereits der gruppenspezifische Diskursverlauf deutlich und vergleichbar. So habe ich verschiedene Dimensionen rekonstruiert, die sich in allen Gesprächen wiederfinden. Die anschließende Feinanalyse umfasste die „reflektierende Interpretation" (Bohnsack 2021: 67) der thematisch relevanten und interaktiv dichten Stellen sowie von Fokussierungsmetaphern. Durch den Vergleich mit anderen Fällen und innerhalb der verschiedenen Abschnitte eines Falls wurde das jeweilige zentrale Thema oder die zentrale (Umwelt-)Referenz des Vereins, welche das Grundmotiv des Handelns seiner Mitglieder darstellt, herausgearbeitet.

Zu den verschiedenen Dimensionen gehören die Selbstpräsentationen und -definitionen, die Motivstrukturen, die Legitimationsstrategien und Funktionszuschreibungen für Oper und Theater sowie ästhetische Positionierungen und Bewertungen. Die vier zentralen Referenzen, die das Material idealtypisch ordnen, sind die Stadt resp. das lokale Umfeld; das Publikum; das ‚eigene' Opern- bzw. Theaterhaus und die Kunst und Ästhetik allgemein. Es handelt sich dabei um eine bestimmte Perspektive oder Haltung, aus der heraus Selbstpräsentationen, Motivationsbeschreibungen, Legitimationen, ästhetische Urteile vorgenommen werden. Die jeweilige zentrale Referenz bestimmt damit die „Logik" des Vereins resp. der Gruppe und man kann sie als Sinnstruktur systematisch verfolgen. Dabei wurde deutlich, dass die zentrale Referenz in hohem Maße das Vereinshandeln, seine Entscheidungen und Positionierung in seinem Umfeld bestimmt und praxisrelevant ist.

4.1.2 Beobachtungsprotokolle interpretieren

Ebenso wie Interviewtexte lassen sich Beobachtungsprotokolle sequenziell interpretieren, genauer gesagt, werden die protokollierten Handlungsabläufe sequenziell interpretiert und die ihnen zugrunde liegenden Sinnkonstruktionen rekonstruiert. Auch hier geht es darum, die Selektivität der Vorgänge zu erschließen und es stellen sich folgende Fragen: Was ist der Ausgangspunkt und das Handlungsproblem, das sich stellt, welche Möglichkeiten des Handelns stehen offen, welche wurde gewählt und was sind die Folgen (Strauss 1998; Przyborski und Wohlrab-Sahr 2021: 251, 322 ff.)? Und auch hier geht es um das Verhältnis des *Was* und des *Wie* im Sinne der Fragen: Was wird getan und wie wird es getan?

Beispielhaft findet sich eine solche Rekonstruktion bei Tia DeNora (DeNora 2019; DeNora und Belcher 2000). Sie hat musiktherapeutische Sitzungen teilnehmend beobachtet und analysiert die Interaktionen der Beteiligten in der Situation. Der Gedanke der Sequenzanalyse findet sich hier wieder, wenn sich DeNora fragt, was der Zustand vor einem Handlungsvollzug war und wie er nach einem Handlungsvollzug ist (DeNora 2019: 38 ff.). Dabei werden alle Handlungsvollzüge in den Situationen analysiert: die räumliche Anordnung von Objekten und Körpern und ihre Veränderung; die Dialoge, die die Wahrnehmung der Situation verbal zum Ausdruck bringen; sowie die Musik und Klänge und wie diese in das Handeln hineingeraten, wie darauf handelnd oder kommunikativ Bezug genommen wird – kurz: alle sprachlichen, körperlichen, performativen und musikalischen Vollzüge. Minutiös zeigt sie, wie sich Musik und Handeln gegenseitig konstituieren, „wie Musik in paramusikalische Aktivitäten ‚hineingerät'" (DeNora 2019: 47) also in das Handeln involviert wird oder – anders ausgedrückt – Handlungsweisen musikalisiert werden (DeNora 2019: 43). Dabei wird Musik zum Schauplatz von Konflikten, dient als musikalisch-soziales Vehikel, sich selbst zu präsentieren, musikalische Praxis wird in etwas anderes (etwa ein Gesprächsthema) verwandelt. Sie schreibt (DeNora 2019: 41):

> Entscheidend ist hier, dass Musik […] Voraussetzungen für Formen von Handlungsfähigkeit [agency] schaffen kann. Mit Voraussetzungen meine ich, dass das Musizieren in der gelebten Zeit eine Bandbreite an Affordanzen [affordances] in die Handlungsszene einführt und einen Möglichkeitsraum für ästhetische Bezüge, Gefühlszustände und Energieniveaus, für die Definition der Situation und somit für Identitäten und die Beziehung zwischen Rollen schafft. Dieser ‚neue Ort' und die veränderten Einstellungen wiederum bieten potentielle Handlungsverläufe und Ressourcen für die Zukunft – wenngleich ohne Gewähr dafür, dass sich die nunmehr gebändigten Züge der Interaktion und Identität erneut herstellen lassen.

Musik beschreibt sie dementsprechend als Ressource für Handeln, etwa in Form von Metaphern und Requisiten, und als Modus Operandi für Handeln. „Das Soziale wird (potenziell) durch Musik und in Beziehung zu ihr hergestellt" (DeNora 2019: 42).

Figueroa-Dreher (2016) hat die Interviews, Beobachtungsprotokolle und Notizen aus den Gesprächen sowie audiovisuelle Aufnahmen mithilfe des Computerprogramms ATLAS.ti systematisiert und analysiert. Dabei hat sie zunächst Begriffe, „die in den untersuchten Musikwelten als gängige Termini benutzt werden" (Figueroa-Dreher 2016: 153) und Wortgruppen mithilfe des offenen Kodierens zu Kategorien zusammengefasst. So nutzten beispielsweise die Free-Jazz-Musiker den Begriff „Impuls", um ihre Musik zu beschreiben und zu erklären, „wie und warum sie etwas spielten" (Figueroa-Dreher 2016: 155) und auch die Flamenco-Spieler benutzten einen ähnlichen Begriff im Spanischen. Aus solch einer Kategorie wurde eine Kategorienfamilie entwickelt, aus der wiederum die Kategorie „Handlungsmodell: Idee-Instrument (direkt)" entstand (Figueroa-Dreher 2016: 157). Figueroa-Dreher rekonstruiert schließlich vier Hauptkategorien: „Material", „Interaktion", „Haltung" und „emergente Musik" (Figueroa-Dreher 2016: 159). Diese wurden auf ihre Verbindungen zu anderen Kategorien hin analysiert (axiales Kodieren). Figueroa-Dreher zeigt, „dass alle vier in gleicher Weise grundlegend für die Erklärung von Improvisationsprozessen sind: Sie wurden zu Schlüsselkategorien" (Figueroa-Dreher 2016: 159). In diese lassen sich alle anderen Kategorien integrieren. Figueroa-Dreher hat sie daher für das selektive Kodieren ausgewählt und mit ihrer Hilfe eine Theorie generiert, die Improvisieren als Handlungsmodell erklärt (Figueroa-Dreher 2016: 159 ff., 167 ff.).

4.1.3 Vorfindbares Material

Ethnografie historischer Biografieschreibung und Rezeptionsweisen
In ihren historischen Studien ist DeNora ebenfalls in gewisser Weise sequenziell vorgegangen und hat die Selektionsmechanismen innerhalb von historischen Möglichkeitsräumen rekonstruiert. Sie macht dies am Beispiel der Konstruktion des „Genies" Beethoven deutlich. Sie stellt heraus, in welcher Weise eine Kultur der „Beethovenbewunderung" zu einer bestimmten Zeit als Interesse einer bestimmten Trägerschicht konstituiert wird und wie dabei eine bestimmte Art von Geschmack sozial geformt wird (DeNora 1993: 31). Dafür untersucht sie anhand des historischen Materials das sich verändernde soziale Netzwerk von Beethoven und die organisatorische Basis der Wiener Patronage (DeNora 1993: 43, 50). Gleichzeitig vollzieht sie nach, auf welche Art und Weise Wissen über Beethovens Leben und Arbeiten produziert wird (DeNora 2011a: 33) und zeigt daran auf, wie Kategorien zur Analyse künstlerischer Entwicklungen und Produkte entstehen. Angesichts der Tatsache, dass diese Kategorien in musikhistorischen Darstellungen als historisch transzendent gelten und benutzt werden, fragt DeNora zunächst, wie diese überhaupt erst zustande gekommen sind und wie sie in ihrem Entstehungskontext verstanden wurden. Sie zeigt anhand von frühen Beethovenkritiken, wie diese neue Kategorien der Bewertung einführen und in welcher Weise ein bestimmtes Beethovenbild konstruiert wird; wie es zur Unterscheidung von populärer und ernster Musik kommt und wie sich eine Musik, die sich vorher an Liebhaber gewendet hat, nun an Experten wendet und dabei neue ästhetische Standards entstehen (DeNora 1993; 1995). DeNora nennt ihr Vorgehen auch „ethnobiography" und „ethnography

of reception" (DeNora 2011a: 45) und verfolgt den Anspruch, die Dinge zunächst aus ihrer Zeit, aus ihrem sozialen Kontext heraus zu verstehen: „a focus on the local production of identity situated in place and time" (DeNora 2011a: XV). DeNora versteht musikhistorische Forschung gewissermaßen wie einen Feldaufenthalt und benutzt das Material dementsprechend. Hier zeigt sich am Beispiel musikhistorischer Forschung der Kern rekonstruktiver Forschung, indem die Dinge aus ihrem Kontext heraus, als Dokumente ihres jeweiligen Bedeutungszusammenhangs, verstanden werden.

Diskursanalyse

Rainer Diaz-Bone orientiert sich in der genannten Studie an den methodologischen Prämissen der Grounded Theory, konzipiert aber ein speziell „diskursanalytisches Kodiermodell" (Diaz-Bone 2010: 200). Damit integriert er diskurstheoretische Vorannahmen in den Kodiervorgang und geht in diesem Sinne „theoriegeleitet" (Diaz-Bone 2010: 197) auf das Material zu, rekonstruiert aber in diesem Rahmen die Sinn- und Bedeutungsstrukturen mithilfe der Software ATLAS.ti. Er vergleicht den „Heavy-Metal-Diskurs" mit dem „Techno-Diskurs" und rekonstruiert die „zentralen Dimensionen, Oppositionen und Klassifikationsprinzipien" der jeweiligen Diskurse (Diaz-Bone 2010: 202 ff.). Dafür hat er zunächst heuristische Fragestellungen entwickelt und während des offenen Kodierens kulturelle Wissenskonzepte wie „Arbeit", „Erfolg", „künstlerische Entwicklung", „Kooperation", „Instrument", „Stück", „Band" herausgearbeitet, die in den Diskursen eine herausgehobene Bedeutung haben (Diaz-Bone 2010: 205 ff.). Diese wurden weiter abstrahiert und Diskurselemente und deren Verknüpfung zueinander identifiziert. Auf diese Weise hat er die „jeweilige Grundordnung dieses Genrewissens [...] rekonstruiert" (Diaz-Bone 2010: 415) und in ihren unterschiedlichen Dimensionen verglichen. Diaz-Bone zeigt schließlich fundamentale Semantiken auf, „wie die Entwicklungs- und Beständigkeitssemantik im Heavy Metal-Genre oder die Vernetzungs- und Verwirklichungssemantik im Techno-Genre" (Diaz-Bone 2010: 415) oder bestimmte Oppositionen für die Bewertung von Musik oder der künstlerischen Integrität (Diaz-Bone 2010). Für den Heavy-Metal-Diskurs spielt etwa das Wissenskonzept („Band") und eine auf Instrumente projizierte Ethik eine wichtige Rolle, wie sie sich in Musik- und Soundbeschreibungen zeigt. Für den Techno-Diskurs waren ein hybrides Konzept der „Technokünstler" (Diaz-Bone 2010: 332) sowie andere musikalische Tätigkeiten (Samplen, Remixen, DJen), Distanzierungen zum kommerziellen Pol und eine damit einhergehende Entmaterialisierung der Instrumente und Klassifikationen kennzeichnend. Bezüglich seiner Frage nach der „Entstehung der lebensstilbezogenen Wertigkeit von Kultur" (Diaz-Bone 2010: 413) sieht er die in einer spezifischen Kulturwelt rekonstruierten Vorstellungen und Wissenskonzepte als „Teil eines umfassenderen Wissenssystem [...], das sozialen Lebensstilkollektiven wie eine ‚Blaupause' für die Prinzipien der Lebensführung als attraktiv erscheinen kann" (Diaz-Bone 2010: 415).[14]

4.2 Verbindung von empirischem Material mit Werkanalysen

In den bisher vorgestellten Studien kommt Musik innerhalb sozialer Situationen, Biografien oder alltäglicher Routinen vermittelt in den Blick, und es wurde gezeigt, welche Art von empirischem Material auf Seiten der Rezipienten erhoben und ausgewertet werden kann. Die genutzte Musik und ihre musikalische Struktur spielen dabei keine Rolle. Es gibt jedoch Studien, die die Analyse von Musikstücken und die von Interviews und Beobachtungen miteinander verbinden. In ihren Forschungen zur ländlichen Rockdiskothek der 1960er und -70er Jahre haben Dominik Schrage, Holger Schwetter und Anne-Kathrin Hoklas biografische und ethnografische Methoden mit Werkanalysen verbunden (Hoklas und Schwetter 2019; Schrage und Schwetter 2019; Schwetter 2017). Sie haben sowohl ehemalige Besucher dieser Diskotheken und Teilnehmer von Revivaltreffen befragt als auch die damals rezipierte Musik genauer analysiert. Dabei ging es darum, die Erfahrungen, die sich in den Interviews abbilden, für eine Analyse der Rolle der Musik für gesellschaftlichen Wandel nutzbar zu machen und „Erkenntnisse zum Ineinandergreifen von musikalischer Gestaltung und Rezeptionspraxis zu gewinnen" (Hoklas und Schwetter 2019: 303) sowie „Korrespondenzen zwischen Musik-Erleben und musikalischen Eigenschaften heraus[zu]arbeiten" (Hoklas und Schwetter 2019: 304). Die Analyse richtet sich also auf die Struktur des Erfahrungswissens, das mehrere Generationskohorten von Jugendlichen biografisch prägte (Hoklas und Schwetter 2019: 99) auf der einen und die Struktur der Musik auf der anderen Seite. Das kombinierte Material dient hier als Zugang zu damals neuen musikalischen Praktiken, die in der Rezeptionssituation in den Rockdiskotheken eine Rolle spielten, und zu denen eine neue Art von Musik und des Tanzens gehörte. Ihre Annahme ist zum einen, dass dama-

---

14 Lisa McCormick hat in ihrer Diskursanalyse die symbolischen Rahmungen des Ereignisses „Wettbewerb" bzw. dessen diskursive Herstellung und die Interpretation der Auftritte der Wettbewerbsteilnehmer rekonstruiert (McCormick 2009). Sie hebt die idealisierte Repräsentation des Ereignisses auf der einen sowie die kulturellen Konstruktion der Teilnehmenden auf der anderen Seite (vgl. McCormick 2009: 9) und damit verbundene „gender ideologies" hervor (McCormick 2009: 26). Mit ihrem eigenen, auf dem Konzept der „social performance" basierenden Ansatz, zielt sie ebenfalls darauf, bisherige Ansätze, wie den Production-of-Culture-Ansatz und Bourdieus Konzept des künstlerischen Feldes, zu erweitern.

lige ästhetische und soziale Erfahrungen heute noch in Biografien relevant sind[15] (Hoklas und Schwetter 2019: 298 f.), und dass diese neuen musikalische Praktiken gesellschaftlichen Wandel mit hervorgebracht haben: „In den Bewegungen zur Musik [...] findet nicht bloß ein Verstehen politischer Botschaften statt, vielmehr werden in ihnen neuartige soziale Ordnungen auch körperlich erprobt und somit erfahrbar" (Hoklas und Schwetter 2019: 288).

Schwetter und Hoklas arbeiten dies im Rahmen der Dokumentarischen Methode aus, vor deren Hintergrund und mit Bezug auf Karl Mannheim sie sowohl empirisches Material als auch Musikstücke analysieren: „Denn so, wie sich bei der Analyse von narrativem Material die implizite Sinnschicht des konjunktiven Wissens rekonstruieren lässt, lässt sich diese Sinnschicht Mannheim zufolge auch bei der Analyse von Musik herausarbeiten" (Hoklas und Schwetter 2019: 299). Ihr empirisches Material besteht aus dreizehn Einzelinterviews, sechs dyadischen Interviews, zwei Gruppendiskussionen und fünf Protokollen von Feldbesuchen auf Revivalpartys. Dabei sind sie nach dem Prinzip des theoretischen Samplings, das heißt also der Suche nach minimalen und maximalen Kontrasten, vorgegangen. In den Interviews wurden die Interviewten zum einen um eine biografische Erzählung gebeten, zum anderen wurden sie gebeten, „die Diskothekenabende möglichst genau zu beschreiben und Musikstücke vorzuspielen, die sie damals an diesen Orten gehört haben" (Hoklas und Schwetter 2019: 304). In Orientierung an diesen Präferenzen haben Hoklas und Schwetter das musikalische Datenmaterial ausgesucht, das dementsprechend aus Liedern besteht, die für die Akteure wichtig waren. Von diesen haben sie Hörprotokolle erstellt sowie eine Form- und Klanganalyse durchgeführt (Hoklas und Schwetter 2019: 302 f.). Diese haben sie mit der Auswertung der Interviews in Beziehung gesetzt, bei der sie besonders jene Passagen analysiert haben, die „erfahrungsnahe Beschreibungen des Musik-Erlebens, insbesondere des Tanzens zur Musik und ihrer leiblichen Effekte" (Hoklas und Schwetter 2019: 306) enthalten. Damit gelingt es ihnen, die Korrespondenz musikalischer Strukturelemente und sozialer Erfahrungen empirisch nachzuvollziehen. Sie beschreiben ihr Vorgehen so: „Die Erkenntnisse der Musikanalyse fließen wiederum in die dokumentarische Interpretation der Interviews (und anderer Quellen) ein. Die Aufdeckung dieses dokumentarischen Gehalts ist wiederum für die Musikanalyse besonders interessant, weil sie die Aufmerksamkeit des Analysierenden auf Musikdimensionen lenkt, die Gefahr laufen, aufgrund von Vorannahmen

---

15 Einen Hinweis dafür sehen sie beispielsweise in Revivaltreffen.

und der eigenen, anders gearteten Hörprägung der Analysierenden überhört zu werden" (Hoklas und Schwetter 2019: 303).[16]

5 Generalisierung und Theoriebildung: Vergleichen und Abstrahieren

Zu interpretieren bedeutet, zu abstrahieren: Wenn Sinnmuster rekonstruiert werden, werden dabei Konzepte oder Kategorien entwickelt, die so nicht im Material enthalten sind und die über den zugrunde liegenden Text hinausgehen. Wesentlich für die Rekonstruktion und Verifikation von Sinnmustern ist der *Vergleich* innerhalb des Einzelfalles und mit anderen Fällen: Neben der Sequenzanalyse ist der Vergleich das zweite grundlegende gemeinsame Prinzip von rekonstruktiven Methoden. Erst durch das Prinzip der (minimalen und maximalen) Kontrastierung werden Selektivität, Kontingenzen und die spezifische Bearbeitung innerhalb eines Falles deutlich, und erst dadurch kann gezeigt werden, dass die herausgearbeiteten Sinnstrukturen in ihrer Art und Funktionsweise über eine thematische Stelle und über einen Einzelfall hinaus sozial bedeutsam sind. Repräsentativität wird dabei nicht über statistische Repräsentativität, sondern im Sinne der Repräsentativität der Konzepte sichergestellt (Przyborski und Wohlrab-Sahr 2021: 227 ff.; Bohnsack 2004 Es handelt sich um eine theoretisierende Verallgemeinerung, die sich auf sinnlogische Zusammenhänge bezieht, um eine Strukturgeneralisierung (Przyborski und Wohlrab-Sahr 2021: 447). Dies geschieht in der Objektiven Hermeneutik etwa über den Begriff der Fallstruktur, im Rahmen der Dokumentarischen Methode über den Begriff der generativen Formel bzw. des Modus Operandi, in der Narrationsanalyse über analytische Abstraktionen von Prozessstrukturen des Lebensablaufes und weitere theoretische Abstraktionen oder in der Grounded Theory über Schlüsselkategorien. Dabei geht es darum, gefundene Strukturen und Regelhaftigkeiten in dem vorhandenen oder in weiterem, noch zu erhebenden, Material zu vergleichen, von den Fällen zu abstrahieren und gemeinsame Dimensionen

---

16 Auch Rosa Reitsamer verbindet Interviewmaterial mit konkreten künstlerischen Werken (Reitsamer 2015). Mithilfe der Analyse von Liedtexten und narrativen Interviews setzt sie die textliche Dimension dieser Musikstücke und die darauf bezogenen Wahrnehmung und Erfahrungen der Musikausübenden ins Verhältnis. Sie nutzt die Grounded-Theory-Methodologie und zeigt am Beispiel marginalisierter gesellschaftlicher Gruppen, wie diese mithilfe musikalischer Praktiken kollektive Identität artikulieren, Zugehörigkeit zu einer selbstgewählten Gemeinschaft konstruieren sowie Selbst- und Fremdkonstruktionen verhandeln (vgl. zu den Ergebnissen insbesondere Reitsamer 2015: 275 ff.).

oder Funktionen zu finden. Ziel ist eine empirisch basierte Typisierung zugrunde-
liegender Handlungslogiken und Erfahrungszusammenhänge, und es können je
nach Forschungsfrage und Vergleichspunkt verschiede Arten von Typologien erstellt werden (Nohl 2017: 41 ff.; Bohnsack 2021: 145 ff.; Przyborski und Wohlrab-Sahr
2021: 448, 467 ff.). Der konkrete Fall steht dann für eine konkrete Manifestation
einer fallübergreifenden rekonstruierten Sinnstruktur.

Die so entstehenden Typen bzw. Typiken sind auf eine Forschungsfrage und
die damit verbundenen (bspw. handlungs-, interaktions-, biografie- oder gegen-
standstheoretischen) Grundannahmen hin einseitig verdichtet und sozialwissenschaftlich auf den Begriff gebracht. Generalisieren heißt also auch auswählen:
Eine abstrahierende Typisierung erfolgt vergleichend im Hinblick auf von der
Forschungsfrage abhängigen, rekonstruierten Konzepten und Kategorien hin. Insofern sind die ersten Schritte „offen", weil das Material nicht auf bestimmte vorher festgelegte (deduktiv abgeleitete) Kategorien oder theoretische Konzepte hin
„abgesucht" wird, sie sind aber auch nicht ohne jeglichen Fokus oder konzepti-
onslos, weil sie auf eine Forschungsfrage hin selektiv sind und zunehmend auf
eine rekonstruierte Kategorie hin verdichtet – eben typisiert – werden.[17]

Wir können also abschließend fragen: Welcher Aspekt steht in den Studien im
Mittelpunkt, was ist die Achse, um die sich eine Forschungsfrage dreht? Was wird
in den vorgestellten Studien verglichen und in Bezug auf welche Forschungsfrage
werden die Einzelfälle überschritten? Wo liegen generalisierende und theoretisierende Momente auch über den Phänomenbereich hinaus?

Tia DeNora zeigt unterschiedliche Funktionen beim alltäglichen Gebrauch
von Musik auf individueller Ebene in den Bereichen der Selbstsorge, Identitäts-
konstruktion und Biografisierung auf und rekonstruiert Musik als Anlass und
Mittel zur Reflexivität, Handlungsmächtigkeit und sozialen Bezugnahme. Hier zeigen sich auch generelle Prozesse der Identitätsbildung, auf die schon George Herbert Mead (1973) hingewiesen hat: Individuen machen sich demnach mithilfe von
Musik selbst zum Thema und für sich selbst zum Objekt – sie sehen sich durch
ihre Musik gespiegelt. Man kann also daran, wie wir Musik nutzen, sehen, wie
wir Identität konstruieren oder, wie DeNora in einer anderen Studie zur Musiknutzung zeigt, wie wir Intimität herstellen (DeNora 1997).

Silvana Figueroa-Dreher charakterisiert vor einem phänomenologischen Hintergrund musikalisches Improvisieren „als Typus des Handelns" und untersucht
„einerseits die spontanen, improvisatorischen Formen und andererseits die kon-
textuellen Bedingungen des Handelns" (Figueroa-Dreher 2008c: 392). Sie arbeitet
mithilfe der genauen Analyse der Eigenschaften ihrer Schlüsselkategorien und

---

17 Zudem fließt der lebensweltliche Standort der Forschenden mit ein und wird reflektiert.

deren Verbindungen zu anderen Kategorien – dem selektiven Kodieren – schließlich ein theoretisch verdichtetes „handlungs- und interaktionstheoretisches Modell des Improvisierens" aus (Figueroa-Dreher 2016: 167 ff.). Ihr weiterführendes Anliegen ist es, einen Beitrag zur sozialwissenschaftlichen Handlungstheorie zu leisten. Das Ziel ist hier, am Beispiel einer bestimmten Art musikalischen Handelns etwas über Handeln generell zu sagen und auf diese Weise vorliegende phänomenologische Bestimmungen des Handelns zu differenzieren, insbesondere im Hinblick auf kreatives, Neues hervorbringendes Handeln.

Rainer Diaz-Bone führt seine Diskursanalyse vor dem Hintergrund seines größeren theoretischen Anliegens durch, die Distinktionstheorie Bourdieus um den Raum des Diskursiven zu erweitern (Diaz-Bone 2010: 119). Er sieht in der „Analyse der diskursiven Formationsregeln der in den Kunstwelten anzutreffenden, empirischen Ästhetiken" zudem den „Schlüssel für einen soziologischen Zugang zur Kunst" (Diaz-Bone 2010: 149).

Bei Anne Kathrin Hoklas stellen die Interviewten Vertreter einer bestimmten Generation dar, die sich über gemeinsame Erfahrungen – ihre medienmusikalische Orientierung – konstituiert. Die Verallgemeinerung findet hier über Typen von medienmusikalischen Orientierungen oder Habitusformen statt. Dabei ist eine typische medial-musikalische Praxis mit bestimmten technischen Medien verbunden. Der Fokus liegt auf der Entwicklung von medienspezifischem Handeln und Musiknutzung innerhalb einer Biografie. So zeigt sie, dass Menschen, die in ihrer Jugend in einen ähnlichen medientechnischen Transaktionsraum hineingewachsen sind, geteilte Orientierungen des Musikhörens entwickelt haben und das solche Transaktionsräume koexistieren und sich überlagern (Hoklas 2018: 271). Der Ansatz liefert damit auch theoretische Anschlüsse an die Frage nach dem Wechselverhältnis von medientechnischem Wandel und Habitus, und Hoklas zeigt: Das Medium formt einen *Modus Operandi*. Sie stellt dabei fest, dass sich der von Andreas Reckwitz konstatierte Ästhetisierungsschub nicht erst mit der Digitalisierung ereignet habe, sondern bereits in analogen Medien wie der Kassette, mit der Möglichkeit, selbst Musikstücke zu mixen, angelegt war. Ebenso sei mit dem Aufkommen des Walkmans und der Möglichkeit, körpernah und mobil zu hören, die Praxis entstanden, Musik als „Technologie des Selbst"[18] einzusetzen. Den Vergleichspunkt bilden hier also die Modi der Musiknutzung im Zusammenhang mit einem bestimmten technischen Medium. Die Frage danach, in welcher Weise Praktiken des medialen Musikhörens generationsspezifisch sind, wurde durch systematischen Vergleich der rekonstruierten Sinnstrukturen beantwortet.

---

18 Vgl. DeNora (1999) im Anschluss an Michel Foucault.

In meiner hier vorgestellten Studie zielte ich auf eine Typisierung von Umweltreferenzen und Funktionen der Vereine. Ich zeigte, wie die rekonstruierten Bezüge auf Musiktheater durch historische Vorbilder, den lokalen Kontext sowie das spezielle Gruppensetting lebensweltlich verankert sind. Damit erweitere ich die auf sozialstrukturelle Merkmale und auf die funktionale Ebene wie die der Distinktion fokussierten Studien der Lebensstilforschung und zur Kunstwahrnehmung. Die dargestellten Referenzen der Vereine stellen in dieser Hinsicht die substanzielle Füllung, den inhaltlichen Bezug bzw. die je eigene Sinnstruktur ästhetischer Bezüge und ihre integrierende lebensweltliche Logik dar. Sie bieten eine ergänzende Erklärung von Inklusions- und Exklusionsprozessen, und sie zeigen den Verein als lokalen Spielraum sozialer Macht. Es wird deutlich, wie sich musikbezogene und gesellschaftliche Semantiken und Erfahrungen im Rahmen des Engagements gegenseitig durchdringen (Frank 2018a: 319 f.).

Hoklas und Schwetter haben gezeigt, wie spezifische, historisch neue musikalische Praktiken Erfahrung strukturieren und gesellschaftlichen Wandel katalysieren (Hoklas und Schwetter 2019). Über ihre konkreten Ergebnisse hinaus verbinden Schrage und Schwetter in konzeptuellen Überlegungen ästhetisches Erleben und dessen soziale Rahmungen, musikalische Strukturen und soziales Geschehen (Schrage und Schwetter 2019: 76). Schrage und Schwetter arbeiten heraus, wie über das Tanz- und Musikerleben alternative Vorstellungen von Sozialität (Schrage und Schwetter 2019: 109) hergestellt werden: So interpretieren sie das „Tanz- und Musikerleben als Praktiken der Individualisierung" (Schrage und Schwetter 2019: 110) und damit auch als Möglichkeit, neue Verhaltensoptionen und Identitätsfacetten zu erproben (Schrage und Schwetter 2019: 108; siehe auch Hoklas und Schwetter 2019). Darüber hinaus biete es die Möglichkeit, an die Semantik des gesellschaftlichen Aufbruchs praktisch anzuschließen, ohne die eigene Lebenswelt verlassen oder generell in Frage stellen zu müssen (Hoklas und Schwetter 2019: 112). Generell sehen sie damit Popmusik als Katalysator sozialen Wandels (Hoklas und Schwetter 2019: 111).

Die Beispiele zeigen, dass mit qualitativen Methoden unterschiedliche Aspekte musikbezogenen Handelns untersucht werden können und vielfältige theoretische Anschlüsse möglich sind: konkrete (historische) musikalische Settings und Phänomene gesellschaftlichen Wandels; musikalische Präferenzstrukturen und ihre sozialen Implikationen; Konstruktion und Bildung persönlicher und sozialer, individueller und kollektiver Identitäten und Orientierungen; Gruppen und Szenebildung um Musik herum oder die Lebensweltspezifik und -relevanz ästhetischer Diskurswelten sowie Wissensvorräte. Es lässt sich die generelle Frage stellen: Was lernen wir am Beispiel musikbezogenen Handelns über die soziale Organisation unserer Lebenswelt? Musik scheint dabei aufgrund ihres prozessualen und performativen Charakters (Schrage und Schwetter 2019; DeNora

2019; Frith 2019) besonders dafür geeignet zu sein, auch grundsätzliche Fragen der Kunstsoziologie zu schärfen. Ebenfalls regen die vorgestellten Studien dazu an, für eine umfassende Ethnografie musikalischen Handelns Datenmaterial vielfältig zu triangulieren. Insbesondere die Verbindung von empirischem Material wie Interviews und Beobachtungen mit Lied- und Notentexten sowie klanglichem Material führt die Analyse von Werk und Rezeption, von musikalischer Struktur und sozialem Sinn zusammen. Für qualitatives Forschen ist dabei wesentlich, implizite Orientierungen des Handelns explizit zu machen, Fallvergleiche zu ermöglichen und mit Hilfe der Daten fundierte theoretische Aussagen zu entwickeln. Mit dieser Art von Methoden ist es möglich, das zu tun, was Tia DeNora für musiksoziologisches Forschen vorgeschlagen hat, und was ebenso für andere kunstsoziologische Studien inspirierend sein kann: „to follow actors in and across situations as they draw music into (and draw on music as) social practice" (DeNora 2015: 344).

Literatur

Adorno, T. W. 1967. Thesen zur Kunstsoziologie. *Kölner Zeitschrift für Soziologie und Sozialpsychologie* 19, S. 87–93.
Becker, H. S. 1951. The Professional Dance Musician and His Audience. *American Journal of Sociology* 57, S. 136–144.
Becker, H. S. 1974. Art as collective Action. *American Sociological Review* 39, S. 767–776.
Becker, H. S. 2014. Außenseiter. Zur Soziologie abweichenden Verhaltens. Wiesbaden: Springer VS.
Berli, O. 2014. *Grenzenlos guter Geschmack. Die feinen Unterschiede des Musikhörens.* Bielefeld: transcript
Bergh, A. und DeNora, T. 2014. Forever and Ever: Mobile Music in the Life of Young Teens. In: Gopinath, S. und Stanyek, J. (Hg.) *The Oxford Handbook of Mobile Music Studies Bd. 1.* Oxford: Oxford University Press, S. 317–334.
Bohnsack, R. 2000. Gruppendiskussion. In: Flick, U. et al. (Hg.) *Qualitative Forschung. Ein Handbuch.* Reinbek: Rowohlt, S. 369–384.
Bohnsack, R. 2004. Standards nicht-standardisierter Forschung in den Erziehungs- und Sozialwissenschaften. *Zeitschrift für Erziehungswissenschaft*, 7, Beiheft 4, S. 65–83.
Bohnsack, R. 2021. *Rekonstruktive Sozialforschung. Einführung in qualitative Methoden.* Opladen: Verlag Barbara Budrich.
Bohnsack, R. und Przyborski, A. 2006. Diskursorganisation, Gesprächsanalyse und die Methode der Gruppendiskussion. In: Bohnsack, R. et al. (Hg.) *Das Gruppendiskussionsverfahren in der Forschungspraxis.* Opladen: Verlag Barbara Budrich, S. 223–248.
Bohnsack, R. et al. 2006. Einleitung: Gruppendiskussionen als Methode rekonstruktiver Sozialforschung. In: Bohnsack, R. et al. (Hg.) *Das Gruppendiskussionsverfahren in der Forschungspraxis.* Opladen: Verlag Barbara Budrich, S. 7–22.
DeNora, T. 1993. Beethoven, the Viennese Canon, and the Sociology of Identity, 1793–1803. *Beethoven Forum* 2, S. 29–53.

DeNora, T. 1995. *Beethoven and the Construction of Genius. Musical Politics in Vienna 1792-1803.* Berkeley u.a.: University of Carlifornia Press.

DeNora, T. 1997. Music and Erotic Agency – Sonic Resources and Social-Sexual Action. *Body & Society* 3(2), S. 43–65.

DeNora, T.1999. Music as a Technology of the Self. *Poetics* 27, S. 31–56.

DeNora, T. 2000a. *Music in everyday life.* Cambridge, New York: Cambridge University Press.

DeNora, T. 2003a. Music sociology: getting the music into the action. *British Journal of Music Education* 20, S. 165–177.

DeNora, T. 2003b. *After Adorno. Rethinking Music Sociology.* Cambridge/New York: University Press.

DeNora, T. 2011a. Deconstructing Periodization: Sociological Methods and Historical Ethnography in Late Eighteenth-Century Vienna. In: DeNora, T. (Hg.) *Music-in-action: selected essays in sonic ecology.* New York: Routledge, S. 31–45.

DeNora, T. 2011b. Introduction. Aesthetic Ecology, Distributed Ability. In: DeNora, T. (Hg.) *Music in Action. Selected Essays in Sonic Ecology.* New York: Routledge, S. XI–XX.

DeNora, T. 2015. After Adorno. In: Shepherd, J. und Devine, K. (Hg.) *The Routledge Reader on the Sociology of Music.* New York/Abingdon: Routledge Chapman Hall, S. 341–348.

DeNora, T. 2019. Turn, turn, turn! Zur Musikalisierung der Kultursoziologie durch die *culture-in-action*-Perspektive. In: Schrage, D. et al. (Hg.) *„Zeiten des Aufbruchs" – Populäre Musik als Medium gesellschaftlichen Wandels.* Wiesbaden: Springer VS, S. 33–52.

DeNora, T. und Belcher, S. 2000b. 'When You're Trying Something on You Picture Yourself in a Place Where They are Playing This Kind of Music' – Musically Sponsored Agency in the British Clothing Retail Sector. *Sociological Review* 48(1), S. 80–101.

Diaz-Bone, R. 2010. *Kulturwelt, Diskurs und Lebensstil. Eine diskurstheoretische Erweiterung der bourdieuschen Distinktionstheorie.* Wiesbaden: VS Verlag.

Eisewicht, P. und Grenz, T. 2011. Mediatisierung einer Szenepraxis. Indie als Hybrid transnationaler und lokaler Kontexte. *Diskurs Kindheit & Jugend.* 6(4), S. 387–403.

Elias, N. 1991. *Mozart. Zur Soziologie eines Genies.* Frankfurt am Main: Suhrkamp.

Erhard, F. und Sammet, K. (Hg.) (2018). *Sequenzanalyse praktisch.* Weinheim/Basel

Faulkner, R. R. und Becker, H. S. 2009. *„Do You Know … ?" The Jazz Repertoire in Action.* Chicago/London: The University of Chicago Press.

Figueroa-Dreher, S. 2008a. „Vom ‚Impuls' zur Sozialität: Reflexionen über die ‚Natur' des musikalischen Improvisierens". In: Rehberg, K.-S. (Hg.) *Die Natur der Gesellschaft. Verhandlungen des 33. Kongresses der Deutschen Gesellschaft für Soziologie in Kassel 2006.* Frankfurt am Main/New York: Campus, S. 4865–4874.

Figueroa-Dreher, S. 2008b. „Musikalisches Improvisieren: Ein Ausdruck des Augenblicks". In: Kurt, R. und Näumann, K. (Hg.) *Menschliches Handeln als Improvisation.* Bielefeld: transcript, S. 159–182.

Figueroa-Dreher, S. 2008c. „Musikalisches Improvisieren: Die phänomenologische Handlungstheorie auf dem Prüfstand". In: Raab, J. et al. (Hg.) *Phänomenologie und Soziologie. Positionen, Problemfelder, Analysen.* Wiesbaden: VS-Verlag, S. 389–399.

Figueroa-Dreher, S. 2016. *Improvisieren. Material, Interaktion, Haltung und Musik aus soziologischer Perspektive.* Wiesbaden: Springer VS.

Frank, A. 2016. Ein Geben und Nehmen – Kunst zwischen Freiheit und Funktion in Publikumsurteilen. In: Karstein, U. und Zahner, N. (Hg.) *Autonomie der Kunst? Zur Aktualität eines gesellschaftlichen Leitbildes.* Wiesbaden: Springer VS, S. 305–327.

Frank, A. 2018a. *Große Gesellschaft in kleiner Gruppe. Zum Eigensinn bürgerschaftlichen Engagements für Oper und Theater.* Wiesbaden: VS Verlag.

Frank, A. 2018b. Theorie und Empirie des Schönen – Ästhetische Urteile aus kultursoziologischer Perspektive. In: Böcker, J. et al. (Hg.) *Zum Verhältnis von Empirie und kultursoziologischer Theoriebildung. Stand und Perspektiven*. Weinheim: Juventa Verlag, S. 236–254

Frith, S. 2012. Music and Everyday Life. In: Clayton, M. et al. (Hg.) *The Cultural Study of Music. A Critical Introduction*. New York: Routledge, S. 149–158.

Frith, S. 2019. Rhythmus: Zeit, Sex und Geist. In: Schrage, D. et al. (Hg.) *„Zeiten des Aufbruchs" – Populäre Musik als Medium gesellschaftlichen Wandels*. Wiesbaden: Springer VS, S. 53–71.

Hennion, A.2003. Music and Mediation: Toward a New Sociology of Music. In: Clayton, M. et al. (Hg.) *The Cultural Study of Music*. London: Routledge, S. 80–91.

Hennion, A. 2007. Those Things that hold us Together. Taste and Sociology. *Cultural Sociology* 1, S. 97–114.

Hennion, A. 2008. Listen! In: *Music and Arts in Action*, Volume 1, Issue 1, S. 36–45.

Hennion, A. 2010. Loving Music: From a Sociology of Mediation to a Pragmatics of Taste. *Comunicar* 27(34), S. 25–33.

Hennion, A. 2015. *The Passion for Music: A Sociology of Mediation*. Farnham: Ashgate.

Hitzler, R. und Eisewicht, P. 2016. *Lebensweltanalytische Ethnographie – im Anschluss an Anne Honer*. Weinheim: Beltz Juventa.

Hitzler, R. und Niederbacher, A. 2010. *Leben in Szenen. Formen jugendlicher Vergemeinschaftung heute*. Wiesbaden: VS Verlag für Sozialwissenschaften.

Hoklas, A.-K. 2018. Medientechnischer Wandel als Bewährungsprobe des Habitus. Praxeologische Theoriebildung am Beispiel des Generationszusammenhangs Musikkassette. In: Böcker, J. et al. (Hg.) *Zum Verhältnis von Empirie und kultursoziologischer Theoriebildung. Stand und Perspektiven*. Weinheim, Basel: Beltz Juventa, S. 255–276.

Hoklas, A.-K. und Lepa, S. 2015. Mediales Musikhören im Alltag am Beispiel des Plattenspielers. Auditive Kultur aus der Perspektive der praxeologischen Wissenssoziologie. *Navigationen. Zeitschrift für Medien- und Kulturwissenschaften* 15(2), S. 127–143.

Hoklas, A.-K. und Schwetter, H. 2019. Abtanzen, Abtauchen, Aufbrechen. Zur Erprobung neuartiger sozialer Ordnungen im Zusammenwirken von musikalischer Gestaltung und leiblichem Musik-Erleben in der Rockdiskothek der 1970er Jahre. In: Schrage, D. et al. (Hg.) *„Zeiten des Aufbruchs" – Populäre Musik als Medium gesellschaftlichen Wandels*. Wiesbaden: Springer VS, S. 287–345.

Honer, A. 2011. *Kleine Leiblichkeiten. Erkundungen in Lebenswelten*. Wiesbaden: VS Verlag.

Inhetveen, K. 2010. Musiksoziologie. In: Kneer, G. und Schroer, M. (Hg.) *Handbuch Spezielle Soziologien*. Wiesbaden: VS Verlag für Sozialwissenschaften, S. 325–340.

Lipp, W. 1992. Mozarts „Ehre". Genie und Gesellschaft. In: Lipp, W. (Hg.) Gesellschaft und Musik. Wege zur Musiksoziologie. *Sociologia internationalis* 1, S. 187–208.

McCormick, L. 2009. Higher, Faster, Louder: Representations of the International Music Competition. *Cultural Sociology* 3(1), S. 5–30.

McCormick, L. 2012. Music Sociology in a New Key. In: Alexander, G. et al. (Hg.) *The Oxford Handbook of Cultural Sociology*. Oxford: Oxford University Press, S. 722–742.

Mead, G. H. 1973. *Geist, Identität und Gesellschaft*. Frankfurt am Main: Suhrkamp.

Nohl, A. M. 2017. *Interview und dokumentarische Methode. Anleitungen für die Forschungspraxis*. Wiesbaden: Springer VS.

Parzer, M. 2011. *Der gute Musikgeschmack. Zur sozialen Praxis ästhetischer Bewertung in der Popularkultur*. Frankfurt am Main: Peter Lang.

Przyborski, A. und Wohlrab-Sahr, M. 2021. *Qualitative Sozialforschung. Ein Arbeitsbuch*. München/ Boston: De Gruyter Oldenburg.

Reitsamer, R. 2015. „The right to be different … " Musik, Migration und Citizenship. In: Reitsamer, R. und Liebsch, K. (Hg.) *Musik. Gender. Differenz. Intersektionale Perspektiven auf musikkulturelle Felder und Aktivitäten*. Münster: Westfälisches Dampfboot, S. 266–279.

Rosenthal, G. 1995. *Erlebte und erzählte Lebensgeschichte. Gestalt und Struktur biographischer Selbstbeschreibungen*. Frankfurt am Main/New York: Campus.

Schmidt-Lux, T. und Wohlrab-Sahr, M. 2020. Qualitative Onlineforschung. Methodische und methodologische Herausforderungen. *ZQF – Zeitschrift für Qualitative Forschung* 21(1), S. 3–11.

Schrage, D. und Schwetter, H. 2019. „Zeiten des Aufbruchs" und der Chronotopos ländliche Rockdiskothek. Popmusik als Katalysator gesellschaftlichen Wandels in den 1960er bis 1980er Jahren. In: Schrage D. et al. (Hg.) *„Zeiten des Aufbruchs" – Populäre Musik als Medium gesellschaftlichen Wandels*. Wiesbaden: Springer VS, S. 73–120.

Schütz, A. 1951. Making Music Together: A Study in Social Relationship. *Social Research* 18(1), S. 76–97.

Schütze, F. 1983. Biographieforschung und narratives Interview. *Neue Praxis* 13(3), S. 283–293.

Schwetter, H. 2017. „Jeder für sich, aber gemeinsam. Musik-Erleben in der Rockdiskothek" In: Elflein, D. und Weber, B. (Hg.) *Aneignungsformen populärer Musik*. Bielefeld: transcript, S.

Silbermann, A. 1967. Anmerkungen zur Musiksoziologie. Eine Antwort auf Theodor W. Adornos „Thesen zur Kunstsoziologie". *Kölner Zeitschrift für Soziologie und Sozialpsychologie* 19,S. 425–448.

Simmel, G. 1882. Psychologische und ethnologische Studien über Musik. *Zeitschrift für Völkerpsychologie und Sprachwissenschaft* 8, S. 261–305.

Small, C. 1998. *Musicking. The meanings of performing and listening*. Hannover: University Press of New England.

Strauss, A. L. 1998. *Grundlagen qualitativer Sozialforschung. Datenanalyse und Theoriebildung in der empirischen soziologischen Forschung*. München: Fink.

Weber, M. 2004. *Die rationalen und soziologischen Grundlagen der Musik*. In: Max Weber Gesamtausgabe Band I/14, hrsg. von Braun, C. und Finscher, L. Tübingen: Mohr Siebeck.

Wernet, A. (2009). *Einführung in die Interpretationstechnik der Objektiven Hermeneutik*. 3. Auflage. Wiesbaden.

Gunnar Otte
Quantitative Methoden in der Kunstsoziologie

1 Einleitung

Quantitative Methoden werden in der deutschsprachigen Kunstsoziologie relativ selten genutzt, obwohl sie in diesem Themengebiet eine lange Geschichte haben und ein großes Erkenntnispotenzial in sich bergen. Bereits 1929 führte Fromm (1980) in mehreren deutschen Regionen eine Umfrage zum Kulturkonsum von Arbeitern und Angestellten durch und ermittelte deren bevorzugte Buchgenres, Theaterstücke und Filme. Seit 1953 sind kulturelle Vorlieben regelmäßig Teil der Shell-Jugendstudien (Zinnecker 2001). Zusammen mit anderen Umfragedaten erlauben sie es, soziale Regelmäßigkeiten des Musikgeschmacks Jugendlicher über viele Jahrzehnte nachzuzeichnen (Otte 2010). In den 1970er Jahren trugen die Ergebnisse einer großangelegten Untersuchung zur sozialen Lage von Kunstschaffenden in Deutschland dazu bei, diesen Personenkreis durch die Einrichtung der Künstlersozialkasse besser gegen Krankheits- und Altersrisiken abzusichern (Fohrbeck und Wiesand 1975). Im Vergleich zu anderen westlichen Ländern wie etwa Frankreich, den Niederlanden und den USA, in denen die quantitative Kunstsoziologie etablierter ist, fehlt es in Deutschland aber an replikativ angelegten Datenerhebungen und einer kontinuierlichen Kulturberichterstattung (vgl. Rössel und Otte 2010; Otte und Binder 2015). Mit der Panelstudie „Kulturelle Bildung und Kulturpartizipation in Deutschland" konnte aber hierzu jüngst ein Grundstein gelegt werden (vgl. https://kulturpartizipation.uni-mainz.de/).

Die genannten Studien stützen sich allesamt auf Umfragedaten. Das ist kein Zufall, denn Befragungsmethoden gelten seit langem als Hauptinstrument soziologischer Datenerhebungen. Sie bilden deshalb auch den Schwerpunkt der Darstellung in diesem Beitrag. Gleichwohl wird aufgezeigt, dass es ein weitaus größeres Spektrum quantitativer Daten und Methoden gibt, die fruchtbare Erkenntnisse für die Kunstsoziologie liefern können.

https://doi.org/10.1515/9783110716863-018

2 Was sind quantitative Methoden und warum sind sie relevant?

Das Attribut „quantitativ" hat in der empirischen Sozialforschung mehrere Bedeutungen. Im Kern wird damit Forschung bezeichnet, die soziale Phänomene in numerische Daten überführt und statistisch analysiert. Das Quantitative liegt demnach in der zahlenmäßigen Erfassung und rechenhaften Auswertung von Merkmalen mit unterschiedlichen Ausprägungen („Variablen"), die an Untersuchungseinheiten („Fällen") erhoben werden. Eine zweite Bedeutung liegt in den großen Fallzahlen, mit denen quantitative Studien bevorzugt arbeiten. So ist es in Bevölkerungsumfragen üblich, Stichproben von mehreren tausend Personen zu befragen. Allerdings zählen zur quantitativen Forschung auch experimentelle Untersuchungsdesigns, die meist mit moderaten Stichprobenumfängen arbeiten. Die Gemeinsamkeit dieser Methoden liegt im standardisierten Vorgehen bei der Datenerhebung und -auswertung. Standardisiert bedeutet, dass dieselben Messinstrumente und Analyseverfahren in intersubjektiv nachvollziehbarer Weise auf alle ausgewählten Fälle angewendet werden. Bei einer standardisierten Befragung kommt etwa ein Fragebogen mit einheitlich formulierten Fragen und vorgegebenen Antwortkategorien zum Einsatz. Die registrierten Antworten erhalten numerische Codes, so dass sie sich statistisch auswerten lassen. Während in der qualitativen Sozialforschung Daten für eine kleine bis mittlere Fallzahl meist in großer Detailfülle erhoben werden und eine Informationsreduktion erst im Zuge der Auswertung stattfindet, wird in der quantitativen Sozialforschung von vornherein eine überschaubare Zahl von Variablen an den untersuchten Fällen erfasst und analysiert. Aufgrund dessen besteht ein größerer Bedarf, die relevanten Variablen theoriegeleitet festzulegen. Dabei können auch Erkenntnisse einfließen, die in qualitativen Vorarbeiten gewonnen wurden. Viele quantitative Studien gehen demgemäß hypothesenprüfend vor und haben kausalanalytische Zielsetzungen, indem eine abhängige Variable (z. B. die Häufigkeit des Theaterbesuchs) in Regressionsmodellen auf eine Reihe von erklärenden Variablen (z. B. Einkommens- und Bildungsressourcen, Gesundheitszustand und soziales Netzwerk) zurückgeführt wird. Es gibt aber auch Verfahren, die rein strukturentdeckend und deskriptiv ausgerichtet sind. Um in umfangreichen Datensätzen mit einer Vielzahl von Variablen (z. B. einem großen Spektrum von Kulturpräferenzen und -praktiken) Zusammenhangsmuster zu finden, können explorative Verfahren wie die Cluster- oder multiple Korrespondenzanalyse eingesetzt werden.

Da die Kunstsoziologie – anders als andere Kunstwissenschaften – selten auf die Interpretation von Kunstwerken, sondern auf soziale Phänomene rund um die Kunst gerichtet ist (Otte 2012), können quantitative Methoden hier genauso Verwendung finden wie in anderen Gebieten der Soziologie. Dabei kann man sich im Werkzeugkasten allgemeiner Methoden der Sozialforschung bedienen (vgl. Diekmann 2011) und sie auf Gegenstände im Kunstfeld anwenden (vgl. Glogner-Pilz 2019). Eigenständige kunstsoziologische Methoden existieren dagegen kaum.

Welche Vorzüge weisen quantitative Forschungsmethoden auf und für welche Untersuchungszwecke eignen sie sich besonders? Ein erstes Anwendungsfeld ergibt sich, wenn die statistische Verteilung eines Merkmals quantifiziert werden soll. In der Kunstsoziologie ist zum Beispiel von Interesse, wie sich die jährlichen Besuchshäufigkeiten von Theatern und anderen Kultureinrichtungen in der Bevölkerung verteilen oder wie die Einkommensverteilung am Arbeitsmarkt von Kunstschaffenden ausgeprägt ist. Zweitens sind quantitative Methoden dann empfehlenswert, wenn Zusammenhangsstärken von zwei Variablen bestimmt werden sollen. So kann es für Kulturanbieter:innen wissenswert sein, ob das Theaterpublikum stärker mit dem Publikum von Kunstmuseen oder von klassischen Konzerten überlappt. Dies kann anhand der Korrelationen der Besuchshäufigkeiten ermittelt werden. Genauso ist es möglich herauszufinden, ob und wie stark die Besuche von Theatern mit dem Bildungs- und Einkommensniveau und anderen Merkmalen von Personen zunehmen.

An diesem Punkt kommt ein dritter, sehr wichtiger Vorzug quantitativer Methoden zum Tragen, der darin begründet liegt, dass soziale Phänomene fast immer multikausal verursacht sind. So kann die Besuchsfrequenz kultureller Veranstaltungen von sozialisatorischen Anregungen der Herkunftsfamilie und der Schule, von Einflüssen aus dem gegenwärtigen sozialen Netzwerk, von der räumlichen Nähe entsprechender Kulturangebote, von Einkommens-, Bildungs-, Gesundheits- und Zeitressourcen und von weiteren Erklärungsfaktoren abhängen. Statistisch können die Einflussstärken dieser erklärenden Variablen geschätzt und miteinander verglichen werden. Weil solche Einflussfaktoren auch untereinander korreliert sind, ist es wichtig, durch geeignete Konstanthaltung von „Drittvariablen" den Einfluss einzelner Faktoren zu isolieren. So ist aus der Forschung bekannt, dass ein hohes Einkommen zwar häufige Kulturbesuche begünstigt, dass aber ein Teil dieses Effektes auf das kausal vorgängige Bildungsniveau zurückzuführen ist: Wer höhere Bildung genossen hat, erzielt ein höheres Einkommen. Hohe Bildung erweist sich als treibende Kraft von Kulturbesuchen und die Relevanz des Einkommens sinkt, sobald man das Wirkungsgeflecht von Bildung, Einkommen und Kulturverhalten auseinandernimmt. Sollen kausale Effekte unter Konstanthaltung einer größeren Menge von Drittvariablen ermittelt werden, sind große Fallzahlen von Vorteil.

Große Fallzahlen gewährleisten nicht zwangsläufig eine Verallgemeinerbarkeit der ermittelten Merkmalsverteilungen und -beziehungen. Um auf eine Population – etwa die Erwachsenenbevölkerung Deutschlands – schließen zu können, bedarf es eines geeigneten Auswahlverfahrens für eine Stichprobe von Fällen, die

die Population repräsentieren. Die Zufallsstichprobe gilt als bestes Verfahren, um zu repräsentativen Aussagen zu gelangen, sofern die Stichprobe hinreichend groß ist. Generalisierungsmöglichkeiten dieser Art lassen sich mit quantitativer Forschung daher besser erreichen. Darin liegt ein vierter Vorteil dieser Methodik.

Schließlich lassen sich zwei Vorzüge der Standardisierung des empirischen Arbeitens aufführen. In der quantitativen Sozialforschung sind Gütekriterien für alle Schritte des Forschungsprozesses seit längerem etabliert, während die Diskussion um geeignete Gütekriterien in der qualitativen Forschung noch anhält (vgl. Strübing et al. 2018; Otte et al. 2023). Die Standardisierung des Vorgehens erleichtert es zudem, replikative und kumulative Forschung zu betreiben, d. h. Studien unter verschiedenen raum-zeitlichen Bedingungen auf ähnliche Art und Weise oder mit gezielten methodischen Variationen durchzuführen, so dass ermittelt werden kann, inwieweit bestimmte Merkmalsverteilungen und -beziehungen robust sind.

Die quantitative Sozialforschung hat aber auch Grenzen. So ist der Einsatz qualitativer Forschungsmethoden besonders empfehlenswert, wenn Forschungsgegenstände exploriert, raum-zeitliche Kontextbedingungen beschrieben und subjektive Bedeutungen rekonstruiert werden sollen.

3 Standardisierte Befragungen in der Kunstsoziologie

Die Konstruktion von Fragebögen und die praktische Durchführung von Umfragen galten lange Zeit als „Kunstlehre", also als eine Praxis, die nur durch langjährige Übung erlernbar sei. Die rege Methodenforschung der letzten Jahrzehnte hat mittlerweile zur wissenschaftlichen Professionalisierung des Feldes und einem klar benennbaren Rezeptwissen geführt. Unter dem Begriff „Survey Methodology" hat sich ein Regelwerk etabliert, an dem sich heute jede standardisierte Befragung orientieren sollte, wenn sie anerkannten Qualitätsstandards genügen möchte (vgl. Groves et al. 2009; Schnell 2019).

Vor der Durchführung einer Umfrage sollte man sich darüber klar werden, welche inhaltlichen Erkenntnisse gewonnen und auf welche Population von Untersuchungseinheiten sie bezogen werden sollen. Dazu ist es nötig, sich anhand der bisherigen Forschung zu vergegenwärtigen, welche empirischen Regelmäßigkeiten in anderen Studien gefunden wurden, welche Theorien einschlägig sind, um diese Befunde zu erklären, und welche etablierten Messinstrumente für den Fragebogen aufgegriffen werden sollen. So gibt es beispielsweise einen Standardfragenkatalog zur Erhebung soziodemografischer Variablen (RatSWD 2023).

Aus Kostengründen sind Vollerhebungen ganzer Populationen selten. Angestrebt werden meist Zufallsstichproben, anhand derer auf die anvisierte Population geschlossen wird. Ideal ist dafür das Vorliegen einer vollständigen Liste aller Untersuchungseinheiten der Population, aus der dann eine Auswahl nach dem Zufallsprinzip getroffen wird. Soll etwa die Kulturpartizipation der erwachsenen Personen einer Stadt oder Gemeinde in Deutschland untersucht werden, eignet sich das Einwohnermelderegister als Auswahlgrundlage. Dagegen ist das entsprechende Telefonverzeichnis ungeeignet, weil es heute stark unvollständig ist und jüngere sowie mobile Personenkreise unterrepräsentiert. Unter bestimmten Bedingungen können Zufallsstichproben gewonnen werden, ohne dass vollständige Verzeichnisse vorliegen. So ist es in Deutschland sowohl im Festnetz als auch Mobilfunknetz möglich, zufallsgenerierte Telefonnummern als Auswahlgrundlage zu nehmen. Wenn Aussagen zum Publikum eines Theaters oder Festivals getroffen werden sollen, ist es möglich, an bewusst ausgewählten Tagen eine systematische Zufallsstichprobe zu ziehen, indem beispielsweise jeder vierten eintreffenden Person ein Kurzfragebogen zur schriftlichen Bearbeitung vor Ort überreicht wird.

Es ist wichtig anzumerken, dass je nach Auswahlgrundlage häufig nur bestimmte Kontakt- und Befragungsmodi in Frage kommen. Unterschieden werden die persönlich-mündliche („Face-to-face"), die telefonische und die schriftliche Befragung, wobei letztere im postalischen oder Online-Modus umgesetzt werden kann. In jüngster Zeit gewinnen Mixed-Mode-Designs an Bedeutung, in denen den Zielpersonen mehrere Befragungsmodi angeboten werden. Wird eine Stichprobe etwa auf der Grundlage von Einwohnermelderegistern gezogen, können die ausgewählten Personen nur persönlich-mündlich oder postalisch befragt werden, da in den Registern Wohnadressen, nicht aber Telefonnummern und E-Mail-Adressen enthalten sind. Je nach Befragungsmodus ergeben sich wiederum unterschiedliche Möglichkeiten und Restriktionen für die Gestaltung des Fragebogens. Um einige Beispiele zu nennen: Wird Interviewpersonal eingesetzt, sind in der Regel längere Interviewdauern umsetzbar als in schriftlichen Befragungen. Die Präsenz von Interviewpersonal kann aber die Tendenz zu sozial erwünschten Antworten bei heiklen Fragen erhöhen. Computergestützte Befragungen erlauben komplexe Filterführungen für Teilgruppen der Befragten, während Fragebögen, die mit dem Stift ausgefüllt werden müssen, sehr schlicht gehalten werden sollten. Bei der Planung von Surveys sind also eine ganze Reihe methodischer Erwägungen anzustellen.

In der Kunstsoziologie werden standardisierte Befragungen hauptsächlich eingesetzt, um Erkenntnisse zur kulturellen Teilhabe der Bevölkerung zu gewinnen. Besonders informativ sind Surveys, die repräsentativ für die (erwachsene) Bevölkerung eines Landes sind und turnusmäßig wiederholt werden. Dadurch sind Zeitvergleiche möglich und kulturelle Trends identifizierbar. Solche Umfrageprogramme sind zum Beispiel „Pratiques Culturelles des Français" (Frankreich, seit 1973), „Survey of Public Participation in the Arts" (USA, seit 1982), „Family Survey Dutch Population" (Niederlande, seit 1992), „Cultural Participation in Flanders" (Belgien, seit 2003), „Taking Part" (Großbritannien, seit 2005) und „Kulturverhalten in der Schweiz" (seit 2008). Meist wird in diesen Studien nach Häufigkeiten des Besuchs kultureller Einrichtungen, des medialen Kulturkonsums und der Ausübung künstlerischer Amateuraktivitäten sowie nach Genrepräferenzen innerhalb verschiedener Kultursparten gefragt. Umfangreichere Studien behandeln zudem die kulturelle Sozialisation im Elternhaus, die Motive und Barrieren der Kulturnutzung, unterschiedliche Rezeptionsweisen kultureller Objekte oder die kulturelle Bildung. Die bisher in den Jahren 2018 und 2021 durchgeführte Studie „Kulturelle Bildung und Kulturpartizipation in Deutschland" reiht sich in diese Tradition ein, weist aber die Besonderheit einer Panelstudie auf. Dabei werden *dieselben* Personen im Abstand weniger Jahre wiederholt befragt, so dass Präferenz- und Verhaltensänderungen auf der Individualebene verfolgt werden können. Kaum gibt es bislang länderübergreifend harmonisierte Datenerhebungen, die systematische Ländervergleiche der Kulturpartizipation erlauben würden. Rudimentär findet man sie mit einem sehr schmalen Fragespektrum in zwei Eurobarometer-Umfragen der Jahre 2001 und 2007 (vgl. Gerhards 2008).

Auch Bevölkerungsumfragen mit spartenspezifischem Zuschnitt (vgl. zu Museumsbesuchen Kirchberg 2005) oder mit engerer räumlicher Abgrenzung können interessante Befunde liefern. Zu denken ist an Studien in einzelnen Städten oder Regionen, die in der Lage sind, zentrale Ausschnitte eines lokalen oder regionalen Kulturmarktes mitsamt der Vernetzung der Publika verschiedener Angebote abzubilden und auf diese Weise die sozialen Strukturen von Kulturszenen zu analysieren. Umfassend hat dies Schulze (1992: 459 ff. und 696 ff.) am Beispiel der Stadt Nürnberg demonstriert.

Erwähnenswert ist ferner die Tradition der Publikumsbefragungen. Dabei wird versucht, Publikumsprofile einzelner Veranstaltungen (z. B. Konzerte) oder Einrichtungen (z. B. Konzerthäuser) durch eine Befragung der Besucher:innen zu erfassen. Um ein Einrichtungspublikum abzubilden, sind mehrere Veranstaltungen so auszuwählen, dass das Angebotsprofil der Einrichtung treffend abgedeckt wird. Publikumsanalysen erlauben es, konkrete Publikumszusammensetzungen zu beschreiben und soziale Unterschiede zwischen Teilpublika einer Einrichtung zu identifizieren. Eine frühe Untersuchungsreihe haben Dollase und Koautoren vorgelegt, die in den 1970er Jahren das Rock- und das Jazzkonzertpublikum breit analysierten und in den 1980er Jahren eine genrevergleichende Konzertstudie anfertigten (Dollase et al. 1974, 1978, 1986). Recht selten wird von der Möglichkeit Gebrauch gemacht, solche Befragungsdaten mit ethnografischen Beobachtungen derselben Publika zu verknüpfen, so wie dies Gebhardt und Zingerle (1998) für die Bayreuther Richard Wagner-Festspiele zeigen. Auch die Publikumsprofile verschiedener Museen wurden schon befragungsbasiert verglichen (Bourdieu und Darbel 2006; Klein 1990). Eine Limitation von Publikumsbefragungen besteht darin, dass Aussagen über Nichtnutzer:innen kaum möglich sind und dass von einzelnen Einrichtungen nicht auf andere generalisiert werden kann. Mangelt es an bevölkerungsrepräsentativen Daten, kann aber die Kumulation solcher Studien dazu dienen, die historische Entwicklung des Hochkulturpublikums nachzuzeichnen (vgl. Rössel et al. 2005). Erwähnenswert ist schließlich, dass das Institut für Kulturelle Teilhabeforschung seit 2018 ein kontinuierliches Kulturmonitoring von Kultur- und Freizeiteinrichtungen in Berlin durchführt, bei dem ein umfangreicher Datenbestand generiert und mit Bevölkerungsumfragen verknüpft wird (https://www.iktf.berlin/kulmon/).

Surveys finden in der Kunstsoziologie auch Verwendung, um spezielle Bevölkerungsgruppen zu befragen. Dazu gehören maßgeblich Kunstschaffende. Die Zielsetzung solcher Studien besteht meist darin, belastbare Informationen über deren oftmals prekäre wirtschaftliche und soziale Lage zu erhalten. Eine Herausforderung besteht darin, zunächst einmal zu definieren, wer überhaupt als Künstler:in anzusehen ist, und für diese Population im zweiten Schritt eine repräsentative Stichprobe zu generieren. Je nach Datenlage muss dies von Land zu Land auf unterschiedliche Weise geschehen. Hervorzuheben sind die in Australien unter Leitung von David Throsby seit 1983 wiederholt durchgeführten Befragungen professioneller Künstler:innen (vgl. zuletzt Throsby und Petetskaya 2017). Auf der Basis der Mitgliederverzeichnisse von über zweihundert Professionsorganisationen in den Künsten wurde für acht Sparten ermittelt, wer als Kunstschaffende registriert ist. Für eine Zufallsstichprobe dieser Personen schloss sich eine Recherche von Kontaktdaten an. In einem telefonischen Rekrutierungsinterview wurde dann anhand mehrerer Screening-Fragen ermittelt, wer als ernsthaft praktizierend gelten kann: Erwartet wurde, dass jemand einer künstlerischen Tätigkeit – unabhängig vom Einkommen – mindestens im Umfang von Teilzeitarbeit nachging und in den letzten fünf Jahren im Kunstfeld professionell in Erscheinung getreten war. Dieser Personenkreis wurde schließlich am Telefon ausführlich interviewt.

Trotz der frühen Arbeit von Fohrbeck und Wiesand (1975) hat sich in Deutschland keine vergleichbare Studienreihe zur sozialen Lage von Kunstschaffenden etabliert. Es gibt einige neuere Versuche, auf der Basis von Daten der amtlichen Statistik (z. B. des Mikrozensus und des Kulturfinanzberichtes), der Sozialversicherungsträger (z. B. der Rentenzugangsstatistik und der Künstlersozialkasse), der Professionsverbände und anderer Institutionen Einsichten zu dieser Thematik zu gewinnen (Haak 2008; Schulz und Zimmermann 2020). Dabei handelt es sich um prozessproduzierte Daten, die für andere Zwecke als eine Kunstschaffenden-Enquete erhoben wurden.

Infolgedessen erweist es sich bereits als schwierig, inhaltlich plausible und über verschiedene Statistiken hinweg konsistente Berufsgruppen im Feld der Künste abzugrenzen. Hinzu kommt, dass es diese Daten nur sehr eingeschränkt erlauben, zentrale Variablen zur Charakterisierung der Kunstschaffenden auf der Individualebene miteinander zu verknüpfen.

Abgesehen von diesen Bemühungen gibt es in einzelnen Kultursparten auch standardisierte Umfragen zur sozialen Lage. Hervorzuheben sind die seit 1994 mehrmals durchgeführten Studien des Bundesverbandes Bildender Künstlerinnen und Künstler (zuletzt Priller 2020). Anders als in der australischen Studienreihe wird hier nicht der Versuch unternommen, die Zielpopulation klar zu definieren und eine darauf zugeschnittene Zufallsauswahl zu treffen. Vielmehr wird der Fragebogen als Beilage einer Verbandszeitschrift an die BBK-Mitglieder verschickt und über weitere Fachverbände und das Internet verbreitet. Daraus resultiert eine selbstselektive Stichprobe, von der unklar ist, wen genau sie eigentlich repräsentiert.

4 Experimentelle Methoden in der Kunstsoziologie

Neben standardisierten Befragungen lassen sich auch andere quantitative Methoden in der Kunstsoziologie anwenden, von denen eine Auswahl kurz beleuchtet werden soll. Experimentelle Methoden sind eine Domäne der Kunst- und Musikpsychologie (Kebeck und Schroll 2011), doch genauso wie sich Experimente in der Soziologie seit einiger Zeit immer mehr etablieren (vgl. Keuschnigg und Wolbring 2015), sind sie auch für die Kunstsoziologie von Interesse. In der Psychologie hat Daniel Berlyne das Forschungsgebiet der „Neuen experimentellen Ästhetik" begründet (Berlyne 1974). Untersucht wird darin die Wahrnehmung und Bewertung ästhetischer Objekte, die Proband:innen in einer Laborsituation präsentiert werden. Die ästhetischen Objekteigenschaften werden experimentell gezielt variiert, um die Reaktionsweisen der Versuchspersonen auf diese Unterschiede systematisch zu erfassen. Ein gängiges Resultat ist, dass Personen ästhetische Stimuli mittlerer Komplexität oder mittlerer Innovation bevorzugen (vgl. am Beispiel von Jazz- und Bluegrass-Improvisationen: Orr und Ohlsson 2001). Neurologisch bieten solche „moderaten" Stimuli kognitives Anregungspotenzial, ohne aber gängige Rezeptionsgewohnheiten zu überfordern. Dies ist ein Befund, der aus der Soziologie des Modewandels bekannt ist (Lieberson 2000).

Ästhetische Präferenzen sind oft die Grundlage für Konsumscheidungen. Ein interessantes Beispiel für ein Online-Experiment zu dieser Thematik bietet die

Arbeit von Salganik und Watts (2009). Es geht darin um die grundlegende Frage, ob manche Kunstwerke deshalb so erfolgreich sind, weil sie objektive Qualitäten aufweisen, die vielen Menschen unabhängig voneinander besonders gut gefallen, oder ob künstlerischer Erfolg dadurch zustande kommt, dass viele Konsument:innen lediglich geschmacksbildende „Influencer" nachahmen und ein „Herdenverhalten" an den Tag legen. Dazu haben die beiden Forscher in der Frühphase des Web 2.0 eine Downloadplattform kreiert, auf der 48 Songs unbekannter Künstler:innen zu finden waren, die man mit einem Sternesystem bewerten und herunterladen konnte. Per Zufall wurden Internetnutzende auf eine von zwei Versionen dieses Portals geleitet: In der einen experimentellen Bedingung waren nur die Songtitel und Interpret:innen zu sehen, in der anderen Bedingung zusätzlich die Bewertungen der bisherigen User. Damit wurde der soziale Einfluss erfasst. Das Experiment zeigte, dass der soziale Einfluss einen exponentiellen Anstieg der Downloads der am besten bewerteten Songs hervorrief. Kleine Qualitätsvorsprünge der Musik können also durch soziale Ko-Orientierung überproportionale Erfolge nach sich ziehen. Denkt man diesen Einflussmechanismus weiter, wird verständlich, wie in den Künsten Superstars entstehen. Eine experimentelle Manipulation, bei der nach einem gewissen Zeitpunkt das Downloadranking komplett umgedreht wurde, führte dazu, dass ästhetisch weniger ansprechende Songs über längere Zeit die meisten Downloads erhielten, bis sich nach und nach die inhärente Qualität der ursprünglich am besten bewerteten Songs wieder durchsetzte.

Experimentelle Untersuchungsdesigns können gewinnbringend für praktische Zwecke genutzt werden. In einer angewandten Studie wurden Kunstwerke im Kontext einer konkreten Ausstellung gezielt an wechselnden Standorten platziert. Multimethodisch wurde untersucht, welche Aufmerksamkeit die Besucher:innen den Objekten in Abhängigkeit von ihrer Platzierung entgegenbrachten und welche physiologischen Reaktionen dabei ausgelöst wurden (Tröndle und Tschacher 2012). Auf diese Weise lassen sich Ausstellungen optimieren. Experimentelle Verfahren können also der Kunstsoziologie sehr aufschlussreiche Erkenntnisse liefern.

5 Quantitative Inhaltsanalysen in der Kunstsoziologie

Um Bedingungen künstlerischen Erfolges zu untersuchen, können auch inhaltsanalytische Methoden genutzt werden. Die Inhaltsanalyse ist eine Methode, bei der Textdokumente, Bilder, Videos oder auch Kunstwerke im Hinblick auf bestimmte Objektinhalte codiert werden. Der Übergang zwischen qualitativen und quantitativen Vorgehensweisen ist fließend (vgl. Schneijderberg et al. 2022). Nach einer Exploration des Materials werden in der quantitativen Inhaltsanalyse ein präzises Kategorienschema und standardisierte Codierregeln entwickelt und systematisch auf ein großes Sample von Objekten angewendet. Ein interessantes Beispiel dafür liefert eine Studie von Simonton (1994). Für eine Stichprobe von mehr als 15.000 Themen in den Werken von 479 klassischen Komponisten wurden die paarweisen Übergangswahrscheinlichkeiten zwischen den ersten sechs Tönen der Themen computergestützt ermittelt. Dem Autor zufolge lässt sich die melodische Originalität eines Themas an der Inverse der mittleren Wahrscheinlichkeit dieser fünf Übergänge ablesen. Akzeptiert man diese Operationalisierung, so ergeben sich aufschlussreiche Befunde: Die Originalität nahm im Karriereverlauf klassischer Komponisten tendenziell zu, stieg besonders nach kritischen Lebensereignissen an und war im letzten Werk vor dem Tod wieder rückläufig. Auch waren Komponisten mit Geburtsort in der Nähe musikalischer Zentren origineller als solche aus der Peripherie. Schließlich zeigt sich ein Zusammenhang, der an die Befunde der experimentellen Ästhetik anknüpft: Die Popularität eines Werkes innerhalb des klassischen Kanons ist am größten, wenn sich seine Themen durch moderate Originalität auszeichnen. Besonders erfolgreich sind Werke, die sich ein wenig, aber nicht fundamental von den damaligen Konventionen des Komponierens abheben und durch diese ästhetische Anschlussfähigkeit ihre Zugänglichkeit wahren. Der Popularitätsmessung liegt ebenfalls ein teilweise inhaltsanalytisches Vorgehen zugrunde: So wurde die Würdigung von Werken in Musikanthologien und Konzertführern codiert und zusammen mit anderen Indikatoren, etwa der Anzahl an Schallplattenaufnahmen, zu einem Index der Repertoirepopularität verrechnet.

Inhaltsanalytisch lässt sich auch der Einfluss professioneller Kritiker:innen auf den Erfolg von Werken untersuchen. Eine klassische Studie stammt von Shrum (1991), der die Erfolgsbedingungen von Darbietungen beim Edinburgh Festival Fringe im Jahr 1988 untersuchte, einem der weltweit größten jährlichen Theater- und Comedy-Festivals, das auch zahlreiche Amateurproduktionen umfasst. Für die 913 Produktionen wurden die Anzahl und die Bewertungsrichtung der Rezensionen in festivalrelevanten Printmedien und Radiosendungen codiert und mit den Ticketverkäufen für die Shows in Verbindung gebracht. Unter Konstanthaltung verschiedener Drittvariablen stellte sich heraus, dass die durch die bloße Besprechung von Produktionen erzielte Aufmerksamkeit („Gatekeeper-Effekt") deutlich erfolgsrelevanter war als die inhaltliche Bewertung („Tastemaker-Effekt"). Ferner ließ sich zeigen, dass die Urteile der Rezensent:innen für den Publikumserfolg der hochkulturellen, nicht aber der populären Genres beim Festival relevant waren. Dieser Befund lässt sich damit erklären, dass die Meinungen von Expert:innen vor allem bei komplexer und unsicherer Produktqualität konsultiert werden. Für den Erfolg von Kinofilmen ließen sich mit anderen Untersuchungsdesigns ähnliche Resultate erzielen (Gemser et al. 2007; Simonton 2009). Ob diese Ergebnisse zu Einflüssen der Kunstkritik auch im Zeitalter sozialer Medien Bestand haben, muss sich erst noch erweisen, denn User-Reviews enthalten eher Stilelemente einer „populären Ästhetik" als Rezensionen professioneller Kritiker:innen (Verboord 2014).

6 Methoden der statistischen Datenanalyse

Sieht man von einfachen Häufigkeitsauszählungen ab, sind für die statistische Auswertung quantitativer Daten spezielle Softwarepakete nötig, etwa Stata, R oder SPSS. Ausgangspunkt der Datenanalyse ist meist eine Datenmatrix, die in den Zeilen die untersuchten Fälle und in den Spalten die Variablen enthält. Für die computergestützte Datenanalyse steht eine Vielfalt unterschiedlicher Analysemethoden zur Verfügung, die je nach Untersuchungsfrage und Messniveau der Variablen zur Anwendung kommen und die erheblich in ihrer Komplexität variieren (vgl. zu einem Überblick Wolf und Best 2010).

So wie quantitative Methoden in der deutschsprachigen Kunstsoziologie insgesamt unterrepräsentiert sind, bleibt auch die Verwendung statistischer Datenanalyseverfahren häufig hinter internationalen Standards zurück, wie man sie etwa in kultursoziologischen Fachzeitschriften wie *Poetics* findet. Dies gilt umso mehr für die angewandte Forschung. Dort dominieren seit langem einfache Häufigkeitsauszählungen und bivariate Tabellenanalysen. Zwar sind dies sinnvolle Ausgangspunkte einer Datenauswertung, doch wenn Analysen auf dieser Ebene stehen bleiben, lässt sich das oben angesprochene Problem von Drittvariableneinflüssen nicht in den Griff bekommen. Entsprechend ist dringend zu mehr multivariaten Analysen zu raten.

Eine zweite Auffälligkeit betrifft die in vielen Studien implizit bleibenden, wenig durchdachten theoretischen Vorannahmen. In vielen Fragebögen und Ergebnisberichten zur Kulturpartizipation findet sich eine Beschränkung auf soziodemografische Standardvariablen wie Alter, Bildung und Geschlecht. Bei der Verwendung von Kurzfragebögen mag dies pragmatische Gründe haben, doch ist diese rein „variablensoziologische" Forschungspraxis theoretisch unterkomplex und lässt außer Acht, dass die je nach Forschungsfrage zentralen Konstrukte gezielt operationalisiert werden sollten (vgl. Otte et al. 2023).

Eine dritte Beobachtung zielt auf den Mangel an systematischer Evaluationsforschung im Kulturbereich. Wie auch in anderen Politikfeldern werden immer wieder praktische Maßnahmen durchgeführt, von denen sich Politiker:innen oder Kulturanbieter:innen bestimmte Erfolge versprechen. Um ein paar Beispiele zu nennen: Führen lange Museumsnächte oder eintrittsfreie Sonntage dazu, neue soziale Publikumssegmente zu erschließen? Welche Wirkungen hat ein Kulturpass, der 18-Jährigen die freie Einlösung eines geldwerten Kulturgutscheins ermöglicht? Animiert er die Anspruchsberechtigten dazu, neue Kultursegmente zu erschließen und längerfristige Bindungen an Kultureinrichtungen aufzubauen? Für derartige Fragen sind Untersuchungsdesigns vonnöten, die auf den quasiexperimentellen Charakter der getroffenen Maßnahmen abgestimmt sind. So ist in Rechnung zu stellen, dass Personen selektiv auf solche Maßnahmen reagieren. Ein eintrittsfreier Sonntag mag zu einem erhöhten Besuchsaufkommen führen, aber dies ist nur ein Scheinerfolg, wenn der Zuwachs auf Besucher:innen zurückgeht, die ihre Besuche lediglich zeitlich verlagern. In solchen Fragen der Kausalanalyse hat die quantitative Forschung in den vergangenen Jahrzehnten erhebliche Fortschritte gemacht (Gangl 2010), die eine informierte Wirkungsforschung unbedingt zur Kenntnis nehmen sollte (vgl. Treischl und Wolbring 2020).

7 Bilanz und Ausblick

Der Beitrag hat deutlich gemacht, dass quantitative Methoden der empirischen Sozialforschung in der Kunstsoziologie für vielfältige Untersuchungsanliegen ertragreich eingesetzt werden können. Das Spektrum der Anwendungen und beispielhaften Studien ist noch weitaus größer als es hier aufgezeigt werden konnte. Quantitative Methoden sind geeignet, um soziale Regelmäßigkeiten der Produktion, Dissemination und Rezeption von Kunst statistisch zu beschreiben und durch die Analyse kausaler Einflussbeziehungen in ihren Ursachen und Wirkungen fundiert zu erklären. Wenn geeignete Stichproben vorliegen, können die erzielten Befunde auf die zugrundeliegenden Populationen generalisiert werden. Das standardisierte Vorgehen erlaubt es, die wissenschaftliche Güte der vorgelegten Arbeiten zu beurteilen und kumulative Forschung zu betreiben. Auch für die Evaluation von Maßnahmen im Praxiskontext sind quantitative Methoden bestens geeignet. Vor diesem Hintergrund ist der Einsatz quantitativer Sozialforschungsmethoden in künftigen Studien zur Kunstsoziologie gleichermaßen wünschens- wie empfehlenswert.

Literatur

Berlyne, D. E. (Hg.) 1974. *Studies in the New Experimental Aesthetics: Steps toward an Objective Psychology of Aesthetic Appreciation*. Washington: Hemisphere.

Bourdieu, P. und Darbel, A. 2006. *Die Liebe zur Kunst. Europäische Kunstmuseen und ihre Besucher*. Konstanz: UVK.

Diekmann, A. 2011. *Empirische Sozialforschung. Grundlagen, Methoden, Anwendungen*. Reinbek: Rowohlt.

Dollase, R. et al. 1974. *Rock People oder Die befragte Szene*. Frankfurt am Main: Fischer.

Dollase, R. et al. 1978. *Das Jazzpublikum. Zur Sozialpsychologie einer kulturellen Minderheit*. Mainz: Schott.

Dollase, R. et al. 1986. *Demoskopie im Konzertsaal*. Mainz: Schott.

Fohrbeck, K. und Wiesand, A. J. 1975. *Der Künstler-Report. Musikschaffende, Darsteller/Realisatoren, Bildende Künstler/Designer*. München: Hanser.

Fromm, E. 1980. *Arbeiter und Angestellte am Vorabend des Dritten Reiches. Eine sozialpsychologische Untersuchung*. Stuttgart: Deutsche Verlags-Anstalt.

Gangl, M. 2010. Causal Inference in Sociological Research. *Annual Review of Sociology* 36, S. 21–47.

Gebhardt, W. und Zingerle, A. 1998. *Pilgerfahrt ins Ich. Die Bayreuther Richard Wagner-Festspiele und ihr Publikum*. Konstanz: UVK.

Gemser, G. et al. 2007. The Impact of Film Reviews on the Box Office Performance of Art House versus Mainstream Motion Pictures. *Journal of Cultural Economics* 31, S. 43–63.

Gerhards, J. 2008. Die kulturell dominierende Klasse in Europa: Eine vergleichende Analyse der 27 Mitgliedsländer der Europäischen Union im Anschluss an die Theorie von Pierre Bourdieu. *Kölner Zeitschrift für Soziologie und Sozialpsychologie* 60 (4), S. 723–748.

Glogner-Pilz, P. 2019. *Kulturpublikumsforschung. Grundlagen und Methoden*. Wiesbaden: Springer VS.

Groves, R. M. et al. 2009. *Survey Methodology*. Second Edition. Hoboken: Wiley.

Haak, C. 2008. *Wirtschaftliche und soziale Risiken auf den Arbeitsmärkten von Künstlern*. Wiesbaden: Springer VS.

Kebeck, G. und Schroll, H. 2011. *Experimentelle Ästhetik*. Wien: Facultas.

Keuschnigg, M. und Wolbring, T. (Hg.) 2015. *Experimente in den Sozialwissenschaften. Soziale Welt*, Sonderband 22. Baden-Baden: Nomos.

Kirchberg, V. 2005. *Gesellschaftliche Funktionen von Museen. Makro-, meso- und mikrosoziologische Perspektiven*. Wiesbaden: Springer VS.

Klein, H-J. 1990. *Der gläserne Besucher. Publikumsstrukturen einer Museumslandschaft*. Berlin: Gebr. Mann Verlag.

Lieberson, S. 2000. *A Matter of Taste. How Names, Fashions, and Culture Change*. New Haven: Yale University Press.

Orr, M. G. und Ohlsson, S. 2001. The Relationship between Musical Complexity and Liking in Jazz and Bluegrass. *Psychology of Music* 29, S. 108–127.

Otte, G. 2010. „Klassenkultur" und „Individualisierung" als soziologische Mythen? Ein Zeitvergleich des Musikgeschmacks Jugendlicher in Deutschland, 1955–2004. In: Berger, P. A. und Hitzler, R. (Hg.) *Individualisierungen. Ein Vierteljahrhundert „jenseits von Stand und Klasse"?* Wiesbaden: Springer VS, S. 73–95.

Otte, G. 2012. Programmatik und Bestandsaufnahme einer empirisch-analytischen Kunstsoziologie. *Sociologia Internationalis* 50(1–2), S. 115–143.

Otte, G. und Binder, D. 2015. Data Bases and Statistical Systems: Culture. In: Wright, J. D. (Hg.) *International Encyclopedia of the Social and Behavioral Sciences. Second Edition*. Volume 5. Amsterdam: Elsevier, S. 727–734.

Otte, G. et al. 2023. Gütekriterien in der Soziologie. Eine analytisch-empirische Perspektive. *Zeitschrift für Soziologie* 52(1), S. 26–49.

Priller, E. 2020. *Von der Kunst zu leben. Die wirtschaftliche und soziale Situation Bildender Künstlerinnen und Künstler.* Berlin: Bundesverband Bildender Künstlerinnen und Künstler e. V. (BBK).

Rat für Sozial- und Wirtschaftsdaten [RatSWD]. 2023. *Standardfragenkatalog zur Erhebung soziodemographischer und krisenbezogener Variablen.* Berlin: RatSWD. (https://doi.org/10.17620/02671.76)

Rössel, J. und Otte, G. 2010. Culture. In: German Data Forum (RatSWD) (Hg.) *Building on Progress. Expanding the Research Infrastructure for the Social, Economic, and Behavioral Sciences.* Opladen: Budrich UniPress, S. 1153–1172.

Rössel, J. et al. 2005. Soziale Differenzierung und Strukturwandel des Hochkulturpublikums. In: Institut für Kulturpolitik der Kulturpolitischen Gesellschaft (Hg.) *Jahrbuch für Kulturpolitik 2005.* Essen: Klartext, S. 225–234.

Salganik, M. J. und Watts, D. J. 2009. Social Influence. The Puzzling Nature of Success in Cultural Markets. In: Hedström, P. und Bearman, P. (Hg.) *The Oxford Handbook of Analytical Sociology.* Oxford: Oxford University Press, S. 315–341.

Schneijderberg, C. et al. 2022. *Qualitative und quantitative Inhaltsanalyse: digital und automatisiert. Eine anwendungsorientierte Einführung mit empirischen Beispielen und Softwareanwendungen.* Weinheim: Beltz Juventa.

Schnell, R. 2019. *Survey-Interviews. Methoden standardisierter Befragungen.* Wiesbaden: Springer VS.

Schulz, G. und Zimmermann, O. 2020. *Frauen und Männer im Kulturmarkt. Bericht zur wirtschaftlichen und sozialen Lage.* Berlin: Deutscher Kulturrat.

Schulze, G. 1992. *Die Erlebnisgesellschaft. Kultursoziologie der Gegenwart.* Frankfurt am Main/New York: Campus.

Shrum, W. 1991. Critics and Publics: Cultural Mediation in Highbrow and Popular Performing Arts. *American Journal of Sociology* 97, S. 347–375.

Simonton, D. K. 1994. Computer Content Analysis of Melodic Structure: Classical Composers and Their Compositions. *Psychology of Music* 22, S. 31–43.

Simonton, D. K. 2009. Cinematic Success Criteria and their Predictors: The Art and Business of the Film Industry. *Psychology & Marketing* 26, S. 400–420.

Strübing, J. et al. 2018. Gütekriterien qualitativer Sozialforschung. Ein Diskussionsanstoß. *Zeitschrift für Soziologie* 47(2), S. 83–100.

Throsby, D. und Petetskaya, K. 2017. *Making Art Work: An Economic Study of Professional Artists in Australia.* Strawberry Hills: Australia Council for the Arts.

Treischl, E. und Wolbring, T. 2020. *Wirkungsevaluation. Grundlagen, Standards, Beispiele.* Weinheim: Beltz Juventa.

Tröndle, M. und Tschacher, W. 2012. The Physiology of Phenomenology. The Effects of Artworks. *Empirical Studies of the Arts* 30(1), S. 75–113.

Verboord, M. 2014. The Impact of Peer-produced Criticism on Cultural Evaluation: A Multilevel Analysis of Discourse Employment in Online and Offline Film Reviews. *New Media & Society* 16(6), S. 921–940.

Wolf, C. und Best, H. (Hg.) 2010: *Handbuch der sozialwissenschaftlichen Datenanalyse.* Wiesbaden: Springer VS.

Zinnecker, J. 2001. Fünf Jahrzehnte öffentliche Jugend-Befragung in Deutschland. Die Shell-Jugendstudien. In: Merkens, H. und Zinnecker, J. (Hg.) *Jahrbuch Jugendforschung 2000/2001.* Opladen: Leske + Budrich, S. 243–274.

Ringo Rösener
Wie nähert man sich Bildwerken?

1 Einleitung

Können künstlerische Werke Gegenstände sozialwissenschaftlicher Forschung sein? Und wenn ja, wie? Diese Fragen sind nicht leicht zu beantworten, wagt sich doch die Soziologie damit unweigerlich auf ein Feld, das die dezidierten Kunst-, Musik- und Literaturwissenschaften dominieren und für das diese feine und disziplinverbundene Methoden entwickelt haben. Warum sollte die Soziologie also Kunstwerke selbst zum Gegenstand ihrer Untersuchung machen? Diese Frage wiederum findet ihre Antwort im Forschungsanliegen selbst. Nimmt man an, dass die Soziologie Fragen bezüglich gesellschaftlicher Sinnproduktion, sozialen Lebens und sozialer Ordnung sowie Handlungsorientierungen vor allem in empirischen Untersuchungen verfolgt, dann werden Kunstwerke in dem Moment interessant, wo angenommen werden kann, dass ihre Analysen Antworten auf solche genuin sozialwissenschaftlichen Fragestellungen geben. Sofern Kunstwerke als Äußerung von Menschen verstanden werden, denen man sich zuwenden und die man „interpretieren" kann, spricht also nichts dagegen, sie als Material heranzuziehen. Und in der Tat hat vor allem die rekonstruktiv angelegte qualitative Sozialforschung mittlerweile Methoden entwickelt, die durchaus auf Kunstwerke angewendet werden können. Diese Methoden ermöglichen, Kunstwerke in einem anderen Licht anzuschauen und sind durchaus auch für die eigentlichen Kunstwissenschaften gewinnbringende Erweiterungen.

Die Herausforderungen eines solchen Unterfangens sind allerdings beträchtlich: Kunstwerke sind singuläre und außeralltägliche Phänomene. Sie erlauben keine schlicht verallgemeinerbaren Erkenntnisse. Gleichzeitig sind Kunstwerke überdeterminiert. Ihr symbolischer Gehalt zielt über einfache Deutungszuschreibungen hinaus. Es gibt keine simplen feststellbaren Wahrheiten in den Kunstwerken. Außerdem haben die Künste, egal ob Musik, bildende, darstellende und literarische Künste, Formen und Formsprachen entwickelt, die sich einem allzu schnellen Verstehen versperren. Wie zugänglich ist die Musik von John Cage, wie beforschbar ein Bild von Piet Mondrian? Wo soll die Soziologie da ansetzen?

Dennoch: Versuche, Kunstwerke in soziologische Fragestellungen zu integrieren, gehören zur Geschichte der Soziologie dazu. Georg Simmel schlägt früh die Brücke zwischen einer Philosophie und einer Soziologie der Kunst, wenn er sich z. B. Michelangelo, Rembrandt oder Rodin zuwendet (exemplarisch: Simmel 1995, 2000, 2001). Max Weber beginnt eine „Soziologie der Cultur-Inhalte" in seiner Musiksoziologie (Weber 2004). Karl Mannheim sondiert in seiner Wissen-

https://doi.org/10.1515/9783110716863-019

ssoziologie einen Weg, Kunstwerke als „Kulturobjekte" zu analysieren (Mannheim 1964: 109 ff.), während Theodor W. Adornos Gesellschaftsanalysen ihren Ausgang nicht selten in Kunstwerken nehmen (exemplarisch Adorno 2003). Kunst und Soziologie unterhalten somit schon immer Beziehungen. Diese Verwicklungen sollen hier jedoch nicht dargestellt werden. Stattdessen liegt im Folgenden der Fokus auf Methoden der qualitativ-rekonstruktiven Analyse bildender und fotografischer Kunst. Dieser Fokus ist subjektiv motiviert, trifft aber auf ein gut ausgearbeitetes Feld methodischer Zugänge, die Ansätze der Kunstgeschichte mit qualitativen Methoden kombinieren und deshalb sehr fruchtbar sind.

2 Was ist ein Bild und welche Grundlagen der Beforschung gibt es?

Da Bilder und andere visuelle Werke anders erfasst und analysiert werden müssen, als Diskurse, Interviews oder Texte, muss die methodologische Auseinandersetzung zunächst die Frage klären: Was ist ein Bild? (z. B. Boehm 1994, 1978; Mitchell 2018) Damit ist vor allem die Frage gestellt, welche Probleme sich in der Übersetzung von visuellen Werken in die theoretisch-diskursive Sprache (der Wissenschaft) ergeben und wie Bilder beforscht werden können. Roland Barthes bringt das Problem folgendermaßen auf den Punkt: „Die einen denken, das Bild sei ein im Vergleich zur Sprache sehr rudimentäres System, und die anderen, die Bedeutung könne den unsäglichen Reichtum des Bildes nicht ausschöpfen" (Barthes 2015: 93).

Zunächst muss festgehalten werden, dass Bildwerke eigenständig sind und für sich stehen können. Sie sind dabei weder rudimentär noch unerschöpflich. Sie sind aber aus der Alltagswelt herausgehobene Gegenstände. Gemälde und Fotografien formen einen eigenen Zugang zur Wirklichkeit. Sie sind eigene Weltanschauungen und folgen dabei eben nicht alltäglichen oder auch theoretischen sprachlich-diskursiven, sondern bildnerisch-künstlerischen Prinzipien und Logiken. Sobald zum Beispiel die Rahmung aufzeigt, dass es sich bei dem betrachteten Gegenstand um ein Bild handelt (Simmel 1995; Oevermann 2014), ist eine „Eigenlogik des Bildes" in Rechnung zu stellen (Przyborski und Wohlrab-Sahr 2014: 319; Imdahl 1988, 1994). Bilder haben also eine eigene Art und Weise etwas darzustellen und Bedeutung zu produzieren.

Dabei bestechen Bildwerke in der Kongruenz von Darstellung und Anschauung. Im Sehen erkennt man sofort einen wahrzunehmenden Gegenstand (auch wenn es nur ein Farbklecks oder eine Linie ist), während das gelesene oder gesprochene Wort immer auf einen Gegenstand verweist. Das Wort „Haus" (Darstellung) ist nicht das Haus selbst, sondern bezieht sich auf ein tatsächliches oder vorgestelltes Haus (Anschauung). Ein Bild eines Hauses zeigt hingegen sofort das Haus, das gemeint ist (Müller-Doohm 1997: 88; Boehm 1978: 450 ff.). In diesem Sinne sagen Bilder nichts, sondern sie zeigen etwas. Des Weiteren gibt es im Bild keinen eindeutig identifizierbaren Anfang und daraufhin geordnetes Nacheinander, sondern im Bild ist man immer zuerst mit dem Ganzen konfrontiert, bis man sich die Details erarbeitet (vgl. Loer 1994). Während die Sprache in ihrer sequentiellen Struktur untersucht werden kann, sperren sich Bilder zunächst dagegen.

Wendet man sich dem Bild als einen Untersuchungsgegenstand zu, muss somit zunächst das zu Sehende immer in eine diskursiv-theoretische Form übersetzt, um folgend Bedeutung und Implikationen zu analysieren. So kann man mit einem Blick erkennen, dass sich auf dem Bild *La Gioconda* des Malers Leonardo Da Vinci die Mona Lisa befindet, also eine junge Frau. Aber schon bei der Frage, ob diese lächelt, stockt die Sprache. Die Bildlichkeit scheint mit der Sprache über Kreuz zu liegen, weil keine Eindeutigkeit herzustellen ist. Hier muss erst die „Eigenlogik des Bildes" erarbeitet werden, die darin besteht, dass eine vertikale Linie das Bild in zwei Hälften teilt, um folgend sprachlich darstellen zu können, dass sich die linke Seite anders verhält als die rechte und Mona Lisa vom Betrachtungsstandpunkt aus nur links lächelt.

Trotz ihrer Eigenlogik, der Kongruenz von Darstellung und Anschauung, und dem ganzheitlichen Wahrnehmungseindruck stehen Bilder in vielfältigen Bedeutungszusammenhängen. Kein Bild ist arbiträr. Jedes Bild ist aber das Zentrum (s)eines Bedeutungszusammenhangs, der durch das Bild erst wirklich sichtbar wird: „Bilder sind Prozesse, Darstellungen, die sich nicht darauf zurückziehen Gegebenes zu wiederholen, sondern sichtbar zu machen, einen ‚Zuwachs an Sein' hervorzubringen", wie Gottfried Boehm unter Berufung auf den Hermeneutiker Hans-Georg Gadamer formuliert (Boehm 1994: 33). Bilder heben etwas hervor oder konkretisieren einen Aspekt, der im Alltag untergeht. Mit dem Philosophen Martin Heidegger gesprochen, bringen sie etwas in die „Unverborgenheit des Seins" (Lüdeking 1994: 353). Bilder sind künstliche Perspektiven, die nicht mit der natürlichen und alltäglichen Wahrnehmung übereinstimmen müssen aber auf sie reagieren. Sie „geben nicht nur Sichtbares wieder oder wiederholen bzw. bestätigen ausschließlich das, was wir bereits diesseits der Darstellung sehen und wissen, sondern sie machen erst sichtbar und erfahrbar, was ohne die Darstellung und von ihr unablösbar nicht auszudrücken ist" (Raab 2008: 46).

Deshalb schleppen Bilder ihren Bedeutungszusammenhang immer mit sich. Eine Analyse geschieht somit nicht in der Hebung von symbolischen Geheimnissen der Bilder (als einer Rätselsuche), sondern in der Erarbeitung von Zusammenhängen, die in Bildern angelegt und gleichzeitig in dem Außen der Bilder verhaftet sind. Bilder sind somit nicht schlicht eigenständig, sondern bewegen sich immer in Kontexten – vielfältige symbolische Sinnsysteme (zum Plural der Kontexte vgl. Bal und Bryson 1991). Übersetzt in eine sozialwissenschaftliche Terminologie heißt das, ein Bild ist eine manifeste Gegebenheit, an dem latente Sinnstrukturen oder sozial-strukturelle Kontexte ausgearbeitet werden können.

Neben dieser, zugegebenermaßen, sehr knappen Bestimmung dessen, was ein Bild ist und wie es in Zusammenhang mit Kontexten steht, kann man drei wesentliche methodische Zugänge anführen. Die meisten sozialwissenschaftlichen Beschäftigungen mit Bildwerken knüpfen dabei letztlich an die methodisch-systematischen Vorschläge von Karl Mannheim, Erwin Panofsky und Max Imdahl an:

1. Ausgehend von der Wissenssoziologe Karl Mannheims kann man Bilder zu den „Kulturobjektivationen" zählen, die von natürlichen Gegenständen unterschieden sind. Sie sind in Mannheims Worten Sinngebilde, die „weder in der raumzeitlichen noch in den psychischen Akten des produktiven und rezeptiven Individuums beheimatet" sind. Sie sind nicht wie Dinge der Natur oder haben in dieser ihre vornehmliche Sinnhaftigkeit. Das heißt aber auch nicht, dass sich ihre Sinnhaftigkeit in anhaftenden menschlichen Sinnzuschreibungen erschöpfen (Mannheim 1964: 102, 105). Ein Kunstwerk ist nicht allein deshalb ein Kunstwerk, weil ein einzelner Mensch es geschaffen hat oder eine Bedeutung in diesem erkennt. Kunstwerke sind somit auch nicht nur subjektiv. Folgt man Mannheim sind Bilder eingebettet in soziale Zusammenhänge und deshalb soziologisch analysierbare Gegenstände. Mannheim schlägt in der Analyse von Bildern deshalb einen Dreischritt vor. Zunächst haben Bilder einen „objektiven Sinn" , das heißt, sie sind in einem „objektiven sozialen Zusammenhang" eingebettet. Ihr Inhalt und die Gestaltung sind erkenn- und beschreibbar (vgl. Mannheim 1964: 106). Zweitens verfügen sie über einen im Verlauf der Herstellung und durch die Bildgestaltung „intendierten Ausdruck". Drittens dokumentieren sie soziale Eigenheiten und Weltanschauungen, vor dessen Hintergrund sich der Ausdruck entwickelt (Mannheim 1964: 103 ff., 109 ff.).

2. Der Kunsthistoriker Erwin Panofsky nimmt auf diesen Dreischritt Bezug, wenn er seine wegweisende Methode der ikonografisch-ikonologischen Analyse und Interpretation von Kunstwerken vorstellt. Dabei schlägt er vor, Bilder auf drei Ebenen anzuschauen (vgl. Tab. 1): Im ersten Schritt, der sogenannten *vor-ikonografischen Beschreibung*, wird all das beschrieben, *was* auf dem Bild zu sehen ist und man erkennen kann. Dabei soll lediglich beschrieben, nicht gedeutet werden. Das Ziel dieses Schrittes besteht darin, die Elemente und deren Relationen zueinander zu erfassen (Panofsky 1979: 210). Im zweiten Schritt, der *ikonografische Analyse*, werden die identifizierten Elemente innerhalb eines Bedeutungskontextes, der außer-

Tab. 1: Ikonografisch-ikonologische Analyse nach Panofsky.

Gegenstand der Interpretation	Akt der Interpretation	Ausrüstung für die Interpretation	Korrektivprinzip der Interpretation (Traditionsgeschichte)
Primäres oder natürliches Sujet – (A) tatsachenhaft, (B) ausdruckshaft –, das die Welt künstlerischer Motive bildet	Vor-ikonographische Beschreibung (und pseudo-formale Analyse)	Praktische Erfahrung (Vertrautheit mit Gegenständen und Ereignissen)	Stil-Geschichte (Einsicht in die Art und Weise, wie unter wechselnden historischen Bedingungen Gegenstände und Ereignisse durch Formen ausgedrückt wurden)
Sekundäres oder konventionales Sujet, das die Welt von Bildern, Anekdoten und Allegorien bildet	Ikonografische Analyse	Kenntnis literarischer Quellen (Vertrautheit mit bestimmten Themen und Vorstellungen)	Typen-Geschichte (Einsicht in die Art und Weise, wie unter wechselnden historischen Bedingungen bestimmte Themen oder Vorstellungen durch Gegenstände und Ereignisse ausgedrückt wurden)
Eigentliche Bedeutung oder Gehalt, der die Welt „symbolischer" Werte bildet	Ikonologische Interpretation	Synthetische Intuition (Vertrautheit mit den wesentlichen Tendenzen des menschlichen Geistes), geprägt durch persönliche Psychologie und „Weltanschauung"	Geschichte kultureller Symptome oder „Symbole" allgemein (Einsicht in die Art und Weise, wie unter wechselnden historischen Bedingungen wesentliche Tendenzen des menschlichen Geistes durch bestimmte Themen und Vorstellungen ausgedrückt wurden)

(nach Panofsky 1979: 223).

halb des Bildes liegt, geklärt. Das heißt, alles was auf dem Bild zu sehen ist, wird mit Wissen jenseits des Bildes angereichert, also epochenspezifische Merkmale, Themen und verwendete Metaphern und Symbole. Hier setzt Panofsky ausgesprochene kulturwissenschaftliche Kenntnis voraus, um zu bestimmen, „wann und wo bestimmte Themen durch Motive sichtbar gemacht wurden" (Panofsky 1979: 212). Im dritten Schritt, der *ikonologischen Interpretation*, werden die von Panofsky so benannten weltanschaulichen Konzepte erschlossen, auf die das Bild hinweist. Gemeint ist damit, die Wahl von Bildmotiven vor dem Hintergrund des Entstehungskontextes zu interpretieren und den spezifischen weltanschaulichen Sinn, also das *Wie*, des Bildes herauszuarbeiten. Obwohl Panofskys Analyseverfahren wegweisend für die Kunstwissenschaften wurde, ist seine Methode auch hinsichtlich seiner Konzentration auf den weltanschaulichen Inhalt als eine Abwendung von dem eigentlich künstlerischen Aspekt eines Bildes kritisiert worden. Auf diese Einwände hat der Kunstwissenschaftler Max Imdahl reagiert und Panofskys Modell entscheidend erweitert. Imdahl fügt eine neue Analyseebene ein, die er Ikonik nennt. Damit soll der Eigenlogik von Bildern stärker Rechnung getragen werden. Denn „[e]s gibt [...] einen ikonischen Bildsinn. Dessen Inhalt ist die Anschauung als eine Reflexion über das Bildanschauliche wie ebenso über das Bildmögliche selbst" (Imdahl 1994: 308). Bilder werden mit Imdahl in der ikonischen Analyse deshalb auf zwei verschiedene Weisen angeschaut: Im Modus des „wiedererkennenden" und im Modus des „sehenden Sehen" (Imdahl 1988: 26 f.). „Wiederkennendes Sehen" bezieht dabei seine Deutung aus der schlichten Rezeption. Das „sehende Sehen" hingegen erkundet die Innenwelt des Bildes und legt die Eigenlogik frei. Dadurch will Imdahl der Bildaussage näherkommen, die im „wiedererkennenden Sehen" schlicht durch Konventionen der Bestimmung des Inhalts oder der Betrachtung verdeckt wird. Im „sehenden Sehen" vollzieht Imdahl eine Ausklammerung alltäglicher Konventionen.

Um bildlichen Strukturen oder Eigenlogiken herauszustellen, schlägt Imdahl drei wesentliche Instrumente vor. Bilder verfügen über eine *perspektivisch-projektive Verbildlichung*. Diese Perspektive müsse man in den Bildern herausstellen, um mehr über die Konstruktion des Standortes zu erfahren, von dem aus das Bild betrachtet wird (Imdahl 1988: 19). Des Weiteren schaut sich Imdahl die *szenische Choreografie* an. Gruppen, Personen und Gegenstände werden in ihrer Ordnung auf dem Bild beschrieben und auf diese Weise herausgestellt, dass die Ordnung nicht zufällig ist. Am wichtigsten ist Imdahl jedoch die *planimetrische Komposition*. Gemeint sind damit Feldlinien und Flächen, die das Bild ordnen und die einen spezifischen Sinn formen. In der Planimetrie ergibt sich die Ordnung des Geschehens im Modus des So-und-nicht-anders; erst damit tritt letztlich das Nichtkontingte des Kunstwerkes hervor (Imdahl 1988: 24 f.). Imdahl kehrt auf diese Weise wieder zum künstlerisch Eigenwertigen zurück, ohne jedoch den Anspruch einer nachvollziehbaren Analyse sowie weltanschaulichen (d. h. auch soziologischen) Interpretation aufzugeben.

3 Rekonstruktive Verfahren der Bildanalyse

Im Folgenden werden drei methodische Verfahren vorgestellt, die in der qualitativen Sozialforschung entwickelt wurden, um Kunst- und Bildwerke zu interpretieren. Insbesondere hat sich die Dokumentarische Methode Bildwerken als Analysegegenstand zugewandt, um das sogenannte implizite bzw. konjunktive Wissen und handlungsleitende Orientierungen herauszuarbeiten, die sprachlich nicht vermittelt werden (u. a. Przyborski und Wohlrab-Sahr 2014; Bohnsack 2003, 2013). Ausgehend von der detaillierten Sequenzanalyse sprachlicher Äußerungen in der Objektiven Hermeneutik, ist die Segmentanalyse Roswitha Breckners entstanden. Hier steht die Segmentierung des Bildes im Vordergrund, um mittels der Abduktion und Lesartenbildung zu einer Rekonstruktion des latenten Sinngehaltes zu kommen (Breckner 2010, 2014). Schließlich soll der Ansatz der Figurativen Hermeneutik (Müller 2012) vorgestellt werden, der hermeneutische Aspekte mit dem des Bildvergleichs verknüpft und am weitesten von der sprachlichen Rekonstruktion entfernt ist.

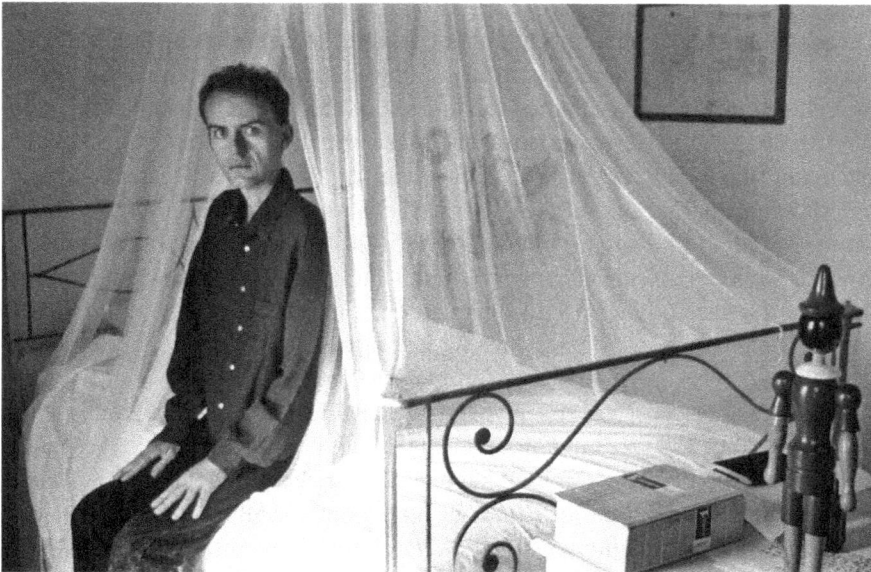

Abb. 1: © Hans Georg Berger, Berlin: Hervé Guibert in der Einsiedelei Santa Caterina, Insel Elba, 1991 (1). (Quelle: Berger: Guibert 2019: 152).

Alle drei Verfahren werden an der Fotografie von Hans Georg Berger: Hervé Guibert in der Einsiedelei Santa Caterina, Insel Elba, 1991 *ausprobiert (Abb. 1).*[1] *Die
Analysen haben exemplarischen und illustrativen Charakter. Es geht vor allem
darum, einen Einblick in typische Frage- und Rekonstruktionsaktivitäten der jeweiligen Methode zu geben. Keineswegs handelt es sich dabei um jeweils erschöpfende
Interpretationen.*

3.1 Dokumentarische Methode

Die Dokumentarische Methode, wie sie durch Ralf Bohnsack (vgl. Bohnsack 2003,
2013) entwickelt und durch Aglaja Przyborski weiter ausgearbeitet wurde (Przyborski und Wohlrab-Sahr 2014; Przyborski 2018), hat sich Bildern als Datenmaterial zugewandt und methodische Vorschläge für ihre Analyse und Interpretation
entwickelt. Hierbei wird davon ausgegangen, „dass unsere Welt, unsere gesellschaftliche Wirklichkeit durch Bilder nicht nur repräsentiert, sondern auch konstituiert wird" (Bohnsack 2003: 242). Diese Prämisse geht auf Karl Mannheim
zurück. Bohnsack folgert mit Mannheim, dass atheoretische (nicht sprachlich-
diskursive) Wissensbestände des sozialen Handelns, wie soziale Szenerien, Gebärden, Gestik und Mimik auf einer vor-reflexiven Ebene durch die Menschen ‚mi-
metisch' angeeignet werden: Menschen ahmen soziale Gesten anderer Menschen
nach, um sich ihnen zugehörig zu fühlen oder tun genau das Gegenteil, um sich
von ihnen abzugrenzen. Auf diese Weise greifen sie handelnd in die Gestaltung
ihrer Welt ein. Handlungen finden also nicht im luftleeren Raum statt, sondern
werden habituell geleitet. Eine Begrüßung kann z. B. durch das Händeschütteln
ausgeführt werden. Wie stark dies habituell verinnerlicht ist, zeigt sich in Situationen, in denen man sprichwörtlich händeringend neue Formen der Begrüßun-
gen einüben muss, beispielsweise während der Corona-Pandemie.

Solches atheoretische Wissen wird in Bildern festgehalten und transportiert
(Bohnsack 2003: 243). Welt und Bild stehen deshalb in einem doppelten Verhältnis
zueinander. Die Deutung von Welt kann sich *im* Medium Bild vollziehen. Zusätzlich konstituiert sich Welt *durch* Bilder. Man kann *über* Bilder kommunizieren,
gleichzeitig gibt es eine Kommunikation *durch* Bilder (Bohnsack 2003: 242; Przyborski und Wohlrab-Sahr 2014: 337). Auf diese doppelte Weise sind Bilder hand-
lungsleitend, „insbesondere in der Form der Imagination sozialer Szenerien und
dort, wo wir unser Handeln an den nicht-sprachlichen Gebärden anderer und an

---

1 Hans Georg Berger sei hiermit ausdrücklich gedankt, die Fotografie verwenden zu dürfen.

dem in ihre Körperlichkeit sozialisatorisch eingeschriebenen Habitus orientieren" (Bohnsack 2003: 253).

Die Dokumentarische Methode strebt deshalb eine Rekonstruktion von Handlungspraktiken an, die mit Bildwerken verbunden werden können. Hauptsächlich wird versucht, dem dabei zugrundeliegenden Habitus – also dem *modus operandi* – von Handlungen näher zu kommen: „Es ist dies der Wechsel von der Frage, was die gesellschaftliche Realität in der Perspektive der Akteure ist, zur Frage danach, wie diese Praxis hergestellt wird" (Bohnsack 2013: 13). Die herausgearbeitete Handlungspraxis dokumentiert „konjunktives" (oder „implizites") Wissen, das „dem je milieuspezifischen Orientierungswissen" entspricht (Bohnsack 2013: 15). Die Annahme ist, dass dieses Wissen auch oder sogar vor allem in Bildern, die Handlungspraktiken darstellen und in denen Handlungspraktiken dargestellt sind, festgehalten ist.

Die Dokumentarische Analyse verbindet die drei oben geschilderten methodischen Ansätze Mannheims, Panofskys und Imdahls (vgl. Tab. 2). Sie verfolgt damit das Ziel, den sogenannten Dokumentsinn bzw. das implizite und konjunktive Wissen (Wie) systematisch entlang des atheoretischen (nicht sprachlichen) Bildes zu erschließen. Dieser Dokumentsinn ist dabei nur erfassbar, wenn man „den je individuellen oder kollektiven *Erfahrungsraum*" rekonstruiert, in dem dieses Wissen relevant ist (Bohnsack 2013: 16). Entscheidend ist nun, dass der Erfahrungsraum nicht auf der ikonografischen, d. h. simpel erkennbaren Ebene erfassbar ist, sondern sich in der jeweiligen Eigenart oder Eigenlogik des Bildes, das heißt auf der – mit Panofsky gesprochen – ikonologischen Ebene zeigt (Bohnsack 2003: 243). Diese muss erarbeitet werden.

Bohnsack macht in diesem Zusammenhang auf drei Quellen aufmerksam, die das Ikonologische beeinflussen. Zum einen resultiert es aus der handwerklichen Bildproduktion selbst. Zum anderen fließt in dieses Erstellen das Sujet ein, wie es sich zum historischen Zeitpunkt der Produktion eines Bildes darstellt. Bildproduzent:innen und Bildsujet sind dabei keine allein subjektiv agierenden Akteure, sondern eingebunden in einem gemeinsamen, kollektiven bzw. kooperativen Erfahrungsraum. Das konjunktive Wissen einer Epoche liegt also dem Sujet *und* den künstlerischen Praktiken dem oder der Produzent:in zugrunde (Bohnsack 2003: 248). Dazu kommt ein Drittes: Auch die (spätere) Rekonstruktion geschieht nicht im luftleeren Raum. Der Zugang zum Erfahrungsraum ist auch von der Standortgebundenheit der Interpretierenden abhängig (Bohnsack 2003: 249).

Die Dokumentarische Methode unterscheidet deshalb im Vorgehen eine *formulierende* und eine *reflektierende Interpretation*. Sie wiederholt damit prinzipiell die Unterscheidung in wiedererkennendes Sehen und sehendem Sehen, wie sie durch Imdahl eingeführt wurde (vgl. Przyborski und Wohlrab-Sahr 2014: 338 ff.).

Die *formulierende Interpretation* versucht das Bild zunächst einzuordnen, Bemerkenswertes und Differenzen zur allgemein tradierten Konventionen herauszustellen. Dabei setzt die formulierende Interpretation bei der vor-ikonografischen Analyse an. Das Bild wird bezüglich des Wiedererkennbaren befragt. Dieses Wiedererkennen zielt vor allem darauf, es intersubjektiv überprüfbar zu machen. Die

Tab. 2: Vergleich: Panofsky, Imdahl, Mannheim/Bohnsack.

Analysestufe	Panofsky = Ikonologie	Imdahl = Ikonik	Mannheim /Bohnsack = Dokumentarische Analyse
1. Ebene	Vor-ikonografische Beschreibung des faktisch Dargestellten: formale, normative, expressive Eigenschaften	Perspektive, Lokalisierung des Fluchtpunktes Modus: wiederkennendes Sehen /Wahrnehmung als dreidimensionalen Welt im Bild	Vor-ikonografische Sinnebene: Beschreibung des faktisch Dargestellten: WAS Modus: formulierende Interpretation
2. Ebene	Ikonografische Analyse: thematische Bezüge der Bildmotive, Common Sense, stereotype Sinnzuschreibung		Ikonografische Interpretation: Herausarbeitung des kommunikativ generalisierbaren Wissen: WAS Modus: formulierende Interpretation
3. Ebene	Ikonologie: Aufdeckung der geschichtlich-gesellschaftlichen Grundeinstellungen	ikonisch-ikonologisch: Ganzheitsstruktur der Bildkomposition, szenische Choreografie, planimetrische Kompositionen des Bildganzen Modus: sehendes Sehen: Wahrnehmung formalästhetische Organisation der Fläche	Dokumentarische Interpretation Herausarbeitung des „konjunktiven Erfahrungsraum" modus operandi / Dokumentsinn / Habitus: WIE Erarbeitung der formalen Komposition Modus: reflektierenden Interpretation

(Eigene Darstellung nach Müller-Dohm 1997 sowie Przyborski und Wohlrab-Sahr 2014).

Leitfrage ist also, *was* sehen wir und sehen wir alle das gleiche? Dafür wird jegliches Vorwissens über das Bild zunächst ausgeklammert. Bohnsack weist deutlich daraufhin, dass man so tun müsse, „als wisse man nicht" (Bohnsack 2003: 245). Die Beschreibung orientiert sich somit am Erkennbaren, ohne einzubeziehen, was man über das Bild und deren Motive weiß. Folgend widmet sich die formulierende Interpretation der ikonografischen Deutung: Wie lässt sich die Szene einordnen? Was genau ist dargestellt? Welche besonderen Stil- und Typenmerkmale lassen sich erkennen? Jetzt wird zumindest jenes Vorwissen hinzugezogen, das als das kommunikativ-generalisierte oder kanonisierte Wissen bekannt ist. Die Kenntnis von Geschichten, Ereignissen oder gesellschaftlichen Institutionen und Rollenbeziehungen helfen, um die „wiedererkannten Bildelemente [...] als Sinnganzes oder mehrere Sinneinheiten zu beschreiben" (Przyborski und Wohlrab-Sahr 2014: 341).

In der *reflektierenden Interpretation* geht es um das *Wie* der Darstellung. Herausgearbeitet wird die *perspektivisch-projektive Verbildlichung*, um mehr über die Gestaltungsweisen und gegebenenfalls über das Weltbild zur Entstehungszeit zu erfahren. Die *szenische Choreografie* identifiziert Gruppen und klärt mittels der Kompositionsvariation deren Beziehungsverhältnisse zueinander. Die *planimetrische Komposition* als der wichtigste Schritt rekonstruiert die Eigenlogik des Bildes. Durch die Einzeichnung von Feldlinien oder Blickrichtungen der Dargestellten werden Wiederholungen und Spannungen sichtbar, die nur in diesem einem Bild auftauchen. Weitere mögliche Gestaltungselemente können Unschärfe- und Schärfe-Verhältnisse sein (Przyborski 2018: 160; Przyborski und Wohlrab-Sahr 2014: 344). Der Fokus in diesem Schritt ist die Herausarbeitung des Eigensinns und damit die Identifizierung von Schlüsselstellen, Spannungsverhältnissen, Symmetrien und Positionierungen. Im letzten Schritt erfolgen somit die eigentliche Interpretation und die Herausstellung des Dokumentsinnes. Bohnsack geht davon aus, dass, „die in den formalen Strukturen der Komposition fundierte Ikonik deshalb in besonderer Weise für die (dokumentarische) Interpretation historischer, kultur- und milieuspezifischer Sinnstrukturen geeignet ist" (Bohnsack 2013: 98). Das meint vor allem, die Ikonik verhilft, sich dem *Wie* interpretativ zu widmen. Leitfragen können zum Beispiel sein, inwieweit das Wie des Bildes Aufschluss über Milieus bzw. den sozialen Erfahrungsräumen Auskunft geben kann, die mit dem Bild verbunden sind. Gibt es Handlungsorientierungen, die so und nicht anders womöglich nur in diesem Bild sichtbar werden? Erst an dieser Stelle spielen Vor-Annahmen zur und Motive der Bildherstellung eine Rolle, um die Interpretation abzusichern.

Ich möchte versuchen, die Analyse auf das Bild Hervé Guibert in der Einsiedelei Santa Caterina, Insel Elba, 1991 (1) *anzuwenden.*[2] *Im Sinne der formulierenden
Interpretation sind folgende erkennbare Elemente zunächst festzuhalten: Im Bild
erkennen wir auf der linken Seite einen schlanken Mann auf einem Bett sitzend.
Der Mann schaut uns mit großen Augen an. Seine schlanke Gestalt füllt kaum das
schwarze Hemd und die schwarze Hose aus, die er trägt. Er sitzt in der Öffnung
eines netzartigen Baldachins, der zum Metallgestell an dem Ende des Bettes hin-
läuft. Auf der rechten Seite steht eine anscheinend hölzerne Figur, die uns den Rücken zukehrt. Die Figur hat eine lange Nase, einen spitzen Hut und trägt eine kurze
Hose. Sie steht auf einem Tisch oder einer Kommode, auf der ein ziemlich dickes
Buch links der Figur liegt und auf der sich beschriebene Blätter befinden. An der
Wand im Hintergrund befindet sich ein nicht erkennbares Bild in einem dunklen
Rahmen. Hinter dem Netz ist ein Figurenensemble auf einem Nachtisch zu erkennen. Bezieht man an dieser Stelle alltägliches Wissen ein, so können wir die Holzfi-
gur als einen Pinocchio identifizieren. Auf dem Buch steht eine große „1", so dass es
vermutlich zu einer Buchreihe gehört. Wer der Mann ist, lässt nur der Titel erahnen: Hervé Guibert, 1991 fotografiert an einem Ort, der als Santa Caterina benannt
ist und sich auf der Insel Elba befindet.*

*Die nun folgende reflektierende Interpretation könnte sich verschiedenen As-
pekten zuwenden, etwa den Lichtverhältnissen, den verschiedenen Gegenständen
im Bild oder der Kameraposition. Ich konzentriere mich vor allem auf das Verhältnis zwischen der abgebildeten Person und den Gegenständen auf dem Nachttisch.
Zunächst ist festzustellen, das Foto ist leicht weitwinklig aufgenommen, d. h. als Be-
trachtende sehen wir den ganzen Raum, wie dieser sich dem Fotografen zeigt. Der
Mann, von dem wir annehmen, es ist Hervé Guibert, sitzt im linken Drittel, das Pi-
nocchio-Buch-Ensemble befindet sich im rechten. Das untere Drittel des Bildes ist
voller als das obere. Dabei fällt auf: wenn man Guibert in die Mitte des Bettes oder
weiter an dessen Ränder verschiebt, gerät das Bild aus seinem Gleichgewicht. Das
geschieht ebenfalls, wenn man die Pinocchio- Figur auf der Kommode anders positionieren würde. Die szenische Choreografie, die sich am Kompositionsformat des
Goldenen Schnitts orientiert, setzt somit auf ein genau austariertes Verhältnis zwischen Hervé Guibert und Pinocchio (Abb. 2).*

*Dieses Verhältnis wird durch die planimetrische Komposition unterstützt. Eine
Linie verbindet die beiden Köpfe von Hervé Guibert und Pinocchio. Zeichnet man
zusätzlich die Silhouetten von Guibert und Pinocchio nach, verstärkt sich auch hier*

---

2 Dieser Interpretation liegt eine Seminararbeit von Hanar Hupka, Zazie Rothfuchs, Lara Spät
und Elena Wein zugrunde, die im Wintersemester 2021/22 am Institut für Kulturwissenschaften
der Universität Leipzig entstanden ist. Der Verfasser bedankt sich nochmals ausdrücklich für die
Anregungen.

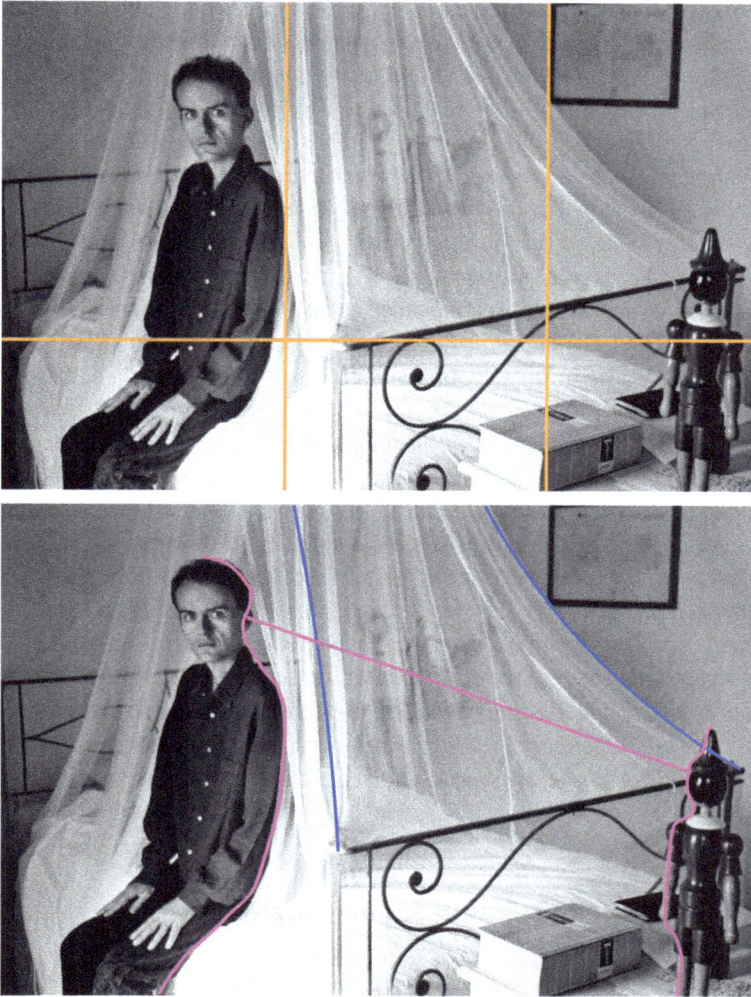

Abb. 2 und 3: © Hans Georg Berger, Berlin: Hervé Guibert in der Einsiedelei Santa Caterina, Insel Elba, 1991 (1): Reflektierende Interpretation (szenische Choreografie und Planimetrie).

ein Zusammenhang. Man erhält den Eindruck, dass Mensch und Figur zusammen-gehören, bzw. ein eigenes Ensemble bilden (Abb. 3). Dabei ist auffällig, dass Guibert hinter dem schleierartigen Baldachin zu verschwinden droht, während Pinocchio klar und erkennbar den Vordergrund dominiert.

Das Foto ist kein Schnappschuss, sondern bewusst inszeniert. Jeder Gegenstand auf dem Foto ist absichtlich platziert – die Haltung von Guibert, sein starrer Blick *in die Kamera – sind gewollt. Sein Körper steht dabei in Beziehung zur Pinocchio-Figur – als ob beide sich spiegeln. Gleichzeitig stehen sie janusköpfig zueinander. Während der Mann uns anschaut und Kontakt aufnimmt, aber fast hinter dem Netz verschwindet, schaut der bekannte Lügenerzähler Pinocchio weg, beansprucht aber eine merkliche Präsenz. In welchem Verhältnis stehen Hervé Guibert und Pinocchio zueinander? Was haben das große Buch und die beschriebenen Zettel neben Pinocchio zu bedeuten? Nun wird die Figur nicht selber schreiben; hat womöglich Guibert dort seine Sachen abgelegt, bevor er sich auf das Bett setzte? Oder wartet Guibert auf eine zweite Person, die schrieb? Ist er ein Schreibender oder jemand anderes? Leitet das Thema ‚Schreibender zu sein' das Foto? Inwieweit steht die genaue Konstruktion des Bildes in Zusammenhang mit dieser Annahme? Will hier etwas gesteuert werden? Soll der Aufbau des Fotos bewusst zu einer Aussage verleiten?*

Fokussiert man diese Fragen ist ein Zusammenhang zwischen der Praxis des Schreibens und dem auf dem Bett sitzenden Mann nicht zu leugnen. Das Foto spannt einen Raum auf, in der diese Praxis inszeniert und gleichzeitig durch den Abstand zwischen Guibert auf dem Bett und dem Pinocchio auf dem Tisch mit den Schreibsachen gebrochen wird. Denn natürlich bemerken wir das Problem: Warum sitzt Guibert nicht am Tisch und schreibt? Die Praxis wird durch eine andere Praxis gestört. Diese deutet auf ein Zubettgehen, einem Verschwinden hinter dem Netz hin. Die Gründe sind bisher unbekannt, aber die Spannung zwischen der Praxis des Schreibens und einer Praxis, die im Zusammenhang mit dem Bett und dem netzartigen Baldachin steht, ist unübersehbar. Das Bild inszeniert zwei verschiedene Praxen bzw. zwei verschiedene Wissensbestände und setzt diese in ein kontrastierendes Verhältnis.

3.2 Objektive Hermeneutik und Segementanalyse

Grundlegend für die Objektive Hermeneutik ist die Unterscheidung von subjektiv gemeintem und objektivem d. h. latentem Sinn (Oevermann 1993: 113). Die theoretische Begründung der Methodologie einer strukturalen ‚objektiven Hermeneutik' durch Ulrich Oevermann (Oevermann et al. 1979) folgt der Annahme, dass soziales Handeln regelgeleitet und soziale Abläufe und Objektivationen sinnstrukturiert seien und nicht lediglich subjektiven Intentionen folgt. Dem sozialen Handeln liege ein objektiver Sinn zugrunde, der – theoriesprachlich ausgedrückt – durch bedeutungsgenerierende Regeln konstituiert werde (Sutter 1994: 23). Dabei muss die „objektive Sinnstruktur einer Handlungspraxis […] seitens der beteiligten Subjekte nicht zwingend mental repräsentiert sein" (Sutter 1994: 23). Die Objektive Hermeneutik zielt auf die Rekonstruktion dieser objektiven Sinnstruktur und beschränkt sich daher nicht auf den Nachvollzug eines subjektiven Sinns, den beteiligten Akteure ihrer Handlung bzw. ihren Äußerungen beimessen.

Es wird davon ausgegangen, dass sich die Regelgeleitetheit des Sozialen in beobachtbaren „Ausdrucksgestalten" und „Objektivierungen" niederschlagen (Przyborski und Wohlrab-Sahr 2014: 248). Dabei wird unterschieden zwischen dem *was* (manifester Sinngehalt) gesagt wird („Du kannst dir dein Brot selbst schmieren.") und den Sinnstrukturen (latenter Sinngehalt), die im Gesagten zum Ausdruck kommen („In unserer Familie isst jeder selbstständig."). Die Objektive Hermeneutik verbindet hermeneutische Aspekte, das heißt den verstehenden Nachvollzug und die Interpretation von Fällen, mit der Annahme, dass sich in jedem Einzelfall soziale Regeln zeigen, die über ihn hinausweisen. Gegenstand objektiv-hermeneutischer Verfahren sind dabei „nicht die allgemein geltenden Regeln selbst, sondern die durch sie konstituierten, objektiven latenten Sinnstrukturen, in denen sich die Struktur einer sozio-historisch konkreten Handlungspraxis objektiviert" (Sutter 1994: 39) (Regel: Jeder schmiert sein Brot allein. Mögliche Sinnstruktur: Alle sind selbstständig.)

Das auf diesen theoretischen Annahmen fußende Interpretationsverfahren basiert vor allem auf schriftlich protokollierten Daten. Dies können sowohl (biografische) Interviews aber auch alle anderen Sorten von schriftlich fixierten Protokollen sozialer Wirklichkeit sein (Interaktionsprotokolle, Dokumente, etc.). Folgende Prinzipien kennzeichnen dabei das methodische Vorgehen der Analyse: a) Die Textdaten werden sequentiell, das heißt Textsequenz für Textsequenz nacheinander, angeschaut, b) dabei werden auf die Sequenzen bezogene kontextunabhängige Lesarten- und Hypothesen in einer Forschungsgruppe gebildet, c) erst im nachträglichen Vergleich der Lesarten mit dem Kontext wird die Selektivität des Falls vor dem Hintergrund anderer Möglichkeiten deutlich und auf dieser Basis eine Fallstrukturhypothese entwickelt. Anschließend werden d) die latenten Sinnstrukturen rekonstruiert (mehr dazu: Przyborski und Wohlrab-Sahr 2014: 255 ff.; Reichertz 1994, 1997). Die Methode zeichnet sich vor allem durch ein detailliertes sequentielles Interpretationsverfahren von Textsequenzen aus. Damit sind aber auch die zentralen Herausforderungen markiert, wenn es um die Interpretation von Bildwerken geht. Bildwerke können eben nicht so einfach als ein sequentielles ‚Protokoll' begriffen werden. Sie sind nicht logisch-diskursiv angelegt und werden nicht nach und nach ‚gelesen' wie ein Text, sondern mit einem Mal ‚gesehen' – filmische Werke und Bildreihen ausgenommen. Die Objektive Hermeneutik steht in Bezug auf visuelles Material also zunächst vor einem Sequenzierungsproblem.

Roswitha Breckner (2010) hat dafür einen Lösungsvorschlag unterbreitet und ausgehend von der Objektiven Hermeneutik die Segmentanalyse entwickelt. Dabei stellt sie sich dem Problem der Sequentialisierung von Bildern indem sie die Bilder in sogenannte Segmente zerlegt und dann den latenten Sinngehalt rekonstruiert, der die Segmente zusammenhält. Dies geschieht in der Abgrenzung von Segmenten, die zunächst analog der Sequenzanalyse der Objektiven Hermeneutik mittels Abduktion, also einer kontextunabhängigen Lesartenbildung, interpretiert werden. Breckners Vorgehen fußt auf der Grundannahme, dass die Bildobjekte (das, was man sieht) manifeste Sinninhalte darstellen, die durch latente Sinnverbindungen (das, was das zu Sehende gestaltet) zusammengehalten werden. Dabei ist der latente Sinngehalt gleichzeitig intern im Bild als auch extern fundiert: das heißt er steht im Zusammenhang mit dem Alltagswissen und kann deshalb rekonstruiert werden. Von der Objektiven Hermeneutik übernimmt sie, dass ein einzelnes Bild im gesellschaftlich und zeithistorisch bedingten Möglichkeitshorizont theoretisch verallgemeinerbarer Phänomene sozialer Wirklichkeiten steht. Anders gesagt: Das allgemeine Wissen ist in die Spezifik von Bildern eingelagert und kann zum Bild in ein erklärendes Verhältnis gesetzt werden und vice versa: Die Besonderheit eines Bildes ist erst im Zusammenhang der ihn strukturierenden allgemeinen Sinnbezüge erkennbar (Breckner 2010: 273).

Die erste methodologische Herausforderung besteht für Breckner darin, „das, was wir im Sehen simultan und multidimensional wahrnehmen, in sequentieller Form zu versprachlichen" (Breckner 2010: 270). Hier folgt Breckner ebenfalls Panofsky und Imdahl und strebt zu allererst eine vor-ikonologische Beschreibung an, die mittels der Beschreibung (in Form einer Bewegung vom wiederkennenden zum sehenden Sehen) das Unscheinbare, und im Simultaneindruck kaum Sichtbare, erkennbar macht. Damit will Breckner einer zweiten methodischen Schwierigkeit begegnen, die sie in der „Koinzidenz von Simultanität sowie Prozessualität des wahrnehmenden Sehens" sieht (Breckner 2010: 275): Bilder werden im Ganzen gesehen und gleichzeitig vom Auge nach Bildelementen abgetastet (Breckner 2010: 274, Herv. i. O.; vgl. auch Loer 1994):

> Bilder sind durch die Hervorhebung und Zurücksetzung einzelner Elemente, durch perspektivische Verschiebungen, konstellatorische Relationen und vieles mehr strukturiert, so dass die Phänomene in ihrer Gewichtung nicht unterschiedslos vors Auge treten. Vielmehr erschließt die Wahrnehmung eines Bildes seine Strukturierung, indem das Auge über das Bild wandert und damit Relevanzsetzungen vornimmt. Dabei erbringt es, so die Annahme, eine Strukturierungsleistung, die die verschiedenen Elemente zu einem Ganzen zusammensetzt, um das Wahrgenommene als *etwas* zu erkennen und das Zusammenspiel der Elemente wirken zu lassen. Der Blick folgt dabei sowohl eigenen Wahrnehmungspräferenzen, bereits erbrachten und als solchen gespeicherten Strukturierungsleistungen als auch dem, was sich im Bild darbietet.

Daraus folgt ein methodologisches Prinzip: Breckner nimmt an, dass die manifesten und sichtbaren Bestandteile von latenten, aber nicht gleich sichtbaren, Bedeutungs- und Sinnzusammenhängen strukturiert werden, die unsere Wahrnehmung leiten. Dieser Zusammenhang wird methodisch kontrolliert interpretiert. Ziel der Analyse

sei es, Hypothesen zu den die Bildgestalt hervorbringenden Anordnungen und Bezugnahmen der Elemente aufeinander und ihre außerbildlichen Verweisungsbe-
züge systematisch herauszuarbeiten, so Breckner (2010: 275, 286, Herv. i. O.):

> Die Art der Hypothesenbildung hat folgende Struktur: Zunächst wird ein Bildelement, ein
> Segment, vom Bildkontext isoliert und fallunabhängig interpretiert. Dazu werden verschie-
> dene Kontexte entworfen, in denen dieses Element Sinn machen, d. h. ‚etwas' zeigen würde.
> Dabei ist entscheidend, möglichst verschiedene und auch konträr zueinander aufgebaute
> *Sehweisen* an jedem Bildelement zu entwickeln. Schließlich werden entlang jeder Sehweise
> die zu erwartenden Folgen für das im Bild anschließende Element hypothetisch entworfen.
>
> Ziel dabei ist es zu verstehen, in welcher Weise aus der Beziehung und Organisiertheit zwi-
> schen verschiedenen Elementen eine Bildgestalt als Gesamtkomposition mit ihren zum Teil
> bestimmbaren, zum Teil unbestimmt bleibenden Thematisierungspotentialen entsteht. Der
> Schwerpunkt liegt auf der sukzessiven Analyse zu identifizierender Segmente, um die mit
> ihnen verbundenen gegenständlichen, symbolischen und bildlichen Aspekte im Hinblick
> auf die Entstehung eines Bildganzen mit seinen spezifischen Thematisierungen im Detail re-
> konstruieren zu können.

Für die Bildinterpretation ergibt sich somit folgendes Vorgehen (Breckner 2010:
287 ff.):

1. Zunächst soll der Wahrnehmungsprozess selbst dokumentiert, die formalen Gestaltungselemente herausgearbeitet und die Segmente bestimmt werden (Wie
wandert der Blick über das Bild? Was ist Vorder- und Hintergrund? Gibt es Bild-
achsen, Perspektiven, Größenverhältnisse, Lichtführungen, Kontraste, Farben,
Flächen, die das Bild strukturieren? Welche Segmente stechen hervor und sind
relevant?)

2. Dann folgt die Interpretation der identifizierten Bildsegmente hinsichtlich
potentieller indexikalischer, symbolischer, einschließlich ikonografischer-
ikonologischer Bedeutungs- und Sinnbezüge (Verweist das Bild auf Orte, Zeiten, Milieus, Ereignisse und sind diese Verweisungen einheitlich oder sind Widersprüche zu erkennen? Wie stehen die Segmente innerhalb des Bildes
zueinander? Welche bildgestaltenden Funktionen sind erkennbar? Welche
Bedeutungszuweisung wird durch Größe und Art gegenüber anderen Segmenten
erkennbar? Welche Sehweisen mit den Segmenten ermöglicht oder abgebrochen?)

3. Dann erfolgt eine Analyse der kompositorischen Strukturierung im Sinne Max
Imdahls des gesamten Bildes und der darin realisierten oder zu verwerfenden in-
dexikalischen und symbolischen Bedeutungs- und Sinnbezüge, die im vorherigen
Schritt der Segmentanalyse entworfen worden sind. (Welche räumliche Perspektive strukturiert das Bild? Welche Feldlinien-Komposition ist zu erkennen?)

4. Erst daran schließt sich eine Rekonstruktion der sozialen und technischen Entstehungs- und Aufbewahrungs- und Verwendungszusammenhänge an (Spurenverfolgung nach Zeit und Ort der Erstellung und Verwendungskontexte), um die Hypothesen zu plausibilisieren oder zu verwerfen.

5. Es folgt die Zusammenfassung der Interpretation der Gesamtgestalt mit Beantwortung der Frage: „Wie wird etwas im und durch das Bild für wen in welchen medialen und pragmatischen Kontexten sichtbar?"

6. Die Rekonstruktion wird abgeschlossen durch die Einbettung der Analyseergebnisse in fachtheoretische und/oder empirische Bezüge, gegebenenfalls auch im Zusammenhang mit oder im Kontrast zu anderen Materialien.

Dieses Vorgehen hat Roswitha Breckner vor allem bei Rekonstruktion biografischer Fälle angewendet, indem sie Familienfotos interpretiert hat. In diesem Sinne scheint sich das Verfahren vor allem da zu lohnen, wo Bildwerke hinsichtlich spezifischer Fallgeschichten analysiert werden sollen. Breckner hat zusätzlich ihre Methode auf Bildreihen und Bildsammlungen übertragen und damit noch methodische Schritte vorgeschlagen, um (subjektiv) kuratierte Serien zu analysieren (Breckner 2010: 294 ff.).

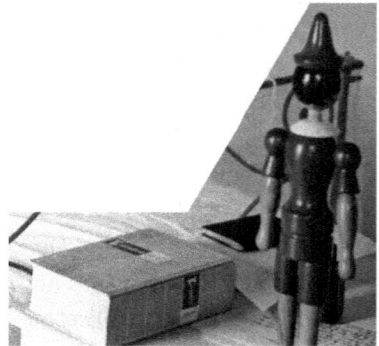

Abb. 4: © Hans Georg Berger, Berlin: Hervé Guibert in der Einsiedelei Santa Caterina, Insel Elba, 1991 (1), Segmente (Guibert, Pinocchio).

Wendet man sich wieder dem Bild von Hervé Guibert in der Einsiedelei Santa Caterina, Insel Elba, 1991 (1) *zu, dominiert die Wahrnehmung zweier Segmente: Zum einen, Hervé Guibert auf dem Bett und zum anderen das Ensemble um Pinocchio (Abb. 4). Zu fragen wäre folgend, welche Lesarten fallen zu Guibert ein? Welche Lesarten kann man zum Pinocchio-Ensemble entwickeln?*

    Guibert sitzt aufrecht auf dem Bett. Er schaut mit großen Augen in die Kamera und damit uns Betrachtende an. Die Augen wirken ziemlich groß und der Körper schmächtig. Guibert könnte an Magersucht leiden. Zumindest könnte er krank sein. Die gerade Sitzhaltung deutet auf eine Anspannung hin. Die Haltung wirkt zumindest nicht gelöst oder locker. Guibert lächelt auch nicht. Hat der Fotograf ihn auf das Bett gesetzt? Ist Guibert überrascht, dass da jemand mit der Kamera ist und richtet sich nochmals auf für ein gutes Bild? Vielleicht will sich Guibert in das Bett legen, um zu schlafen und das Netz schützt vor Moskitos und Mücken. Aber legt man sich am Tage schlafen? Vielleicht weil man erschöpft ist? Eine mögliche Hypothese kann somit sein, dass wir einen Mann sehen, der Mühe hat, zu sitzen und konzentriert ein Modell für den Fotografen mimt. Könnte eine andere Hypothese zutreffen? Guibert als ein Mann unter einem Brautschleier? Wartend auf die oder den Angetraute:n?

    Das Pinocchio-Ensemble ist seltsam statisch. Ist es absichtlich so hingestellt oder befinden sich die Dinge – Buch, Papier und andere Schreibutensilien – zufällig dort? Das beschriebene Papier liegt so, als ob jemand davor gesessen hätte und gerade gegangen ist – mitten im Satz. Wenn das so ist, handelt es sich also mit Gewissheit um einen (Arbeits-)Tisch – oder nicht doch um einen Nachtschrank? Was hat die Pinocchio-Figur zu bedeuten? Ist die kleine Lügenfigur eine Art Impressario für einen Schreibenden? Oder eine schlichte Schreibtischdekoration? Was hat Guibert mit dem Pinocchio zu tun? Überblendet man Guibert und das Ensemble, so hat man den Eindruck, dieser sitze vor dem Schreibtisch und schaut Pinocchio an. Warum sitzt er aber nun auf dem Bett? Ist er der Schreibende? Musste er das Schreiben abbrechen? Die daraus folgende Hypothese könnte lauten, dass der Schreibende seinen Platz zugunsten des Bettes abgebrochen und verlassen hat. Aus Müdigkeit? Schwäche? Der Schreibprozess ist jedenfalls unterbrochen. Zurückgeblieben sind ein Mann auf einem Bett und ein verlassener Arbeitsplatz.

    Wie schon mit Hilfe der Dokumentarischen Analyse herausgestellt, verweist das Bild auf zwei sich gegenüberstehende Praxen. Anhand der Analyse im Sinne Breckners verschiebt sich leicht der Fokus – auch wenn hier klar wird, wie fein lediglich die Unterschiede zwischen der Dokumentarischen Methode und der Objektiven Hermeneutik sind. Mit Breckner kann man eher den Bedeutungsstrukturen nachgehen, die sich aus dem alltäglichen Leben der Interpretierenden ableiten lassen (also der Regelgeleitetheit des Alltags): Wir überlegen, ob Guibert schwach oder krank ist, wir überlegen was das Geschichtenerzählen zu bedeuten hat und wie diese beiden Elemente zusammenhängen. Dabei erkennen wir, auf diese Weise, dass nicht die nur die Praxen in einer Spannung stehen, sondern auch die manifesten Bedeutungen. Wir fragen uns, was der latente Sinn dieser Gegenüberstellungen ist und dementsprechend, welchen latenten Sinn das Bild in sich trägt.

3.3 Figurative Hermeneutik

Für die dritte hier vorgestellte Methode der Figurativen Hermeneutik von Michael R. Müller ist ein komparatives Vorgehen charakteristisch. Müller ersetzt das Verfahren der Abduktion (Lesartenbildung) durch den systematischen Vergleich mit anderen Bildern. Er geht dabei davon aus, dass Bilder immer unter Bildern und selten als isolierte Einzelartefakte in der Lebenswelt verankert sind. Damit formieren Bilderkollektionen ein eigenes Wissen und ,unterhalten' sich bildlich mit anderen Bildwerken: „Heuristisch ,steckt' die Bedeutung eines Bildes dementsprechend nicht ,im' Bild (als nur noch zu decodierende ,Bildsprache'), vielmehr zeigt sie sich, interpretativ, jenseits der äußeren Bildgrenzen im Verhältnis zu anderen Bildern – alltäglich wie wissenschaftlich" (Müller 2012: 130). Das Ziel Müllers ist, die manifeste Unterhaltung der Bilder zu verstehen und latente Sinnstrukturen zu rekonstruieren, die dieser Unterhaltung zugrunde liegen (Müller 2012: 130):

> Grundidee des Bildvergleiches ist es, durch entsprechende Bildzusammenstellungen (vgl. Bildtafeln) jene Differenzen und Analogien zu anderen Bildern im unmittelbaren Wortsinn sichtbar zu machen, aus denen sich einerseits, alltagsweltlich, jeweilige soziale und kulturelle Bildbedeutungen ergeben, die sich andererseits aber zugleich auch als methodisch kontrollierte Bilddeutungen in ihrer Sinnstruktur theoriebildend explizieren lassen.

Müller setzt auf drei wesentliche Bedingungen: Erstens geht er davon aus, dass Menschen in der Lage sind, das Sehen wie das Sprechen und Schreiben zu lernen. Sehen „ist weit davon entfernt, bloße Sinneswahrnehmung zu sein", sondern ist ein „differenzierendes Auffassungsvermögen des soziokulturell geschulten Gesichtssinnes" (Müller 2012: 133). Sehen ist ein aktiver Vorgang, der gruppiert und differenziert, das heißt im Vergleich ordnet. Zweitens ruhen Bildwerke auf ästhetischen Mitteln, die – mit dem Kulturphilosophen Ernst Cassirer formuliert – „symbolische Prägnanzen" ermöglichen. Gemeint ist damit, dass in der Ästhetik von Bildern ein Sinn zu einer konkreten Anschauung gebracht wurde, der vor allem im Vergleich analysiert werden kann (Müller 2012: 134 f). Drittens sind Bilder selbst Sehschulen, die mittels bildlicher und optischer Techniken (z. B. durch Verkleinerung oder Vergrößerung, durch Fokussierung oder Abblendung), Dinge sichtbar machen (Müller 2012: 136 f). Daraus schlussfolgert Müller zweierlei: Zum einen ermöglicht erst der Vergleich bzw. die Kontrastierung mit andersartigen

Bildwerken eine Herausarbeitung von Sinngehalten oder Wissensbeständen in den Bildern. Zum anderen kann nur der Vergleich die Standortgebundenheit der Interpretierenden durchbrechen, zumindest aber daraufhin deuten, welchen Sehgewohnheiten die Forschenden selbst unterliegen (Müller 2012: 138).

Müller schlägt zwei Vergleichsdimensionen vor. Einerseits einen *internen Vergleich* und andererseits einen *externen Vergleich*. Zum *internen Vergleich* zählen zwei Varianten:

1. Kompositionsvariation: Damit ist das schon von Imdahl genutzte Verfahren gemeint, Variationen des Bildinhaltes in „Choreografie, Perspektive, Planimetrie, Kolorit, Medialität etc." (Müller 2012: 149) herzustellen, um vor allem bedeutungsrelevante Gestaltungsaspekte im Bildwerk herauszuarbeiten. Beispielhaft ist Max Imdahls Interpretation des Bildes „Hauptmann von Kapernaum". Hierbei handelt es sich um einen internen Vergleich, den Imdahl dadurch initiiert, dass er die Position Jesus Christus im Bild verändert (Imdahl 1994: 304 f.). In der Veränderung der Position von Jesus Christus zwischen der Gruppe der Jünger und der Gruppe der Soldaten wird herausgestellt, welche inhaltlichen aber auch welche ästhetischen Prinzipien das Bild „Hauptwerk von Kapernaum" strukturieren. So habe Imdahl auf eine Gestaltungskonvention hingewiesen und gezeigt, wie der Inhalt des Bildes mit der gewählten Form zusammenhänge (Müller 2012: 140).
2. Segmentanalyse: Hier greift Müller auf die Arbeiten von Roswitha Breckner zurück. Elemente sollen hier zunächst isoliert und durch freie assoziative Verfahren ergänzt werden. Müller sagt es nicht explizit, aber im Sinne eines vorgeschlagenen Vergleichens scheint damit vor allem gemeint, mögliche alternative Bildkontexte für Segmente zu entwickeln, um folgend „markante Abweichungen von gesellschaftlichen Bildkonventionen und Wahrnehmungserwartungen zu identifizieren" (Müller 2012: 149).

Auf beide Arten wird ersichtlich, welche Gestaltungsgewohnheiten aber auch soziale Normen gesellschaftlich sedimentiert sind. Mittels der Herausstellung der Gestaltungsgewohnheiten (oder symbolischen Prägnanzen) können soziale Konventionen herausgearbeitet werden (Müller 2012: 140). Die Analyse bleibe jedoch intern (Müller 2012: 149):

> Dieser Nachteil ist allerdings zugleich auch die Stärke dieses Verfahrens: Einerseits ist es wenig geeignet, den vergleichsweise engen Horizont eigenen Vorwissens zu überschreiten, d. h. eine extensive Komparatistik zu gewährleisten, andererseits ermöglicht es ein sehr zielgenaues Vorgehen in Hinblick auf die darstellerische Relevanz einzelner Bilddetails oder -aspekte.

Mit dem *externen Vergleich* ist die Kontrastierung mit anderen Bildwerken gemeint. Dieser Vergleich wird vor allem durch das Verfahren der Parallelprojektion ermöglicht (Müller 2012: 151). Dabei werden verschiedene Bilder mit dem zu analysierenden Bild gleichzeitig projiziert oder nebeneinandergelegt. Wichtig ist hierfür jedoch ein übergeordnetes theoretisches Konzept als *tertium comparationis*, das „die Auswahl der zu vergleichenden Fälle bestimmt und dessen theoriebildenden Konstrukte, Annahmen und Gesetze sodann anhand jeweiliger Fallvergleiche überprüft" (Müller 2012: 143). Müllers Beispiel ist Gerhard Richters Bild „Lesende", die er zunächst mit anderen Gemälden auf drei Ebenen vergleicht: Auf einer Sujet-Ebene geht er der Beziehung zwischen in Bildern dargestellten Frauen und den Betrachter:innen nach, auf einer Darstellungsebene überprüft Müller Haltung und Konvention im Vergleich mit anderen Bildern und auf einer dritten Ebene sucht er ikonografische Traditionslinien in der Darstellung von Frauen.

Diese Operationen des Vergleichens sind zugleich auch Kategorisierungen, da der Vergleichshorizont als ein übergreifendes Konzept eingeführt wird. Vergleich über ein *tertium comparationes* meint bei Müller daher nicht eine Vergleichsgröße, an der etwas gemessen wird, sondern einen Denkraum, der sich über den Vergleichsgesichtspunkt eröffnet (Müller 2012: 147). Somit geht es Müller auch nicht darum, etwas Neues oder Unterschiedenes zu finden, sondern „möglichst viele jener thematischen und kommunikativen Relevanzen, Inhalte und Praktiken zu rekonstruieren, durch die entsprechende Bilddaten lebensweltlich, d. h. alltäglich *und* wissenschaftlich überhaupt erst miteinander vergleichbar werden" (Müller 2012: 147, Herv. i. O.). Ein Vergleich ist in diesem Sinn von der Idee der Lesartenbildung der Sequenzanalyse und der Erprobung möglichst vieler Lesarten geleitet. Der Vergleich versucht dabei das wiedererkennende Sehen und die Routinen des Sehens zu durchbrechen, um gestalterische Sinnselektionen und die in sie einfließenden gesellschaftlichen Themen, Relevanzen und Kommunikationspraktiken zu rekonstruieren (Müller 2012: 141).

Insgesamt versucht Müllers so benannte Figurative Hermeneutik so lange wie möglich, die Interpretation und Rekonstruktion auf der bildlichen Ebene zu lassen: „Arrangierte Bildsamples, Bildfolgen und Bildkontraste" leiten die Untersuchungen. In diesem Sinne ist Müllers Methode, diejenige, die dem Bildlichen als Medium bisher am längsten verschrieben bleibt. Dabei versucht er mittels des Vergleichs die „Dialektik von gesellschaftlicher Faktizität (Durkheim) und individueller Tätigkeit (Weber)" aufzunehmen, in dem er die „Bilddaten als Äußerungen jener *Sinnselektionen* rekonstruiert, die gesellschaftliche Bildproduzenten- und konsumenten vor dem Hintergrund objektiver Handlungs- und Gestaltungsmöglichkeiten vornehmen" (Müller 2012: 157, Herv. i. O.).

Wendet man Müllers Methode auf das Foto Hervé Guibert in der Einsiedelei Santa Caterina, Insel Elba, 1991 (1) *an, könnte man sich beispielsweise dem Element des Bettes zuwenden. Ein externer Vergleich der Darstellungen von Menschen in Betten könnte klären, wie dieses Motiv zu anderen Zeiten oder in anderen künstlerischen Genres behandelt wird und ob es einen Unterschied zum Foto von Hans Georg Berger gibt. Dabei wird es auffallend sein, dass Guibert im Bett sitzt und damit vielen anderen Darstellungen von sich im Bett Befindenden widerspricht. Welches Sinnmuster wird hier also hauptsächlich angesprochen? Ruhen sich Menschen in Betten aus? Schlafen sie? Erholen sie sich? Sind sie krank?*

    Ein anderer Vergleich könnte eine Fotografie von Hans Georg Berger einbeziehen (Abb. 5). Tatsächlich ist das Foto ein Teil einer sehr kleinen Reihe. Auf einer zweiten Fotografie lehnt sich Guibert im Hintergrund an einer Wand an. Pinocchio dominiert den Vordergrund. Diesmal steht die Figur genau vor ihm, aber wieder mit dem Rücken zur Kamera. Ihre ‚Gesichter‘ sind einander zugewandt, während wir nur das von Guibert sehen. Es scheint jedoch, als schaue Guibert über die Figur hinweg, direkt in die Kamera. Dennoch wiederholt sich in diesem Foto die Spannung zwischen Pinocchio und Guibert. Ebenso verfestigt sich der Eindruck fragiler Körperlichkeit beim Abgebil-

Abb. 5: © Hans Georg Berger, Berlin: Hervé Guibert in der Einsiedelei Santa Caterina, Insel Elba, 1991 (2).(Quelle: Berger: Guibert 2019: 155).

deten. Bergers zweites Bild widmet sich also auch der Spannung zwischen Hervé und dem Pinocchio. Auf diese Weise bestätigt sich im Vergleich, dass Bergers Foto dem Versuch nachkommt, zwischen Guibert und Pinocchio eine Beziehung zu etablieren, auch wenn Guibert auf beiden Fotos direkt in die Kamera schaut.

3.4 Kontext und vorläufige Interpretationslinien

Alle drei hier vorgestellten Verfahren versuchen den Kontext zunächst aus der Interpretation auszuklammern. Die Verfahren streben zunächst Hypothesenbildung ohne Kontext an, um sich davon nicht lenken zu lassen. Dennoch kommt der Kontext nach den ersten Hypothesen wieder dazu, um die Interpretationen zu schärfen oder um gegebenenfalls Hypothesen und Kontext in ein Verhältnis zu setzen. Der Kontext ist nicht das maßgebende Element einer Interpretation, wenn es um Rekonstruktion des latenten Sinngehalts oder sozialer Praxen bzw. des impliziten Wissens geht. Es lässt sich leicht annehmen, dass Kontext des Kunstwerkes und Interpretation voneinander abweichen, da der Kontext selbst nichts über die im Bildwerk sichtbaren sozialen Praxen oder Sinngehalte aussagt. Nichtsdestotrotz verzichtet kein Verfahren explizit auf die Zuhilfenahme des Kontextes, er steht nur nie an erster Stelle.

Aus den drei Interpretationsansätzen zum Bild Hervé Guibert in der Einsiedelei Santa Caterina, Insel Elba, 1991 (2) *haben sich drei ähnliche aber im Detail verschiedene Interpretationslinien herauskristallisiert. Mit der Dokumentarischen Analyse ließ sich die Spannung zwischen zwei verschiedenen Praxen darstellen, die des Schriftstellens und die des Sich-Zurückziehens. Mit Hilfe der Objektiven Hermeneutik im Verständnis von Roswitha Breckner wurde offengelegt, dass sich zwei manifeste Sinnkomplexe gegenüberstehen, die über eine latente Sinnebende miteinander verbunden sind. In der Figurativen Hermeneutik von Michael R. Müller bestätigt sich diese Annahme obgleich die Interpretation vornehmlich im Bildvergleich und nicht in der Abduktion von Lesarten gebildet wurde.*

Es lohnt sich an dieser Stelle dann doch den Kontext des Bildes einzuführen. Zu sehen ist der an den Folgen von AIDS verstorbene Literat und Fotograf Hervé Guibert, fotografiert von seinem guten Freund Hans Georg Berger in dessen zu einem Wohnhaus umfunktionierten Kloster auf der Insel Elba. In diesem war Guibert oft zu Gast. Die Elemente des Bildes verweisen auf Guiberts eigene Biografie und sein autofiktionales Werk, in welchem er immer wieder Wahrheit und Erfindung geschickt miteinander komponiert. Dabei hängen alle Elemente des Bildes mit der Biografie Guiberts zusammen. Man kann sogar von einer hohen hergestellten Verweisungsstruktur sprechen, die mit Guiberts hinterlassenen literari-

schen und oft tagebuchartigem Werk räsoniert. Nicht nur die Pinocchio- Figur,
auch das Bild an der Wand, sowie die im Hintergrund schemenhaft zu sehende
Figur werden in Guiberts Autofiktionen erwähnt (Guibert 1992: 123):

> Ich war so glücklich gestern Abend wieder hier zu sein, ich hatte geglaubt, ich würde diese
> Landschaft nie wiedersehen, glücklich, wieder bei Gustave und Gérard, wieder in meinem
> Zimmer, der Sakristei, zu sein, mit dem alten Eisenbett unter dem kuppelförmigen Moskito-
> netz und all den Gegenständen, die ich von meinem Aufenthalt in Rom mitgebracht hatte:
> das Gemälde des Mönchs, das gerahmte Manuskript Eugènes, der Harlekin in buntgewürfel-
> tem Rock, der auf seinem Jahrmarktswurfspiel balanciert, die hölzerne Jungfrau mit beweg-
> lichen Gliedmaßen, die ich Jules in Lissabon gekauft hatte, die vergoldete Lupe aus dem
> 18. Jahrhundert, der Pinocchio, den Eugène mir schenkte, [...] anmutig von Gustave kurz vor
> meiner Ankunft überall im Zimmer wieder aufgestellt.

Das Foto scheint somit eine Geste der Autofiktion Guiberts, die er in Zusammenarbeit
mit Hans Georg Berger (Gustave) aktualisiert. Das Foto ist geleitet von Orientierun-
gen, die Guibert als Literaten, der mit dem Verhältnis von Realität und Fiktion frei
umgeht und sich darin immer wieder selbst portraitiert, operiert. Es treffen somit
eine künstlerische Praxis des Schreibens auf eine subjektiv biografische Praxis des an
den Folgen von AIDS leidenden und Strebenden aufeinander. Das Bild macht in die-
sem Sinne auf Hervé Guiberts genuine Praxis aufmerksam Fiktion und Biografie
immer wieder miteinander zu verbinden. Die mit der Dokumentarischen Analyse her-
ausgestellte Spannung, ist eine Spannung die Guibert selbst immer wieder praktiziert
und die sein künstlerisches als auch sein soziales Handeln kennzeichnet.

Das Kontextwissen konkretisiert aber auch die Annahmen, die mit Hilfe der Ob-
jektiven sowie mit der Figurativen Hermeneutik getroffen wurden. Guibert ist im
Jahr nach der Entstehung der Fotografie an den Folgen von AIDS gestorben. Guibert
ist auf dem Bild schon von der Krankheit gezeichnet. Das Bett, auf dem er sitzt und
der Tisch auf dem Schreibutensilien liegen, sind offensichtlich Gegenstände, die ihm
vertraut sind. Seine gerade Haltung verbirgt nicht, dass irgendetwas nicht stimmt.
Guibert ist von der Krankheit AIDS gezeichnet. Das zweite Element, die Ensemble-
Gruppe um Pinocchio, scheint für sich genommen lediglich auf die Möglichkeit Ge-
schichten zu erzählen hinzuweisen. Aber dieser Prozess ist abgebrochen. Guibert hat
den Schreibtisch verlassen, Pinocchio schaut ins Leere. Der latente Sinn dieser Foto-
grafie liegt in dem Abbruch des Schreibens und dem allmählichen Verschwinden des
Schreibenden. Das Foto inszeniert die Idee eines Übergangs von der Welt des leben-
digen Schaffens hin zu einer Welt hinter einem Schleier. Guibert sitzt auf der Schwelle
zum Tod. Auf diese Weise realisiert das Foto „ein Künstlerbild im Angesicht des
Todes [...]. Im Bild werden gleichzeitig das metaphorische Verschwinden des Künst-
lers hinter dem Vorhang, also sein Sterben, sowie das Spannungsgefüge zwischen Au-
tobiografie und Fiktion hergestellt" (Hupka et al. 2022).

4 Offene Fragen

Ich habe zu Beginn gefragt, ob Bilder von Piet Mondrian sozialwissenschaftlichen Fragestellungen gegenüber offen sind. Kann man diese sozialwissenschaftlich beforschen? Diese Frage verdeutlicht die Unsicherheit, ob lediglich realistisch wirkende und gegenständliche Kunstwerke für die Soziologie interessant sein können. Davon gehe ich nicht aus, auch wenn das hier zum besseren Nachvollzug herangezogene Beispiel diesen Verdacht zu erhärten scheint. Natürlich kann man die gegenstandslose Kunst mit den Mitteln Imdahls analysieren (vgl. Imdahl 1994: 315 ff.). Auch spricht meines Erachtens wenig dagegen, sie mit den vorgestellten sozialwissenschaftlichen Methoden zu untersuchen. Geht man davon aus, dass gegenstandslose Kunst ebenfalls ein Resultat gesellschaftlicher Praktiken ist, muss diese untersuchbar sein. Die gemalten Linien- und Flächenkompositionen von Mondrian kann man z. B. mit verschiedenen Lesarten konfrontieren und dabei ihre Eigenlogik ausarbeiten. Zu welchen Lesarten können wir kommen? In der Einbindung der Kontexte werden sich die Widersprüche zeigen, die mit den Lesarten und mit dem Kontextwissen verbunden sind. Weitere Fragen können sein, was zugänglich oder nicht zugänglich ist? Welche gesellschaftliche Relevanz diese Zugänglichkeit hat? Welches Wissen findet sich darin wieder, das zur Entstehung diese Bilder beigetragen hat? Es müsste sich auf diese Weise herausarbeiten lassen, welches atheoretische und damit handlungsleitende Wissen das Bild transportiert oder welche individuelle Fallgeschichte im Bild in Erscheinung tritt. In diesem Sinne ist nicht relevant, was für ein Kunstwerk analysiert wird, sondern ob man Kunstwerke zum Gegenstand sozialwissenschaftlicher Fragestellung macht und sie mit entsprechenden Methoden analysiert.

Literatur

Adorno, T. W. 2003. *Kulturkritik und Gesellschaft*. Band 1 und 2. Frankfurt am Main: Suhrkamp.

Bal M. und Bryson, N. 1991. Semiotics and Art History. *The Art Bulletin*,73(2), S. 174–208.

Barthes, R. 2015. Die Rhetorik des Bildes. In: Geimer, P und Stiegler, B. (Hg.) *Auge in Auge. Kleine Schriften zur Photographie*. Frankfurt am Main: Suhrkamp, S. 93–111.

Boehm, G. 1978. Die Hermeneutik des Bildes. In: Gadamer, H.-G. und Boehm, G. (Hg.) *Seminar: Die Hermeneutik und die Wissenschaften*. Frankfurt am Main. Suhrkamp Verlag. S. 444–471.

Boehm, G. 1994. Die Wiederkehr der Bilder. In: Boehm, G. (Hg.) *Was ist ein Bild?* München: Fink, S. 11–38.

Berger, H. G. und Guibert, H. 2019. *Phantomparadies: Eine Fotografische Liebe*. Berlin: Salzgeber.

Breckner, R. 2010. *Sozialtheorie des Bildes: zur interpretativen Analyse von Bildern und Fotografien*. Bielefeld: transcript.

Breckner, R. 2014. Offenheit – Kontingenz – Grenze? Interpretation einer Portraitfotografie. In: Müller, M. R., et al. (Hg.) *Grenzen der Bildinterpretation.* Wiesbaden: Springer VS, S. 123–152.

Bohnsack, R. 2003. Qualitative Methoden der Bildinterpretation. *Zeitschrift für Erziehung* 6(2), S. 239–256.

Bohnsack, R. 2013. (Hg.) *Die dokumentarische Methode und ihre Forschungspraxis: Grundlagen qualitativer Sozialforschung.* Wiesbaden: Springer VS.

Guibert, H. 1992. *Mitleidsprotokoll.* Hamburg: Rowohlt Verlag.

Hupka, H. et al. 2022. *Portfolio: Die Fotografien von Hervé Guibert und Hans Georg Berger.* Seminararbeit, Institut für Kulturwissenschaften, Universität Leipzig (unv. Manuskript).

Imdahl, M. 1988. *Giotto Arenafresken. Ikonographie. Ikonologie. Ikonik.* München: Fink.

Imdahl, M. 1994. Ikonik. In: Boehm, G. (Hg.) *Was ist ein Bild?* München: Fink, S. 300–324.

Loer, T. 1994. Werkgestalt und Erfahrungskonstitution. Exemplarische Analyse von Paul Cézannes „Montagne Saint-Victoire" (1904/06) unter Anwendung der Methode der objektiven Hermeneutik und Ausblicke auf eine soziologische Theorie der Ästhetik im Hinblick auf eine Theorie der Erfahrung. In: Garz, D. und Kraimer, K. (Hg.) *Die Welt als Text. Theorie, Kritik und Praxis der objektiven Hermeneutik.* Frankfurt am Main: Suhrkamp S. 341–382.

Lüdeking, K. 1994. Zwischen den Linien. Vermutungen zum aktuellen Frontverlauf des Bilderstreits. In: Boehm, G. (Hg.) *Was ist ein Bild?* München: Fink, S. 344–366.

Mitchell, W.J.T. 2018. *Bildtheorie.* Frankfurt am Main. Suhrkamp.

Müller, M. R. 2012. Figurative Hermeneutik. *Sozialer Sinn.* 13(1), S. 129–161.

Mueller-Doohm, S. 1997. Bildinterpretation als struktural-hermeneutische Symbolanalyse. In: Hitzler R. und Honer, A. (Hg.) *Sozialwissenschaftliche Hermeneutik.* Opladen: Leske + Budrich, S. 438–457.

Oevermann, U. et al. 1979. Die Methodologie einer „objektiven Hermeneutik" und ihre allgemeine forschungslogische Bedeutung in den Sozialwissenschaften. In: Soeffner, H.-G. (Hg.) *Interpretative Verfahren in den Sozial-und Textwissenschaften.* Stuttgart: Metzler, S. 352–434.

Oevermann, U. 1993. Die objektive Hermeneutik als unverzichtbare methodologische Grundlage für die Analyse von Subjektivität. Zugleich eine Kritik der Tiefenhermeneutik. In: Jung, T. und Müller-Doohm, S. (Hg.) *„Wirklichkeit" im Deutungsprozeß: Verstehen und Methoden in den Kultur- und Sozialwissenschaften.* Frankfurt am Main: Suhrkamp, S. 106–189.

Oevermann, U. 2014. „Get Closer" – Bildanalyse mit den Verfahren der objektiven Hermeneutik am Beispiel einer Google-Earth-Werbung. In: Kraimer, K. (Hg.) *Aus Bildern lernen. Optionen einer sozialwissenschaftlichen Bild-Hermeneutik.* Münster: Münstermann Verlag, S. 38–75.

Panfosky, E. 1979. Ikonographie und Ikonologie. In: Kaemmerling, E. (Hg.) *Ikonographie und Ikonologie: Theorien, Entwicklung, Probleme.* Köln: DuMont Buchverlag, S. 207–225.

Przyborski, A. 2018. *Bildkommunikation.* Berlin: De Gruyter Oldenbourg.

Przyborski, A. und Wohlrab-Sahr, M. 2014. *Qualitative Sozialforschung. Ein Arbeitsbuch.* München/Boston: de Gruyter Oldenbourg.

Raab, J. 2008. *Visuelle Wissenssoziologie. Theoretische Konzeption und materiale Analysen.* Konstanz: UVK.

Reichertz, J. 1994. Von Gipfeln und Tälern. Bemerkungen zu einigen Gefahren, die den objektiven Hermeneuten erwarten. In: Garz, D. und Kraimer, K. (Hg.) *Die Welt als Text. Theorie, Kritik und Praxis der objektiven Hermeneutik.* Frankfurt am Main: Suhrkamp, S. 125–152.

Reichertz, J. 1997. Objektive Hermeneutik. In: Hitzler R. und Honer, A. (Hg.) *Sozialwissenschaftliche Hermeneutik.* Opladen: Leske + Budrich, S. 31–55.

Simmel, G. 1995. Der Bilderrahmen. Ein ästhetischer Versuch. In: Simmel. G.: *Gesamtausgabe.* Band 7. Aufsätze und Abhandlungen 1901–1908. Teilband 1, hrsg. von Kramme, R. et al. Frankfurt am Main: Suhrkamp S. 101–108.

Simmel, G. 2000. *Gesamtausgabe*. Band 11. Aufsätze und Abhandlungen 1909–1918. Teilband 2. hrsg. von Latzel, K. Frankfurt am Main: Suhrkamp.

Simmel, G. 2001. *Gesamtausgabe*. Band 12. Aufsätze und Abhandlungen 1909–1918. Teilband 1, hrsg. von Kramme, R. und Rammstedt, O. Frankfurt am Main: Suhrkamp.

Stutter, H. 1994. Oevermanns methodologische Grundlegung rekonstruktiver Sozialforschung. In: Garz, D. und Kraimer K. (Hg.) *Die Welt als Text. Theorie, Kritik und Praxis der objektiven Hermeneutik*. Frankfurt am Main: Suhrkamp, S. 23–72.

Weber, Max. 2004. *1864–1920, Gesamtausgabe*; Abt. 1, Bd. 14: Schriften und Reden: Zur Musiksoziologie. Tübingen: Mohr.

Register

https://doi.org/10.1515/9783110716863-020